마음이 병이 될 때

Chemically Imbalanced

CHEMICALLY IMBALANCED
: Everyday Suffering, Medication, and Our Troubled Quest for Self-Mastery
  by Joseph E. Davis

마음이 병이 될 때

힘겨운 마음은 약물로 치유 가능한가

조지프 데이비스 지음
장석훈 옮김

머스트
리드북

큰일들만 우리에게 결정적 영향을 미친다는 착각에서 벗어나야 한다.
일상에서 느끼는 소소한 심란함이
우리에게 훨씬 더 깊고 지속적인 영향을 미친다.
－지그프리트 크라카우어

머리말

이런 이야기를 누구나 한 번쯤 들어봤을 것이다. 뇌는 과학의 최전선이며, 그 신비를 밝히는 것이 세계와 우리 자신을 이해하는 데 무엇보다 중요한 역할을 하며 그 역할은 점점 더 커지고 있다는 이야기를. 대중매체와 과학자들이 쓴 베스트셀러에서 숨 가쁘게 전하는 이야기들을 보면, 우리는 커다란 변화의 한가운데에 있으며 이제 더 나은 시대로 새롭게 접어들고 있다.

그 시대가 도래하면 우리 인간이 오랫동안 떠안고 있던 많은 문제가 해결될 것이며, 인간의 정신을 생물학적 관점에서 설명함으로써 우리는 고질적인 철학적 문제(몸과 마음의 문제, 유전과 환경의 문제)와 주관성이니 의식이니 하는 골치 아픈 난제를 일거에 떨어낼 수 있다는 것이다. 유전학, 생화학, 신경과학 분야의 획기적 발전 덕분에 우리는 신경 메커니즘뿐만 아니라 인간의 사고와 감정과 행동에 관한 생리학에 대해서도 깊이 있는 이해를 할 수 있게 된다는 것이다. 정신의학은 심리학이라는 과거의 범주에서 벗어나 '임상 신경과학'의 지위를 갖게 되고, 낡은 '통속 심리학'과 구닥다리 용어를 사용하던 시대는 이제 종언을 고하고 있다.

　이런 전망과 더불어 책 판매 부수로 보나, 언론에서 긍정적으로 얘기하는 것으로 보나 그리고 지난 수십 년간 입증된 결과로 보더라도 인간의 정신과 자아, 행동에 대한 신경생물학neurobiology 관점이 일반인에게 널리 받아들여지고 있다. 왜 그럴까? 이 점을 미리 밝혀두는 게 좋겠다. 이런 관점을 열광적으로 받아들인다고 해서 기존 철학적 관점을 불신하고 새로운 치료법의 출현이나 새로운 현상의 과학적 발견을 적극적으로 수용한다는 말은 아니다. 무수히 많은 새로운 통찰을 제시해주긴 하지만, 이런 대대적인 선전에 비하면 현실의 반응은 아주 미적지근하다. 심신의 문제에서 그 관계나 장애 혹은 치료에 대해 확실하게 알려진 것은 얼마 되지 않는다.

　사실 뇌와 정신 혹은 심적 상태의 관계에 대해 많은 주장이 존재하긴 하지만, 대부분 과학적이지 못하며 실증적으로 검증조차 되지 않는 것들이다. 그것들은 어떤 이론에 기반하고 있다기보다 새롭게 변화한 인간에 대한 가설에 기반하고 있다. 까다로운 문제들에 관한 명료하고 구체적인 해결책의 광범위한 요구에 신경과학은 부응하고자 하는 것인데, 그것이 갖는 통찰의 내용과 실질적인 생산성에 대한 해명으로는 대중의 바람을 충분히 설명할 길이 없다.

우리의 보편적 정서에서 다른 무언가가 진행 중인 것이다. 이 책은 일상 속에서 상실과 실패 그리고 한계 때문에 힘겨운 싸움을 벌이고 있는 보통 사람들이 새롭긴 하나 심리학적 측면에서 피상적인 신경생물학적 논의에 어떤 식으로 관련을 맺는지를 살펴본 연구 결과물이다. 이런 관계들은 우리의 자아상을 그리는 방식과 세상에 참여하는 방식의 변화 속에서 우리의 근본 상태를 진찰하는 일종의 청진기 역할을 한다.

차례

들어가며

마음의 불균형에

관하여

다른 여러 대학 동기들과 마찬가지로 스물한 살의 크리스틴도 애더럴*을 경험해봤다. 그가 주의력결핍과잉행동장애ADHD 치료에 주로 쓰이는 이 약을 처음 접한 것은 어느 파티에서였다. 한 학생이 잠시도 가만히 있지 못하고 '완전히 미친 듯이' 사람들을 웃기며 돌아다녔다.

그와 대화를 하게 된 크리스틴은 그 학생이 애더럴을 복용한 상태라는 사실을 알게 되었다. 그는 애더럴을 손쉽게 접하게 되었다고 하는데, 그의 어머니가 '모든 것을 병으로 취급하는' 사람이었기 때문이다. 그의 어머니는 학교 공부에 집중하지 못한다며 고등학생 아들을 정신과 의사에게 보내 상담을 받게 했다. 짧은 상담(그의 말에 따르면 2분 정도)을 마친 후 의사가 처방전을 써

---

* Adderall, 암페타민 성분의 주의력결핍과잉행동장애 치료제.

주었다. 그의 이야기에 강한 인상을 받은 크리스틴은 대화를 마치고 돌아서면서 자신도 그와 같은 부류라고 생각하게 되었다. 크리스틴도 약을 복용해보고 싶었다.[1]

기회는 곧바로 찾아왔다. 파티에 참석한 한 친구가 알약 하나를 건넸고, 먹자마자 기분이 너무 좋아지는 바람에 '가짜 황홀경'이 아닌가 하는 미심쩍은 마음이 들기도 했다. 그러나 이내 이런 의구심을 날려버린 그는 친구들로부터 약을 공급받아 주기적으로 복용하기 시작했다. 차츰 그는 약 덕분에 사회생활도 나아지고 '일을 해치우는' 능력도 향상되었다고 믿게 되었다.

그 두 부분에서 그는 자신에게 도움이 필요하다고 생각했었다. 비교적 넉넉한 집안에서 자란 그는 고등학교를 훌륭한 성적으로 마치고 엄격한 학사 관리로 정평이 난 명문대학에 입학했다. 그는 도전 가치가 있는 학업과 신나는 대학 생활을 꿈꿨다. 하지만 2년쯤 지나자 실망과 좌절에 휩싸였다. 친구들도 크리스틴과 다를 바 없이 "내성적이고 예술적 감성이 풍부하고 머리도 영리했지만, 인간관계를 맺는 데는 힘들어했다." 친구들은 불행해 보였고, 그를 둘러싼 주변 환경은 숨 막힐 것 같았다. 자주 울적한 마음이 들었던 그는 자유분방하고 활기찬 분위기의 학교로 옮기기로 했다.

새로운 환경에 적응하는 과정은 험난했다. 학기가 시작되자, 활기찬 학교생활에 대한 기대감은 무언가 잘못되었다는 느낌으로 바뀌었다. 그는 자신에게 끊임없이 화가 났고, 새로운 사람을 사귀는 두려움이 전보다 더 심해진 듯했다. 새 학기가 시작되고 얼마 지나지 않아 그는 전문가에게 도움을 청하기로 했다.

학생건강센터에서 상담사와 면담을 했는데, 꽤 도움이 되었다. 그는 이렇게 말한다. "처음에는 고해하러 가는 기분이었는데, 결과는 그 이상이었어요." 그는 가슴속에 꼭꼭 묻어뒀던 비밀을 털어놓았고 그 결과 마음이 한결 가벼워진 기분이었다. 그러나 세 차례의 면담을 마치고 나자 더 이상 계속할 마음이 들지 않았다. 내면의 두려움은 아직 해소되지 않았지만, 다시 면담하러 가야 할 이유를 찾을 수 없었다. 그가 보기에 상담이란 것은 번거롭기만 할 뿐 중요한 것을 얻기란 힘들어 보였다.

크리스틴은 뭔가 색다른 것을 원했다. 자신의 사회생활에서 나타나는 많은 문제가 '집중력'이라는 좀 더 광범위한 이슈를 반영한다는 생각이 들었다. 그의 부모는 그에게 좀 더 철저한 자기관리가 필요하다고 얘기하곤 했었다. 그는 부모의 말이 옳다고 생각했는데, 그것은 학교 성적이 좋지 않거나 일을 마무리 짓는 데 어려움을 느껴서가 아니었다. 그보다는 일상에서 자신의 잠재력을 충분히 발휘하지 못해서였다.

그는 어떤 일이 있으면 거기에 온전히 집중하기보다 깔짝거리기만 하고 좀처럼 진전을 이루지 못했다. 학업에도 별다른 흥미를 느끼지 못하고 과외 활동도 하지 않는다는 점을 유감스러운 마음으로 인정하면서도 그는 이렇게 말한다. "저는 모든 것을 다 해보고 싶고, 모든 것에 귀를 기울이고 싶어요. 주연이 되고 싶은 거죠." 그러다가 그는 파티에서 친구와 함께 들뜬 기분에 애더럴을 경험하게 된 것이다.

크리스틴은 ADHD 검사를 받기 위해 교내 학습센터를 방문했지만, 담당자는 공부 요령에 관한 책을 읽어보라고 권할 뿐이었다. 거기서 물러서지 않고 그는 정신과 의사를 찾아가 도움을 구했다. 그가 그곳에서 경험한 것은 학생건강센터에서 상담사와 했던 면담과 큰 차이가 없었다. 학교 상담사는 생활하면서 어떤 문제가 있는지를 알고 싶어 했다. 반면에 정신과 의사는 뭔가를 '털어놓게 하는' 대신 그의 증상을 분류하고자 했다. 그가 문제를 어떻게 바라보는지 혹은 그가 문제를 어떻게 집중해서 다루는지에 관해선 관심이 없었다. 정신과 의사의 목적은 오직 진단이었다.

크리스틴은 그 의사가 자신에게 이렇게 말했다고 전한다. "ADHD의 증상이 전부는 아니고 일부 보입니다. 각성제가 도움이 될 것 같네요." 그러고 나서 의사는 크리스틴에게 처방전을 써주었다. 면담에는 한 시간 반이 소요되었다.

크리스틴은 의사의 진단을 받아들이긴 했으나 그만의 방식으로 이해했다. 『정신질환의 진단 및 통계 편람Diagnostic and Statistical Manual of Mental Disorders』(이하 DSM)에 따르면, ADHD는 정신장애의 하나로 분류된다. DSM은 미국정신의학협회American Psychiatric Association에서 발간하는 정신질환 정보 자료집이다. 그런데 크리스틴은 편람에서 말한 대로 자신의 증상을 바라보지 않았다. 심지어 자신의 증상에 대해 전문가들과도 다른 정의를 내리기도 했다.

그가 보기에 ADHD 같은 질환들은 각기 다른 방식으로 해석될 여지가 있었으며, 바로 이런 유연성이 진단을 들어맞는 것처럼 보이게 한다고 생각했다. 다른 각도에서 진단을 해석하려 했던 그는 산만함이 오히려 새로운 것을 추구하는 데 도움이 된다고 보았다. 이 산만함이 한 가지 일에 집중해야 하는 다른 분야에선 약점이 되지만 말이다. 결국 단점이면서 장점일 수 있다는 것은 그것이 정신질환과 차별됨을 말해준다. 조현병에 대해 그는 이렇게 말한다. "우리 머리는 그것을 받아들여야 할 뿐 극복할 길은 없어요."

크리스틴은 자신의 ADHD를 정신질환으로 보지 않고 심각한 수준의 유전자 이상에 의해 빚어진 증상으로 간주했다. 정신과 의사는 이와 관련된 설명을 해주지 않았지만, 그는 친구들과 ADHD에 관한 이야기를 나누고 관련 서적들을 읽어나갔다. 그는 가족들의 경험담을 끌어와 이 견해를 뒷받침했다. 할머니와 자신의 두 자매도 뭔가에 집중하는 데 어려움을 겪었다. 특히 그에게 약물 처방을 받으라고 권했던 큰언니는 자신이 ADHD라고 생각하고 있었다. 큰언니는 약 덕분에 학업을 수월하게 마칠 수 있었다며, 이런 생물학적 해석*에 좀 더 무게를 두었다.

크리스틴은 ADHD 진단을 받은 덕분에 자기 이해self-understanding와 주변 환경 사이의 괴리를 어느 정도 납득할 수 있었다. 그의 이런 노력은 실제적인 동시에 정당한 것이었다. 생물학적 조건에서 보면 그의 문제는 외부 요인에서 비롯된 '실제적인 문

---

* ADHD가 유전적 문제라는 해석.

제'였기 때문이다. 이런 문제는 우리가 감당할 수 있는 범주의 것이다. 크리스틴의 표현처럼 '추상적인 도덕적 결함' 같은 것이 아니다. 그가 말하는 결함이란, 예를 들어 어떤 사람을 두고 "너는 성질이 못됐어"라고 할 때처럼 자아나 인성에 대해 정해진 특성을 가리키는 것이다. 그러나 신경생물학적 관점에서 보면, 그는 '게으르다' 혹은 '총명하지 못하다'와 같은 말로 자책하는 일을 멈출 수 있다. 도덕적 프레임이나 정신력 프레임을 씌우지 않아도 되는 것이다.

크리스틴은 각성제가 어느 정도 긍정적 효과를 발휘하고 있다는 점을 인정하긴 했지만, 그것이 정작 자신이 바라는 결정적 변화를 가져다주진 않았다. 그는 이렇게 말한다. "저는 하루하루를 보내면서 이런 생각을 하곤 했어요. '내가 할 수 있는 노력의 50퍼센트 정도밖에 발휘하지 못했어. 언제고 내가 100퍼센트의 노력을 쏟아부을 수 있다면 정말 대단한 결과가 나올 텐데 말이야.'"

약을 복용하는 문제에 대해 그는 좀 더 엄격하게 처신했다. 그는 약을 먹으면 머리가 더 잘 돌아가고 공부에도 더 흥미를 느낄 수 있다는 것을 알았다. 하지만 획기적인 변화는 없었고, 또 약을 먹으면 마음이 차분해지기 어렵다는 것도 알았다. 어떤 때는 약을 먹으면 사회적 관계가 더 나아지면서 주변 사람들에게 관심을 두게 되는 동시에 스스로 관심의 대상이 된다는 느낌을 받았다. 하지만 또 어떤 때는 자신이 사회적으로 '골치 아픈 존재'가 아닐까 하는 근심에 휩싸였다. 그에 따르면, 결론적으로 약이 도움이 되는 것은 맞다, 하지만 '기적의 특효약'은 아니다.

상실과 우울의 시대

크리스틴의 사례는 드문 일이 아니다.[2] 오히려 너무 흔하다. 힘겨운 일상을 보내는 수많은 사람들이 정신장애 진단과 향정신성의약품 처방을 받고 있다.[3] 놀라울 정도로 널리 퍼진 이 대중적 현상을 제대로 이해하기 위해 나는 조사원들과 함께 열여덟 살에서부터 예순세 살 사이의 사람들 여든 명을 인터뷰했다.[4] 인터뷰 참가자들은 미국 시카고, 볼티모어, 보스턴의 도심 지역과 버지니아주 내륙의 샬러츠빌, 해리슨버그 같은 소도시 지역에서 내가 낸 광고를 보고 지원한 사람들이었다.

광고에서 요구하는 참가자 자격은 이러했다. 울적한 마음으로 힘들어하는 사람, 사회생활에서 불안감을 떨치지 못하는 사람, 집중력과 주의력을 요하는 일을 하는 데 어려움을 겪는 사람 그리고 이런 경험들을 기꺼이 나눌 수 있는 사람. 앞의 세 부류를 고른 이유는 이런 증상들이 현대사회에서 가장 팽배한 정신적 고통으로 알려져 있기 때문이다.[5] 나는 진단과 약물 처방을 받은 크리스틴 같은 사람들은 물론 그 밖의 비의료적 방식으로 문제 해결을 시도한 사람들을 모집하기 위한 목적으로 이런 광고 문안을 작성했다. 한 증상에 대한 서로 다른 방식의 설명과 치료법을 비교함으로써 나는 각각의 설명과 치료법이 가진 특징을 좀 더 체계적으로 이해하고 싶었다.

지난 한 세대 동안 정신장애 진단과 약물 처방을 받은 사람들의 수가 증가하는 문제에 대해 논쟁이 달아오르다 식기를 반복했다. 정신의학계 쪽에선 이를 개선되는 현상으로 받아들이고, 주류 의학계에선 정서, 행동 그리고 인지장애와 관련하여 진단과 약물 처방이 늘어나는 것은 심신 미약의 정신장애를 가진 사람들이 많다는 점을 반영하는 현상일 뿐이라 주장한다. 예를 들어 미국정신의학협회에 따르면, 해마다 미국인 네 명 가운데 한 명이 정신장애를 호소한다. 이런 관점에서 병리적 상태에 놓여 있는 사람들은 결국 필요한 도움을 받게 된다. 모든 진단과 처방은 정신적으로 고통을 겪는 사람들을 위한 것이다. 대중매체나 혹은 환자가 정신의학적 관점에서 자신의 경험담을 써낸 베스트셀러나 그것들을 관통하는 생각은 같다.

정신질환은 공공이나 임상 영역에서 중대한 문제이지만, 정서장애나 행동장애를 진단받은 사람들은 대부분 이런 범주에 포함되지 않는다.[6] 우울증, 사회불안장애, ADHD와 같은 수많은 장애 항목을 수록하고 있는 DSM 진단의 한계는 기준이 딱 부러지지도 않고 경험의 맥락도 제대로 고려하지 못한다는 것이다.[7] 우울증은 1960년대와 1970년대에 새롭게 정의되기 전까지는 상대적으로 흔한 질환이 아니었다.[8] 1980년에 DSM 목록에 처음 등장한 사회불안장애만 하더라도 1990년대 말까지는 거의 알려지지 않은 질환이었는데, DSM에 등재되면서 1천만 명에서 1천 600만 명에 이르는 환자들이 어디선가 갑자기 나타났다. 결국 이 질환은 미국에서 세 번째로 환자가 많은 정신질환이 되었다.[9] 미국 고등학교 남학생 다섯 명 가운데 한 명꼴로 ADHD 진단을 받았는데, 이는 가장 높은 역학 추정치를 웃도는 비율이었다.[10]

물론 많은 전문가들이 폭넓게 규정된 DSM 진단 기준을 보지 않고, 환자와의 소통과 환자가 처한 환경에 대한 조사를 최소화한 채 어려움을 호소한 기록만 가지고 진단을 내린다.[11] 정신 건강에 관한 가장 포괄적인 역학 연구가 현재까지 밝혀낸 바는, 정신질환으로 치료를 받은 사례 가운데 겨우 절반만이 최소한의 진단 기준을 충족시켰다는 점이다.[12] 이제 사람들은 일상적으로 의사가 정확한 진단을 내리기도 전에 혹은 의사의 진단과 반대로 자신들의 문제에 대해 진단을 내리며 의학 용어를 남용하고 있다.[13]

그렇다면 심각한 정신질환이 아닌 누구나 어쩌다 겪게 되는 정신적 고통이나 힘든 상황, 행동상의 어려움을 경험하는 사람들은 어떨까? 바로 그들이 내가 이야기를 나누고 싶은 사람들이었으며, 정신과적 진단과 처방을 받는 대표적인 이들이었다. 그러나 그들의 경험 내용은 당연하다는 듯이 정신장애의 범주에는 들지 못했다. DSM에 따르면, 일반적인 스트레스 요인이나 상실, 사회적 일탈 행위, 개인과 사회 사이의 갈등에 대한 예상할 수 있는 반응은 정신장애가 아니다.[14] 그러나 내가 인터뷰한 사람들을 보면 그들이 호소하는 어려움은 바로 이런 것들이었다.[15] 나는 그들이 어떻게 자신들의 경험, 즉 '일상의 정신적 고통'을 이해하고 있는지 궁금했다.

진단과 약물 처방을 받은 사람들의 수가 늘어난 문제를 논하는 과정에서 진단의 적절성 문제는 우리의 논의를 다른 방향으로 이끈다. 많은 책과 기사들이 문제로 삼는 이슈는 정신의학적 관점과 의료화* 그리고 누구나 가지고 있는 기질적 질환과 정신장애가 가져오는 고통에 대한 광범위한 치료였다.[16] 여기 문예비평가, 사회학자 그리고 정신과 의사가 각각 쓴 책들의 세 가지 대표적인 예가 있다.

- 『만들어진 우울증』(크리토퍼 레인, 2009년)
- 『어쩌다 우리는 환자가 되었나』(피터 콘래드, 2018년)
- 『정신병을 만드는 사람들』(앨런 프랜시스, 2014년)[17]

이런 책들을 보면 DSM 장애 범주가 급격히 늘어난 것, 거대 제약회사들이 공격적 마케팅을 펼치는 것 그리고 좀 더 불길한 것으론 이런 회사들이 과학과 임상 연구에 미치는 영향력을 알 수 있다. 이런 책들의 단점은 결국 의사에게 도움을 청하게 되는, 어떤 장애 범주에도 들지 않는 일상의 고통에 대해 별달리 해주는 이야기가 없다는 것이다. 그보다 이 책들이 집중하는 것은 전문 의료인과 의료 산업의 움직임이다. 그리고 '인간 조건' 혹은 '정상적 행동'을 의료적 관점에서 재정의하려는 거대 조직의 압력과 변화다. 이 책들은 정작 환자들이 실제로 어떤 고통을 겪는지를 헤아려야 하는 지점에선 논의를 멈추고 만다.[18]

이 책들은 사람들의 우려를 '애매한 불만' 혹은 '일상적 불행' 등의 아주 단순한 용어로 규정한다. 혹은 의료 산업이 장애

- medicalization, 모든 증상을 병으로 규정하고 치료 대상으로 삼는 것을 말한다.

범주('질병의 상업화' 혹은 '질병 팔기')와 치료 여지를 늘림으로써 사람들로 하여금 정상 생활에 불만을 품게 만든다고 본다.[19] 예를 들어 제약회사의 광고는 사람들로 하여금 필요도 하지 않는 약을 복용하도록 유도하는 고도의 기만행위라는 것이다.[20] 왜 유독 개인의 어떤 경험이 별다르게 느껴지고 그에 대해 치료의 필요성을 느끼는지 그리고 거기에 어떤 고통이 수반되는지에 대해서는 별 말이 없다. 또 의료적 접근이 필요한 이유와 이런 접근이 사람들과 그들이 품고 있는 스스로에 관한 생각에 어떤 영향을 미치는지에 대해서도 마찬가지다.

인터뷰에 응한 사람들의 이야기를 들으면서 나는 그들이 필요로 하는 바와 목적을 더 잘 이해해보려 했다. 그들의 이야기에 귀를 기울이되, 겉으로 드러난 말이 아닌 이면의 의미를 파악하고자 했다. 예를 들어 나는 이런 질문을 했다. 어떻게 의학적 상징주의, 신경생물학 개념, 제약회사와 같은 것들이 사람들이 자신들의 삶의 궤적을 이해하고 수정하는 데 적용할 수 있는 사회적 대상 혹은 서사가 될 수 있을까?

사람들은 그렇게 말하지만, 향정신성의약품 처방이 크게 늘어난 것은 최근의 현상이 아니다. 이 현상은 1950년대까지 거슬러 올라간다. 1960년대 말, 성인의 향정신성의약품 사용 비율은 오늘날의 그것에 육박했다. 그러나 내가 발견한 바에 따르면 여기엔 무언가 색다른 중요한 변화가 있는데, 그것은 약물 사용보다 좀 더 은밀하며 가늠하기 어려운 변화다. 바로 '상상법 imaginary'에서의 변화다. 이때 상상이라는 말은 사람들이 자신들에 대해 상상하고 자신들의 고통과 그 원인, 해결책에 대해 상상한다는 의미다. 이 책의 주제이기도 한 이런 변화는 내가 거기서 (이론, 역사, 맥락 면에서) '핫한' 이해와 평가를 찾고자 하는 주요한 흐름이다.[21]

상상이라는 새로운 주제로 넘어가기 전에 사람들이 겪게 되는 '일상의 고통'과 '곤경predicament'이 의미하는 바를 구체적으로 얘기할 필요가 있겠다. 인터뷰에 응한 사람들이 자신들의 경험에 대해 무엇을 말하고 그것을 어떻게 해석하는지 알기 위해서는 정신의학 용어가 아닌 이와 같은 일상어를 써야 할 필요가 있었다.[22] 정신의학 언어로 말하게 되면, 이 인터뷰에서는 (자아와 사회적 규범 같은 핵심 문제를 포함하여) 중요한 많은 것들이 별로 눈에 띄지 않게 된다. 정신의학 언어는 그런 것들을 선천적으로 배제하기 때문이다.

매일의 삶에서 받는 상처

'일상의 고통'이라는 말을 통해 내가 소개하고 싶은 개념은 이런 것이다. 이것은 '상태'라는 말과 달리 힘들어하는 사람의 생생한 경험을 가리키며 병리학적 의미를 함축하진 않는다. 이것이 의미하는 것은 고민과 몸부림, 그것들로 이루어진 고통스러운 현실 그리고 거기서 벗어나고 싶은 간절한 바람이다.[23] 구체적으로 이 말이 가리키는 것은 일상생활 속의 정신적 고통이다.[24]

'일상'은 사전적 의미로 날마다 반복되는 특별할 것 없는 생활이다. 그러나 사회학과 인류학 같은 사회과학 영역과 정치학, 역사학 저작물에서는 '일상'이 일반인들의 절실한 현실적 경험 내용을 가리킨다. 그런 일상을 이해하기 위한 노력은 사회생활에 대한 추상적이고 제도적이며 엘리트 중심의 설명과는 궤를 달리한다. 일상생활이란 세계에 대한 암묵적 '상식'에 기반한 지식을 바탕으로 이루어지는 현실의 활동과 관계가 벌어지는 공간이다.

　우리 모두 경험을 통해 잘 알고 있듯이, 일상은 투쟁의 현장이다. 특히 오늘날과 같이 급속한 사회 변화가 일어나는 환경에서 우리는 지속의 시간과 밀도 면에서 다양한 형태의 붕괴와 좌절을 겪게 된다. 이혼, 실직, 이사, 자녀와의 갈등, 도덕적 딜레마, 신앙의 위기, 질병, 사랑하는 이의 죽음…. 우리가 고통스러워할 수밖에 없는 좌절, 거절, 굴욕 등의 경험은 일일이 나열하기도 어렵다.

　이 책에 소개된 바와 같이 힘들고 때로 매우 버거운 경험을 하게 되면 정상 생활을 하기 어렵고 매우 고통스럽다. 물론 '고통'이라는 말은 상당히 센 표현이다. 이런 이유로 우리는 이 말을 극심한 신체적 통증이나 부상이나 박탈 혹은 외상과 같은 가혹한 경험에 한정해 쓰곤 한다. 내가 인터뷰한 사람들 가운데 자신들이 겪은 바를 '고통스럽다'고 말한 사람은 단 한 사람도 없었다. 그러나 이 표현 이외에 달리 더 적절한 표현을 나로선 찾기 어렵다.

　사회학자 이언 윌킨슨은 고통을 다룬 문학을 언급하면서

감정과 행위의 측면에서 겪게 되는 일상의 시련에 대해 말한다. 그는 이렇게 쓰고 있다. "우리는 사별이나 상실, 사회적 고립, 개인적 소외와 같은 경험에서 겪게 되는 것을 고통이라 여긴다. 그런 고통에는 우울, 불안, 죄책감, 굴욕, 무료, 고민 등이 포함돼 있다."[25]

정서적 고민과 더불어 일상의 고통에는 자존감 손상과 자신이 정상이 아닌 듯한 느낌도 포함돼 있다. 사람들을 혼란에 빠뜨리는 이런 고통은 여러 형태의 도전을 불러일으키는 반면, 자기 이해와 사회적 지위를 위협하는 자기 혼란의 경험은 고통의 정의적인 세부 특징*이다.[26]

크리스틴의 이야기를 떠올려보자. 그가 자신을 평가하는 기준에 따르면, 크리스틴은 단연 돋보여야 하며 누구보다도 더 다른 사람들의 관심을 받고 사람들과의 관계에서 재치 있고 자신감이 넘쳐야 한다.[27] 크리스틴의 경우 이 기준에 미치지 못할 때, 특히 학교를 옮겼는데도 달라진 것이 하나도 없었을 때 낙담하여 어찌할 바를 몰랐다. 이런 상태가 되자 그는 뭐라 할 말도, 뭔가 할 수 있는 대안도 없었다. 그저 전문가의 도움을 구할 뿐이었다.

크리스틴은 자신의 고통을 좀처럼 납득하기 어려웠다. 좀 더 철저한 자기관리가 필요하다는 부모의 말을 받아들이긴 했지

---

* defining feature, 범주 소속성을 정의하는 데 있어 가장 핵심적인 세부 특징을 말한다. 예를 들어 새의 정의적 세부 특징으로 '피부를 갖고 있다', '깃털을 갖고 있다', '호흡을 한다' 등을 들 수 있다.

만, 뭔가를 열심히 한다고 해서 현재 자신이 겪고 있는 문제가 해결되진 않았다. 그의 문제는 다른 데 있었다. 그의 문제는 어떤 목적을 이루지 못한 데 있는 것이 아니라 남들보다 더 잘나지 못하고 더 많은 것을 성취하지 못했다는 사실에 있었다.

19세기 덴마크 철학자 쇠렌 키르케고르는 이 둘의 차이를 명확하게 보여주었다. 그는 절망감을 논하는 자리에서 '절망감에 빠진 사람은 뭔가에 절망한 사람'이라 말했다. 자신의 야망을 성취하지 못해 '뭔가에 절망한다'고 할 때, 그 사람이 실제로 절망하는 것은 바로 자신에 대해서다. 그런 자신을 견딜 수 없는 것이다.[28] 어떤 기준이나 존재의 규범을 충족하지 못해 자신에 대해 매우 기본적이면서도 해석 이전의 문제에 직면하게 된다고 해서, 크리스틴이 겪고 있는 바를 두고 절망이라 하는 것은 다소 과한 표현일 수 있다. 그렇다면 그의 경험은 그에게 무슨 문제가 있다는 것, 다시 말해 그의 정체성에 문제가 있음을 의미했던 것일까?[29] 이런 요지의 질문을 이 책을 쓰기 위해 인터뷰를 했던 거의 모든 사람에게 했다.

이런 문제가 발생하는 것은 이 고통이 '나'라는 사람이 어떤 사람인지, 내가 살아가는 목적은 무엇인지, 현재 내가 어떤 상태에 처해 있는지에 영향을 미치기 때문이다. 그것을 다른 것과 비교하는 경우를 보자. 정신장애에 대한 편견을 없애기 위한 공공 캠페인을 보면, 정신장애가 당뇨와 같은 만성질환과 비교하는데 이런 비교는 문제가 있다. 일단 당뇨와 같은 의학적 질환은 근본적으로 자기 이해나 소망과 관련이 없는 것이기 때문이다. 그런 질환이 있으면 당연히 일상의 고통, 즉 살고 죽는 문제가 수반되는 만성질환으로 인한 괴로움으로 이어지는 반면, 질환 그 자체는 외적 기준에서, 즉 생리적 기능 측면에서 규정되고 진단되며 그리고 그에 따라 치료가 이루어진다.

　　이 책에서 논하는 고통은 다른 것이다. 감정, 인지, 생각, 행동 면에서 일어나는 변화의 경험은 생리학적 영향을 받는 것이지만, 이런 경험은 자신의 현재 상태와 타인과의 관계와 얽혀 있다. 이런 고통에 대해서는 혈액검사 같은 것이 존재하지 않으며 존재할 수도 없다. 일상의 고통을 그런 식으로 느끼게 하는 것 혹은 부끄러움, 근심, 실망 등의 감정 경험을 일으키는 원인은 그 고통을 겪고 있는 사람과 무관하지 않다. 이런 감정들에는 그것을 직접 경험하고 있는 이의 평가가 반영되어 있기 때문이다. 이런 평가에서는 '객관성' 혹은 외부로부터의 냉정한 평가란 있을 수 없는 것이다.

　　일상의 고통에 대한 평가에는 뜻한 대로 일이 돌아가지 않는 것에 대한 우리의 평가가 포함돼 있다. 무언가 뜻대로 되지 않는다는 것은 사회적 기준 혹은 이상에 빗대었을 때 알거나 느낄 수 있다. 우리가 중요하게 여기고 항상 염두에 두는 그 기준이나 이상이 제아무리 (정상적이다, 그렇게 해야 한다, 적절하다, 칭찬받을 만하다 등의 형태로) 암묵적이라 할지라도 말이다.[30] 우리가 어떤 구체적 판단을 내릴 때는 자신이 구성원으로 속해 있는 공동체의 언어와 전제에 영향을 받게 되며, 그 판단에는 그것을 말로 하든 안 하든 다른 사람이 그런 규범norms을 얼마만큼 잘 따르고 있는지를 비교하는 것도 포함돼 있다. 크리스틴을 포함한 여러 사람의 경우, 이런 식의 주관적 비교는 그들 자신에게 무언가 남다른 것, 다시 말해 혼란스럽고 불안한 무언가가 있음을 의미한다.

영어로 '고통suffering'은 라틴어 suffero('겪다'라는 의미)에서 유래했다. 고통이란 우리에게 일어나는 일이다. 우리의 행동으로 인해 문제가 발생했다 하더라도 고통은 우리가 의도하는 것이 아니다. 고통을 겪게 되면 우리가 중요하게 여기는 것이 위기에 처하며, 이 위기감이 크거나 위협을 느낄 정도가 되면 우리의 의도는 좌절된다. 이런 고통의 경험은 우리를 거스르고 혼란과 오리무중에 빠뜨린다. 그것은 이해하거나 말로 표현할 길이 없는, 불안하고 고립된 좌절감을 안겨주는 경험이다.

인터뷰에 응했던 참가자들의 경우, 그들은 왜 자신들이 그런 고통을 겪었는지 잘 알지 못했다. 그들이 당혹감을 느끼는 정도가 다양하여, 그들을 힘들게 하는 것이 무엇이든 그것을 효과적으로 극복하거나 감당할 능력이 안 되었다는 점을 감안해야 한다. 이렇게 통제가 되지 않음으로써 고통은 더욱 배가되고 그것에 대한 설명과 반응을 끊임없이 요구하게 된다.[31]

힘든 정신 경험

일상의 고통으로 인해 사람들은 '곤경'에 처한다. 나는 정치이론가 윌리엄 코널리가 다음과 같이 얘기한 의미로 이 말을 사용한다. "곤경은 우리가 안에서 경험하고 느끼는 상태이며, 우리가 그 상황을 개선하거나 극복하려 하는 것이다."[32] 어떤 사건이나 경험을 이해하고 설명하고 싶은데 그럴 수 없는 진퇴양난의 처지를 표현하는 말이기도 하다. 이해하고 설명할 수 있어야 기준이 생겨 마음의 안정을 찾든 거기서 벗어나든 할 수 있다. 벗어난다는 말은 자신이 알고 있는 최선의 방식으로 나아간다는 의미이기도 하다.[33]

인터뷰에서 곤경은 다음과 같은 표현으로 일반화할 수 있었다. 어떤 기준을 상정하고 그것에 대해 "왜 저는 할 수 없는 걸까요?"라고 말하는 것이다. 크리스틴처럼 많은 이가 이런 어려움을 사회적 성과의 관점에서 표현했다. 그들은 낯선 사람들을 만나는 파티나 발표회처럼 여럿이 같이하는 활동에서 이런 어려움을 호소했다. 그들의 어려움은 다음과 같은 질문으로 표현할 수 있다. "왜 저는 다른 사람들처럼 편안하고 자신감 있게 사회적 관계를 맺지 못하는 걸까요?" 한 관련 집단에서는 업무나 학업 영역에서 성과를 내지 못한다며 어려움을 표현했다. 학생들에겐 학점과 단체 활동이 가장 큰 근심거리고 성인들에겐 사업 실패와 자신들이 하는 일의 불확실한 전망이 가장 큰 걱정거리였다. 핵심 질문은 이것이다. "왜 나는 기대만큼 일을 잘하지 못할까?"

또 다른 곤경이 있다. 인터뷰에 참가한 사람들은 중요한 인간관계의 심각한 단절이나 파탄에서 오는 고통을 호소했다. 죽음, 이혼, 실연과 같은 일련의 사건들을 겪으면서 그들은 친구, 배우자, 부모 등 가까운 사람들과 이별을 경험해야 했다. 하지만 그들은 그런 유형의 상실로 자신들의 고통을 규정하진 않았다. (비록 그중 몇몇은 우정 문제에서 계속해서 상실감을 느낀다고 강조했지만 말이다.) 오히려 그들이 물어본 주된 질문은 다음과 같이 요약할 수 있었다. "왜 저는 이미 무언가를 잃거나 변해버린 지금에 와서 여전히 과거에 발목 잡혀 앞으로 나아가지 못하는 걸까요?" 그들은 자신들의 감정을 제대로 통제하지 못한다고 여기거나 혹은 채워져야 할 곳이 비어 있는 공허감을 계속 느낀다.

마지막 집단은 성취의 문제와 관련해 자신들이 어떤 곤경에 처해 있는지 말했다. 이것은 능력을 제대로 발휘하지 못하는 것과는 좀 다른 문제다. 효율이나 집중력 혹은 기량에 관한 문제가 아니라 가시적 성공에 관한 문제다. 여기서 던지는 핵심 질문은 이렇다. "이렇게 열심히 하는데도 왜 저는 계획과 포부를 실현하지 못하는 걸까요?" 그중에는 삶이 뜻대로 풀리지 않은 데 대한 실망감을 나타낸 경우도 있다. 어느 정도 나이를 먹은 지금, 그 나이 즈음엔 갖고 있으리라 기대하는 재산이나 사회적 지위나 기반 같은 것을 갖추지 못하고 있다는 이야기다. 인간관계라든가 결혼도 못 한 자기 신세에 대해 스스로 불행하다고 여기는 사람들도 많았다. 인터뷰에 참가한 사람들 가운데 다소 젊은 축에 드는 이들은 자신들을 둘러싼 상황을 힘들어했다. 그들은 경제적으로 힘들어하고 일에 허덕이며 자신들이 바라고 소망한 바를 이루지 못한 데 좌절했다.[34]

인터뷰 참가자들로선 자신들의 곤경을 문제로 다룬다는 것은 이런 질문(자아와 자기 해결력의 문제)에 답을 얻고 기준을 충족할 수 있는 길을 모색한다는 것이었다. 분석적으로 볼 때 우리는 곤경이 고통에 수반되는 것이며, 그것을 개선하거나 극복해야 하는 대상으로 여긴다는 사실을 알 수 있다. 그러나 고통을 받는다는 것은 그 자체가 곤경의 일부다. 즉 자기 자신과 타인의 관계에 대한 평가가 한데 얽혀 있는 것으로, 의미를 찾거나 대응을 하는 것과 별개가 아니다. '나한테 무슨 문제가 있는 것일까' 그리고 '그것을 어떻게 하면 좋을까'는 서로 깊이 얽힌 관계에 있으며 서로가 서로를 함의하고 있는 문제다. 어느 쪽이든 그 문제를 얘기하게 되면 감정선이 다시 형성되고 앞서 내린 판단에 대해서도 재고하게 된다. 고통에 대한 초기 현상을 해석하는 방식은 나중에 일어나는 일이 결정적 영향을 미친다.

곤경에 관한 모든 것은 해석의 문제와 관련이 있다. 앞서 말했듯이, 오직 경험을 토대로 해서만 일상의 고통을 묘사할 수 있다. 자기 이해, 지위 고려, 타인과의 비교, 중요하다고 여기는 기준과 이상에 빗대어 평가하는 행위 등이 모두 이와 관련이 있다. 혈액검사로 포도당 수치를 읽어내듯이 경험을 통해 쉽게 읽어낼 수 있는 '순수한 사실'이란 존재하지 않는다. 크리스틴의 사례에서 보았듯이, 진단, 장애, 약물치료 효과, 뇌 이상 같은 의학적 개념으로도 불가능하다. 인터뷰 참가자들이 이런 표현을 쓰긴 했지만, 그것은 해석의 틀과는 무관한 것이다. 그뿐 아니라 이 개념들의 의미도 곤경과 그것을 개선하려는 노력이라는 틀 안에 놓이게 된다. 인터뷰 참가자들의 이야기는 짜깁기라는 해석 행위에서 벗어날 수 없다. 그것은 자신의 경험이 의미하는 바와 그것이 좀 더 넓은 의미에서 자기 이해와 열망과 어떤 관련이 있는지에 대한 현재의 이해를 반영한 것이다.

따라서 곤경을 분석해 들어간다는 것은 해석 행위를 분석하는 것과 같다. 이는 곧 해석학적 혹은 해석적 작업인 것이다. 내가 몸담고 있는 사회과학과 철학 분야에서 수행하는 해석적 전통에 따르면, 우리는 자신을 해석이라는 행위를 통해 이해한다. 즉 우리가 세상을 이해하도록 만들어주는 의미 체계를 가지고 우리 자신을 이해한다.[35] 그러므로 다른 사람이 처한 곤경을 이해하려면 그가 어떤 해석 행위를 하는지를 알아야 할 뿐 아니라 그것을 또한 우리가 해석해야 한다. 결국 해석 행위를 해석해야 한다는 말이다.[36]

해석하기를 해석하기

사람들의 인터뷰 내용을 분석하면서 나는 그들의 세계 속으로 들어가고자 했다. 사람들이 자신들이 겪은 일에 대해 말하고자 하는 것이 무엇이지, 그들이 고통에서 어떤 영향을 받았는지 그리고 그들이 어떤 행동을 취했고 왜 그런 행동을 취했는지를 파악하고자 했다. 그뿐 아니라 그들이 말하는 감정 그리고 그들이 바라는 기준과 거기에 미치지 못한 자신들의 상태에 대한 느낌을 파악하고자 했다. 한마디로 그들의 이야기를 이해하고자 했던 것이다.[37]

그들의 이야기를 염두에 두고 그 의미를 고려한다는 것은 도덕과 철학적 인간학*의 문제, 즉 세상 속에 있는 자신을 어떻게 인식하는가의 문제와 관련이 있다. 나는 질문을 던졌다. 어떤 해석을 설득력 있거나 호응할 수 있게 해주는 것은 무엇인가? 이런 해석들에 힘을 실어주는 것은 무엇인가? 인류학자 레나토 로살도가 "문화적 서술을 하려면 설득력이 필요하다"고 주장했던 것처럼 말이다.[38] 즉 그들은 설명의 틀과 행동의 패턴을 해석해주는 역동성(설득하고, 감정에 호소하고, 영감을 주는)에 주의를 기울여야 한다.

일상의 고통이라는 문제에서 내가 강조하고 싶은 것은 도덕, 사람과 선善의 관계에 주의를 기울여야 한다는 점이다. 여기서 내가 말하고자 하는 바는 도덕률이 아니라 목적의식과 의미다. 다시 말해 책임의식에 대한 인식과 옳고 그름을 즉각적으로 알아채는 것을 말한다.[39] 인터뷰 참가자들의 해석 행위를 해석하면서 나는 그들이 규범적 측면에서 어떤 이상적 기준을 가졌는지, 어떤 옳고 그름의 판단 기준이 흔들렸는지 그리고 어떤 자아의 모습을 바람직하다고 여겼는지를 헤아리고자 했다.

내가 쓴 방법은 비교였다. 한 번의 인터뷰로는 한계가 뚜렷했다. 개인적 정보, 배경, 과거 그리고 그가 처한 환경에 대해

---

* philosophical anthropology, 인간에 관해 연구하는 인류학 anthropology과 구별하기 위해 철학적으로 행해지는 인간에 관한 연구는 인간학 혹은 철학적 인간학이라 한다.

아는 바가 적으면 그를 이해하는 데 한계가 있었다. 폭넓게 인터뷰를 하는 일이 중요했다. 그래야 비교도 할 수 있고, 의미의 보편 양상을 가려낼 수 있기 때문이다. 고통에 관한 두 사람의 이야기는 같을 수 없다. 모든 고통은 본질적으로 그 사람만의 사적인 감정 경험이기 때문이다. 하지만 인터뷰 참가자들이 고통에 대해 말할 때 사용하는 문법과 형식은 사적이지 않다. 그들의 이야기는 다른 사람들이 이해하고 인식할 수 있는 언어와 은유와 모델을 사용하기 때문이다. 여기서 나타나는 패턴을 통해 여러 사람의 이야기를 비교할 때만 알 수 있는 공통된 묘사가 무엇인지를 엿볼 수 있다.

그뿐 아니라 이 패턴을 통해 마음의 고통을 안고 있는 이들에게 의미를 부여하고 형성하는 배후의 가정과 이상적 기준이 무엇인지도 알 수 있다. 해석적 접근을 위해서는 그 의미의 '배경'이나 '시각'과 명백히 확인된 지식 사이의 구분이 전제되어야 한다.[40] 사람들의 해석과 그들의 공통된 의미 형성 과정을 이해하기 위해서는 인터뷰 참가자들이 자각하지 못하는 그 이면의 배경을 볼 수 있어야 한다.[41] 원리상 그 배경의 깊이와 폭은 한계가 없으므로 해석도 완결이란 없으며, 고려해야 할 맥락만이 언제나 남아 있다. 적어도 내가 목표한 바는 그들의 이야기에서 발견한 패턴을 이해하는 데 필요한 배경을 끄집어내는 일이었다. 이어서 얘기하겠지만, 이 배경이란 제도적인 것과 문화적인 것 둘 다를 말한다.

여기서 다시 크리스틴의 이야기를 떠올려보자. 생물학적

결함이 없다면, 우리는 그의 문제가 생각의 결함에서 비롯된 것이 아닐까 짐작하게 된다. 이런 해석은 심리학자들이 대학생들에게 밀어닥치는 갈등에 대한 보고서를 쓸 때 종종 채택하는 것이다. 하버드대학의 학생정신건강센터 책임자가 쓴 책에 나온 표현대로, "내가 최고가 아니라면 나는 도대체 무어란 말인가"와 같은 문제에 맞닥뜨리게 되면, "결론이 났어. 난 실패자고 부끄러운 존재야"라는 잘못된 결론을 내리는 학생들이 있다.[42]

이런 주장을 펴는 심리학자들은, 그런 학생들에게 필요한 것은 나쁜 생각 습관을 고칠 수 있는 '비판적 사고 능력' 혹은 인지행동치료*(이런 관점에서는 문제를 왜곡된 사고의 반응으로 해석한다. 즉 우리가 실패자라고 생각하는 이유는 아무런 근거도 없다는 식이다)라고 말한다.[43] 이런 관점에서는 (이유를 알 수 없을 정도로 많은 수의) 학생들은 잠시 혼란스러운 상태일 뿐이고 자신들과 자신들이 처한 환경에 대해 좀 더 균형 잡힌 시각을 갖추면 된다고 본다. 문제는 그들이 머릿속에서 만들어낸 것이며, 크리스틴과 같은 학생들에게 필요한 것은 도움이 되지 않는 사고 패턴을 교정하여 사안을 제대로 보는 일이다.

그러나 해석적 관점에서는 생각의 결함을 말하느라 크리스틴이 반응할 수 있는 실질적이며 손에 잡히는 배경이 무시되거나 부정된다. 그는 자신에게 현실적인 도덕적 요구를 하는 실

---

* cognitive behavioral therapy, 환자의 부정적인 인식을 환자 스스로 극복할 수 있도록 행동과학으로 유도하는 치료법.

질적인 '삶의 규범'에 반응한다. 자유로운 자아가 지배하는 상황에서 '잠재력'은 개인의 가능성을 의미하는 말이다. 크리스틴이 자신의 기준을 맞출 수 없다는 점과 그로 인해 마음의 고통을 떠안게 되었다는 점은 스스로 납득 가능한 일이 아니다. 결국은 자신의 잠재력의 문제라고 말하면서 그는 "그 누구로부터도 내가 아닌 다른 사람이 되어야 한다는 압박을 받은 적이 없다"고 주장한다.

그렇다면 무엇이 그가 자신이 원하는 삶을 사는 일을 막을 수 있을까? 그에겐 두 개의 선택지가 있다. 하나는 그가 좀 더 기대치를 낮춰 자신의 잠재력을 하향 조정하는 것이다. 그러나 그렇게 하려면 좋은 사람에 대한 정의가 바뀌어야 한다. 왜냐하면 그가 생각하는 좋고 나쁨의 기준은 이 잠재력과 관련돼 있기 때문이다. 다른 하나는 문제 원인이 다른 데 있다고 생각하는 것이다. 기대치를 하향 조정하지 않아도 되는, 신경생물학적인 것이 관건일 수 있다. 이런 것들이 그가 생각하는 대안들이다. 그리고 우리는 곤경에 처한 그의 상태나 고민 혹은 더 넓은 규범적 배경을 고려하지 않은 반응 등이 어떤 것인지 정확히 알 수 없다.

크리스틴은 생물학적 기질로 인해 나타나는 문제가 자신을 곤경에 몰아넣는 원인이라 생각한다. 해석적 작업으로 할 수 있는 일 가운데 하나가 인터뷰 참가자들이 왜 그런 용어로 생각하는지를 밝히는 일이다. 내가 '머리말'에서 언급했듯이, 그의 믿음은 지금은 여러 해결책이 제시되고 있는 신경과학의 문제를 촉발한다. 뇌 기능에 문제가 있어서 크리스틴의 경우와 같은 문제가 발생한 것이라면, 해석이라든가 배경이라든가 하는 용어로 얘기하는 것은 핵심에서 벗어나는 일이다.

전문가 진단을 통해 우리는 알아야 할 중요한 것들을 모두 끄집어낼 수 있다. 전문가의 시각으로 보면 인과관계가 지나치게 생물학적일 수 있지만, 이는 '극단적인' 의료적 모델(모든 정신질환은 오직 분자신경과학으로만 설명할 수 있다)에서부터 인과관계를 다각도로 살펴볼 수 있는(사회학과 심리학적 이해의 여지가 있는) 모델에 이르기까지 다양한 설명 모델을 아우를 수 있다.[44]

사실 전문적 관점은 일반적 관점과 비교하여 양극성 측면에서 동일한 것이 많다.[45] 판단을 내리는 데 있어 단 하나의 모델이나 결정적 정보란 없다. 행위와 정신 활동은 모두 신경생물학적 연관성을 갖는다. 그리고 우리는 선천적인 것과 후천적인 것 모두에서 영향을 받는데 그렇지 않을 수가 없다. 그러나 크리스틴이 보인 '증상'의 원인이 생물학적인 것이라 설명하는 과학은 없다.

뇌의 작용에 관해 우리가 많은 이야기를 할지라도 그에 대한 해석의 문제는 여전히 남아 있다. 크리스틴과 같은 상황을 신체적 과정만 개입된 것으로 보는 해석은 핵심을 크게 벗어나는 것이다. 곤경, 도덕적 딜레마, 마음의 어두운 그늘 등과 같은 어려움에 봉착했다고 해서 신체적 문제를 잊게 되는 것은 아니다. 물론 신체 기능에 문제가 있을 수 있고, 그것이 심각할 수도 있다. (당연히 정신질환적인 상태에서 말이다.)

그러나 그런 문제에 관해 우리가 알고 있는 것이 무엇이든 그것을 자아의 문제와 정신적 고통에 관한 의미 있는 이야기에 끌어들이기 전에, 우리는 알고 있는 것과 다른 것, 즉 비신체적인 것을 체계적으로 엮을 필요가 있다. 그렇게 하지 않으면 현 상태에서 뇌에 관해 뜬구름 잡는 이야기만 늘어놓게 될 것이다. 이런 뜬구름 잡는 이야기는 실제로 치명적인 결과를 빚게 된다. 바로 이런 심각한 이유 때문에 우리는 '신경생물학적 상상법'을 살펴보고 그 문제를 해결하는 방향으로 서서히 옮아가야 한다.

상상법의 변화

해석의 패턴을 해석하는 과정에서 내가 채택한 방법은 귀납이다. 인터뷰 참가자들이 얘기하는 이유와 그들이 콕 집어 말하는 감정 상태 그리고 그들이 사용하는 비교 기준을 보면서, 나는 그 이면에서 적지 않은 일반적 패턴을 찾아낼 수 있었다. 즉 새로운 '상상법'으로의 이동 현상을 확인할 수 있었다. 물론 영어로 '상상의 친구imaginary friend'라는 표현을 사용한다면, 여기서 '상상의'라는 형용사는 '실재하지 않는 것을 실재하는 것으로 여긴다'는 의미다. 그런데 사회학에서 이것을 명사적 용법으로 사용하면 사회적으로 널리 공유된 암시적 의미를 지닌다. 그 의미는 일상적인 것에 생명을 불어넣고 그것을 정당화하며 연설, 이미지, 이야기, 상징, 버릇 등의 형태로 전달된다.[46]

상상에 관한 이야기를 할 때, 나는 전문적 논의나 이론적 설명을 언급하거나 혹은 추상적 관념 체계나 완성된 전망을 거론하지 않는다. 그보다 사람들이 자신들과 자신들이 몸담은 세계를 이해할 때 가져오는, 아직 논리적 체계가 제대로 갖춰지지 않은 초보적인 배경 가설에 대해 얘기한다.

　뒤에서 나는 일반인들 사이에서 일상의 고통을 정신적 삶과 내적 경험의 관점에서 바라보던 초기 방식, 다시 말해 '심리적' 혹은 '정신사회적psychosocial'이라는 용어로 부르던 상상에서 점차 벗어나는 경향이 나타나고 있다는 주장을 할 것이다. 그 자리에는 자아, 사회, 고통 그리고 이들의 상관관계에 관한 새로운 제도적 장치나 가설, 의미가 자리하기 시작한다. 이런 방식의 새로운 상상을 나는 '신경생물학적'이라고 말할 것이다.

　그 기준 지표는 1장에서 다룰 주제인데, 거기엔 기계적이며 전형적인 생물학 용어로 고통의 근원을 상상하는 내용이 포함된다. 이런 현상은 고통의 실질적 원인으로서 뇌 상태, 예를 들어 '화학적 불균형', '뇌 신경회로의 오작동'을 강조하는 참가자들에게서 두드러지게 나타난다. 그것은 시간성, 사회적 맥락, 의미를 배제하고 고통을 상상하는 하나의 방식이다. 크리스틴이 상담사와 대화를 나눴던 잠깐의 경험과 약으로 문제를 해결하고 싶어 하는 그의 마음이 서로 대립했을 때 나타났던 모습이다. 그것은 자기 정의의 관점에서 바라본 강력한 자아관에 입각해 곤경의 해결책을 상상하는 하나의 방식이기도 하다.

　신경생물학적 상상법은 내가 발견한 가장 일반적인 경향이다. 그러니까 그 경향은 여타의 의미 패턴 이면에 있는 패턴이다. 보편적이긴 하지만 그 패턴은 저마다 정도의 차이가 있다. 이런 이유로 나는 인터뷰 참가자들을 서로 다른 그룹으로 나눌 것이다. 참가자들의 이야기에서 나타나는 패턴을 살펴보면서 나는 그 패턴들을 상상법과 결부시켜 볼 것이다. 이를 통해 그 이야기에 담긴 흥미로운 부분과 실용적인 부분 그리고 교훈이 되는 부분을 좀 더 자세히 살펴볼 것이다. 물론 골치 아픈 결론들도 아울러 살펴볼 것이다.

　　참가자들의 해석을 보면 그 배경에는 제도화된 의료 용어와 치료법이 있다. 예를 들어 크리스틴은 장애 범주, 증상, 뇌 이상과 같은 일반화된 의학 개념을 사용한다. 이것은 그의 언어가 아니라 그가 고통을 표현하고 설명하고 드러내 보이고 효과적인 치료법을 제시하기 위해 가져다 쓰는 일종의 '문법'이다. 이 문법의 원천이 되는 것은 생체의학적 의미 지평(사상, 상징, 제도적 치료법 등으로 이루어진, 일종의 '보건 환경'을 말한다)으로 1970년대부터 시작된 것이었다. 개별적이며 상호적인 여러 발전이 한데 모여 이루어졌으며 DSM처럼 전문 영역에서의 변화와 대중 영역의 변화를 모두 아우른 것이었다.[47] 이런 발전들이 한데 모이면서 일상의 고통에 대한 '생물학화'가 이루어지기 시작했다. 이 부분에 대해서는 2장에서 자세히 다루겠다.

　　정신의학에서 행해지는 모든 신경과학적 논의는 한 가지 가정을 널리 퍼뜨리는 데 일조했다. 사람들은 과학 교육을 받았기 때문에 약을 복용하기를 원하고 자신들의 고통을 신경생물학적으로 말한다는 것이다. 인터뷰를 통해 알 수 있었던 것은, 이런 식으로 전문가와 대중의 이해 사이의 관계를 파악하는 것은 크게 잘못된 일이라는 점이다. 크리스틴은 의학적 개념을 사용하지만, 그것을 자신의 정신과 의사로부터 들어서 안 것이 아니었다. 그가 그 개념을 접한 것은 보건 환경의 다른 영역, 즉 미디어와 일상의 사회관계에서였다. 그가 ADHD 진단을 수긍하는 것은 그것이 자신이 겪은 바를 현실적으로 바라볼 수 있게 해주고 약을 먹는 것이 옳다고 생각하게끔 만들기 때문이다. 그럼에도 그가 생각하는 ADHD와 정신장애의 의미 그리고 애더럴의 효용 등과 같은 생각은 그만의 관점인 것이다.

생체의학*이라는 아이디어가 의미하는 바와 일부 사람들이 거기에 솔깃해하는 이유는 아직 명확하지 않다. 그것은 개인의 경험 위에 덧씌우면 되는 형판 같은 것이 아니다. 곤경의 의미를 해석하고자 할 때 이런 생각들이 그럴듯하게 여겨지는 것은 어떤 의미 아래서다. 그리고 이해를 달리하게 만든 그 의미는 개인의 특정한 경험이나 바람과 연결돼 있다. '인상 포인트impression point'라고 부를 수 있는 이것에 대해서는 3장에서 살펴볼 예정이다.

그러나 장애 범주와 약물복용은 실제적인 면에서든 상징적인 면에서든 긍정적 의미가 있는 반면 부정적 의미도 있다. 참가자들은 자기 이야기를 하고, 진단을 받고, 약을 복용하는 신경

---

* biomedicine, 생물학, 생화학, 생물물리학 등 자연과학의 원리를 기본으로 하여 연구하는 임상 의학.

생물학적 설명에 우려를 표한다. 전통적 논의에서 그런 우려를 인정하는 경우가 종종 있지만, 그것을 비난과 낙인 때문에 생기는 것으로 보기도 했다. 그러나 참가자들에게 그런 우려가 문젯거리는 아니었다. 그보다 그들은 스스로든 남에 의해서든 '남과 다르다'는 인상을 주는 것을 걱정했다.

위험을 제거하거나 무력화하기 위한 참가자들의 노력과 걱정을 이해하고 그것들을 정확히 자리매김하기 위해 나는 배경의 다른 부분에 주목할 필요가 있었다. 그 배경이란 사회적 규범과 자기 가치로 이루어진 넓은 범위의 문화 지형을 말한다. 곤경을 겪는다고 하면 그것은 곧 자아, 즉 존재가 시련을 겪는다는 말이다. 의학 용어와 약물복용도 그런 시련을 보태는 것이다. 그 시련을 헤쳐나가기 위해 그리고 '남과 다르다'는 시선을 극복하기 위해 참가자들이 어떤 노력을 기울이는지는 4장에서 자세히 살펴볼 예정이다.

참가자들이 의학 용어와 치료에 저항하는 것은 고정관념에 대한 부정적 실랑이가 아니라 바람직한 자아 개념을 회복하기 위한 긍정적 노력이다. 5장에서는 참가자들이 말하는 평가 기준과 바람을 살펴볼 텐데, 이를 통해 우리는 '실행 가능한viable 자아'의 규범과 극복해야 할 한계를 확인할 수 있다. 여기서 '실행 가능한 자아'는 참가자들이 자신들의 곤경을 해석할 때 그 토대와 규범을 제공한다(물론 정도의 차이는 다양하다).

현대사회와 같이 많은 사회적 다름과 하위문화로 특징되는 복잡한 사회에서는 바람직한 삶을 영위하는 데 필요한 실천과 권위와 관점이 다양하다. 그러나 나는 사람들이 곤경에 처했을 때 나타나는 공통의 존재 규범이 있다는 사실을 발견했다. 현대사회에서 폭넓은 가치를 인정받는 그것은 효율적이고, 최적화되어 있으며, 도구적이고, 자율적이다. 크리스틴의 사례에서 보았듯이, 이런 '자립성'을 정립 혹은 재정립하려는 목표를 가진 참가자들은 곤경을 의지의 제약 조건으로 보았다. 그리고 그 제약은 그들과 동떨어진 외부에서 비롯되는 것이었다. 신경생물학적 문법에 의지한다는 것은 곤경을 기술적으로 다룰 수 있는 대상으로 상상할 수 있는 길을 확보한다는 말이다.

이런 식으로 스스로 곤경에서 벗어나기 위한 길을 상상하는 참가자들에게 약물복용은 기술적 수단에 불과한 것이다. 6장에서 살펴보겠지만, 되고 싶은 존재의 모습과 객관적 수단 사이의 관계는 매우 밀접하다. 실행 가능한 자아를 확립하거나 회복해야 한다고 해서 자아를 정성적으로 설명하거나 과거사를 끌어오거나 혹은 사회적 환경에서 문제를 찾아야 할 필요는 없다. 한때는 꼭 필요하다고 여겼던 조치들을 지금은 건너뛰어도 된다. 그렇게 해도 된다는 것은 감수성 측면에서 근본적 변화가 일어나고 있으며 자신, 즉 내적 경험과 생활 세계로 시선이 바뀌고 있다는 신호다.

사회적, 경제적, 기술적 변화를 따라가면서 이제 우리에게 주어진 것은 더 유동적인 사회질서다. 이런 질서 속에서 우리는 스스로를 '가벼운', 다시 말해 심리적으로 투명한 존재로 보는 시각을 갖게 된다. 그것은 반성적이며 현재지향적인 자기 인식selfawareness을 중시한다. 그리고 그것은 사회란 자아 설계를 위해 (어느 정도) 열린 공간이라는 인식을 갖도록 만든다. 선택과 실행 가능한 자아로 이루어진 이런 세상에서 어떤 제약을 가한다는 것은 어느 외계에서 온 것처럼 비이성적인 행위다. '심리학 이후'의 객관적 수단은 그런 외계적인 것의 존재를 언급하며 사람들로부터 호감을 사는 존재가 되거나 그 모습을 회복할 방법을 제시해 준다.

참가자들의 이야기에서 드러난 바와 같이, 신경생물학은 기술과 도구의 도움을 받아 우리 자신을 진정 남다른 존재로 상상하는 방법이다. 내재성에 구애받지 않고 우리 자신에 대해 생각하며 다시 우리 자신으로 돌아가게 하는 방법이며, 제약에서 벗어나 우리 이야기를 쓸 수 있도록 만드는 방법이기도 하다. 이것이 약속이자 요청이다. 마지막 장에서 나는 인간 비용, 다시 말해 일상의 고통을 기계적 언어로 다시 묘사하고자 할 때 수반되는 고통에 대한 이해가 변화하는 현상을 고찰할 예정이다.

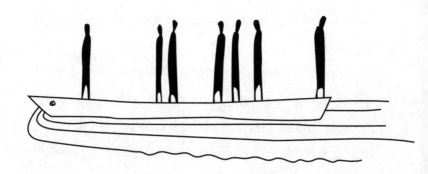

고통의 근원을 찾아서

내가 참가자들에게서 들은 이야기를 종합하자면, 우리의 자아를 지배하는 체제야말로 수많은 일상적 고통의 원천이라는 것이다. 우리가 되고자 하는 유형의 사람은 우리에게 큰 부담과 가혹한 의무를 지운다. 자유에 대해 우리가 가지고 있는 이미지는 영혼의 위기를 초래한다. 그렇다고 내가 자아를 지배하는 다른 체제 혹은 생존 전략을 제시하려는 것은 아니다. 물론 대안은 존재한다. 5장에서 참가자들 중 다른 규범을 가지고 살아가는 이들에 관한 이야기를 간단히 언급할 것이다.

아무튼 내가 하려는 일은 일상의 고통을 상상하는 방식에 문제를 제기하는 것이다. 빈약하고 개인주의적이며 기계적(신경생물학적)인 용어로 상상하는 것에 문제를 제기하고자 한다. 이용어들은 우리 자아의 지배적 체제와 그 영향력을 강고히 한다. 내 주장은 약을 먹어야 한다는 것이 아니다. 뒤에서 그 점을 밝히겠지만, 역사적으로 보든 인터뷰 참가자들의 경험에서 보든, 향정신성의약품을 복용한다고 해서 그것이 기계적 사고를 한다는 말은 아니다. 또 정신적 고통을 덜어낼 줄 수 있다는 약의 가치가 기계적 사고에 기반하는 것도 아니다. 나의 관심사는 약 그 자체 혹은 약의 잠재적 가치가 아니라 약물 효과에 대한 해석이다.

더 나아가 나는 우리가 대화적 관계와 내적 생활뿐 아니라 정신요법이나 상담이 가진 잠재적 가치를 중요하게 여기는 인간적 자질을 갖춰야 한다는 데 찬성하는 입장이지만, 그렇다고 해서 특정한 형태의 도움을 옹호할 생각은 없다. 사실 종종 그렇듯이, 심리치료사들은 (앞으로 내가 자세히 살펴볼) 자아라는 체제를 육성하면서 고통에 대해 자신들이 갖고 있는 상당히 강력한 기계적 관점을 주입할 수 있다.[48] 신경생물학적 상상법에 대한 진정한 대안을 찾기 위해서는 존재에 대한 지배적 규범에 좀 더 비판적이어야 하며, 우리 자신에 대해 좀 더 해석적이며 정성적인 관점이 필요하다.

1장

성격적 결함이 아닌

화학적 결함

"뇌의 신경 배선이 곧 와코모^{wackomo}예요"라고 리사가 말한다. 서른 살의 소기업 소유주는 자신의 뇌를 그렇게 담담히 묘사했다. 농담처럼 들리겠지만, 뇌의 신경 배선 문제가 그가 여러 해 겪은 고통의 원인이라 믿는다는 점에선 진지하다. 처음부터 그렇게 생각했던 것은 아니다. 오랫동안 그리고 많은 상담을 통해 그는 자신의 문제가 "내 인생에서 계속되어온 헛소리"에서 비롯되었다고 생각했다. 현재 주치의의 꾸준한 격려와 지도로 그는 스트레스를 받는 상황에서 나타나는 감정적 반응과 자신을 질책하는 경향이 유전적 문제(뇌의 잘못된 신경 배선)라고 본다. 그로선 이런 설명이 납득이 가면서도 껄끄럽다. 종종 그것을 인정하고 받아들이기가 쉽지 않기 때문이다.

　그의 말에 따르면, 자신의 몸부림은 부모님이 이혼하던 중학교 때 시작되었다. 아버지와 친했던 그는 부모의 이혼을 받아들이기가 몹시 어려웠다. 그 아픔을 잊기 위해 방과 후에 몰래 술도 마셨지만(이른바 '자기 처방'), 그는 오직 공부에만 정신을 쏟았다. 좋은 성적을 받았던 그는 그때 자신은 '고기능 상태'였다고 말한다. 그러나 대학에 가면서 파티에 자주 가기 시작했고 술 마시는 횟수도 늘었다. 3학년이 되자 그는 자신이 '이성애자'가 아님을 알게 되었다. 그렇게 커밍아웃을 하면서 ROTC 장학금 수급 자격을 잃었고, 가족들과도 거의 연락을 끊고 지냈다. 그는 내리막길을 걷기 시작했다. 불면증에 시달리고 침대에서 일어나기 싫고 이유 없이 울었다. 어느 날 밤, 그는 친구들에게 도와달라고 외치며 약물을 과다 복용했는데, 다행히 '경각심을 일깨우기'에 딱 좋을 만큼 약을 먹었다.

리사의 간절한 외침을 들은 친구들은 그를 학교 상담소로 데려갔다. 상담 선생은 그를 보자마자 교내 정신과 의사에게 보내 약물치료를 받도록 했다. 정신과 진료는 간단하고 형식적이었다. 의사는 증상을 듣더니 우울증 진단을 내리고 항우울제 처방을 했다. 리사는 처음에는 감정적으로 무기력증에 빠질까 봐 약을 복용하는 일을 꺼렸는데, 상담 선생이 옆에서 그를 안심시켰다. "감정을 느끼는 데는 전혀 문제가 없을 거예요. 다른 사람들이 느끼는 것처럼요." 그 말에 놀란 그는 왜 자신의 감정이 잘못되었고, 진짜가 아닌 것처럼 느끼며, 지나치게 격렬한지 그리고 변화가 필요한지에 대해 생각했다. 이런 의구심에도 불구하고 그는 약물치료를 시작했다.

현재 리사는 뇌의 신경 배선에 문제가 있음에도 마침내 그의 삶이 나아지고 있다고 느낀다. 그는 다시 가족과 연락을 취했고 작은 사업을 시작했다. 그러나 대학 시절 이후 지금까지 우여곡절이 많았다. 졸업 후에도 그는 계속해서 항우울제를 복용했고 술도 마셨다. 졸업하고 2년이 지난 어느 날 밤, 그는 직장에서도 술에 취한 상태가 되자 상황이 심각함을 깨달았다. 그는 알코올 중독자 모임에 참석하기 시작했고, 금주를 하면서 이른바 과거의 '낡은 것'을 감당코자 알코올에 의존했다는 점을 깨달았다. 그는 다시 상담을 받기 시작했다.

대학 때부터 리사는 의사나 치료사에게 알리지 않고 세 번이나 약물복용을 중단했다. 그때마다 옛날 버릇, 즉 침대에서 나오기 싫어하고, 자신을 헐뜯으며, 사람들과 시비를 붙는 성향이 나타났다. 이를 눈치챈 친구들과 치료사는 그에게 다시 약을 복용하라고 설득했다. 이런 경험을 통해 그는 약을 먹지 않는 것보다 약을 먹을 때 자신이 더 나은 상태가 된다는 점을 알 수 있었다. 그러나 이런 결론에 이르기까지 지나온 과정은 녹록지 않았다. 그는 항상 자기감정을 관리할 수 있어야 한다고 생각했고, 그럴 수 없음을 부끄러워했다. 스스로 '약을 복용하는 자신을 받아들이기 어렵다'는 태도는 약물복용에 관한 생각이 개선될 때만 나아질 수 있는 것이었다.

옛 습관을 떨치려 끊임없이 싸우다 보니 리사는 자신이 이렇게 몸부림치는 실체적 원인이 주치의가 말하던 '생물학적인 것'이라는 생각에 이르렀다. 그는 자신의 옛 습관이 외부 사건에 대한 내적 반응과 해결되지 않은 내적 갈등을 반영한 것이라는 생각에서 벗어나, 힘든 상황에서 촉발된 뇌 회로의 오작동에서 기인한 것이라는 믿음을 갖게 되었다. 이는 자기감정과 힘겨운 싸움을 한다고 해서 그가 실패자라거나 상황을 감당할 능력이 되지 않는다는 것을 의미하지 않는다. 단지 그가 다른 사람들과 마찬가지로 신체적 병을 가지고 있다는 것을 의미할 뿐이다.

그의 말에 따르면, 주치의의 다음과 같은 말이 그에게 큰 도움이 되었다. "명심하세요. 심장병이 있으면 심장에 문제가 생기지 않도록 약을 먹는 거예요. 우리 뇌에서 일어나는 신경병 증세의 경우에도 마찬가지예요. 뇌에 문제가 생기면 그것을 낫게 하려고 약을 먹는 거예요." 이렇게 '관점'이 유익하게 바뀌자 리사는 가족력을 훑어보게 되었다.

그가 친척들의 상태를 진단할 순 없는 일이지만, 가족 중에 우울증 증세를 보인 사람들이 있었다. 이 사실로 미루어 그는 자신이 겪고 있는 문제가 생물학적 원인에서 기인했다는 믿음을 더 확고히 하게 되었다. 여전히 양면적이긴 하지만, 리사는 약을 복용함으로써 그가 더 잘 기능하고, 더 합리적이며 자제력이 있고, 더 윤리적으로 행동하는 데 도움이 된다고 확신했다. 반면에 부작용으로 인해 힘들었을 뿐 아니라 감정의 영역을 상실하는 것이 아닌가 하는 우려가 어느 정도 사실로 드러난 부분도 있다고 믿었다. 그는 슬픔이나 행복 같은 감정을 잘 느끼지 못하게 되었는지 알 수 없었다. 그리고 격렬한 감정을 느끼지 못한다고 해서 동기부여가 상실되고 삶의 진면목을 볼 수 없는 것인지도 알 수 없었다.

그러나 약물치료로 인해 그의 감정 표현은 더 효율적으로 되었고, 외부 자극에 대해 시간적 여유를 가지고 반응할 수 있었다. "덕분에 과도하게 반응하지 않게 되었어요. 나쁜 일이든 좋은 일이든 반응하기 전에 잠시 제 감정을 돌아볼 수 있어요. 예전에는 누가 조금만 거슬리게 굴어도 즉각 반응하면서 화를 냈거든요." 약을 복용하면서 지금은 다른 사람의 심한 말도 참고 들을 줄 알게 되었고 '이건 그들의 문제이지 내 문제가 아니다'고 넘길 수 있게 되었다. 그는 자아비판이 비이성적이라는 점을 깨닫게 되었다.

약물치료를 지나치게 믿는 것이 아니냐는 우려에 대해 그는 거듭 이렇게 강조한다. "물론 모든 약이 그렇다는 건 아니에요." 그는 더 이상 상담을 받거나 알코올 중독자 모임에 나가지 않는다. 그러나 술을 끊기 위해 그가 받은 상담과 모임의 사회적 도움을 소중히 여긴다. 그는 그들로부터 여러 가지 도움을 받아 자신의 환경을 더 잘 통제하고, 사회적 관계를 더 확고히 다지고, 자존감을 높일 수 있었다고 생각한다. 항우울제의 도움을 크게 받았지만 "그것이 마법의 약은 아니에요"라고 그는 분명히 말했다.

약의 도움을 받아 만든 감정

리사의 이야기에서 중요한 것은 시련의 원인에 대한 그의 관점이 변했다는 점이다. 부모의 이혼과 커밍아웃 그리고 그 밖의 어려움으로 어떤 일을 겪었는지에 대해서는 거의 아무 말도 하지 않았다. 대신 그는 어렸을 때부터 술을 마시기 시작해 약에서 벗어날 수 없는 것처럼 보였던 그의 투병 이력에만 집중했다. 그로선 여전히 약의 도움을 받지 않으면 사회가 요구하는 방식으로 감정을 조절할 수 없다는 점이 이해할 수 없었다. 이는 한 인간으로서 그에게 영향을 미쳤다. 그가 곤혹스러워하는 것, 즉 해답을 찾고 싶은 문제는 자제력 결핍이었는데 그는 그 이유를 뇌의 잘못된 신경 배선에서 찾았다.

인터뷰에 참가한 사람들 중 리사는 이런 곤혹스러움에서 벗어나기 위해 매우 힘든 노력을 기울인 사람이었다. 그는 오랫동안 (진정성, 효율적 감정, 자족감 같은) 자신의 경험을 평가하는 기준이나 이상을 서로 조화시키는 부분에서나, 그것을 약물치료와 병행하는 부분에서 큰 어려움을 겪었다. 리사로선 약이 감정 상태를 정상 범주에 들게 한다는 점이 한 가지 의문을 품게 했다. 그렇다면 약을 먹지 않은 상태의 감정은 현실성이 덜하거나 혹은 자신의 경험을 제대로 반영하지 못하는 것일까? 그는 이렇게 묻는다. "어떻게 내가 경험한 것이 사실이 아닐 수 있단 말인가?" 감정의 풍요로움을 상실한다는 것은 비록 그것이 나쁜 감정일지라도, 무언가 중요한 것을 상실함을 의미하지 않을까? 약 기운을 받은 감정이야말로 거짓이 아닐까?

여기서 리사는 진정성의 측면에서 스스로에 관한 판단을 내린다. 이때 적용되는 이상이란 여러 가지를 의미하지만(이 점에 관해서는 책의 뒷부분에서 논의할 것이다), 리사의 경우엔 사회적 관습에 순응하지 않고 자신만의 진실로 나아가기 위한 길잡이로서 스스로의 감정에 충실한 것을 이상으로 삼는 듯하다. 그가 상담 치료나 금주 모임에서 그런 태도를 갖게 되었는지 모를 일이었다. 비슷한 태도를 보인 다른 참가자도 심리치료와 금주 모임에 여러 해 동안 나갔던 사람이었다. 그 역시 진정성 차원에서 약물 복용이 어떤 의미가 있는지를 두고 고민했다.

리사는 이런 식으로 이해되는 자신의 진정성과 관례적 차원의 적절한 감정 표현을 동일 선상에 두고 따져보았다. "다른 사람들은 어떻게 느낄까?" 인터뷰를 하면서 그는 자기감정에 일어난 변화, 즉 약을 끊고 상태가 나빠졌는지 아니면 약을 먹고 상태가 좋아졌는지에 대해 얘기할 때마다 다른 사람들(그의 치료사와 친구들)이 그 점을 알아챈다는 사실을 강조했다.

리사는 확실히 덜 반응하고 자신을 더 잘 제어하는 것처럼 보이는 반면, 자신이 따라야 할 어떤 특정한 감정의 규칙이 있다는 점을 인지하고 있었다. 이 규칙에 따라 그는 절제되고 효율적인 감정의 영역에서 반응해야 한다. 이때의 반응은 보통 이상으로 격렬해서는 안 되며, 자기 내부의 것이 아닌 외부의 사회적 기대치에 맞춰야 한다. 이것이야말로 그가 약의 도움을 받아 만들어낸 감정의 영역인 것이다. 이로 인해 그는 관점에 구애를 받지 않고 마치 다른 사람에게 일어나는 일처럼 자신과 거리를 두고 상호작용을 할 수 있다. 약을 복용하면 그는 규칙을 더 잘 지킬 수 있다. 그러나 그로선 감정의 규칙을 따르는 것은 정당성의 기준에 비춰볼 때 진정성에 반하는 일이다.

진정성이란 표현된 감정은 온전하게 자기감정이어야 한다는 것을 의미하는데, 그렇다고 그것이 감정 조절을 못 했다는 의미를 함축하진 않는다. 리사에게 자제력은 매우 중요한 것이다. 그는 약을 꾸준히 복용하는 문제를 자족 혹은 자율성의 기준에 맞춰 평가한다. 이 기준에 따르면, 그는 지금쯤 감정 조절을 할 수 있어야 한다. 약을 필요로 한다는 것은 그의 능력을 의심케 하는 일종의 의존성을 나타낸다. 그가 수치심을 경험하는 이유가 여기에 있다. 약을 계속 복용한다는 것은 삶을 제대로 꾸려나갈 수 없는, 그런 사람으로 보이게 한다는 이야기다. 이런 식의 냉엄한 논리적 결론이야말로 그가 벗어나고자 그토록 애써왔던 것이다.

리사가 이를 뇌의 신경 연결 상태 문제로 설명하는 관점에 관심을 두게 된 이유는 그것이 그의 모든 근심을 일시에 잠재웠기 때문이다. 이런 관점이 확인해주는 것은 그가 경험하는 강렬하고 다루기 힘든 감정들이 실제로 그의 것이 아니라고 하더라도 그는 진정한 존재가 될 수 있다는 점이다. 이 경우 '정상적인' 뇌를 가진 사람들의 감정 영역이 적절한 기준점이 된다. 사실 그것이 유일한 기준이다. 자제력도 여기선 문젯거리가 아니다. 실제 문제가 있는 부분에 대해선 뭐라 할 수 없기 때문이다. 그는 신체적 장애에 관해 얘기하는 것이고 그렇다면 계속되는 치료에 대해 부끄러워할 것이 없다. 그것은 자율적이고 자기 삶을 적절히 창조하는, 규범에 적합한 사람으로서 그가 살아남는 데 필요한 일이다.

리사의 일화가 분명하게 보여주는 것은 해석의 변화가 인터뷰 참가자들에게 나타나는 공통점이라는 것이다. 그 해석의 변화란 내가 '심리치료적psychologizing'이라 부르는 것에서부터 '의료적' 형태의 설명으로의 변화다. 그리고 다소 거칠게 표현하자면, 정신적 고통을 설명할 때 마음의 관점으로부터 뇌의 관점으로의 변화다.[1]

리사의 이야기가 남다른 점은 그가 자신의 상담 경험과 치료의 일환으로 참여한 금주 모임에 대해 매우 긍정적인 시각을 가지고 있고, 굳건한 심리적 세계관을 토대로 오랫동안 관점의 변화에 저항했다는 것이다. 해석을 바꾼 다른 사람들과 비교하면 이것은 다소 이례적이었다. 리사와 달리 그들은 처음에는 심리적으로 덜 치우쳐 있었는데, 이것이 리사가 해석의 변화와 관련하여 가장 힘든 시간을 보낸 또 다른 이유였다. 그러나 그가 바뀌었다는 것은 두 가지 해석 사이에 놓인 팽배한 긴장감을 완화하는 데 도움이 된다.

이 장에서 나는 내가 '신경생물학'이라 부르는 새로운 상상법을 위한 기본 근거를 인터뷰에서 찾아 제시하고자 한다. 리사와 마찬가지로 많은 사람들이 그들의 고통이 주로 신경생물학적 문제 때문이라는 쪽으로 생각이 바뀌었다고 얘기했다. 어려움을 해결하려는 그들의 노력은 처음에는 상담과 심리치료로 시작되어 나중에 약으로 옮아가게 되었다. 상상법의 한 가지 지표는 의학적 관점으로 바뀌었다는 것이다. 다른 지표는 참가자들이 말하는 좀 더 일반적인 것으로, 고통의 원인과 취해야 할 적절한 행동 방침을 상상하는 기계적이면서도 비인격적인 방법을 가리키는 경우가 많다는 것이다. 문제의 원인, 약물치료와 심리치료에 대한 대중적 관점과 환자 관점에 관한 다른 연구에서도 이와 유사한 의료적 시각이 나타났다. 일단 나는 이런 점을 염두에 두고 여기서 갈음하고자 한다.

심리치료적 관점과 의료적 관점

지금 내가 언급하는 대상은 흔히 비전문가라는 의미에서 '일반인' 혹은 '대중'이라는 말로 지칭하는 보통 사람들의 의견임을 다시 한번 강조하고 싶다. 인터뷰 대상을 선정할 때 우리는 심리상담사, 정신과 의사 혹은 다른 의학이나 정신 건강 전문가를 제외했다. (다만 한 사람은 사회학 관련 전공이고, 다른 한 사람은 심리학 전공인 대학원생 두 명이 포함돼 있었다.)

참가자들의 이야기는 각자의 경험, 정보의 출처 그리고 배경 개념을 바탕으로 한 개개인의 평가와 이해를 반영하는 것이었다.[2] 그들은 자신들의 사고에 영향을 미치는 다양한 원천에 대해 말했으며, 리사와 같은 경우엔 그가 만났던 의료 전문가들이었다. 그러나 참가자들의 해석을 전문가의 이야기로 착각하거나 그들이 전문가의 이야기를 전하고 있다고 생각해선 안 된다. 그 이유에 대해선 뒤에서 설명하겠다.[3]

내가 '심리치료적 관점'이라 부르는 것은 온갖 잡동사니를 다 모아놓은 범주와 같다. 몇 가지 예를 들면 '심리학적' 관점, '뉴에이지' 관점, '종교적' 관점 등이 거기에 포함된다. 나는 이 범주에 문제의 원인으로 뇌나 유전을 명시적으로 언급하지 않는 사람들을 포함시켰다. 일반적으로 이들은 스스로를 곤경에 빠뜨리는 자신들의 특성(마음이나 성격 혹은 타인에 대한 감정적 반응에서 보이는 문제점)에 대해 말할 때, 그런 특성들이 자신들이 처한 상황을 감당할 수 없는 것으로 만들어버리면서 곤경에 빠지게 된다고 했다.

그중 소수만이 자신들의 심리적 상태가 어떤 이유에서 비롯된 것인지를 명확히 말할 수 있었다. 이 소수의 사람들은 현재 그들이 겪고 있는 문제는 그들에게 영향을 미친 과거의 사건, 예를 들어 학대라든가 가정불화 등에서 기인한 것이라 해석했다. 그러나 이런 사건들이 스트레스를 주기 때문에 그들은 감정의 유입을 감추거나 일부러 모른 척했다. 그리고 이런 감정들은 해소되지 않은 채 계속 남아 정서적 안정을 가로막았다. 이런 사람들에게 도움을 줄 수 있는 길은 과거의 사건들이 어떤 의미를 지닌 것인지를 이해할 수 있도록 해주는 일이다.

이와 대조적으로 대다수는 더 불확실한 용어를 사용했으며, 어떤 특정한 심리학 이론이나 메커니즘(가령 정신 내적 갈등, 무의식적 동기)도 언급하지 않았다. 그들은 매우 일반적인 의미에서 심리치료적 관점을 지니고 있었다. 그들은 정신적 시련을 정의되지 않은 비합리적 요소를 수반하는 것으로 간주했고, 의도적인 행동의 직접적인 결과로 보지 않았다.

우리가 살펴본 것처럼, 리사가 관점을 달리한 점에 대해 의료적 관점이나 시각에서 말하는 사람들은 문제가 자리한 핵심 위치를 뇌로 본다. 그리고 생각, 기분, 행동에 기계적 영향을 미치는 체성 요인somatic factors, 리사의 말을 인용하면 '화학적 불균형', '신경 증후군' 같은 요인을 언급한다. 그들은 이런 현상을 호르몬 결핍으로 인한 신경화학적 문제 혹은 뇌의 신경 연결 상태의 문제로 보았다. 그리고 그로 인한 고통에 취약한 것은 유전적 문제에서 기인할 가능성이 크다고 여겼다. 비록 그 문제가 오랫동안 인식되지 않았거나 혹은 좋은 상황 덕분에 수면 아래 잠겨 있었다고 하더라도 말이다.

그러나 일단 계기가 생기면 뇌에서 문제가 발생하고, 그것은 자기 의지로 통제가 되지 않으며, 여기엔 그 어떤 의식적 믿음이나 욕구도 끼어들 여지가 없다. 그들은 이로 인해 형성된 정신 상태(생각, 욕구, 감정)엔 내용도 대상도 없다는 식으로 말한다. 제멋대로인 데다 예측할 수도 없고 동문서답 대잔치인 것이다.

리사의 이야기를 보면, 적어도 그가 인터뷰에서 다시 언급하고 있는 곤경의 문제와 관련해 의료적 관점이 서서히 심리치료적 관점을 대체하고 있다. 그에겐 양자택일만 있다. 관점을 바꾼 사람들이 전형적으로 묘사하는 바에 따르면, 그것들은 서로 정반대의 관점들이다. 그러나 많은 경우 정신적 시련의 원인을 생물학적 요인에서 찾는 사람들은 서로 관련이 있다고 여기면 생물학적 원인이 아닌 것들도 의미가 있는 것으로 여겼다.

엘라의 일화가 그 좋은 예다. 인터뷰할 무렵, 그는 여러 가지 임시직을 전전하며 복학 준비를 하고 있었다. 이제 서른 살인 그는 어머니가 돌아가신 직후인 10대 때 처음으로 우울증 진단을 받았다. 정신질환에 그리 관대하지 않은 아프리카계 미국인 사회에서 주변의 저항도 다소 있었지만, 그는 자신의 시련이 '뇌 속의 화학물질'에 의한 증상이라는 견해를 갖게 되었다. 그러나 그는 자기감정들이 주로 사건 자체, 즉 어머니의 죽음이 가진 비극적 속성과 상황을 너무 심각하게 받아들이는 천성에서 기인하는 부분이 있다고 보았다. 엘라는 다른 사람들과 마찬가지로 의료적 관점을 취하지만, 심리치료적 요인이나 정황적 요인을 언급하며 그 몫을 인정했다.

공교롭게도 아프리카계 미국인 사회의 저항에 대한 엘라의 언급에서 나는 인구통계학적 요인이 해석에 미치는 몇 가지 영향 가운데 하나를 소개할 수 있을 듯했다. 이 장을 시작하면서 그것에 대해 따로 말하지 않았는데, 리사는 자신의 어려움을 뇌의 신경 연결 상태 문제라고 이해하게 된 또 다른 이유로 자신이 노동자계급 출신이라는 사실을 들었다. 그에 따르면, 그의 가족은 도움을 구하거나 약을 복용하는 일에 좋지 않은 편견을 갖고 있었다는 것이다. 대학을 다니고 중상류층 친구들과 어울려 지내면서 그런 태도는 바뀌었다.

이처럼 사회계급이 주는 편견에 대해 언급하는 사람들이 그 말고도 또 있었다. 그런데 더 분명한 차이가 사회계급과 관계없이 아프리카계 미국인 참가자들(열여섯 명)에게 존재했다. 아프리카계 미국인들 사이에서 정신 건강 문제와 관련한 부정적 편견이 있다고 주장하는 사람들이 많았다. 이런 편견 때문에 그들은 일상의 정신적 고통을 부정적으로 받아들이고 심리치료사나 정신과 의사에게 도움을 청하는 일을 꺼린다고 했다. (그런데도 이런 이유로 필요한 행동을 취하지 않은 이는 실험 참가자들 가운데 딱 한 사람뿐이었다.)

엘라의 이야기를 통해 우리는 의료적 관점이 비록 뇌에 초점을 맞추고 있지만 다른 요인들로 인해 좀 더 폭넓게 적용된다는 점을 알 수 있다. 반대의 경우도 이론상으론 참일 수 있다. 심리치료적 관점에서 우리는 뇌의 메커니즘에 대해 몇 가지 생각할 거리를 얻을 수도 있다. 그러나 막상 인터뷰에서는 그런 견해를 뒷받침할 증거를 거의 찾지 못했다. 심리치료적 관점을 가진 어떤 사람이 뇌에 문제가 있다고 언급한 경우는 딱 두 번 있었다. 각각의 경우 그 사람은 이제 막 약을 복용하기 시작한 때였는데, 대략적인 뇌의 반응을 보면 관점을 바꾸려는 움직임이 있었다는 것이다.

인터뷰를 통해 확실하게 알 수 있었던 것은, 일단 뇌와 관련 지어 얘기한다면 다른 식의 생각은 주변부로 밀리거나 무시된다는 점이다. 심지어 의료적 관점을 가지고 있긴 하지만, 약물의 도움을 받을 수 있으리라는 기대를 접은 소수의 사람들조차 관점을 바꾸지 않았다. 관점의 변화는 오직 한 방향으로만 흘렀던 것이다.

어떻게 힘겨운 마음을 추슬렀을까

정신이나 뇌에 대해 의료적 관점과 심리치료적 관점을 서로 비교한다고 할 때 우리는 이런 생각을 해볼 수 있다. 그 두 관점이 문제 개선을 위한 상응적 노력과 직접적 연관이 있지 않을까 하는 것이다. 그림이 더 복잡했다. 곤경에 처했을 때 그에 반응하는 행동의 범위가 존재했었다. 사람들은 각기 다른 방식과 조합에 따라 각기 다른 해석과 치료법을 사용했다. 설명과 치료법의 가능한 조합 가운데 논리적으로 호환 불가능한 개념을 수반하는 듯 보이는 것들이 있었다.

예를 들어 집중적인 통찰지향정신요법*을 받으면서도 뇌의 문제라는 식의 의료적 언어로 자신이 처한 곤경을 설명하는 사람은 한 명도 없었다. 그러나 참가자들에게 있어 설명적 비전과 행위 사이의 연결 관계는 추상적 논리의 문제가 아니었다. 설명적 비전과 행위의 연결은 개인의 경험을 이해하려는 노력에서 나타났다. 이런 현상은 상당히 특이한 것일 수 있다. 고통의 원인에 대한 설명과 선호하는 치료법이 서로 연관되는 방식이 미리 결정된 것도, 불가피한 것도 아니라는 점이 분명했다.

앞에서 언급된 소수의 사람들만이 뚜렷한 심리적 지향성을 가지고 고전적인 심리치료의 용어로 그들이 겪는 어려움을 표현했다. 심리치료와 관련된 그들의 이야기를 들어보면 그들은 인생사와 힘겨운 정서적 싸움 사이에 밀접한 관련이 있다고 생각했고, 그 이면에 흐르는 진정한 문제가 무엇인지를 주시했으며, 그것들이 삶에 미치는 영향에 맞서나가기 시작했다. 그들은 이 내

---

* insight-oriented psychotherapy, 무의식 과정을 드러내거나 해석하는 것에 주목하는 심리치료 요법.

적 작업을 하나의 도전으로 여겼다. 왜냐하면 그것은 삶을 냉철하게 바라보고, 두려움과 감당하기 어려운 감정 그리고 불쾌한 기억을 직시하며, 보호막 안에 들어가 '벽을 세우는' 행위를 거부하는 일이었기 때문이다. 그런 치료를 통해 스스로 자제하고, 생각의 습관을 바꾸고, 문제를 일으킨 결정적 사건이 무엇인지를 가려냈다.

흥미롭게도 이들 네 명 가운데 두 명도 약물치료를 받았는데, 약으로 인해 일시적이긴 하나 약간의 안정을 얻을 수 있었다. 그러나 약이 자기 성찰을 대신할 순 없었다. 그중 한 사람인 핫산은 이렇게 말한다. "혼자 힘으로 헤쳐나가야 한다." 여든 명의 표본에서 이 넷은 다소 예외적이었다. 그러나 미국 역사에서 적어도 한 번쯤 그들은 다수를 차지한 적이 있을 것이다. 그리고 그들의 숫자가 줄어든다는 것(내가 아래서 제시할 증거가 뒷받침하는)은 내가 이제 살펴보고자 하는 변화의 신호다.

표본의 절반이 심리치료적 관점을 가진 사람들인데, 역설적으로 그들은 심리치료를 받으려는 경향이 덜했다. 나는 '심리치료적'(인생사 혹은 자기 경험에 관한 이야기를 하지만 유전이나 뇌를 언급하지 않는 경향)이라는 말을 매우 광범위한 의미로 사용한다. 따라서 '심리치료'라는 말에는 상담이라든가 심리학자, 사회복지사, 내과의사, 성직자 등 여러 다양한 전문가들에 의해 이루어지는 대화요법도 포함된다. 우리가 참가자들에게 도움을 청한 적이 있느냐고 물을 때, 단 한 번이라도 이야기를 나눈 상담사나 치료사가 있다면 그 사례를 포함하라 했다.[4]

기간이 얼마가 되었든 약 4분의 1이 상담사나 치료사에게 도움을 청한 경험이 있었고, 대부분은 그런 경험에 대해 양가적 태도를 지녔으며, 자기 성찰과 대화가 그들의 상황을 개선해줄 것이라는 데 큰 관심도 기대도 없는 듯했다. 사실 그중 절반이 약을 먹고 있었는데, 그들은 그 약이 안정감을 주고 나쁜 감정에서 벗어나게 해준다고 생각했다. 치료사나 상담사를 한 번도 만나본 적이 없는 사람들 중에는 누군가를 만나는 일에 대해 별다른 관심을 보이지 않는 사람도 있었고, 아예 무관심하고 심지어 반대하는 사람도 있었다. 아무튼 그들에게서 눈에 띄는 현상은 약을 먹는다는 사실에 대해 다소 열린 마음에도 불구하고 약을 먹어야 한다는 열의가 부족하다는 점이었다.

전반적으로 심리치료적 관점을 가진 사람들은 스스로 문제를 해결하려 했다. 그들의 이야기를 들어보면 많은 사람들이 자신들의 아픔을 감당하기 위한 스스로의 노력을 강조했다. 자신들의 처지를 개선하기 위해서는 한계를 인정하거나 스스로를 돌보는 데 장애가 되거나 골칫거리가 되는 상황을 피해야 한다고 생각하는 사람들도 있었다. 비록 그들 중 일부는 변화를 위해서는 많은 개인적 노력과 올바른 태도가 필요하다고 보았으나 고통을 자기들 탓으로 여기진 않았지만 말이다. 그들은 무엇을 해야 할지, 어떻게 방향을 바꾸어야 할지 그리고 어떻게 개선해야 할지를 알지 못했다.

예를 들어 쉰 살의 필은 사고로 8개월 동안 휠체어 생활을 하고 난 뒤 매우 내성적인 사람이 되었다. 그는 스스로와의 관계를 다시 정립하지 못했고, 자신의 불행과 고립을 일정 부분 '뭔가를 하지 못하는' 자기 탓으로 돌렸다. 다른 사람들과 마찬가지로 그는 자신이 일부러 반응하지 않거나 문제에 대처하지 못하는 것도 아니며, 그것이 성격이 군세지 못하거나 혹은 자제력이 부족함을 보여주는 것도 아니라고 말했다. 다만 그것은 적절한 자기 노력이 필요하다는 것과 다른 사람에게 도움을 요청해서는 안 된다는 믿음을 보여줄 뿐이었다. 필의 경우 그의 경험에는 특별한 것이 없었다. 약물복용을 싫어한 그는 자신을 "도움을 주고받는 것을 좋아하는 사람이 아니다"라며 자기 조력 행위를 "멍청한 짓"이라 여기고 자신의 처지를 다소 숙명적으로 바라보았다.

이처럼 심리치료적 관점을 가진 이들은 곤경을 다양한 방식으로 다루는 반면, 의료적 관점을 가진 사람들은 거의 모두 약을 복용했다. 여기에 속하는 이들은 대부분 심리치료나 상담 경험이 있는 사람들이었다. 그러나 리사와 달리 그들은 자신들의 이야기에서 이런 경험들을 많이 언급하지 않았다. 그보다는 긍정적이었던 약물복용 경험을 주로 언급했다. 그들은 약을 복용한 덕분에 예를 들어 감정 기복이나 불안감이 덜하고, 자신감과 활기 그리고 집중력이 높아지는 등 전반적으로 나아졌다고 했다. 결국 차이를 보였던 것은 약에 대한 태도에서였다. 특히 처음부터 약의 도움을 받기로 했던 사람들은 그것이 그들의 삶에 큰 영향을 미쳤다고 한 반면, 다른 사람들은 약물복용에 대해 양가적 태도를 취했다.

엘라의 경우처럼 양가적 태도를 보이는 사람들은 고통의

원인을 생물학적 요인에서 찾지만, 심리학적 요인이나 상황적 요인을 언급하면서 이런 설명을 정당화했다. 그들은 또한 약물에 의존하게 되고, 통제력을 잃고, 부작용을 겪을까 봐 걱정하면서 약물복용을 불편하게 여겼다. 그 결과 그들은 여러 가지 방식으로 약을 복용했고(약을 처방된 것보다 적게 복용하거나 한동안 중지했다가 다시 복용하는 등), 조만간 약을 끊고 싶어 했다. 약을 복용하는 것은 그들의 독립심을 위협하는 일이었기 때문이다.

리사가 관점을 바꿀 때 어려움을 겪었듯이, 약물복용을 불편하게 여기는 것은 의료적 관점으로 설명하는 과정에서 제기되는 어려움 가운데 하나다. 그것은 의미를 협상하고 원치 않는 의미를 담기 위한 일종의 '경계 작업'을 필요로 했다. 자신의 이야기에서 리사는 그의 감정에서 무엇이 기계적으로 결정되고 무엇이 그의 것인지, 무엇이 통제될 수 있고 무엇이 통제 밖의 것인지 그리고 무엇이 약으로 바뀔 수 있고 무엇이 여전히 남아 있을 것인지 그 경계를 조율한다. 리사에겐 특히 쉬운 일이 아니었지만, 자신의 고통이 뇌의 신경 연결 상태에서 기인한다고 보는 모든 사람은 기계론적 인과관계를 중심으로 그 경계를 규정해간다.

또 다른 어려움도 있는데, 예를 들어 진단과 질병, 장애에 관한 의학 용어를 감당해야 하는 것과 주변 사람들에게 그 사실을 알리는 문제 등이다. 모두 '다름'이라는 함축적 의미를 제기했다.[5] (나는 다음 장에서 이 문제들에 대해 상세히 논할 것이다.) 의료적 관점을 가진 사람들은 그 두 가지 어려움에 대해 할 말이 많았다. 심리치료적 시각을 가진 사람도 마찬가지였는데, 그들은 종종 의료적 해석을 거부하는 이유로 그 두 가지 문제를 들었다.

　　참가자들이 직접적으로 말을 하지 않았기 때문에 나는 심리치료적 설명이 갖는 구체적 어려움에 대해서는 별말을 하지 않을 것이다. 예를 들어 대부분의 사람들은 상담이나 심리치료에 대해 말할 때 그것을 심각하게 받아들이지 않거나 거기서 큰 기대를 하지 않았다. 내가 '들어가며'에서 소개했던, 처방전 없이 애더럴을 복용하기 시작했고 자신의 능력치를 최대한 끌어내기 위해 몸부림쳤던 크리스틴의 경우를 떠올려보자. 상담사와 나눈 세 번의 대화에 대해 얘기하면서 그는 '자기 내면에 대한 두려움' 같은 것이 있다고 말했다. 이런 감정들을 직면하는 일이 상담의 껄끄러운 면이라는 말이다. 크리스틴 자신도 "어떤 일에 대해 투덜거리려 한다"는 것을 그만둔 이유로 들어 무시해버렸는데, 상담은 '너무 번거롭고' 또 '고귀한' 어떤 것을 성취할 수 있을 것 같지 않았다.

　　고전적인 심리치료 용어로 말하는 일부 사람들의 경우 다른 사람에게 자기 성찰과 그것을 공개적으로 얘기하는 것을 어려운 일로 묘사했다. 그들에게서 솔직함, 고통스러운 감정에 맞서는 개방성 그리고 감정 경험을 말로 표현하려는 노력을 요구하는 등의 까다로운 특징들을 언급하기도 했다.

　　이런 심리치료적 설명의 어려움은 생물학적 설명이 우회하거나 회피할 수 있는 특징들이기 때문에 다음 장에서 간접적으로 언급할 예정이다. 예를 들어 신경생물학에 관한 리사의 설명은 그의 이전 심리치료적 설명이 허락하지 않았던 방식으로 자아에 의한 비성찰적인 감정 경험과 평가 자세로부터 벗어나게 해준다. 심리치료적 언어는 해결되지 않은 어떤 것이 있음을 전제하므로, 겪은 바를 털어놓고 그 자신이 곤경에서 벗어났다고 상상하도록 하는 데 한계가 있었다.

정신에서 뇌의 문제로

간단히 살펴보았듯이, 모두의 동의를 얻을 수 있는 단일한 설명 방식이나 하나의 알맞은 치료란 없다. 그렇더라도 패턴이 있었고 무작위가 아니었다. 그들은 공통적으로 유지되는 특정한 가정, 특정한 상상법을 제안한다. 나는 해석의 관점, 즉 설명 방식을 바꾼 여러 사람으로부터 논의를 시작하고자 한다. 모두가 의료적 관점으로 이동했고, 나는 이렇게 이동하는 현상을 의사, 심리치료사, 약물치료 등에 대한 그들의 상호작용과 관련하여 살펴볼 것이다. 이런 상호작용은 해석의 관점을 강화하지만 그들이 그런 결정에 관여한 것은 아니다.

전체 인터뷰의 약 절반에서 참가자들은 의학 용어로 자신들의 곤경을 설명했다. 리사와 마찬가지로 많은 사람들이 시간의 흐름에 따른 관점의 변화가 있었다고 얘기했고, 이런 변화는 항상 생물학적 인과관계를 지향했다. 그런 변화가 있기 전에 그들은 정신생활이나 성격 혹은 환경에 있어서 일상적인 문제들을 원인으로 규정했다. 이런 일은 그들이 관점의 변화가 있었는지에 관계없이 의료적 관점을 가진 모든 사람에게 공통적으로 적용될 것이다. 그들은 자아의 문제가 대두되어 고통과 곤경에 빠지고 방향을 잃자 관점을 바꾸었다.

의료적 관점을 취하게 된 대부분의 사람들은 세 가지 일을 했다. 의사를 만났고, 심리치료사나 다른 비의료적 상담사와 함께 세션에 참석했으며, 약을 복용했다. 전부는 아니지만, 그중 일부는 이 세 가지 일 가운데 어떤 것도 하지 않았다. 그들 중에는 심리치료적 표현을 사용하는 사람들도 있었다. 마음을 바꿨다고 해서 의사를 찾아가거나 어떤 특정한 종류의 치료를 받는 것은 아니었다. 하지만 의사, 심리치료사의 역할에 의문을 제기하면서 뇌에 문제가 있다는 관점에서 문제를 풀어나가기 위해 약을 먹는 일들이 종종 병행되었다.

의사와의 면담

의료적 설명을 하는 사람들 중 대다수는 정신과 의사, 일반 내과의사 혹은 임상간호사*를 만나 진료를 받은 적이 있으며, 정신질환 진단을 받은 적도 있었다. 많은 사람들은 또한 의사가 그들의 고통을 신경화학적 혹은 유전적 구성의 이상에서 오는 증상으로 진단했다고 말했다. 사람들은 의사들이 환자의 고통을 의료적 관점에서 헤아린다는 점을 납득했다.

다음 장에서 정신의학의 생물학적 전환과 일상의 고통을

---

* 의사가 하는 많은 일들을 할 수 있도록 훈련을 받은 간호사.

묘사하는 데 영향을 미치는 새로운 이론, 언어, 실천의 출현에 대해 탐구할 것이다. 그리고 3장에서는 보통 사람들이 그런 언어와 어떻게, 어디서 접촉하는지를 생각해볼 예정이다. 그런 맥락에서 나는 사람들이 의사들이 의료적 해석을 추천하는 일에 대해 얘기한 점과 그것을 어떻게 받아들였는지에 대해 부연할 것이다.

여기서도 생화학적 인과관계에 대해 의사와 나눈 대화를 언급한 리사 같은 사람은 예외라는 점을 주목할 필요가 있다. 생물학적 언어를 사용한 대부분의 사람들(모두가 의사의 진찰을 받은 것은 아니다)은 어디를 가든 이런 설명을 한다고 말했다. 참가자들에 따르면, 의사들이 화학적 불균형이나 뇌의 신경 연결 상태에 결함이 있다고 말한 주된 이유는 수사학적인 것이었다. 의사들은 환자가 약물복용을 시작하도록 격려하거나 약물복용을 꺼리는 문제를 해결하고자 할 때, 그것이 신체적 질병과 비슷한 것이라 말했다. 그들이 말하고자 하는 바는 환자에게 신체적인 문제가 있는 것이며, 따라서 다른 신체적인 문제가 있을 때와 마찬가지로 문제 해결을 위해 약을 복용해야 한다는 것이었다.

일부 참가자들은 이런 대화가 도움이 된다고 생각했지만, 대부분은 의사나 간호사가 자신들이 고통의 원인을 해석하는 방식에 결정적 영향을 미치거나 혹은 자신들과 그 의미를 두고 폭넓은 토론을 한 것으로 묘사하지 않았다. 의료진 인터뷰는 그런 역할을 요구하지 않았으며, 처방된 약물에 대해 당사자가 거부감을 나타내지 않는 한 진단과 처방은 의미의 공유 없이 진행되었다.

심리치료사와의 만남

우리는 정신과 의사들이나 다른 의사들과 뇌에 관한 이야기를 할 수 있을 것으로 생각한다. 비의료 심리학자, 사회복지사 그리고 상담사는 이와 다르다. 우리는 그들에게 의료적인 것이 아니라 심리적인 설명에 중점을 둘 것을 기대한다. 그렇다면 신경생물학적으로 자신들의 고통을 설명한 사람들 중 4분의 3이 일찍이 혹은 인터뷰 당시 개별 치료 상담을 어느 정도 경험했다는 사실을 어떻게 받아들여야 할까(한 개 이상의 그룹 치료에 참여했다)? 이와 대조적으로 심리학적 시각을 가진 사람들 중 약 4분의 1만이 개별 치료 상담에 참여한 적이 있었다(그룹 치료에 참여한 이는 없었다). 심리치료사를 만나는 것은 의사를 만나는 일만큼 의료적 설명과 깊은 연관성이 있었다.

나는 심리치료사와 상담사가 의료적 관점을 장려한다는 직접적인 증거를 찾지 못했다. 다만 한 가지 예외가 그 규칙을 입증해 보일 것이다. 베카는 고등학교 3학년 때 우울증 진단과 함께 항우울제 처방을 받고 주치의의 권유로 전문 상담사를 만났다. 베카는 몇 번의 세션에 참석했지만, 상담사는 그에게 'A형'이라는 것과 '좀 자책하는 경향이 있다는 것' 외에는 어떤 심리적인 문제도 없다고 말했다. 베카에 따르면, 상담사는 그의 진짜 문제는 뇌 속의 화합물질이, 그의 말을 빌자면 "엉망이 되어서" 그런 것이므로 우울증에 대해 얘기하는 것은 별로 도움이 되지 않을 듯하다고 했다. 말할 필요도 없이 상담은 끝났다.

심리치료의 변화는 개인적 경험의 의미를 탐구하고 재고

하는 일에 달려 있다. 치료사들은 언어적 기법, 치료 이론의 상징인 정신역동*, 인지행동 등을 활용하여 변화를 유도하고, 감정적으로 흥분시키는 대화를 통해 고객들이 새로운 의미에 비추어 자신들의 특정한 문제들을 해독하고 재해석하고 다시 경험하도록 유도한다.[6] 이와 같은 설득이 아무런 도움이 될 수 없다면 그런 치료는 의미가 없다. 그러나 베카의 말은 상당히 이례적이었다. 심리치료사나 상담사를 만나본 다른 사람들 중 이런 말을 한 사람은 없었기 때문이다. 대부분의 사람들이 치료 세션에서 실제로 어떤 일이 일어났는지에 대해 언급할 때, 그들이 한 말은 (조언과 지지를 얻고, 억눌린 감정을 해소하고, 행동 '전략'을 익히는 등) 의료적인 것이 아니라 심리치료적 방향을 반영했다.

만약 심리치료사와의 상담이 별 도움이 되지 않는다면 리사와 같은 많은 사람들은 약물복용에 적극적으로 된다.[7] 의료적 관점을 가진 대부분의 사람들은 심리치료사와 의사의 치료를 둘 다 받아왔다.[8] 그 주된 이유는 심리치료사가 의사를 추천하고, 의사가 심리치료사를 추천하기 때문으로, 이런 경우가 사례의 절반이나 차지했다. 참가자들은 주로 뇌 기능 장애의 관점에서 자신들의 고통을 설명하고 약을 복용했다.[9] 그리고 대부분은 의사와 심리치료사를 만나 오래 머물거나 장기간 치료를 계속하지 않았다. 이와 대조적으로 심리치료사의 권유로 의사를 만난 사람들

---

* psychodynamic, 개인의 과거 경험이 현재의 문제에 어떤 영향을 미치는지 설명하고 이에 의거해 문제를 해결하려는 이론.

가운데 자신들의 고통을 심리치료적 용어로 설명하기를 고수한 이는 단 한 명뿐이었다.

마지막 분석에서 지금까지 심리치료적 관점을 가졌는지를 가려내는 최고의 지표는 바로 전문가의 진단을 받지 않았다는 점이다. 의사나 심리치료사를 한 번도 만나본 적이 없는 사람들은 사실상 모두가 마음의 관점에서 자신들의 곤경을 설명했다. 한 개인이 설명하는 내용은 전문가를 만나기 전 혹은 그와 관계없이 구성될 수도 있기에, 우리는 관점의 변화에 영향을 미치는 요인으로서 이런 상관관계에 지나치게 큰 의미를 부여할 수는 없다. 리사의 사례에서 보았듯이 변화에는 동기부여가 필요하다. 자기 가치에 관한 질문에 비추어볼 때 가능성이 있고 바람직해 보이는 개선의 유형과 곤경의 더 큰 연관성 안에서 전문가의 영향력이 설정된다. 그러나 심리치료사와 상담사는 심리치료 세계관을 보존하거나 촉진하는 데 미약한 영향을 미친다고 해도 무방하다. 해석 패턴의 또 다른 중요한 상관관계에 의해 적어도 하나의 이유가 제기되기 때문이다.

향정신성의약품 복용

의료적 성향을 보인 사람들 중 다수는 분명 인터뷰 당시 약물치료를 받고 있었다. 이렇게 연결되는 것을 보면 약물을 복용하는 일이 고통을 다음과 같은 의미로 재해석하게 만든다. 즉 정신적 고통은 뇌의 신체적 기능 장애에서 비롯된 현상이며, 약으로 바로잡을 수 있다는 것이다.

그런 피드백 회로에 대한 증거가 있었다. 생물학적 이상이 문제의 원인이라는 판단은 약을 복용하기 전이나 혹은 복용과 별개로 내릴 수 있지만, 복용한 후에 더 두드러지게 나타났다. 일부 사례에서 참가자들은 의료적 설명에 대한 지원책으로 약물의 긍정적인 영향을 들었다.

예를 들어 스물일곱 살의 헤일리는 사람들 앞에서 이야기를 하고 전화 상담을 하는 것에 대한 불안감 때문에 직장에서 일을 제대로 할 수 없자 정신과 의사를 찾아갔다. 그는 처음 방문했던 때를 잘 기억하지는 못했지만, 많은 질문에 대답하고 의사가 항우울제를 추천했던 점을 기억했다. 그는 그 약이 진짜 효과가 있다고 느꼈고 "그것이 고통의 원인이 생물학적 문제라 판단하는 데 도움을 주었다"고 되뇌었다. 인터뷰 후반에 헤일리는 자신의 불안감에 대해 이렇게 덧붙였다. "분명히 약이 필요했던 거예요. 결국 생물학적 문제였어요."[10]

이런 추론은 참가자가 약이 별 효과가 없다고 느낄 때도 틀린 말이 아니었다. 그리고 그것은 약을 복용하지 않는 상태에서도 자명했다. 어떤 이들은 이 치료법이 물리적인 것이 아니라면 그 문제도 신체적인 것이 아니어야 한다고 결론지었다. 예를 들어 스물두 살이고 직업이 있는 루이스는 어릴 때부터 집중하는 데 어려움을 겪어왔다. 만약 그가 (자기 조력 도서를 읽고 친구와 가족들로부터 조언을 구하는 등) 곤경에서 벗어나기 위해 기울이는 노력이 실패한다면, 자신이 '진짜' 신체적 문제를 가지고 있음을 의심의 여지 없이 믿을 것이라 말했다. 우선은 현재의 노력이 도움이 되고 있고 약이 필요하다고 생각하지 않기 때문에 자신의 문제가 신경생물학적인 것이라 말하지 않을 뿐이었다.

약물을 복용한 모든 사람이 의료적 관점을 채택한 것은 아니다(3분의 1가량이 의료적 관점을 채택하지 않았다). 대부분은 약물 효과에 대해 상당히 긍정적인 평가를 했지만(이 문제는 6장에서 다룰 예정이다), 약을 복용하는 것이 그들이 고통의 원인을 이해하는 방식을 바꾸진 않았다.

예를 들어 쉰두 살의 글래디스는 인터뷰 당시, 5년 동안 일궈온 사업을 자금 문제로 접는 바람에 실직 상태였다. 그는 우울증 진단을 받았고 두 가지 항우울제를 복용했다. 이 약들은 불면증과 의욕 부진으로 고생하는 사람들에게 도움이 되지만, 글래디스는 자신의 내적 몸부림을 심리치료적 관점에서 바라보면서 긍정적 사고를 얻게 되었다고 강조했다. 자기 조력 도서를 많이 읽는 그는, "바로 우리의 종교철학이 그것의 바탕이 된 것이라 말할 수 있는데 우리는 모든 것을 바꾸고, 모든 것을 수행하고, 건강하고 행복하고 보람 있는 삶을 살아갈 힘을 가지고 있다"고 덧붙였다. 그에게 있어서 약물복용은 자신의 철학과 별다른 갈등 없이 양립 가능한 것이었다.

글래디스와 마찬가지로 사람들은 약이 감정과 행동의 문제를 개선한다는 점을 인정했지만, 신체적 원인이 개선되는 것으로부터는 그런 결론을 내리지 못했다. 정신질환 치료에서 약이 잘 듣는 경우, 장애가 생화학적 근원을 가지고 있다고 믿는 강력한 이유가 된다는 주장이 오래전부터 제기되어 왔다. 그것은 정신과 의사 피터 크레이머가 『프로작에 귀 기울이기』*Listening to Prozac*』라는 책에서 제시한 실제 임상 결과로 얻은 유명한 결론이었다.[11] 화학물질인 약을 복용함으로써 사람들은 신경화학적인 인과관계를 받아들인다. 그것은 또 다른 베스트셀러인 『프로작 다이어리』*Prozac Diary*』에서 심리학자 로런 슬레이터가 "화학물질만이 사람을 아프게 만드는 것이므로 화학물질만이 그것을 치료할 수 있다"는 신념 체계를 가지고 있다고 쓸 때 그가 말하고자 했던 바다.[12]

그러나 참가자들의 이야기들을 들어보면, 슬레이터가 상정한 바대로 약과 신념체계가 결합한 것으로 생각하진 않았음을 알 수 있다. 약 그 자체로 반드시 혹은 저절로 물리적 원인에 대한 환원주의적 추론을 초래하는 것은 아니다. 또 이 장의 뒷부분과 2장에서 자세히 논의할 텐데, 1980년대 이전의 모든 세대가 신경생물학적 설명을 거의 알지 못한 상태에서 향정신성의약품을 처방받아 복용했다. 그렇다면 지금과 같이 약과 인과적 설명의 관계는 필연적이거나 불가피한 것이 아니다.[13]

이미 자신들의 고통을 뇌의 문제로 돌리는 경향이 있는 사람들에게 약을 복용하는 일은 그런 관점을 더 강화시킨다는 점에서 의문의 여지가 없다. 이것은 신체적 문제에 대해서는 신체적 해답을 구해야 한다는 논리적 의무감의 문제가 아니다. 오히려 뇌에 대한 설명과 함께 약물은 이제 뇌 문제에 대한 증거이자 반응으로 나타날 수 있다. 리사의 경우 그는 처음부터 약을 복용하고 있었고 그 후 의료적 관점을 취하게 되었다. 그의 마음을 바꾼 것은 약물이 아니라 계속되는 감정의 변덕과 자아비판으로부터 벗어나게 해주는 생체의학적 설명이었다. 이런 새로운 이해와 함께 피드백 회로에 의해 약물복용을 바람직한 새로운 방식으로 받아들이게 되었으며, 뇌의 신경 연결에 문제가 있어서 이런 일이 발생한다는 이야기가 그럴듯하게 들리기 시작했다. 그것은 리사가 바꿀 수 없을 듯하던 것을 바꿀 수 있게 해주었다.

이 피드백 회로가 모든 경우에서 나타나진 않았다. 의료적 관점을 취한 사람들 중에는 심지어 약을 복용하지 않는 이들도 있었다. 그러나 일상의 고통을 뇌의 문제로 보는 관점은 대부분의 인터뷰에서 중요한 요소로 등장했다. 약물복용에 대한 평가를 암시하는 말들과 함께 말이다. (이런 이야기를 함으로써 나는 논의를 조금 앞서가고 있다. 나는 피드백 회로가 내가 제안하는 방향으로 움직인다는 점을 보여주기 위해 추가 증거를 이끌어내야 할 것이다.)

심리치료보다 약물치료

참가자의 절반은 의료적 관점을 채택했다는 것과 그들 대부분이 약물치료를 받고 있다는 사실은 신경생물학적 상상법으로 나아가는 경향성을 보여주는 이야기의 한 측면이다. 우리의 일반적 환경이 의학 용어와 일상의 고통을 다룰 수 있다는 기대감으로 가득 차고 있음을 보여주는 다른 지표들이 있다.

하나는 사람들이 말하는 정신요법에 관한 것인데, 이에 대한 경험이 있는 사람이든 없는 사람이든 상관없다. 인터뷰 참가자들이 들려주는 정신요법에 관한 이야기를 들어보면 대부분 별 이점이 없다고 보거나 혹은 그것으로부터 도움을 받으리라는 기대감이 낮았다. 이런 이야기는 약물복용에 대한 견해와는 대조적이었다. 심지어 심리치료적 관점을 가진 사람들 중 대부분은 '진정한' 문제를 심리치료사가 아닌 의사에게 그리고 상담이 아닌 약물로 다스려야 하는 것으로 보는 듯했다.

심리치료에 대한 낮은 기대

인터뷰 참가자의 절반 정도가 짧게는 두세 번의 세션, 길게는 1년 혹은 그 이상 동안 개별 심리치료나 상담을 받은 적이 있었다. 그들의 경험은 다양했다. 몇몇 사람들은 자신들이 받은 치료법을 다소 부정적으로 말하기도 했다. 그들은 치료법이 별로 도움이 되지 않았거나 혹은 거기서 많은 것을 얻지 못했다고 말했다. 딱 한 명을 제외하고 참가자들의 반응은 일관되었는데, 그 참가자는 현재 약을 복용하고 있었다. 비슷한 사례로 참가자들은 몇 번의 치료 세션에 참석했으며 그것으로 충분하다고 결론지었다. 일반적으로 그들은 심리치료나 상담이 좋은 조언을 얻거나 혹은 자신들의 감정을 허심탄회하게 털어놓을 수 있어서 도움이 되었다고 말했다. 그리고 대부분 약을 복용하다가 그만두었다. 약에 관해서 그들은 더 얘기할 필요나 목적을 찾지 못하는 듯했다.[14]

다소 길게 정신요법을 받았던 경우를 보면, 참가자들은 대개 심리치료사를 도움이 되는 친구나 심지어 코치와 같은 존재로 묘사했지만, 그들을 해석의 권한이 있는 존재로 묘사하는 경우는 거의 없었다. 소수의 사람들만이 심리치료사의 해석적 틀이나 이론적 근거, 즉 심리치료사가 고객 경험의 의미 변화를 탐구하고 장려하기 위해 사용하는 개념적 체제에 관해 얘기할 뿐이었다.[15]

예를 들어 인터뷰 당시 약 9개월 동안 인지행동치료사를 만나고 있던 도나라는 참가자는 인지행동치료 전략을 '삶을 다루는 도구'라고 언급했다. 그러나 그는 자신의 우울증이 왜곡된 사고의 결과라는 인지행동치료의 관점에 동의하지 않았다.[16] 일찍이 그는 정신역동치료를 받은 적이 있었다. 정신역동치료는 정신 내적 과정이나 갈등에서 문제의 근원을 찾는다. 도나는 자신의 문제를 그런 관점으로 보지 않았으며, "지나치게 프로이트적인" 담당 정신과 의사가 그에게 유용한 피드백을 주는 것이 아니라 "4년 동안 메모만 하고 있었다"고 불평했다.

정신요법은 테크닉에 의한 과정이지만, 성공 여부는 그 사람이 겪고 있는 결핍을 문제의 원인으로 보는 심리치료사의 가설을 받아들이느냐에 달려 있다.[17] 인터뷰에서 나온 이야기들에서는 그렇게 받아들였다는 직접적인 증거도, 심지어 조작 이론에 대한 인식도 찾을 수 없었다. 예를 들어 적어도 일곱 명의 참가자들이 인지행동치료와 같은 심리치료를 받았는데, 그중 다섯 명은 자신들의 문제에 대해 의료적 견해를 취했다.

리사와 같은 소수의 사람들만이 고통을 치유하는 데 심리치료가 도움이 되었다고 말했다. 대체로 그들은 자신들의 치료 경험을 긍정적이지만 꽤 밋밋한 표현을 사용하여 털어놓았다. 많은 사람들은 자신들이 마음을 터놓을 수 있는 누군가가 있다는 점이 도움이 된다고 강조했다. 예를 들어 마흔여덟 살의 대니얼은 반사회적 성향으로 힘들어하며 권위적 대상과 곧잘 충돌했다. 그는 일상적인 교통 검문 문제로 경찰관과 말다툼을 한 뒤 여동생의 권유로 정신과 의사에게 상담을 받았다. 그는 이렇게 말한다. "여러 세션을 했어요. 대략 6개월 동안 일주일 단위로 정신과 의사를 만났지요." 그는 정말 그때의 대화가 생각나지 않는다고 했지만, 세션이 끝난 후 자기 자신에 대해 좀 더 좋은 느낌을 갖게 되었다고 말했다.

어떤 치료에도 참여하지 않은 사람들의 말을 들어보면 공통적으로 심리치료에 대해 낮은 기대감을 보였다. 그들이 먼저 이야기를 하지 않으면 우리는 이렇게 물었다. "상담을 받으러 가는 것을 고려해본 적이 있나요?" 종종 단답형의, 때로는 그냥 넘어가는 그들의 반응을 보며 많은 사람들이 심리치료나 상담을 진지하게 고려한 적도 없고, 실제로 받아본 적도 없다는 사실을 알수 있었다. 공개 토론에서 정신요법의 장애물로 종종 지적되는 치료비 지출이 문제가 아니었다.[18] 사람들은 치료비 문제를 부담스러워하지도 않았다.

한 세대 전의 연구 문헌을 보면, 상담을 받으러 가는 것이 치료의 중요한 첫걸음이라는 식으로 묘사되었다. 예를 들어 사회학자 찰스 카두신은 1969년 출간된 저서 『정신과 의사를 찾아가는 이유*Why People Go to Psychiatrists*』에서 이렇게 썼다. "치료가 전혀 이루어지지 않더라도 정신과 의사를 찾아가는 것만으로도 자아 개념이 바뀔 수 있다. 대체로 자기만족적 자아 개념을 가진 이에서 삶을 살아가는 데 전문적 도움이 필요한 자아 개념을 가진 이로 바뀔 수 있다."[19]

당시에는 심리치료가 필요하다는 점을 인지하는 것이 쉬운 일은 아니었으며, 그런 도움을 구하기 위해서는 커다란 저항을 극복해야 했다. 하지만 이제는 그렇지 않다. 인터뷰에 응한 사람들은 대부분 심리치료를 받으러 간다는 사실을 부끄러워하는 기색이 없었다. 그들은 "심리치료를 받는 것이 부끄러운 일은 아니에요"라고 했던 서른다섯 살의 그레천의 의견에 동의하는 것이다.

몇몇 예외가 있었는데 그들은 대부분 남자였다.[20] 심리치료 경험이 없는 그 밖의 사람들은 그런 의심이나 우려를 표명하지 않았다. 심리치료사에게 도움을 구하는 것은 그들에게 그리 대단한 일이 아니었던 것이다. 이런 무관심은 약물복용에 대해 말할 때와는 뚜렷한 대조를 보였다. 약을 복용하지 않는 사람들은 누가 먼저 물어보지 않아도 그 이유를 설명했다. 일반적으로 사람들은 약물복용을 긍정적이든 부정적이든 어떤 식으로든 반응을 보여야 하는 확실한 조처로 생각하는 것 같았으나 심리치료에 대해서는 그렇지 않았다.

약물 효과에 대한 강한 믿음

약물치료는 심리치료보다 훨씬 더 좋은 명성을 누렸다. 약을 복용하는 사람들 중 다수는 그것이 치료에 도움이 된다고 믿었고, 약을 복용하지 않은 사람들 중 다수는 먹는 데 거부감이 없거나 복용을 적극적으로 고려하고 있었다.

예를 들어 앰버는 인터뷰를 하기 몇 달 전, 두 아이의 아버지이자 자신의 약혼자가 그를 버리고 떠나자 스트레스와 굴욕감 그리고 열패감으로 힘겨워하고 있었다. 현재 그는 곤경에 빠져 있는데, 한두 달 안에 기분이 나아지지 않는다면 머리에 뭔가 문제가 있다고 결론 내리고 의사의 도움을 받을 작정이다. 그는 일단 '걸어 다니는 약국'인 친구 줄리에게 물어보기부터 할 것이라 말하면서, 줄리에게 받을 도움은 더없이 좋은 약이 되리라 기대하고 있었다.

심지어 약물치료에 대해 상당한 반감을 보인 사람들 중 많은 사람들이 자신들의 상황에 약물치료가 도움이 된다고 보증하거나 의사가 그렇게 충고한다면 약을 복용할 의향이 있다고 했다. 그들은 약이 문제를 개선하는 데 효과적일 것이라 믿었다. 그들이 약물치료에 반감을 보이는 이유는 다른 것에 있었다. 약물이 그들의 성격이나 정체성을 바꾸거나 부작용을 일으키지 않을까 하는 두려움 때문이었다.

예를 들어 대학 2학년생인 마야는 고등학교 때부터 '슬프고', '불행하고', '만성적 부진아'였다고 말한다. 그는 자신의 그런 감정이 사회적 외톨이 신세와 공부에 대한 압박 때문으로 보고 있으며, 스스로 자신의 잠재력에 부응하지 못하고 있다고 절실히 느낀다. 마야는 자신의 슬픈 감정이 심각한 문제라고 여기며, 자신이 '병적 우울증 상태'라고 생각한다. 그럼에도 자신이 우울하다는 사실을 인정할 수 없다고 말한다. 그것은 그가 스스로 문제를 해결할 수 없음을 의미하고, 따라서 약을 먹어야 함을 의미하기 때문이다.

마야는 약을 먹고 싶지 않다. 그가 단도직입적으로 말하듯이, "저는 병적 우울증 상태에 빠지고 싶지 않아요. 그것은 저에게 약과 같은 처방이 필요하다는 말인데, 그런 일은 정말 생각만 해도 끔찍하기 때문이죠." 아니면 더 심각하게 "이번 생은 망한 것"과 다름없기 때문이다. 그의 약에 대한 거부감은 의존성 때문이다. 그런데도 그는 약이 자신을 '그런 상태에서 벗어날' 수 있도록 도울 수 있으리라 생각한다.

이와 비슷하게 감정 혹은 행동 면에서 '진짜' 문제가 있을 때 약이 필요하다고 생각하는 사람들도 있다. 한 예로 대학 2학년생인 앤드루는 약을 처방받았다는 사실에서 자신에게 진짜 문제가 있다고 결론을 내렸다. 그의 아버지는 그가 고등학생 때 가족을 버렸는데, 그 후 앤드루는 깊은 공허감에 빠졌다. 결국 그는 어머니와 함께 정신과 의사를 찾아갔다. 첫 진료에서 우울증 진단을 받고 항우울제를 처방받았다. 그는 이렇게 말했다.

의사가 제게 약을 먹어야 할 것 같다고 말할 때 그것은 일종의 인생의 변곡점이었어요. 약을 먹어야 한다는 말은 제게 진짜로 문제가 있다는 하나의 단언이었으니까요. 우리가 계속 되뇌었듯이, 그 문제들은 결코 가벼운 게 아니었던 거죠. 그저 말로 해서 해결될 그런 문제가 아니었어요. 의사가 약을 먹어야 한다고 했을 때, 저는 '아 그래요, 저는 진짜 문제가 있어요' 뭐, 이렇게 인정을 했지요. 모든 사람이 일상적으로 겪는 그런 문제가 아니었어요.

앤드루의 이런 태도는 사람들 사이에 공통적으로 나타나는 정신요법에 대한 낮은 기대와 약물 효과에 대한 강한 믿음 사이의 대립을 잘 보여준다. 우리가 '그냥 얘기할 수 있는 것들'도 있고 혹은 '모두가 일상적으로 겪는 것들'도 있는데, 이런 것들에 대해서는 원한다면 정신요법이 어느 정도 가치가 있을 수도 있다. 이에 반해 의료적 문제로 다루어야 하는 '진짜' 문제, 즉 의학 용어를 빌려야 하는 일도 있는 것이다.

사회학자 닉 크로슬리는 매우 역동적인 이런 현상을 가리켜 이렇게 말한다. "자기 자신을 돌아볼 때 우리 마음이 향하는 영혼에 대한 '뉴에이지'의 지도가 어떤 것이든, 우리는 도움이 필요한 순간 점점 더 생체의학에 끌리고 있다."[21] 여기서 도움이 필요한 순간은 방향감각 상실과 고통의 순간이며, 일상적인 것이 실제 문제의 형상을 취하는 순간이다.

신경생물학적 상상법

고통의 원인에 대한 그들의 이야기와 반응을 보면서, 나는 참가자들이 곤경에 처할 때 정도의 차이는 있지만 세 가지 뚜렷한 경향을 보인다는 사실을 발견했다. 첫째는 고통을 얘기할 때 정신적 삶에 관한 전문 용어를 사용하던 초반의 입장에서 우리의 사고와 감정과 행동을 방해하는 뇌 기능의 문제를 설명하는 입장으로 이동하는 경향이다. 둘째는 통찰지향정신요법이나 상담에 대해 무관심한 태도를 보이고 그런 식의 도움을 구하는 일에 심드렁한 경향이다. 그들은 곤경을 극복하거나 개선하는 데 필요한 전문가가 있다면 그는 의사여야 한다고 생각했다. 셋째는 약을 복용하든 않든, 증상을 완화하고 '진짜' 문제를 해결하는 데 필요하고 또 효과적인 치료는 약물치료라고 생각하는 경향이다.

이 세 가지 경향성은 한 묶음으로 움직이는 것도, 논리적으로 서로 연관된 것도 아니다. 하지만 많은 사람들이 세 가지를 모두 언급했고, 적어도 두 가지 이상을 중요하게 여기는 사람이 대부분이었으며, 일부만이 이 중 한 가지를 언급했다. 세 가지 경향성 중 그 어떤 것도 언급하지 않은 사람은 극소수에 불과했다.

이런 경향성은 내가 신경생물학이라 부르는 상상의 방식을 반영한다. 유전적 특징과 뇌를 가지고 직접적으로 설명하는 것이 가장 명확한 지표다. 그러나 정신요법과 약물치료의 특별한 효과에 대한 견해는 뇌의 문제를 언급하지 않은 일부 사람들에게도 나타나고 있었다. 이들 역시 정신적 삶에 대한 1인칭의 정성적 언어에 관한 확신이나 신뢰가 거의 없거나 혹은 자신들의 힘겨운 싸움을 내적 경험이나 규범적 갈등의 문제로 상상하는 것 같았다. 많은 사람들은 그들의 경험에서 탐구하거나 발견하거나 직면할 것이 전혀 없다는 인상을 받고 있었고, 몇몇은 정서적 경험을 자신들과 따로 떼어내려 했다. 의료화할 때처럼 많은 사람들은 부드럽고 주관적인 대화로 이루어진 정신요법의 세계와 딱 딱하고 객관적인 약물치료의 세계를 비교했다.

그들은 '진짜' 문제와 '머릿속' 문제를 서로 대립시켰다. 여 기서 '진짜'란 그 고통이 신체적인 것이며, 따라서 약을 복용해야 함을 의미했다.[22] 어떤 이들은 누군가에게 도움을 구하는 일을 거 부했다. 그 경우 그들이 진짜 문제가 있거나 아니면 의사들이 그 렇게 생각할 우려가 있었기 때문이다. 다시 말해 몇몇 심리치료 적 관점을 가진 참가자들은 자신들이 현재 겪고 있는 일에 대해 생물학적 인과관계가 있다는 식으로 말하지 않더라도 자신들의 고통과 그에 대한 반응을 의료적 언어로 상상했다.

게다가 내가 앞으로 논의할 신경생물학과 관련된 또 다른 지표들이 있다. 곤경에서 벗어나거나 혹은 그 어려움을 개선하고 자 할 때, 사람들이 목표로 삼는 종착점(나는 이것을 '실행 가능한 자아'라고 부른다. 실행 가능한 자아는 규범에 벗어나는 법 없이 제 능력 을 발휘하는 자아다)과 그들이 자기 이야기를 할 때 사용하는 언어 등이 이 지표에 포함된다.

인터뷰에서 가장 눈에 띄는 특징 중 하나는 사람들이 자기 자신과 경험에 관해 얘기할 때 사용하는 전형적으로 빈약하고 비 개인적인 어휘였다. 영어에는 감정에 관한 단어가 400개 이상 있 다. 우리가 인터뷰한 사람들이 실제로 사용한 단어들이 얼마나 적은지를 알면 깜짝 놀랄 것이다. 부분적으로 인터뷰라는 상황에 서 비롯된 바가 없지 않지만, 그들의 평가 언어는 유독 기계적이 며 행동주의적 특징을 가지고 있었다. 즉 그들은 어떤 대상을 언급할 때 기능과 효율 그리고 합리성과 생산성 등의 표현을 사용했다. 그들은 전형적으로 자신들이 처한 곤경을 차이와 결핍의 어휘(부적절하다, 충분치 않다, 균형이 어그러져 있다, 미흡하다 등)로 표현했다.

인터뷰에서 참가자들은 자신들이 창안하고 이끌어나가는 하나의 프로젝트로 삶을 얘기했다. 모든 것이 의미를 지니고 존재의 지배적 규범을 따르는 일상의 삶은 더할 나위 없이 강렬한 선善과 선한 자아의 표식이어야 한다. 이런 자아 형성 과정에서 자신의 지난날이나 내면의 삶에 대해 말하는 것은 기껏해야 주변적 의미만 가질 뿐이다. 그것은 암묵적으로 그려보는 선한 자아의 이미지에 필요한 것이 아니다.

앞에서 나는 참가자들의 설명과 행동에서 나타나는 경향이 곤경이 주는 특별한 어려움과 관련이 있다고 강조했다. 고통과 열정적 헌신(우리 자신을 규정하는 가치의 특별함)이 어려운 상태에 있으므로 곤경이 의미 조성에서 결정적 역할을 한다. 그러나 곤경은 단 하나의 경험 맥락에 불과하다. 내가 '경향'이라 말하는 것은 그것이 경험의 의미를 지속적으로 규정해가는 과정에서 나타나는 흐름과 변화의 한 부분이기 때문이다. 참가자들은 서로 다른 유형의 설명과 행동의 방향을 말하는데(때로 서로 다른 것이 혼재되기도 한다), 이는 서로 다른 경험, 요구, 희망 그리고 자기 이해에 바람직하지 않은 함축적 의미를 반영하는 방법을 사용하기 때문이다. 인터뷰에는 눈에 띄는 추세가 있지만, 사람들이 자신들을 이해하는 방식은 하나가 아니다.

내가 '상상법'이라는 말을 쓴 것은 한 가지 사실을 강조하기 위함이다. 부분적으로 나는 사람들이 표현한 아이디어에 대해 말하고 있지만, 이때 아이디어는 개념적으로 표현된 지식이나 인터뷰에서 드러난 명시적 신념체계라는 의미에서의 '아이디어'가 아니다. 그보다 자신들이 전달하는 '관점'의 측면에서, 사용했던 말들에서 그리고 취했거나 취하지 않은 행동들 속에서 참가자들은 사회와 고통 그리고 자아와 신체(뇌)가 어떻게 서로 조화를 이룰 수 있는지에 대해 자신들의 생각과 인상과 가정을 얘기했다.

상상은 우리가 처한 상황을 마음속으로 그려보는 하나의 방법이다. 그 상황이 어떻게 전개되고, 또 어떻게 전개되어야 하는지를 그려보는 방법인 것이다. 이것은 세상과 그 안에 우리가 어떻게 자리매김을 해야 하는지에 대해 의미를 부여하는 사회적으로 공유 가능한 하나의 시각이기도 하다.[23] 도움이 필요할 때 우리 자신을 뇌와 관련된 기계적 언어로 표현하거나 내면이 복잡하지 않은 존재로 혹은 다른 사람들처럼 감정을 느끼고 제대로 된 활동을 하기 위해서는 약을 복용해야 하는 그런 존재로 묘사하는 관점이 새롭게 설득력을 얻고 있었다.

하지만 내가 발견한 경향성의 분포는 대표성을 띤다고 보기 어려운 인터뷰 참가자들의 특이한 성향과 태도의 단순한 합에 불과한 것이 아닐까? 이 질문에 답하기 위해 나는 환자와 일반인을 대상으로 한 전국적인 대표 표본을 찾아보았다. 그 결과 의료적 관점의 분포는 비슷하게 나왔다. 정신 건강관리를 받는 사람들이 그들의 상태와 치료법을 어떻게 설명하는지를 묻는 연구에 따르면, 약물복용을 강조할수록 유전과 화학적 불균형 같은 설명 요소가 시간이 흐르면서 상대적으로 더 중요해졌다.[24]

이와 유사한 경향이 정신질환과 도움 추구 행동에 관한 설문조사에서도 나타났다. 특히 동일한 모집단에서 추출한 표본과 동일한 항목에 대한 반응을 두 번 이상 비교하는 '타임트렌드' 분석과도 관련성이 있다. 미국에서 수행된 대중에 대한 타임트렌드 연구를 보면, 정신 건강의 문제는 생물학적 요인에서 기인하거나 그로부터 영향을 받는다는 쪽으로 그리고 의료적 치료와 약물 처방을 지지하는 쪽으로 생각이 바뀌었다.[25] 이 연구를 통해 발견한 사실은 내가 인터뷰 참가자들의 이야기에서 발견한 패턴과 폭넓게 일치한다. 정신 건강 문제를 심리적이며 사회적인 원인에서 찾고 정신요법을 하던 낡은 개념틀에서 벗어나 생물학과 약물복용으로 관심이 옮겨갔음을 확연히 보여주었다. 이런 트렌드를 이끌어낸 연구자들은 이 현상이 계속되리라 보았다.[26]

이 모든 연구가 정신사회적 요소와 정신요법에 대한 사람들의 지지가 여전히 상당함을 보여주는 것도 분명한 사실이다. 사실 '정신질환의 경우 심리학적 치료와 약리학적 치료 사이에서 어느 쪽을 더 선호하는지'를 묻는 설문조사를 보면, 심리학적 치료에 대한 선호도가 더 높게 나타나곤 했었다.[27] 심리치료에 대한 이런 높은 선호도(정작 치료를 받으려는 사람들에게는 낮게 나오지만)는 내가 설명하려 했던 트렌드와는 다소 상충된다. 그와 같은 선호도 연구를 언급하면서, 사람들이 실제로 원하는 정신사회적 치료를 받지 못하는 이유는 보험 지급 관행, 정보에 밝지 못한 의사 그리고 제약회사 홍보 카르텔 탓이라 보는 사람들도 있다.

전체 진료의 비율로 볼 때 정신요법을 받지 않고 향정신성 의약품을 처방받는 정신건강의학과 외래환자들이 크게 늘면서, 정신요법이 정신 건강 치료에서 맡은 역할이 급격히 줄어든 점은 이론의 여지가 없다.[28] 1987년부터 2007년까지 정신 건강 문제로 치료를 받는 미국인의 수가 급격히 증가한 반면, 매년 심리치료를 받는 미국인의 비율은 3퍼센트를 간신히 넘는 수준을 유지했다.[29] 게다가 정신요법을 받던 사람들은 그 횟수가 점차 줄어들고 있다. 정신요법을 받으러 가는 횟수가 1987년부터 2007년까지 10년간 연평균 20퍼센트 가까이 감소했다.

이제 대부분의 환자들은 효율적으로 매우 제한된 기간 치료를 받거나 집중 치료를 받는다.[30] 구닥다리 정신분석은 말할 것도 없고 예년의 더욱 개방적이었던 자기 성찰적 정신요법도 사라지고 있다.[31] 간단한 형식 혹은 단기간의 정신요법[32]이 이제 표준이 되었다(한때 '땜질식 이류 치료법'으로 취급되던 이 방식들은 부담이 없는 경우에만 사용되고 있다).

물론 일부에서 주장하는 바와 같이 이런 변화에 기여하는 중요한 제도적 요인들이 존재한다.[33] 하지만 실상은 임상심리학자들이 꾸준히 지적하듯이, 환자들의 요구가 변했다는 점이다. 정신요법을 원하는 대부분의 사람들이 장기 치료에 관심이 없는 것은 물론, 빨리 결과를 얻기를 바라는 소비자의 바람이 눈에 띄게 두드러지고 있다.[34] 행동건강관리behavioral health care와 직업 활동에서 일어난 변화와는 별개로 환자들은 초단기 치료를 좋는 경향이 있다.[35] 이 또한 과거와의 단절이 일어나고 있다는 징후다.

과거와의 단절

일상의 고통이 어떻게 이해되고 다루어지는지에 대한 해석적 패턴에서 두드러지는 점은 다른 대안들은 제쳐두고 생물학과 약물복용과 관련된 설명과 기대만이 높아지고 있다는 것이다. 신경생물학적 상상법으로의 변화는 의료적 관점을 지지하는 사람들의 이야기에서뿐 아니라 문제에 대한 이해와 그 해결책에 대해 다른 관점을 지지하는 참가자들에게서도 찾아볼 수 있다.

　게다가 선호하는 치료의 관점이 바뀌었다는 것은 대표성을 띠지 않는 내 조사 표본에서 얻은 결론이 그리 허황되지 않음을 보여준다. 시계열 연구에 따르면, 동일한 추세가 뚜렷이 나타나고 있으며 최근 몇십 년 동안 그 변화가 얼마나 크게 일어났는지를 알 수 있다.

　이런 변화와 무엇이 그것을 촉진했는지를 이해하려면 좀 더 심층적이고 직접적인 범위에서 배경에 대한 이해가 필요하다. 신경생물학적 상상법은 지적인 틀이나 이론이 아니다. 그것은 보통 사람들이 자신들이 처한 곤경과 그 해결책을 상상할 수 있는 의미의 영역을 가리키는 것이다.

　좀 더 심층적 배경에서 본다면 우리 자신을 이해하기 위한 존재 규범과 이상적 기준에 있어서 문화적 변화가 일어나고 있다. 이런 상태가 어떤 것인지를 이 책 전체에서 계속 언급하겠지만, 4장에서 본격적으로 다룰 것이다. 좀 더 직접적 배경에서 본다면, 현대 정신 건강의 철학이라는 '건강의 지평'에서 내가 일상의 고통에 대한 '생물학화'라고 부르는 역사적 변화가 일어나고 있다. 이런 변화는 사용 가능한 약품, 정신의학의 이론화, 상업적 힘, 대중적 표상 사이의 상호작용에서 생겨난 것이고, 이는 다음 장의 주제이기도 하다.

2장

우울증,

어쩌다 약에 의존하게 되었나

서른세 살의 에릭은 자포자기 직전이었다. 그는 부유한 교외 지역의 명문 초등학교에 막 교사로 부임했는데, 주어진 학사 일정을 따라가느라 정신이 없었다. 그는 교장과 깐깐한 학부모 그리고 하나같이 '정상이 아닌 듯한 동료 교사'들의 눈치를 보느라 늘 스스로 부족하다고 느꼈으며 자신의 잘못이 아닌 일에도 자책했다. 그의 말에 따르면, 이런 관계들이 더욱 견디기 어려웠던 이유는 그 자신이 철두철미한 사람이 아닌 데다 남의 말에 쉽게 상처를 받는 성향이기 때문이었다. 한마디로 그는 대인관계에 문제가 있었다. 시간이 갈수록 그는 온갖 잡생각과 불면증으로 불안해하며 성마른 사람이 되어갔다. 그는 '미쳐 돌아버릴 것' 같아 일을 그만두고 싶었다.

　에릭이 힘들어하는 모습을 본 그의 아내는 그들이 잘 아는 의사에게 진찰을 받아보라고 권했다. 일을 못 할 지경이었기에 에릭은 아내의 권유에 기꺼이 응했다. 여기저기서 주워들은 것이 있었던 터라 그는 어떤 진료를 받게 될지 알고 있었다. 그는 자신의 문제가 명백하고 의사가 보기에도 그럴 것이므로 진료가 일사천리로 진행되리라 예상했다. 실제로 그는 간단한 검진을 받고 의사와 편하게 이야기를 나눴다. 그리고 아니나 다를까 의사는 이내 범불안장애*라는 진단을 내렸다. 그런 다음 의사는 항우울제와 함께 불면증을 위한 진정제를 처방했다. 메스꺼움 같은 부작용의 우려가 있다고 하지만, 그는 약이 도움이 되리라 믿고 복용에 주저하지 않았다.

에릭의 말에 따르면, 의사는 사람 마음을 안심시키는 표정으로 진단을 하고 처방을 했다. 그 의사는 일반적 질병에 비유하면서 비의료적 접근이 도움이 될 수도 있지만, 그것만으로 충분치 않다고 했다. 그가 한 말은 좀 더 자세히 전하자면 이랬다.

> 의사 선생님의 말은 정말 도움이 됐어요. 제게 무슨 심각한 정신병이 있는 게 아니라 약만 먹으면 된다는 인상을 주었지요. 두통이 있으면 타이레놀을 먹는 것과 다름없다고 생각하게 했어요. 혈압 등 이러저러한 문제가 있는 사람들이 있는 것처럼요. 그는 제 이야기와 과거사를 들어보더니 제게 불안 증세가 있다고 진단했어요. 이런 증상엔 운동도 도움이 되고, 요가도

---

* generalized anxiety disorder, 일상생활의 다양한 주제에 관해 과도하고 통제하기 힘든 비합리적 걱정을 늘어놓는 것을 주요 특징으로 하는 정신장애.

좋다고 했어요. 그러나 자가 치료를 하지 않는 이상 그것만으론 충분치 않다는 거예요. 그렇게 의사 선생님은 고맙게도 긍정적으로 제 생각을 바꿔놓으셨어요.

그뿐 아니라 의사는 약을 복용하면 '뇌에서 세로토닌이 증가하여' 불안감을 완화하는 데 도움이 될 것이라 말했다.

곧이어 에릭은 직장을 그만두기로 했다. 그는 항우울제를 복용하면서 기분이 나아지는 것을 느꼈다. 크게 효과를 본 부분은 예민함이 덜해지고 감정이 한쪽으로 치우치지 않게 된 것이라 했다. 이로 인해 그는 학교에서 받는 스트레스에서 벗어날 수 있었고 그해 학사일정을 큰 문제 없이 끝마칠 수 있었다. 인터뷰 당시 에릭은 교직을 떠난 지 2년째에 접어드는 전업주부 아빠였다. 그는 여전히 항우울제를 복용하고 있으며 아마도 평생 복용하지 않을까 생각했다.

의사의 진단과 상담 덕분에 그는 불안 증세를 자신의 지병과 같은 것으로 생각하게 되었고 따라서 장기적으로 치료를 받는 것이 당연하다고 보았다. 그는 어린 시절에 겪었던 불안과 초조(경쟁해야 하는 상황에선 구토 증세까지 보였던)를 문제라고 여기지 못했었다. 너무 어린 데다 어쩌면 누구나 그런 증상을 느낄 것으로 생각했기 때문이다. 마찬가지로 그는 학생들을 가르치는 일에서 마음이 편치 못했던 이유가 불안 증세의 일환임을 이해하지 못했었다.

대학에서 큰 성취감을 맛보았던 에릭은 졸업하고 나서 여러 가지 일에 열정적으로 뛰어들었으나 매번 절망에 빠졌다. 예를 들어 이십 대의 그는 몇 년 동안 전문 요리사로 일을 했고 일류 요리사가 되겠다는 목표를 세웠었다. 열의가 충만했으며 실제로 잘 해내기도 했다. 그러나 그의 말에 따르면, 그가 언제나 최고의 선택을 내린 것은 아니었다. 그 일은 좌절감을 안겨주고 그를 지치게 했다. 결국 그는 일에 환멸을 느끼고 그 같은 무한 경쟁을 그만두기로 했다.

그가 좀 더 느긋한 분위기를 기대하며 교편을 잡기로 마음먹은 것은 그 무렵이었다. 그러나 무언가 힘들게 가르친다는 느낌이 들었고, 그것은 또 하나의 만성적 불안감을 불러일으키는 징후였다. 그는 자신이 한때 니코틴과 마리화나를 꾸준히 접했던 것은 자가 치료를 위한 본능적 행위였다고 해석한다.

이전에 그는 자신의 불안감을 단순히 성격이나 기질의 일부라고 생각했었다. 그의 표현대로 '안정되지 않은 그의 정교한 신경계'를 반영하듯 말이다. 이제 그는 의사의 이야기를 듣고 스스로 책을 찾아본 덕분에 자신의 불안 증세에 대해 신경화학적으로 설명할 수 있게 되었다. 덧붙여 그는 가족력이 있다는 이야기를 했고(그의 여자 형제 세 명 역시 항우울제를 먹고 있었다), 자신의 불안증이 어떻게 신체적인 것, 다시 말해 어떻게 '유전적으로 전해져 내려온 것인지'를 요가 이론에 빗대어 설명하기도 했다. 에릭이 보기에 이것이 평생 따라다니는 지병이라면, 그 치료 역시 평생 해야 하는 일이었다.

계속 치료를 받아야 한다고 해서 이제 그에 대한 다른 원인을 찾을 필요가 없다는 말은 아니다. '역발상'이라 이야기를 하면서도 그는 자신의 문제에 대한 진단과 치료가 일상이라 주장하는 의사의 말에 동의한다. 그는 천식 흡입기에 비유하면서 항우울제가 '그냥 하나의 약'일 뿐이라 말한다. 교사가 되어 어려움을 겪기 전까지만 해도 그는 '해양학에 대해' 무지한 만큼이나 불안장애에 대해 아는 바가 거의 없었다. 이제 그는 범불안장애가 공인된 의료상의 문제라는 사실을 알게 되었다.

그 덕분에 그는 자신의 문제가 '정신이 어떻게 되었다거나 혹은 말도 안 되는 일에 스트레스를 받고 신경이 날카로워져서' 일어난 증상이 아니라는 사실을 알게 되었다. 그럼에도 여전히 그는 자신에게 정신장애(이 말은 마치 조현병 같은 심각한 병이라도 되는 듯한 인상을 준다)가 있다는 사실을 받아들이지 않았다. 그는 범불안장애라는 일반적 범주에 자신은 포함되지 않는다고 생각했다. 의사는 그렇게 표현했는데도 말이다. 에릭의 표현으로는 그저 '불안'일 뿐이다.

2년을 그렇게 보낸 뒤 에릭은 상태가 훨씬 나아졌다. 그는 더 좋아질 수 있었던 이유 가운데 하나로 교직을 그만둔 것과 같은 상황의 변화를 들기도 했고, 요가와 운동 그리고 정원 가꾸기에 좀 더 전념할 수 있었던 것을 들기도 했다. 무엇보다 약을 복용한 것이 중요했다. 그가 무리 없이 살아간다고 해서 모든 불안감이 해소된 것은 아니었다. 의사는 주기적으로 약의 복용량을 늘렸으며, 이따금 한 번씩 약의 복용량을 늘려달라는 에릭을 자제시켰다.

잠시 이런 생각을 하곤 했어요. '또 뭐가 있을까? 약을 더 늘려야 하지 않을까?' 그렇게 저는 의사 선생님과 이야기를 나누었어요. 의사 선생님 입장은 특효약이란 없다는 것이었고, 저는 선생님의 그 말에 수긍했지요. 특효약이란 게 있었다면, 모두 약을 먹었을 테니까요. 모든 것을 완벽하게 만들어주는 특효약이 존재했다면, 이 세상에 그것을 거부할 사람이 어디 있겠어요? 약은 그저 제가 감당할 수 있도록 도움을 줄 뿐이죠.

그의 불안 증세는 아직도 보통 사람들에 비해 과도한 상태지만, 그는 이렇게 말하며 놀라워한다. "이 하얀 알약이 어떻게 이런 일을 할 수 있을까요?"

무엇보다 그는 자신의 감정적 반응에 좀 더 여유가 생기고 예전처럼 조바심을 내거나 의무감을 느끼는 데서 벗어날 수 있었던 것은 약을 먹은 덕분이라 생각한다. 특히 그는 부모의 기대에 부응하고자 했던 점을 언급한다. 그는 부모를 실망시킬까 봐 걱정하며 이런 감정을 느끼곤 했다는 것이다. "마초가 되어야 한다는, 마치 테스토스테론과 같은 것에 의한 압박을 느꼈어요." 이제 그는 이런 것들을 불안감의 원인으로 보지 않고 약물로 완화할 수 있는, 불안감의 증세로 보게 되었다.

이런 이유로 에릭은 약물 덕분에 자신이 예전의 그가 아니라고 믿는다. 오히려 더 나은 사람이 되었다고 생각한다. 이제 그는 자신의 감정을 다른 사람과 나눌 수 있고 마리화나와 니코틴을 멀리하는 등 좀 더 바람직한 습관도 갖게 되었다. 그는 자신과 같은 처지인 사람들은 약을 먹어야 한다고 생각한다. "상황을 직시할 수 있고 의지가 있다면… 즉 스스로 그렇게 할 수 있고, 삶에서 어떤 일이 벌어지든 그것을 외부의 문제로 인식할 수 있다면 말이다."

정신의 생물학

일반인과 치료를 받는 이 모두 행동과 정서적 문제의 근간을 심리적인 것(심리치료, 대인관계 그리고 환경적인 것으로 보는)에서 찾던 시대에서 점점 단절되고 있다. 1장에서 보았듯이, 이런 현상에 대한 명백한 증거가 존재한다. 개인의 문제를 새로운 의료적 관점에서 기술하고 그에 걸맞은 조치를 하는 방식이 점점 주목을 받는다.

사람들이 범불안장애와 주의력결핍장애attention deficit disorder와 같은 진단 범주에 대해 말하거나 고통의 원인을 화학적 불균형에서 찾을 때, 혹은 자신의 힘겨운 싸움을 전문가에게 털어놓으면 약 처방을 받게 될까 봐 두려워할 때, 그들이 입증해 보이는 것은 어떤 새로운 '보건 환경'이다. 여기서 새로운 보건 환경이란 그들이 만들어내어 때로 강력한 사실성을 부여받기도 하는 그런 것이 아니라 뿌리 깊이 제도화된 의료 개념과 치료법으로 이루어진 환경을 말한다.

이와 같은 보건 환경은 무엇을 가능케도 하고 제약하기도 하는, 하나의 맥락이다. 곤경에 처한 사람들이 붙들고 고군분투하는 것이 바로 이 맥락이다. 물론 대안 언어, 설명적 프레임워크, 치료법 등은 그대로 사용할 수 있다. 의료적 관점을 가진 이들도 그것을 다른 요소와 혼용하기도 한다. 그럼에도 이와 같은 새로운 맥락은 치료법과 사람들이 그 가치를 인정하고 신뢰하는 기준에 영향을 미친다.

에릭의 이야기를 통해 우리는 자아와의 관계를 얘기하는 서사의 형태와 여러 새로운 요소에 대한 암시를 받게 된다. 에릭은 자신이 처한 곤경을 풀어내는 자신만의 언어와 이해가 있었다. 그는 질병의 언어로 말하지 않고 그만의 언어로 말했다. 이런 식이었다. "쌩쌩했다", "멘붕이 왔다", "기분이 바로 표가 났다" 그리고 스트레스를 받으면 "변덕스럽고 신경질적으로 되었다" 등등. 그의 말버릇은 자신의 불안증을 그가 힘들어지는 조건이 아니라 그의 성격과 결부시킨다.

에릭의 말에 따르면, 의사는 그와 대조적으로 증상, 장애, 약물, 신경과학에 관한 이야기를 한다. 그것은 그가 이전에 알고 있던 단어들이 아니었다. 그의 귀에는 '해양학'과 같이 뭔 소리인지 알 수 없는 과학 영역의 언어였다. 그러나 그는 의학적 관리를 받아볼 준비를 하고 있었으며 약도 한 번 복용해볼 요량이었다. 그는 고통스러웠고 그 곤경에서 벗어나고 싶었던 것이다.

에릭은 의사로부터 해석적 도움을 받았다는 사실을 분명히 밝혔다. 이 말은 어떤 의미에서 그가 자신의 '불안증'을 장애의 언어로 번역하게 되었다는 것을 의미했다. 그 언어는 그만의 언어와 아이디어와 대비되는 혹은 적어도 부분적으로 그것을 대체하는 하나의 언어였다. 그가 장애의 언어로 다시 기술하는 과정에서 그의 경험은 좀 더 의료적이며 치료 수용적인 의미를 띠게 되었다. 약을 먹기로 하면서 문제를 해결하기 위한 노력으로 아예 배제한 것들이 있는가 하면(심리치료는 언급도 되지 않았다. 에릭은 한 번도 그것을 고려한 적이 없었다), 요가, 운동, 명상과 같이 충분치 않다고 판단한 것들이 있었다. 이제 그의 불안감은 새로운 의미에서 '진짜'가 되었다. 더는 그만의 기질의 문제도, 환경의 문제도 아니었다. 그것은 많은 사람들에게 영향을 미치는 별개의 독립적 현상이었다. 그의 말대로 그것은 우리 삶에서 일어나는 일과는 다른 하나의 존재론으로 "확인을 받은 것이었다."

이와 더불어 '불안'이라는 일상적 표현을 쓸 때와 달리 범불안장애라는 공인된 표현으로 말하면 정신질환에 관해 얘기하는 것이 된다. 에릭이 의사로부터 받은 두 번째 형태의 해석적 도움은 이 연관성을 완화하는 것이다. 의사는 그가 겪고 있는 바를 진료를 받아야 하는 신체적 문제에 빗댐으로써 그리고 정신과 약도 다른 약과 다름없다는 점을 강조함으로써 그의 문제를 일반적인 문제로 받아들일 수 있도록 도왔다. 그에 따르면, 세로토닌에 대한 의사의 말은 자신과 같은 처지인 사람에게 '긍정의 빛'을 선사한다는 식이었다. 에릭의 표현을 빌자면, "내 정신이 엉망이다"는 식으로 그의 상태를 암시하거나 강화하지 않고, "신경화학"이라고만 해도 어느 정도 긍정적 예후를 기대할 수 있었다. 약은 필요한 의료 기술이며 덕분에 그의 문제는 고칠 수 있는 것임을 암시하기 때문이다.

에릭에게 무엇보다 분명하면서도 중요한 것은 새로운 의학 용어 덕분에 그가 자아에 대해 이전에는 생각지도 못했던 새로운 서사를 할 수 있게 되었다는 점이다. 의사의 도움을 받아 그는 과거의 경험을 하나의 일반적 특징으로 정의할 수 있었다. 그의 교직 스트레스, 절망스러웠던 과거사, 니코틴과 마리화나 흡연은 서로 이질적으로 보이지만 그것들은 동일한 기반 위에서 나타난 여러 증상일 뿐이었다.

이런 이야기를 통해 그는 자신의 문제에 대해 유전과 만성의 관점에서 의료적 접근을 할 수 있을 뿐만 아니라 자아의 여러 국면(그동안 그가 마음에 두고 있던 것들과 충족시키고자 했던 규범들)을 자신과 분리할 수 있는 길을 열게 된다. 새로운 관점에서 그가 하는 말을 들어보면, 이제는 벗어나게 된 여러 국면의 내적 경험과 평가적 전망이 결국은 생물학적 문제임을 알 수 있다는 것이다. 약을 복용하는 문제에 대해서도 그는 자유로워졌다. 좀 더 편안해졌고 다른 사람의 처지를 헤아리게 되었다. "어떻게 잘 지내시지요?"라고 먼저 물어볼 줄 아는 '괜찮은 사람'이 되었다.

에릭의 말은 신경생물학적 상상법과 그것이 열어주는 선善의 이미지가 어떤 것인지를 보여준다. 지난 반세기 동안 일어났던 중대한 변화의 역사가 없다면, 우리는 자아를 상상하는 이런 방식과 고통의 이유 그리고 그것을 전달하는 수단에 대해 제대로 이해할 길이 없다.

이 장에서 나는 일련의 역사적 우여곡절을 거쳐 온 정신 건강 철학과 그 치료법의 변천사를 살펴볼 것이다. 나의 이야기는 향정신성이 아닌 약물에서 우연히 향정신적 특성을 발견하게 된 것에서부터 시작해 정신의학의 미래는 신경과학에 있다는 주장으로 끝맺을 것이다. 정신의학적 탐구가 우리가 할 이야기의 중요한 요소 가운데 하나지만, 이론화되었거나 그렇게 하려 했던 것들 대부분이 한계가 있거나 오류가 있는 것으로 드러났다. 그럼에도 정신의학 분야에서 철학적으로나 실천적으로 결정적 전환이 이루어졌다. 일상의 정신적 고통에 대해 우리는 처음에는 그것을 '심리학화'를 했으나 지금은 '생물학화'가 이루어지고 있다. 심리치료 상담과 약물 처방 모두 크게 바뀌었다.

여기서 전환이란 정신의학이 생체의학 쪽으로 바뀐 것을 말한다. 이 장과 다음 장에서 내가 주목하고자 하는 것은 정신의학 철학과 그 실천의 변화뿐 아니라 정신의학과 대중 영역이 교차하고 혼재되는 넓은 의미의 보건 환경(개념, 상징, 가설, 주요 인자, 제도 등을 아우르는 영역)이다.[1] 정신의학과 보건 환경이라는 두 영역은 동시에 작동했고, 구성적이며 우발적인 상호작용을 통해 일반인의 상상법에 영향을 미친다. 보건 환경이 제시하는 것은 신경생물학적 상상의 문법이다. 이는 새로운 사회적 기대감을 형성할 뿐 아니라 자신의 고통에 대해 어떤 치료를 할 수 있고, 그 고통을 어떻게 표현하고 입증할 수 있는지를 보여준다.

프로이트와 마음을 위한 약

전문 의료 영역으로서 정신의학이 출발하던 시기에 생물학 이론과 신체적 치료도 같이 시작되었다. 반면에 정신분석은 2차 세계대전 직후 미국에서 각광을 받았다.[2] 전쟁 직후부터 1960년대 중반 사이에 프로이트 사상은 대중적 황금기를 맞았다. 이 사상은 심리학적 문제의 기원을 어린 시절의 경험과 환경적 스트레스에 적응하기 위한 노력에서 찾았다.[3] 전쟁을 겪으면서 정신분석이 위세를 떨치게 되었고, 여기에 미국의 저명한 정신과 의사 아돌프 마이어°의 좀 더 환경 지향적이고 정신사회적 관점이 결부되었다. 스트레스로 인한 정신의학적 문제와 그에 대한 대중의 인식이 전쟁을 거치며 최고조에 달했다.[4] 이와 더불어 미국으로 피신한 유럽의 많은 정신분석학자들이 미국의 정신과 치료에 영향을 미치고 있을 때, 나치즘으로 인해 사람들은 기존의 신체적 기질과 행동에 기반한 생물학적 설명을 크게 불신하게 되었다.

그러나 정신분석학과 정신사회적 경향이 정신의학계의 이론[예를 들어 DSM 제1판(1952년, 이하 DSM-I)과 제2판(1968년, 이하 DSM-II)을 채우고 있는 이론]을 지배하고 학계와 미디어에 만연했지만, 임상에서는 절충적이고 실용적인 태도를 보였다. 이 시기에 양성된 정신분석학자들의 수는 사실 얼마 되지 않았다. 프로이

•   정신질환은 뇌 기능의 이상이 아니라 성격의 역기능으로 발병된다고 주장으로 유명하다.

트 정신분석이 전성기를 맞았을 때, 1957년 기준으로 미국의 정신분석학자 수는 950명이 채 되지 않았다. 그들은 700명 정도의 미국정신분석협회American Psychoanalytic Association 회원들과 140명에 이르는 윌리엄앨런슨화이트연구소William Alanson White Institute 회원들 그리고 100명 정도의 미국정신분석연구소American Institute for Psychoanalysis 회원들이었다.[5] 정신과 의사와 임상심리학자의 수도 적었다.

　　1955년 미 의회법에 따라 처음으로 연방정부의 재정 지원을 받은 정신질환과 건강에 관한 합동위원회는 「정신 건강을 위한 행동Action for Mental Health」이라는 최종 보고서에서 미국이 직면하고 있는 전문 인력의 심각한 부족 현상을 비판했다. 이 보고서에 따르면, 1960년에는 미국인 1만 5천 명당 정신과 의사는 한 명밖에 없었다. 미국의 심리학자 1만 8천 명 가운데 대부분은 대학교수이거나 연방정부에 소속된 연구원이었다. 「정신 건강을 위한 행동」 보고서에 따르면, 약 3분의 1만이 전문성을 가지고 정신질환을 치료하기 위한 임상 활동을 하고 있었다. 합동위원회가 보기에 인구가 1억 8천만 명이 되는 나라에서 이는 너무도 적은 숫자였던 것이다.[6]

　　그뿐 아니라 정신병원에 입원한 중증 정신질환자의 경우 주된 치료법은 여전히 신체적 치료였다. 레세르핀Reserpine과 클로르프로마진Chlorpromazine(상품명 토라진)과 같은 초기 신경안정제는 1952년에 시장에 나왔는데, 1960년에 이르러 정신질환자들을 치료하는 데 본격적으로 쓰였다. 적어도 초기에는 사람들이 이 약품들을 정신분석이나 정신요법의 대체물이 아닌 부가물로 여겼다.[7] 이 약품들이 도입된 것과 거의 같은 시기에 꾸준히 성장하던 정신병원 관련 종사자 수가 줄어들기 시작했다.[8] 한 연구에 따르면, 장기간에 걸쳐 정신역동치료를 하는 경우가 1957년 즈음 최고치에 달했다.[9] 그 이후부터는 중증 정신질환자의 경우 상담 치료를 병행하든 하지 않든 신경화학적 치료가 표준이 되었다.

　　다소 얄궂게도 신체 치료에 대한 석연찮은 시선에도 불구하고 역동정신의학*이 일반 대중 사이에서 향정신성의약품을 널리 사용할 수 있는 기초를 다지는 데 중요한 역할을 했다.[10] 사회학자 필립 리프가 주목한 바에 따르면, 프로이트가 볼 때 "보통의 일상이 비정상적이고 병적인 것으로 가득했다." 다시 말해 정신병리학은 더 이상 이상한 사람이 아니라 일반인을 다루는 학문이었다.[11] 프로이트의 핵심 사상 가운데 하나를 보여주는 것이 "우리 모두는 어느 정도 히스테릭하다"라는 격언이다. 리프의 설명에 따르면, 이 말이 의미하는 바는 "이른바 정상이라 하는 것과 신경증의 차이는 단순히 정도의 차이"라는 것이다.[12]

　　그의 이론적 틀에서 보면 프로이트는 정신질환을 크게 두 부류로 나누었다. '정신병psychoses'이란 조현병이나 조울병(양극성장애)과 같은 심각한 정신질환을 가리킨다. 이런 질환들은 사람들

●　dynamic psychiatry, 인간의 정신세계를 시간, 공간 등 여러 환경적 요인을 복합적으로 고려해 살피는 의학 분야.

을 피폐하게 만든다. 주로 현실 왜곡 현상이 심각하게 나타나고 인격분열을 일으키는데, 이런 질환을 앓는 사람들은 상대적으로 극히 일부다.[13] 반면에 '신경증neuroses'은 일반인들에게서 나타나는 근심, 심리적 문제, 심신의 어려움을 가리킨다. 프로이트는 불안감에 기반한 이런 문제들은 일반인들 사이에 널리 퍼져 있다고 생각했다.

프로이트의 이런 판단을 뒷받침해주는 사건들이 20세기 중반에 몇 가지 있었다. 2차 세계대전에 참전했던 병사들의 경험과 앞서 언급했던 정신과 의사 마이어의 영향 그리고 정신병원과 외래 클리닉을 찾는 환자들의 급증과 전후의 대규모 역학 연구를 통한 발견 등이 그것이었다.

예를 들어 1940년대 후반과 1950년대 초에 실시된 맨해튼미드타운 연구를 보면, 스트레스 증후군을 앓는 사람의 비율이 매우 높게 나왔으며, 조사 응답자의 80퍼센트 이상이 주로 불안과 관련된 정신 건강상의 문제가 있다고 답했다.[14] 이 연구와 그 밖의 유사한 다른 연구들은[15] 정신사회적 관점을 강조했다. 즉 불안은 특정한 사회적 환경과 요구에 대한 심리적 반응이라는 것이다. 맨해튼미드타운 연구를 수행한 사회학자 레오 스롤을 비롯한 연구자들은 그들이 확인한 많은 문제들을 정신병의 형태라고 보지 않았다. 그보다 사람 사는 곳이라면 너무도 당연한 직장과 가정의 스트레스로 인한 문제였으며 그것은 예상 가능한 것이었고, 적응할 수 있는 반응이었다. 그렇다 하더라도 콕 집어 말할 수 없는 어려움과 그에 수반되는 신체적 증상은 고통스러운 것이었다.

맨해튼미드타운 연구자들은 또한 전문가의 치료를 통한 도움을 바라는 잠재적 요구치가 상당하다는 점을 발견했다.[16]

정신분석 이론은 이런 전문가 치료의 근거와 동력을 제공했다. 일상의 신경증 증상과 정서적 고통의 병리학적 의미를 확립하고 이를 전문가의 치료를 위한 적절한 대상으로 만들었다. 정신분석 이론에 따르면, 일상의 신경증과 정서적 고통 같은 문제들을 방치하면 심각한 정신질환으로 이어질 수 있다는 이유에서라도 전문가의 치료가 필요하다는 점을 분명히 밝혔다. 이런 필요성이 제대로 채워지지 않고 점점 세분화되고 있다는 점을 인식하게 되자 사람들은 「정신 건강을 위한 행동」 법안을 통과시켰다. 이 법안은 정신 건강 분야의 전문 인력들을 크게 육성하기 위한 미국 정부의 노력을 촉구하기 위한 것이었다. 그 최종 보고서에 따르면, 미국은 정신 건강 문제와 관련한 위기에 직면한 상태였고 더는 덮어둘 수 없는 지경에 이르렀다.

1960년 이후 심리치료사 수와 그 유형이 급증했다. 대부분 전문 의료진이 아닌 영역에서 그 수가 크게 늘었는데, 임상심리학자, 상담심리학자, 사회복지사, 결혼 및 가정 문제 상담사 그리고 다양한 형태의 안내자와 지원 모임 등이 그것이었다. 1950년대 후반에 리프가 예언한 것처럼[17] 심리학적 인간의 시대는 '불안 반응'과 그 밖의 일반적 스트레스에 대해 전문가의 도움을 구하는 일이 크게 늘면서 비롯되었다.

예를 들어 1957년에 처음 실행된 시계열 연구에서 연구자들은 다음과 같은 결론을 내렸다. "데이터를 보면 남녀 모두 자신에 대해 생각하고 삶을 이해하려는 노력에서 훨씬 더 심리학적이 되었다는 점은 분명했다." 이런 새로운 사고방식을 보여주는 가장 중요한 징후는 정신 건강 전문가의 도움을 받는 데서 나타난 커다란 변화였다. 이는 "좋은 삶을 영위하는 데 장애가 되는 것을 극복하는 데 필요한 자원으로서 그러한 정신 건강 전문가의 도움에 대한 국가적 투자"를 반영하는 것이었다.[18]

향정신제 혁명

정신요법의 시술과 범위가 크게 확대된 것은 정신역동적이며 정신사회적 이론이 주류가 되고 '좋은 삶을 영위하는 데 장애'가 되는 일상의 스트레스를 병리학적으로 이해하게 된 결과였다. 그리고 전혀 예상치 못했던 또 다른 결과가 있었다. 그것은 바로 1955년에 시장에 나오기 시작한 새로운 종류의 향정신성의약품을 의료계와 일반인이 적극적으로 받아들이게 되었다는 점이다.[19]

1950년대 초반 클로르프로마진과 같은 주요 신경안정제들이 나왔을 때, 이 약들은 신경증 환자들에게 효과가 있다는 점이 입증되었으며 나중에 '항정신병약'으로 분류되었다. 처음에는 이 약들이 갱년기 환자의 심각한 정서적 혼란, 아동의 행동장애, 불안, 여러 신체장애를 유발하는 정서적 문제 등 모든 비정신병적 문제에 두루 효과가 있다고 시장에 소개되었다.[20] 하지만 부작용도 만만치 않은 데다 대부분 심신을 피폐하게 만드는 만성적 정신질환을 치료하는 데 쓰였다. 이 약들은 그다지 높은 문화적 가시성을 얻지 못했다.

그 뒤를 이어 항정신병약보다 약효는 그리 강하지 않지만 진정 작용을 하는 또 다른 종류의 화합물이 등장했다. 이 약들은 앞서 수십 년간 가장 큰 인기를 누렸던 바르비투르산염Barbiturate 계열의 신경안정제보다 안전하다는 연구 보고가 있었다.[21] 그런데 바르비투르산염은 신체적 의존성을 나타낸다는 사실이 뒤늦게 밝혀지면서 사람들로부터 외면을 받았다.[22] '진정제'와 관련된 악명을 피하면서 클로르프로마진에 대해 호의적인 언론을 이용하기 위해 사람들은 마케팅을 목적으로 이런 소정온제*에 '미니 진정제'라는 별명을 붙였다.

소정온제로 초기에 등장한 것이 메프로바메이트Meprobamate (상품명 밀타운과 이쿼닐)이었다.[23] 근육 이완 작용을 하는 이 화합물은 전혀 다른 새로운 항균제를 연구하던 중에 발견되었다. 일반인을 대상으로 불안증에 효과가 있다고 대대적으로 광고한 밀타운은 정신의약품 최초의 블록버스터가 되었다. 그리고 미국 역사상 가장 단기간에 가장 많이 팔려나간 의약품이었다. 진료실은 처방전을 받으려는 사람들로 북적였고, 초기엔 공급이 수요를 따라잡을 수 없어서 물량이 늘 달렸다. 십여 종의 유사 약품들, 다

---

* minor tranquilizer, 불안이나 긴장을 완화하는 데 사용되는 신경안정제로 메프로바메이트, 디아제팜 등이 있다.

시 말해 화학식이 거의 동일한 약품들이 등장했으며, 밀타운이 출시되고 이후 2년 동안 미국인 가운데 7퍼센트가 신경안정제라 불리는 알약을 먹었다.[24]

정신분석 이론은 정서적, 정신적 고통에 병리학적 함의가 있다고 주장하긴 했지만, 그 근본 원인을 밝히기 위한 도구인 정신분석은 통찰과 대화에 바탕을 둔 것이었다. 이런 이유로 정신분석 이론도 그렇고 임상 역시도 알약이 큰 역할을 할 것으로 보지 않았다. 정신분석의 목적은 증상을 즉각 완화하는 것이 아니라 그 증상의 의미를 파악하는 데 있었기 때문이다.

그러나 역사가 데이비드 헤르츠베르크에 따르면, 제약회사 영업자들은 밀타운을 광고하면서 "건강한 사람들 사이에서도 불안증이 팽배해 있다는 점을 강조하기 위해 프로이트를 끌어들였다."[25] 그들은 좀 더 많은 사람들 사이에 그런 정신역학적 의도를 퍼뜨리기 위해 일반의들이 말하는 이른바 예방적 치료를 강조했다. 결국 보통 사람들이 겪는 대부분의 심신 질환과 초조와 불안 문제를 다루는 이들은 정신과 의사나 정신 건강 전문가들이 아닌 일반의들이었다. 그들은 환자를 정신분석할 순 없었으나 '항불안제' 알약을 처방하여 일시적으로 증세를 경감시킬 수 있었고, 이로 인해 작은 문제가 더 악화하는 일을 막을 수 있었을 것이다.

게다가 제약회사 영업자들은 밀타운을 정신요법의 대항마가 아닌 "정신요법과의 관계"(밀타운 광고 문구)에 도움을 주는 부가물로 자리매김했다.[26] 경미한 증상을 위한 소정온제를 판매하는 영업자들도 가만히 있지 않았다. 1956년에 미국 시장에 출시된 메칠페니데이트^{Methylphenidate} 계열의 각성제(상품명 리탈린)의 경우 처음에는 만성피로, 경미한 우울증, 기면증, 기타 문제에 효과가 있다는 식으로 광고를 했었지만, 나중에는 ADHD 증상을 보이는 어린이들에게 사용되었다.

1950년대 후반의 제약 광고들을 보면 밀타운과 마찬가지로 정신요법에 도움이 된다는 식이었다. 가령 리탈린의 경우 환자의 '저항'을 '완화하여' '좀 더 협조적'으로 만들며, 환자로 하여금 '억압된 무의식적 요소를 대화로 끄집어내게 함으로써 정신요법에 좀 더 편하게 다가갈 수 있도록' 만든다는 것이었다.[27] 헤르츠베르크에 따르면, 정신의학뿐만 아니라 의학 전반에서 이런 식으로 정신요법과 약물을 결합했다.

수많은 의학 저널과 의대 교재에서 거듭 반복되는 통념에 의하면, 정신과 약물은 치료를 위한 것이 아니라 일정 정도로 증상을 완화해줄 뿐이었다.[28] 그런데 여기서 완화해준다는 것은 효과적인 상담 치료를 위해 매우 중요한 단계라고 할 수 있었다. 증상 완화를 통해 환자는 문제의 근본 원인을 직시할 수 있고 문제를 해결해나갈 수 있기 때문이다.[29] 그 후 약물은 정신요법과 더불어 정신질환 치료에 사용되곤 했다. 공유된 정신사회적 틀 안에서 약물과 상담은 치료자에게 상호보완적으로 작용했다.

제약회사 영업자들은 소정온제와 각성제 그리고 새로운 항우울제(이미프라민^{Imipramine}과 이프로니아지드^{Iproniazid} 같은 약은 1957년에 출시되었다)를 광고할 때, 먼저 프로이트 사상과 그 의학적 권위를 앞세운 뒤 의료적 치료를 받을 수 있는 정신적 문제의 범위를 확장했다. 의학 저널에 실린 지면 광고를 보면 매우 폭넓은 일상의 문제를 완화해준다고 장담하고 있었다. 스트레스, 불면증, '지친 엄마 증후군', '이별', '부부 불화', '무기력' 등과 같은 것에서부터 모든 종류의 쓰라림과 통증에 이르기까지 그 문제는 다양했다. 대부분의 처방약 광고는 대상이 의사들이므로 제약회사 영업자들은 의학 저널에 광고를 싣고 무료 샘플을 제공하고 근사한 저녁을 대접했다.

그런데 제약회사들은 미래의 환자들을 교육하고 그들에게 영향을 미치기 위한 일도 빠뜨리지 않았다. 미국식품의약국FDA에서는 소비자를 대상으로 한 직접광고를 금지하긴 했지만, 역사가 안드레아 톤에 따르면 "신약에 관한 이야기를 신문과 잡지에 싣는 것은 금지하지 않았으므로 결과적으로 광고를 허용한 셈이 되었다."[30] 광고 대행사들의 대중 홍보는 광고 등을 대중매체에 유포하여 화제를 불러일으키는 것이 목적이었다. 그들은 기자들에게 신약 정보를 정기적으로 제공하면서 제약회사 대표들과의 홍보성 인터뷰를 주선했다. 약이 좋다고 말하는 유명인들의 가십을 칼럼니스트들에게 제공했고, 대중의 시선을 사로잡기 위한 여러 행사와 전략을 계획했다. 이런 노력의 결과로 놀라운 신약이 나왔다며 극찬하는 기사들이 발행 부수가 큰 매체(《타임》, 《뉴스위크》 등)와 여성지(《코스모폴리탄》, 《레이디스홈저널》 등)에 크게 실렸다.

그렇게 실린 기사들 중에는 제약업체의 돈을 받고 대필된 기사들도 있었다. 헤르츠베르크는 1955년과 1956년에 《코스모폴리탄》에 실린 두 기사를 예로 들었다. 한 예는 밀타운이 위장 장애, 피부 트러블, 우울증, 여름 햇볕에 과민한 피부, 피곤, 집중력 장애, 사교성 결핍, 아동의 행동 장애, 불면증에 효과가 있다는 호평 기사였다. 다른 예는 밀타운의 또 다른 효용을 나열하는 기사였다. 피로감을 없애주고, 직장인들이 즐겁게 일을 하고 생산성을 높일 수 있도록 해주며, 남편에게 아무런 애정을 느끼지 못하는 아내에게도 도움이 된다는 내용이었다.[31] 제약회사들은 의학 저널에 실린 광고와 더불어 대중 홍보에서도 약의 효능을 내세웠다. 약물이 내적 고민과 사회적 역할에서 빚어지는 문제 해결에 효과가 있으며, 더 나아가 능력 향상과 경쟁력 우위 확보에도 효과가 있다는 것이었다. 그리고 광고에서처럼 기사들은 질병이라는 말을 꺼내지 않고 일상의 어려움에 대해 논했다.

1960년에 이르자 의사의 4분의 3이 한 가지 이상의 소정온제를 처방했다.[32] 그해 이루어진 설문조사를 보면, 미국인의 14퍼센트가 "살면서 한 번 이상 신경안정제를 복용한 적이 있다"고 답했다.[33] 그 후 이 수치는 한 무리의 새로운 소정온제들이 커다란 성공을 거두면서 더욱 높아지게 된다. 부작용과 중독의 우려에 휩싸이면서 밀타운은 차츰 그 명성을 잃기 시작했고 벤조디아제핀Benzodiazepines 계열의 블록버스터 의약품들에 의해 대체되었다. 첫 번째가 클로르디아제폭사이드Chlordiazepoxide(상품명 리브리엄)이며 이 약은 1960년에 출시되었다. 두 번째는 디아제팜Diazepam(상품명 발륨)이며 이 약은 1963년에 출시되었다. 그리고 잇따라 다른 많은 약품들이 출시되었다.

1971년의 한 연구에 따르면, 미국인의 15퍼센트(여성의 20퍼센트, 남성의 8퍼센트)가 "지난 1년 동안 소정온제를 복용했다"고 답했다.[34] 1972년이 되자 사실상 100퍼센트의 가정의와 내과 의사가 이 약을 처방했다.[35] 역사가 톤은 발륨이 1960년대 후반부터 1980년대 초반까지 서구 세계에서 가장 널리 처방된 알약일 것이라 했다.[36] 절정에 달한 1973년에는 미국 의사들이 소정온제를 처방한 건수가 1억 400만 건에 이르렀다.[37] 소정온제의 약효는 속효성(30분에서 60분 사이)이었으며, 주로 단기 복용 목적으로 처방되었고 필요할 경우 간헐적으로 처방을 하기도 했다.[38]

인기는 없었으나 각성제, 항우울제, 수면제 같은 향정신성 의약품의 처방도 이루어졌다. 1971년에 수행된 연구에 따르면, 미국인 가운데 8퍼센트가 직전 해에 적어도 한 알 이상의 향정신성의약품을 복용했다. 이는 성인 인구의 22퍼센트가 향정신성의약품을 복용했다는 말이기도 했다.[39]

대부분의 경우 제약회사들은 정신역동치료에 반하는 방향으로 영업을 하지 않았다. 약품 설명서를 보면 다양한 삶의 환경과 위기 상황에서 빚어지는 일반적 문제와 곤경에 효과가 있다는 식이었다. 정신역동 이론은 증상을 유발하는 어린 시절의 경험, 무의식적 갈등, 부적응적 방어기제를 중시한다. 그리고 정신분석과 그것으로부터 영감을 받은 통찰지향정신요법은 개개인의 심적 갈등을 분석하고 해결하고자 한다. 이론에서든 실천에서든 질병 혹은 장애에 대한 명확하면서도 신뢰할 수 있는 범주를 명시하거나 요구하지 않았다.[40] 경미한 정서적 장애라든가,[41] 1979년에 발간된 『미국의사처방집Physicians' Desk Reference』의 발륨 항목에 쓰인 것처럼, "스트레스 상황에서 빚어지는 긴장과 불안 혹은 신체적 불편함이 정서적 요인에서 기인한다"는 식으로 폭넓게 얘기하는 방식이 성행했다.[42]

의사들의 처방 패턴을 보면 이처럼 진단을 강조하지 않거나 구체적으로 명시하지 않았다는 사실을 알 수 있다. 1959년에 실시된 이와 관련된 첫 번째 연구에서 연구원들은 뉴욕의 한 그룹건강보험 소속의 가정의와 전문의들의 처방전을 조사했다. 그들이 알아낸 바에 따르면, 소정온제의 3분의 1이 정신과 질환에 처방되었고, 나머지는 매우 다양한 질환에 처방되었다.[43] 그 질환들의 대부분은 심리적 불편함을 수반하거나 혹은 최소한 부분적으로나마 심신의 증상이라 할 수 있는 신체적 고통이었다.[44] 처방전 가운데 12퍼센트는 아예 진단 내용이 적혀 있지 않았다.[45]

그로부터 10년이 지난 뒤에도 상황은 비슷했다. 발륨을 처방한 의사들의 진찰 기록을 조사한 연구에 따르면, 30퍼센트만이 정신장애와 관련된 것이었고 나머지는 심신증이라 할 수 있는 일반 질환이었다.[46] 심지어 훨씬 뒤인 1989년까지도 발륨을 처방한 1차 진료기관 진료에서 정신질환자인 경우는 3분의 1에 불과했다.[47]

이에 대한 비판적 반발이 커짐에도 불구하고 마음을 진정시켜주고 기운을 북돋아 주는 약들은 인기를 구가하며 누구에게나 효과가 있다는 공감대가 널리 퍼졌다. 급변하는 현대사회의 수많은 도전 앞에서 이런 약들이 우리에게 줄 수 있는 것은 증상의 완화 혹은 개선이었다. 이 자체로 가치가 있는 것이었으며 때로 이 약들은 심리치료의 보조제 역할을 하기도 했다.

1970년대에 수행된, 발륨을 복용한 환자들의 경험에 관한 초기 연구 가운데 하나를 보면, 응답자들은 자신들의 역할을 수행하거나 요구에 부응하는 데 문제가 있어서 발륨을 지속적으로 복용하게 되었다. 응답자들이 약을 복용하게 된 계기는 저마다 다르지만, 그 주된 원인은 사회적 스트레스, 내적 긴장 그리고 이로 인한 신체적 불편함에 있었다. 그 누구도 진단이라든가 정신질환이나 화학적 불균형 혹은 생체의학과 같은 말을 언급하지 않았다.[48] 그때까지만 해도 사람들은 이런 식의 약 처방에 대해 아무런 문제가 없다는 분위기였다. 역사가 톤에 따르면, "질병을 치료하는 것만이 아니라 삶의 우여곡절에 대해서도 좀 더 긍정적인 마음을 갖고자 의사를 찾아가 약을 처방받는 일이 무슨 문제냐"는 것이다.[49]

결국 전후 시대에 우리가 맞게 된 것은 일상에서 빚어지는 행동과 정서의 문제에 대해 우리가 생각하는 방식과 그에 대처하는 방식이 달라졌다는 사실이다. 미국에서는 프로이트 이론의 득세와 더불어 새로운 정신의약품이 출시되어 인기를 얻으면서 매우 광범위한 사사로운 문제까지 의사의 진료를 받을 수 있는 것으로 여겨지게 되었다.

1950년대부터 1970년대까지 정신요법과 향정신성의약품 처방의 건수는 급증했다. 상담과 처방은 대부분 일반적 스트레스와 갈등에 대한 것이었고, 특정 질환의 상태나 신체적 증상에 대한 구체적 언급 없이도 광범위한 정신사회적 관점에 따라 처방이 이루어졌다. 우리가 확인할 수 있는 자료에 의하면, 사람들은 의사가 약을 처방했다 하더라도 그것이 신체적 질병이 있음을 의미하는 것은 아니라는 생각을 하고 있었다. (문제를 상황적인 것으로 보는 견해와 일관되게 약을 복용하는 대다수의 환자들은 단기적으로나 필요할 때만 복용했다.) 또한 약이 화학물질로 이루어졌다 해서 환자들은 자신들의 문제가 화학적 문제에서 기인한다고 생각하지 않았다. 약을 광고하고 홍보하는 방식도 이와 같은 가정을 전제하고 있었다.

그러나 일반의와 환자들이 향정신성의약품이라는 것과 신경화학적 인과관계를 애써 외면했던 것에 반해 다른 전문가들의 움직임은 이와 달랐다. '새로운 신체 움직임neo-somatic movement'[50]을 대표하는 이 전문가 집단에는 생물학적 관점을 적극적으로 받아들이는 정신과 의사뿐 아니라 신경내분비학자, 유전학자 등이 포함돼 있었다. 그들은 새로운 약의 효과가 정신병리학의 기존 개념을 바꿀 뿐만 아니라 정신의학이 의학계에서 더 나은 위상을 지닐 수 있도록 해주며, 실제 치료에서도 진전을 가져다줄 기회가 될 것으로 보았다. 신경안정제 시대를 거치며 '유기적 사고관을 가진 학계'는 주도 세력인 정신분석 학계와 더욱 첨예한 갈등을 겪게 되었고 1970년대에 들어서면서 정신분석 학계를 실질적으로 대체하기 시작했다.[51] 정신장애에 관한 언어와 그 치료 전략이 근본적으로 바뀌게 되는 것이다.

화학물질과 정신의학의 결합

정신 건강 문제에 향정신성 화합물을 사용하게 되면서 새로운 의학 분과, 즉 새로운 정신의학이 시작되었다. 1950년대에 특정 화합물이 정신과 증상에 영향을 미친다는 사실은 원래 다른 목적으로 사용하거나 실험하던 약물의 '부작용'을 주시하다가 간접적으로 알게 된 것이었다.

예를 들어 초기 항정신병약인 클로르프로마진은 다양한 의료적 목적으로 실험했던 항히스타민제*다(그중에는 수술 도중 쇼크를 줄이기 위한 마취 전 투약 약물로서의 목적도 있었다). 임상 실험 과정에서 이 약이 흥분과 불안을 가라앉힌다는 사실을 알게 된 연구자들은 조현병 환자들에게 이를 시험적으로 투약했다. 또 다른 경우를 보면, 결핵약으로 쓰이는 이프로니아지드를 복용한 환자들에게서 활력과 행복감이 증대되는 현상이 나타나자 사람들은 임상 실험을 거쳐 이 약을 우울증 치료제로 사용하기 시작했다. 다른 약들도 이런 패턴을 따랐다.

결국 이런 약들은 특정한 정신과 질환에 대한 병인론이나 병태생리학적인 사전 의학 지식에 기초하여 개발된 것들이 아니었다. 그와 관련된 지식이 개입되지도 않았다. 따라서 연구자들은 기존의 어떤 화합물에 유익한 효과가 있다는 점을 논문으로

• 두드러기, 발적, 소양감 등의 알레르기성 반응에 관여하는 히스타민의 작용을 억제하는 약물이다.

발표하긴 했지만, 그 약이 어떻게 해서 그런 효과를 내는지에 대해서는 직접적인 근거를 찾지 못했다.

생물학적 관점을 적극적으로 받아들이는 정신과 의사들은 약에 그런 효능이 있다는 연구 보고를 보면서 특정한 화학작용이 정신질환을 일으킬 가능성을 고려하기 시작했다. 정신과 의사 앨릭 코펜은 정동장애**의 생화학에 관한 저명한 논문에서 이렇게 썼다. "우울증이나 조증을 일으키는 생화학적 기반이 있다고 믿을 만한 설득력 있는 이유 가운데 하나는 이런 증상을 치료하는 데 신체적 방식이 놀라울 정도로 성공적이었다는 점이다."[52]

일찍이 신경안정제의 약리학을 연구했던 저명한 생체의학자 레오 홀리스터에 따르면, 신체적 방법, 다시 말해 향정신성의 약품의 사용은 매우 급속히 정신질환을 치료할 뿐만 아니라 그 원인을 탐구하는 도구로 발전했다.[53] 그는 이런 경우를 가리켜 정신질환에 관한 '약물 유발 모델'이라 불렀다. 이 모델로 인해 그동안 별 볼 일 없었던 정신약리학이 1950년대에 들어 갑자기 활기를 띠기 시작했다. 약이 인체에 어떻게 작용하는지, 약리작용이 질병이 발전하는 메커니즘이나 증상 완화와 어떤 관계가 있는지를 알아내기 위한 대규모의 학제 간 연구가 시작되었다.

초반의 이론적 작업 가운데 일부는 대중매체에 소개되기

** affective disorders, 기분의 불안정을 특징으로 하는 일종의 정신병을 말한다.

도 했다. 예를 들어 신경안정제가 '담창구* 작용'(《뉴스위크》, 1956년)과 '세로토닌 분비'(《사이언스다이제스트》, 1956년)에 어떤 효과가 있는지 그리고 뇌와 신경화학에 어떤 영향을 미치는지에 대한 논의가 있었다.[54]

그에 반해 과학 저널을 통해 접할 수 있는 핵심 연구들은 조용히 진행되었다. 그 연구들은 1950년대 후반에 들어서면서 연구 라인이 확대되고 심화되었다. 예를 들어 레세르핀(최초의 항정신병약물 중 하나)과 이프로니아지드(최초의 항우울제 중 하나가 된 결핵약)에 대한 초반 연구는 세로토닌이나 노르에피네프린과 같은 모노아민이 부족하면 우울증을 초래할 수 있다는 유의미한 초기 가설을 낳았다.[55] 이 가설은 모든 영역이 들썩거릴 만큼 엄청난 영향을 미쳤다.

결국 우울증은 (1950년대에는 중간에 완전히 완치되었다가 매우 드물게 간헐적으로 나타나는 증상으로 여겼지만) 정신의학에서 매우 중요한 자리를 차지하게 되었고 1980년에는 DSM 제3판(이하 DSM-Ⅲ)에 등재되었다.[56] 이런 성과 덕분에 생물학적 관점을 적극적으로 받아들인 정신과 의사들은 자신들의 전문 영역을 의학의 주류로 만들자는 희망을 더 깊이 품게 되었다.

1960년대와 1970년대엔 혁명적 변화에 기여하고 정신의

---

* globus pallidus, 대뇌 반구의 깊은 곳에 있는 회백색의 덩이를 말한다. 비교적 큰 신경 세포가 모여 있으며, 무의식적으로 하는 골격근 운동을 맡아본다.

학에 생체의학적 경향성을 띠게 한 수많은 발전들이 뒤따랐다. 이런 혁명적 변화 가운데 가장 핵심이 되는 쟁점은 진단이었다. 이 쟁점이 시급하고 불가피했던 이유는 약효의 상대적 특수성에 대한 믿음 때문이었다. 생체의학자 홀리스터는 이렇게 적고 있다. "약이 등장하기 전까지 정신의학에서의 진단이란 그저 무시당하는 하나의 의술이었다."[57] 앞서 지적한 바와 같이, 정신의학에서 진단이 무시를 당했던 이유는 정신분석이 모든 신경증(불안증)에 대해 단 하나의 원인이 있다고 보았기 때문이다.[58] 이런 이유로 정신분석은 진단에 크게 의존하지 않거나 엄격하게 정의된 진단 범주가 필요하지도 않았다.

대부분의 통찰지향정신요법에서는 개개인의 병력이 중요했다. 예를 들어 내가 실시한 인터뷰의 경우, 사람들이 상담을 해주는 사람과의 진료 경험과 약을 처방해주는 사람과의 진료 경험을 구분하기 위해 사용한 방식은 보통 진단에 대해 얼마나 신경을 쓰는지 서로 비교하는 것이었다. 전자는 한 개인의 경험에 대해 얘기하고자 했고, 후자는 구체적인 진단에 걸맞은 약을 처방하기 위해 증상이 어떤지를 알아내고자 했다. 이런 예에서 알 수 있듯이, 약을 사용하게 되면서 진단의 중요성이 매우 커지게 되어 더는 무시할 수 없게 되었다. 이용 가능한 약을 가장 최적의 임상적 용도로 사용하기 위해서는 좀 더 정확한 진단 기준과 평가 도구가 필요했다(당시 홀리스터와 같은 과학자들은 "어떤 질환에 어떤 약을 써야 하는지 구체적으로 명시되어야 한다"고 생각했다).[59]

소정온제와 여타 향정신성의약품에 대한 처방과 광고는

변화를 촉진하는 데 중요한 역할을 했다. 밀타운의 더할 나위 없이 성공적인 마케팅은 역풍을 일으켰다. 1958년 초 '사실이 아니며 오해를 불러일으킬 수 있는 신경안정제 처방약 광고'에 관한 미 의회 청문회까지 열리게 되었던 것이다.[60] 그다음 해에는 더 큰 소동이 일어났다. 급기야 탈리도마이드^{Thalidomide}(진정제의 일종인데, 해외의 임산부들이 입덧 증상으로 이 약을 복용했다가 심각한 선천성 결함을 일으킨 적이 있었다)를 둘러싸고 촉발된 위기로 인해 1962년에는 연방식품의약품화장품법에 키포버-해리스 수정안[*]이 도입되었다.

이 수정안 덕분에 FDA는 제약회사와 그들의 광고를 규제할 수 있는 새로운 권한을 갖게 되었다. 다른 무엇보다 이 수정안으로 인해 제약회사들은 광고할 때 FDA가 제정한 기준에 맞춰야 했으며 약물의 부작용에 관한 정보를 정확히 명시해야 했다. FDA는 오해를 불러일으킬 수 있는 광고를 하는 제약회사에 광고를 중단하라는 공문을 보냈고 왜 시정해야 하는지 그 이유를 통보했다.[61]

예를 들어 FDA는 항정신병약의 일종인 세렌틸^{Serentil}을 만드는 제약회사를 제재했는데, 그들은 1970년도 광고에서 그 약이 "사람들과 잘 어울리지 못하는 데서 오는 불안감을 해소하는

---

* Kefauver-Harris Amendments, 제약회사가 약물을 판매하기 전에 약물의 안전성을 검토하는 것은 물론 실험군이 대조군보다 효과가 있다는 효능까지 입증해야 시장에서 판매할 수 있도록 한 법.

데 효과가 있다"고 홍보했기 때문이다. 의학 저널에 실리기도 한, 동일한 FDA의 시정 명령에 따르면, 그 광고는 상대적으로 경미하거나 일상적인 불안 증세에 대해 약물복용을 권하는데, 이는 승인되지 않은 것이었다.[62] 세렌틸은 특정한 질환에서만 제한적으로 사용되어야 하는 약품이기 때문이었다.

약품을 광고하려면 이처럼 새롭게 등장한 엄격한 통제를 받아야 했다. 그리고 처방된 내용에 따라 일상생활의 어려움이 아닌 의학적으로 정의되고 알려진 구체적인 질환을 치료하는 데 국한하여 사용되어야 했다. 어떤 질병인가 하는 진단의 과정도 포함돼 있어야 했다.

진단 문제와 관련하여 더욱 중요한 것은 이 수정안에 FDA 승인 요건을 새로 추가한 점이었다. 기존의 안전 기준 외에 제약회사들은 이제 약이 사용 목적에 효과적이라는 점을 과학적으로 증명해야 했다. 통제된 블라인드 임상 검사는 1970년대에 이르러 약의 효과를 입증하기 위한 보편적 필수 요건으로 자리 잡게 되었는데,[63] 향정신성의약품에 대해서는 이미 1955년 초부터 이 검사를 채택하기 시작했다. 그러나 이 방법으로 엄격한 심사를 하는 데는 많은 장애물이 있었다.

일단 동일한 진단을 받은 사람들 가운데 임의로 선발한 치료 그룹인 (검사 약물을 복용하게 될) 연구 대상 그룹과 (예를 들어 플라세보 약을 복용한다든가 다른 약물을 복용하게 될) 통제 그룹이 필요했다. 그런데 진단 범주에 관한 규정이 애매한 상태에서 연구자들이 어떻게 균질한 환자 샘플을 얻을 수 있었을까? 생체의학자 홀리스터는 1975년에 "어떤 이는 조현병으로 보고, 또 다른 어떤 이는 우울증이나 조증으로 본다"며 불평을 토로하기도 했다. 그는 제각각의 진단은 문제의 약이 가진 "효과를 입증하는 데 영향을 미칠 수도 있다"고 했는데, 이 점이야말로 신약 개발 과정에 심각한 장애였던 것이다.[64]

또 다른 예를 들면, 연구자들은 투약하기 전이든 후든 표준화된 정량적 판단 기준이 없는 상태에서 나온 결과물에 대해 정확한 블라인드 평가를 할 도리가 없었다는 것이다. 평가가 임상의들의 '잡담' 수준으로 전락하지 않기 위해서는 증상이 있는 경우 혹은 없는 경우에 대한 객관적인 평가 방법을 설정할 필요가 있었다.[65] 따라서 우리에게 필요한 것은 좀 더 체계적이고 신뢰할 만한 진단과 평가 방법이었다.

광고와 평가 문제 외에 '약효'도 질환을 정의하고 진단하는 데 직접적인 영향을 미쳤다. 만약 약의 효과가 기본적으로 문제가 있는 환자의 뇌[66]에 그 약이 미치는 직간접적인 영향에서 비롯되는 것이라면(예를 들어 우울증 환자의 경우엔 세로토닌 수치가 너무 낮게 나타나고, 조현병 환자의 경우엔 도파민 수치가 과도하게 높게 나타나는 경우), 적절한 처방을 어렵게 만드는 오류의 또 다른 원천은 바로 약의 작용과 그 약이 처방된 '질환' 사이의 불일치에 있었다.

임상 단계에서 홀리스터는 약물에 대한 환자의 반응을 보고 잘못된 진단을 재검토하고 바로잡을 것을 제안했는데, 당시 일부 의사들도 이 제안을 따랐던 것으로 보인다. 예를 들어

1973년에 발표된 연구에서 정신과 의사 배리 블랙웰은 '치료를 위해 사용할 수 있는 약'에 맞춰 어떤 진단을 내릴지 결정하거나 변경해야 한다고 말했다. 그는 한 여성의 치료 사례를 들었다. 그 여성이 항우울제로 쓰이는 약에 좋은 반응을 보이자 그에 맞춰 '불안증'이 아닌 '우울증'으로 진단이 내려졌다. 그렇게 3개월 동안 치료한 뒤 의사는 이렇게 기록했다. "비록 이전에 우울증 증세를 보인 적은 없지만, 지금은 우울증 증세를 덜 보이고 있다."[67]

질병과 치료 사이에 특정한 상호관계가 있다는 믿음은 의료 모델에서 핵심이다.[68] 이런 모델에서 보면 질병이란 한 개인에게서 나타나는 병리학적 기본 메커니즘의 개별적 오작동인 것이다. 진단의 타당성은 생체지표*와 같은 좀 더 직접적인 다른 여러 방식 가운데서도 예측 가능한 치료 반응 패턴으로 입증할 수 있는 것이었다. 엄밀히 말해 어떤 약이 '마법의 탄환'(화학요법의 창시자인 화학자 파울 에를리히가 만든 유명한 표현으로, 건강한 세포에는 해를 끼치지 않고 문제가 되는 세포 구조의 병원체를 효과적으로 곧바로 타격하는 약을 일컫는다)이거나 그에 준한다고 한다면, 진단은 약에 대한 환자의 반응에서 유추할 수 있다는 것이다.[69]

그뿐 아니라 증상의 관련성을 약효의 관점에서 정의하게 된다.[70] 이런 논리에 따라 홀리스터는 치료 반응을 두고 '(질병의) 실타래를 푸는 데' 이용할 수 있으며 이를 통해 진단 체계를 좀

---

* biomarkers, 질병이나 노화 따위가 진행되는 과정마다 특징적으로 나타나는 생물학적 지표가 되는 변화.

더 정교하게 다듬을 수 있다고 주장했다.[71] 한 예로 그는 이런 이야기를 하기도 했다. "분명치 않은 조증을 동반한 우울증이 반복적으로 나타날 경우 그것은 조울증의 변종으로 볼 수 있다. 왜냐하면 이런 증상을 보이는 환자들 가운데 일부가 탄산리튬에 대해 각별한 반응을 보이기 때문이다."[72] 탄산리튬은 항조제의 일종(그 약리작용은 조증 메커니즘을 대상으로 한다고 여겨진다)으로 분류되기 때문에 홀리스터는 약에 대한 긍정적인 반응을 조울증을 규정하는 경계를 바꾸는 데 사용할 것을 제안했다.

이와 비슷한 논리로 조현병 연구자들은 이런 주장을 펼쳤다. 여러 연구에 의하면, "불안 해소에는 디아제팜(발륨)과 클로르디아제폭사이드(리브리엄) 같은 약들이 페노디아진Pheno-thiazines(토라진과 같은)보다 더 효과가 있다"고 하므로 불안증 그 자체는 조현병의 유일하면서도 가장 중요한 특징이 아니라는 결론을 내릴 수 있다.[73] 이 경우 연구자들은 조현병을 규정하는 경계를 다시 정해야 한다고 주장했다. 왜냐하면 조현병에 효과가 있다고 하는 페노디아진은 불안증의 기본 메커니즘을 대상으로 삼지 않는 반면, 조현병에 별 효과가 없다고 하는 벤조디아제핀은 불안증의 기본 메커니즘을 대상으로 삼기 때문이다.[74]

많은 연구 결과가 나오는 동안, 질환의 정의와 약의 효과는 상호작용 관계에 있었다.[75] 1960년대 말에 이르면 관련 연구는 논문만 수천 건에 달했다.[76]

흔들리는 정신분석

적어도 1960년대부터는 약과 진단이 서로 밀접하게 영향을 주고받는 가운데 서로 떼려야 뗄 수 없는 관계가 되었다. 정신약리학과 DSM-II 이후의 DSM 체계에 기반한 DSM-III과 DSM 제4판(이하 DSM-IV) 양쪽에 깊이 관여했던 정신과 의사 앨런 프랜시스의 말처럼, 그들은 "함께 성장했다". 향정신제 혁명에 의해 대두된 좀 더 정확하고 올바른 진단을 위한 필요성이 약물 평가를 구조화하고, 진단 기준과 이른바 '페이너 기준'*이라 불리는 연구 진단 기준[77]을 정립하기 위한 주된 원동력이 되었다. 그리고 그 필요성으로 인해 1980년에는 DSM의 근본적 개정이 이루어졌다(DSM-III).[78]

기본적인 병인론 모델에 기초하여 질환을 분류한 DSM-I은 주로 정신역동적이며 아돌프 마이어식의 정신사회적 관점에 뿌리를 둔 것이었다. DSM-II은 이보다 덜 이론적인 데다 다른 관점을 수용할 여지가 있었지만, DSM-I과 크게 다르지 않았다. 반면에 새롭게 등장한 DSM-III은 약리작용이 이론을 구체화하는 기술적 수단을 제공한다는, 더욱 폭넓은 신경생물학적 입장에서 연구와 정신약리학의 밀접한 관계를 반영했다.

● Feighner Criteria, 1950년대 후반에서 1970년대 초에 세인트루이스에 있는 워싱턴대학에서 개발한 정신과 진단 기준을 일컫는다. 1972년에 발간된 정신과 논문의 최초 저자인 존 페이너의 이름을 따서 '페이너 기준'이라 이름 붙였다.

DSM-III의 중요한 목표는 신뢰할 만한 진단 체계를 구축하는 것이었다. 의사가 다르더라도 같은 환자라면 동일한 진단을 내릴 수 있으며, 의사와 연구자가 표준화된 의미를 가진 공통의 언어를 사용할 수 있는 편람을 구축하고자 했다. 이 편람은 정신질환과 일상의 정신적 고통을 동시에 발생하는 관찰적 징후와 증상에 대한 묘사를 바탕으로 개별적이고 구체적인 장애 범주로 세분했다(250개 이상).[79]

예를 들어 불안증의 경우 DSM-II에서는 프로이트와 마이어의 이론적 틀 안에서 '신경증의 두드러진 특징'이라 규정했다.[80] 하지만 지금은 여러 종류의 각기 다른 장애로 세분화되었고, 이는 각각의 상대적 중요성을 크게 약화시키는 조치였다. 새로 만들어진 범주는 공포장애, 불안 상태, 외상후스트레스장애 PTSD였으며 여기엔 각각 하위 유형이 존재했다. 예를 들어 불안장애 범주에 공황장애, 범불안장애, 강박장애가 포함돼 있다. 각 하위 유형에는 그것대로 고유한 진단 기준과 분류 원칙이 존재했다. 가령 공포장애의 하위 유형인 사회불안장애에는 다음과 같은 세 가지 기준이 있었다.

A. 한 개인이 타인에게 집요한 관심을 받거나 자신이 굴욕적이거나 민망한 행동을 할까 봐 어떤 공간에 가는 것에 대해 비이성적 두려움을 지속적으로 갖거나 그런 공간을 무조건 피하고자 한다.

B. 자신의 두려움이 과도하거나 비이성적이라는 불편한 사실

을 자각하고 그로부터 심한 스트레스를 받는다.

C. 주요우울증이나 회피성 성격장애 같은 다른 정신질환으로 인한 것이 아니다.[81]

환자가 이런 기준을 충족한다면 그는 사회불안장애를 가지고 있다고 유추할 수 있고, 그렇지 않다면 진단은 없는 것이다.

또한 불안 증세가 눈에 띄게 두드러진다는 것은 신뢰성 면에서(그리고 정신분석 이론에서 벗어났다는 점에서) 매우 중요했다. DSM-II에서 불안은 '자각되고 직접적으로 드러나는 것'이거나 아니면 '자동적으로 통제된 무의식 때문에' 다른 사람의 눈에 띄지 않는 것일 수 있었다.[82] 그러나 DSM-III에서는 불안을 '직접 경험하는' 경우로 장애 증상이 제한되었다.[83] 증상이 명백하고 비교적 모호하지 않아야 한다는 요구 조건은 DSM-III 전반에서 일관된 사항이었으며, 이는 증상이 명백하고 즉각 발현되는 것만이 정신질환이 있음을 보여준다는 반정신분석적 입장을 반영한 것이었다.

신뢰성을 얻으려면 증상이 명백히 드러나야 한다는 것은 다음 두 가지 이유 때문이었다.

첫째, 징후와 증상은 내부 동역학이나 심리적 과정에 대한 의사의 해석에 좌우될 수 없다는 것이었다. DSM 개정판의 요점은 전체 범주에 대해 정확하고 구체적으로 기술할 수 있고 일관되게 적용할 수 있는, 연구와 임상에 표준화된 기준을 만드는 것이었다. 혈액검사나 그 밖의 생체지표가 없더라도 진단에 적용되는 징후와 증상은 어느 정도 훈련을 받은 사람이라면 누구나 '쉽게 가려낼 수 있는 것'이어야 했다.[84] 특이하고 애매하거나 어떤 특정한 이론에만 부합하는 특징을 가진 것은 물을 흐릴 뿐이며, 정신약리학과 임상 처방에서 필요한, 정신질환을 진단하는 데 있어 측정 가능하고 신뢰할 수 있는 매뉴얼이 되기 어렵다.

둘째, '쉽게 가려낼 수 있는' 임상적 특성을 가진 증상이라 할 때, 그것은 고도의 추론을 요하지 않는 것으로 의사가 직접적으로 관찰할 수 있는 증상뿐 아니라 환자 스스로 말할 수 있는 증상까지 아우르는 것이었다. 한 가지 흥미로운 역설이 있다. 흔히 병력은 환자가 아닌 병이 말해준다고 한다.[85] DSM-III이 의료 모델에 새롭게 기여하는 바가 있음에도 불구하고, 편람에 따르면 최선의 진단을 위해 가장 중요한 것은 환자 자신의 해석이라는 점이다.

예를 들어 앞에서 언급한 사회불안장애(A와 B)를 규정하는 핵심 기준은 환자 자신의 진술과 '정상'에 대한 환자의 개인적 평가에 근거한다. 환자가 자신의 상태를 진단하는 데 중요한 역할을 한다면, 고통이나 장애에 대한 경험은 그에게 자명해야 하며 그 경험이 자신이 처한 상황에서 부적절하다고 간주해야 한다. 그리고 삶의 다른 영역에서도 그것이 직접적인 원인이 되어 뭔가 제대로 돌아가지 않는다는 느낌이 들어야 한다.[86] 환자 자신의 사적인 개별 경험을 증상의 관점에서, 아니면 적어도 의료적 치료를 받아야 하는 대상으로 재구성해야 하는 것이다. 이 과정이 이루어져야 의사는 일상의 행위와 감정을 기술하는 저마다의 언어로만 직접적으로 표현할 수 있는 환자의 경험을 DSM 기준에 입각해 바라볼 수 있다.

따라서 중요한 의미에서 DSM은 증상의 언어를 이해하고 말할 줄 아는, 자기 관리가 되는 환자라는 새로운 주체를 도입하고 그것을 필요로 했다. 3장에서 자세히 기술하겠지만, 1980년 이후 이처럼 새로운 환자를 훈련시키기 위한 광범위한 심리 교육이 이루어지기 시작했다.

병인론이나 병태생리학 과정의 여러 문제에 대해 DSM-III이 취한 공식적 입장은 비이론적이라는 것이었다.[87] 물론 편람은 정신분석과 결별하고 신체적 관점에 의거한 이론을 잠재적으로 전제하고 있었다. 그러나 새롭게 등장한 신체론자들은 역동정신의학과 충돌하는 편람을 개발했으며 1970년대 말에 그 편람의 권위는 온전히 자리를 잡지 못했다.[88] 많은 역동정신의학자들이 증상에 기반하여 범주를 나눈 진단의 타당성에 대해 신랄한 비판을 제기했지만, 이와 같은 뜨거운 논란 속에서도 DSM-III은 편찬되었고 미국정신의학협회는 이를 승인했다.[89]

이런 갈등 속에서 비이론적 입장을 취한 쪽에서는 '장애가 어떤 식으로 발현되는가'[90]에 대한 문제는 부각시키지 않고 임상 증상에 초점을 맞춘 채 몇 가지 차이점으로 질병을 구분했다. 모든 정신병의 기본 조건이 되는 병인론과 발병기전에 대해서는 그때까지 밝혀진 것이 없으므로[91] 병인론에 기초한 진단 체계를 세운다는 것은 사실상 불가능했다. 신체적 관점에 기반한 정신의학자들에겐 금과옥조가 될 수 있는, 생물학적 병인론에 기초한 체계도 마찬가지였다.

따라서 프랜시스와 그의 동료들이 인용했던 19세기 한 정신과 의사의 말마따나 DSM은 "어쩔 수 없이 질병의 증상학에 의존할 수밖에 없었다."[92] 그런 보신적 태도는 바람직하지 않았다. 나중에 미국 국립정신건강연구소National Institute of Mental Health의 소장을 역임했던 한 사람은 DSM을 다음과 같이 비판했다.

> 다른 의학 분과에서 보자면 이것(증상에 기반한 진단)은 흉통이
> 나 체온에 기반한 진단 체계를 만드는 것이나 다름없다. 사실
> 증상만으로 최선의 치료법을 찾는다는 것은 불가능하다는 사
> 실을 우리는 잘 알기 때문에, 한때 의학의 일부 영역에서 곧잘
> 볼 수 있었던 증상에 기반한 진단은 지난 반세기 동안 많이 사
> 라졌다.[93]

그러나 그 당시엔 새롭게 등장한 DSM-III이 정신질환의 진단과 치료에 있어 표준화된 기술적 대중 언어를 도입함으로써 정신의학을 의료 모델 안에 제대로 자리매김한 이정표라는 평가를 받았다. DSM을 만든 사람들은 그것이 좀 더 효과적인 치료법(주로 약리학적 측면에서)을 개발하기 위한 연구에 보탬이 되고 궁극적으로는 병인론에 기반한, 좀 더 타당한 진단 체계를 구축하기 위한 길을 닦을 수 있기를 바랐다.

정신의학 분야를 의료화하는 것이 DSM 편찬위원회의 목표였는데, 이는 개정판 작업에 착수한 1973년에서 1974년부터

생각한 일이었다.[94] 비록 편람 편찬에 실질적인 변화를 가져다주는 핵심 요소는 연구의 필요, 임상의 문제 그리고 정신약리학이었지만, 1970년대에 들어서면서 더 신뢰할 만한 진단을 내리기 위한 다른 압박 요소들(제도적, 재정적, 전문적)이 등장하거나 강화되었다.

예를 들어 1970년 이후 비용과 관련하여 점점 더 큰 영향력을 발휘하게 된 보험사들이 정신질환 치료비에 대한 보험금 지급을 제한하기 시작했다. 정신과 진단과 치료 양식에 있어서 일관성과 명확성이 떨어진다는 이유에서였다.[95] 1970년대에 규제에 변화가 생기면서 임상심리학자들과 사회복지사들이 임상적 책임에 대한 명확한 기준도 없이 온갖 이름으로 정신요법을 남발하면서 비용을 청구하기 시작하자 보험사들의 제한 조치는 더욱 단호해졌다.

1970년대에는 정신의학 그 자체도 의료 모델에 입각하여 의료 활동을 하지 않은 데 대해 엄청난 비난 세례를 받았다. 여러 곳에서 다양한 층위로 비난이 쏟아졌다. 예를 들어 1960년대부터 이른바 '반정신의학자'이라 불렸던 토머스 자즈, 로널드 랭, 데이비드 쿠퍼와 같은 이들은 정신의학에 반대하는 대중적 비판을 쏟아냈다.[96] 그들은 병이 아닌 인습에 대해 병명을 붙이고 통제하려 든다며 정신의학을 비난했다. 1970년대에 들어서면서 정신과 의사들은 정신의학을 향한 이런 비난에 대해 반응을 보이기 시작했다.

사회통제에 대한 이런 문제의식은 1970년대 페미니즘의

주요 주제이기도 했다. 1963년에 출간된 『여성성의 신화』에서
베티 프리단은 여성의 예속화를 당연시했던 프로이트와 정신분
석을 맹비난했다. 그 책이 나온 이후 케이트 밀릿의 『성의 정치학
Sexual Politics』(1970년), 필리스 체슬러의 베스트셀러 『여성과 광기
Women and Madness』(1972년)를 필두로 프로이트에 대한 신랄한 비
판과 정신의학에 대한 과학적 요구가 꾸준히 이어졌다.[97] 이와는
다른 각도에서 1970년대의 저명한 학자와 대중 저술가들은 정
신분석을 공격하기도 했고, 1960년대에 대유행을 했으나 리처드
로젠의 유명한 책 제목을 따서 '사이코배블psycho-babble'•로 전락
한, 너도나도 다 하던 심리치료를 풍자하기도 했다.[98]

　　예를 들어 노벨생리의학상 수상자 피터 메더워는 1975년
에 《뉴욕리뷰오브북스》에서 교조적인 정신분석 이론을
"20세기의 가장 거대한 지적 사기"라고 규정했다.[99] 마틴 그로스
의 『심리학 사회*Psychological Society*』라는 책은 프로이트의 정신분석
에서부터 대면 집단, 교류 분석, 프라이멀 스크림 요법, 환생 요법
등에 이르기까지 일반인들 사이에 유행하는 심리학과 정신요법
을 낱낱이 파헤쳤다.[100] 스탠퍼드대학의 심리학자 데이비드 로젠
한이 1973년에 《사이언스》에 게재한 「정신병원에서 제정신으로
지내기」라는 유명한 논문은 정신과 진단이 신뢰할 수 없고 본질
적으로 맥락에 좌우된다는 사실을 보여줌으로써 공개적이며 확
실하게 정신의학의 치부를 드러냈다.[101]

　　　•　심리요법 전문 용어를 섞어 지껄이는 말투를 말한다.

이외에도 또 다른 문제가 있었는데, 과학적 타당성과 정신역동적이며 정신사회적인 치료의 효능에 대한 신뢰가 크게 떨어졌다는 것이다. 이에 대한 우려는 이미 1950년대부터 제기되기 시작했지만, (제도화에 대한 하나의 대안으로 1960년대부터 시작된 지역사회 보건 프로그램의 가시적 실패와 같은) 새롭게 드러난 양상으로 인해 중증 정신질환 치료에서 정신역학의 역할에 의구심을 갖게 되었다.[102]

정치권에서도 정신사회적 연구에 대한 의구심과 불만이 1960년대 말부터 생겨나기 시작했는데, 이로 인해 미국 국립정신건강연구소는 재정난을 겪게 되었고 정신의학자들은 엄격한 과학적 기준에 따른 증거에 입각하여 '제대로 된 연구'를 해야만 한다는 요구가 거세게 일었다.[103] 약의 효능을 시험하기 위해 사용되는, 제어된 결과 연구는 모든 치료의 표준이 되었다. 치료를 위해 병력(홀리스터가 "시시콜콜한 옛날이야기"라고 비아냥댔던)에 기대야 했던 정신분석과 같이 정성적이며 관계적인 그리고 많은 시간이 소요되는 치료가 얼마만큼의 효용성이 있는지를 규명하기란 실증주의적 절차 아래에서는 어려운 일이었다. 따라서 관련 연구들은 약의 단기적 효과에 관한 자료만을 모을 수밖에 없었고 '통찰력 있다'는 정신요법의 이점을 뒷받침할 체계적 근거는 거의 제공하지 못했다.

정신분석과 그와 관련된 요법은 그 정통성을 과학적 전문성에서 찾았다. 이 전문성은 정신적, 정서적 삶의 문제와 관련하여 건강한 상태와 그렇지 못한 상태를 구분할 수 있는 훈련된 능력과 환자에게 긍정적 변화를 가져다줄 수 있는 기술을 갖춘 전문적 역량에 기반한 것이었다. 그러나 심리학자들 스스로 '내성으로부터' 이끌어낸 근거의 가치에 대해 의혹을 품기 시작한 순간부터 그들이 말하는 과학적 위상은 도전을 받고 점점 더 외면을 당하게 되었다.[104] 제대로 된 과학에 대한 새로운 의학적 정의에 따르면, 한때 혁신을 의미했던 정신분석은 이제 완고하고 민망한 것이라는 취급을 종종 받게 되었다.

마법의 탄환, 프로작의 탄생

이와 같은 전개는 향정신제 혁명과 더불어 정신의학을 의학과 의료 모델에 더 가까이 다가서게 했다. 그리고 신체 치료뿐만 아니라 필요하다면 단기적 행동 치료(역시나 증상 완화에 초점을 맞춘)까지도 열정적이며 낙관적으로 수용하기에 이르렀다. 1980년 이후 정신의학은 이런 방향으로 확고하게 나아가기 시작했다. 정신질환을 치료하는 데 생화학적이고 유전학적인 요인의 역할에 대한 이해가 중요하다는 점을 새삼스레 강조했다. 그런데 이때의 강조는 그 어느 때보다 '과격하면서도 희망을 품고 있는 것'이었다.[105] 1980년대 후반에 플루옥세틴Fluoxetine(상품명 프로작)이 출시되면서 이런 희망을 충족시켜주는 한편 앞으로 나아갈 수 있는 돌파구를 마련한 듯했다.

프로작이 나오기 전부터 한때 정신병 환자의 조건이라 여겼던 우울증은 1960년대와 1970년대를 거치며 서서히 폭넓게 재정의되었다. 여기엔 부분적으로나마 데프롤Deprol(메프로바메이트와 항우울제 혼합물)과 엘라빌Elavil 같은 항우울제들이 소정온제처럼 여러 우울증에 효과가 있다며 시장에 나온 것도 일정 부분 기여한 바가 있었다. 앞에서 지적했듯이, 우울증은 생물학적 관점을 가진 정신과 의사들에게 큰 관심거리였다.[106] 1960년대에 그들은 모노아민 결핍(화학적 불균형)이 우울증 유발에 결정적 요인이라는, 매우 파급력 있는 가설을 제창했다. 그들의 가설 덕분에 우울증은 특별한 과학적 지위를 부여받았으며 신체론자들은 '주요우울증'을 그에 걸맞은 DSM-III의 중요한 자리에 올려놓게 되었다.

그리고 나서 1980년대에 과학자들은 '선택적 세로토닌 재흡수 억제제SSRI'*계열의 첫 번째 항우울제인 플루옥세틴을 분리해내었다.[107] 결핍 이론 중에는 모노아민계 세로토닌에만 집중하는 이론도 있었다. 플루옥세틴은 세로토닌만 선택적으로 강화하는 화합물로 '마법의 탄환' 치료법을 발견할 수 있는 실마리를 제공했다. 이 약은 큰 인기를 얻었다. 이전의 밀타운과 발륨처럼 프로작은 엄청난 대중적 인기를 얻었다. 일반의들이 처방할 수 있는 이 약은 폭발적으로 팔려나갔고 대중매체의 관심과 사람들의

* selective serotonin reuptake inhibitor, 유럽과 미주에서 제2세대 항우울제로 불리며, 뇌내 세로토닌계 기능 저하를 수반하는 우울병에 유효한 의약품의 일종이다. 우울증 외에 공황장애 등 불안장애에 이용된다.

증언이 끊이질 않았다. 하지만 이전의 약과 달리 프로작은 삶의 질을 개선해줄 뿐만 아니라 우리 뇌가 어떤 식으로 작동하는지를 알려준다며 사람들에게 대대적인 선전을 했다. 당시에는 대중 사이에서 회자하던 이야기에 불과했지만, 이는 정신질환의 비밀을 파헤칠 신경과학의 첫 번째 결실이라 할 수 있는, 신경화학의 놀라운 발견이었다.

그러나 돌이켜보면 프로작이 나오고 1994년에 DSM-IV이 발간되었다는 것은 어떤 면에서 최악을 암시하는 신호이기도 했다. 그 이듬해 DSM 범주의 타당성과 더불어 결핍 가설이나 화학적 불균형이라는 개념 등을 정신의학계 전반에서 받아들이지 않게 된 것이다. 그러나 생물학적 관점으로의 전환은 이루어졌다. 미국 국립정신건강연구소와 저명한 정신의학자들은 휴리스틱*에 기반한 DSM 체계의 범주를 넘어설 필요가 있다면서 생물학적 관점을 더 밀고 나가고자 했다.

2009년에 발간된 대표적인 정신의학 교재의 1장엔 이렇게 쓰여 있다. "이것(DSM)이 타당하다고 여길 이유가 거의 없다."[108] 2013년에 발표된 한 칼럼에서 미국 국립정신건강연구소 소장 토머스 인셀은 이렇게 주장했다. "어떤 판본이든 DSM의 장점은 '신뢰성'에 있다. 어떤 판본이든 이 편람 덕분에 치료자들은

---

* 의사결정 과정을 단순화하여 만든 지침을 말한다. 완벽한 의사결정이 아니라 이용 가능한 정보를 활용하여 실현 가능한 결정을 하려는 것이 목적이다.

동일한 용어를 동일한 방식으로 사용할 수 있는 것이다. 그러나 타당성이 결여되었다는 약점도 있다." 이런 입장에 의하면, 정신 질환은 생물학적 질환이므로 뇌에 관한 생물학적 이해가 깊어질수록 이 편람의 타당성도 커질 수 있는 것이다.[109] 이 정신의학 교재에 따르면, 목표는 '뇌에 기반한 진단 체계'의 구축인 것이다.[110]

그러나 아직 그런 체계는 만들어지지 않았다. 2013년에 DSM 제5판(이하 DSM-5)이 발간되었을 때 많은 변화가 있었지만, DSM-III과 그것을 이어받은 DSM-IV처럼 증상에 기반한 진단 형식에는 변함이 없었다. DSM-5에 대한 많은 논란이 있었는데, 무엇보다 두드러졌던 것은 실망감이었다. 인셀과 같은 정신의학계의 대표 인사들이 내린 평가에서 보였던 것은 정신의학이 스스로 대체한 체계에 의해 발목이 잡혔다는 실망감이었다.

2015년 미국의사협회 정신의학회지에 실린 편집자의 글에 개진된 공통된 견해에 따르면, 정신의학계에서는 정신의학의 미래가 임상 신경과학이라는 사실을 잘 인식하고 있었다.[111] DSM-III 혁명은 다음과 같은 믿음에 기반한 것이었다. 즉 정신의학은 주로 정신약리학을 통해 정신질환의 생물학으로 본격적으로 접어들기 시작했다는 믿음이다. 그러나 정신의학회지의 편집자 글이 주장하는 바는 오늘날 '새로운 발견들로 인해 정신과 질환을 이해하는 근본적인 방식이 새로 바뀌고 있다는 것'이었다.

집필자들은 우울증을 주로 예로 들었다. 그것은 DSM-III에서 매우 중요했다. 왜냐하면 우울증의 병인론을 한때 단순한 모노아민 결핍으로 규정했었기 때문이다. 이제 이 분야는 화학적 불균형 이론을 넘어 새로운 연구 영역으로 가고 있다. 새로운 연구에서는 (신경회로에서부터 신경전달물질, 시냅스가소성, 2차 전령계 그리고 우생학과 유전학적 차이에 이르기까지) 여러 층위의 분석을 통해 우울증에 대한 이해를 넓혀 나가고 있다. 집필자들은 이 모든 것이 임상적 차원의 패러다임 전환으로 나아가야 한다고 주장한다.

하지만 정신의학이 새로운 정체성을 형성하는 것을 가로막는 장애물들이 있다. 집필자들이 탄식해 마지않는 가장 큰 장애물은 바로 '신경과학은 환자 치료와 별 상관이 없다는 만연한 믿음'이다. 집필자들이 마지못해 인정하는 점은 사실상 모든 연구가 '통상의 임상적 치료가 되지 않았다'는 것이다.[112] 그러면서 그들은 이해를 도모하기 위한 과학적 노력은 언제나 계속되며 결코 후퇴하는 법이 없다는 말을 덧붙였을지 모른다.[113] 다른 연구자들에 따르면, 그런 강렬한 희망에도 불구하고 생체지표를 가려내기 위한 노력은 '30년 이상 계속해서 부정적 결과'로만 이어졌다.[114] 1980년에도 그랬듯이, 병인론에 바탕을 둔 진단 체계를 구축하기 위한 지식 기반은 존재하지 않았다.

실질적 대안이 없는 상태에서 증상 기반의 DSM은 흔들림이 없었다. 그리고 인셀 같은 사람들이 주장한 것처럼 그 타당성이 결여되었다 하더라도 사람들은 그 체계를 포기할 수 없었다. 앞에서 이미 언급했듯이, 1970년대부터 등장한 합리적 의학 체계에서는 진단 범주가 구체적인 질병 모델에 입각해야 했다. 미국 국립정신건강연구소의 소장을 역임했던 스티브 하이먼은 정신의학에서 진단이 가진 여러 기능을 요약 정리해주는데, 다소 길지만 인용할 가치가 충분할 것 같다.

> 신뢰할 수 있고 널리 공유되는 질병에 대한 정의는 합리적인 치료 결정을 위해 선행되는 필수 조건이다. 진단을 통해 의사들은 가능한 치료법, 확인할 수 있는 또 다른 증상, 겪을 수 있는 장애 그리고 예후에 대해 생각할 수 있다. 서로 공유되고 신뢰할 수 있는 진단이야말로 의사와 환자 간 커뮤니케이션의 초석일 뿐 아니라 적절하게 이루어질 경우, 그것은 환자 가족, 간병인, 기관과의 커뮤니케이션을 위한 초석이기도 하다. 진단은 서로 그 의미를 주고받을 수 있는 임상 연구에 있어서도 중요한 것이다. 명확한 진단 지침이 없으면 집단마다 서로 다른 임상 실험, 역학, 유전학, 영상법, 기타 실험 연구 등으로 인해 혼란이 일어날 것이다. 진단 지침이 없으면 의학계와 제약업계는 치료법을 개발하는 데 필요한 지표를 확보할 수 없으며, 규제 기관에서도 치료법의 효능을 검사할 길이 없게 된다. 진단은 임상 현장이나 실험실 밖에서도 중요한 역할을 한다. 예를 들어 보험사의 보험금 지급, 장애 등급 판정, 증상을 가진 학생들에 대한 학교 차원의 지원 그리고 다양한 법적 소송 등에서 그것이 미치는 영향이 크기 때문이다.[115]

임상, 학계, 산업계, 행정기관 등 전 분야에서 행해지는 이와 같은 기능 때문에 DSM 진단 모델은 의료 서비스와 관련된 관료 체계뿐만 아니라 연구 기금을 대고 의약품과 의료기기 그리고 그것에 대한 영업 등을 규제하는 연방기관에 뿌리 깊게 자리하고 있다. 1980년 이후 거의 모든 보건 환경에서 인간의 행위와 정서와 관련된 문제를 해결하기 위해 도움을 요청했다는 것은 DSM의 관점에서 그 문제들을 바라보았다는 말이다. 이런 식으로 제도가 마련되자, 이는 다시 개인적 문제와 분열성 행동을 다루어야 하는 거의 모든 영역에 DSM 범주를 적용하게 했다. 그 영역이란 학교, 교회, 법원, 군대, 사회복지기관, 상담소, 기업 인사팀 등을 아울렀다. 지난 30년 동안 우울증, 외상후스트레스장애, 사회불안장애 그리고 ADHD와 같은 DSM 진단 범주는 고도로 제도화된 현대사회의 일부분으로 자리 잡았다.

생체의학으로의 전환

이런 제도화는 진단의 언어와 질병에 대한 이해를 새롭게 규정하는 것 외에 또 다른 영향을 미쳤다. DSM 진단 범주에 강력한 사실성을 부여하고 생물학으로의 전환을 강화했다. 정확히 말하면 범주는 휴리스틱이며, 특정한 목적을 수행하기 위한 유용한 도구다. 그러나 실제 적용에서 인셀과 하이먼과 같은 이들이 지적했듯이, 전문가와 일반 대중들은 이 범주를 인간적 관찰자로부터 독립된 실제 그 자체와 크게 혼동했다. 의료 혹은 기타 서비스 그리고 산업 영역에서 두루 사용된다는 점을 고려할 때, 이런 일은 쉽게 일어날 수 있는 것이었다.

이 모든 맥락에서 정신의학과의 진단이나 다른 의학 분과에서의 진단이나 기능적으로 차이가 없다. 예를 들어 보험금 지급 요구서나 의료 기록지를 보더라도 정당한 장애와 겨우 신뢰할 수 있는 장애라는 점을 서로 구분할 순 없는 것이다. 그리고 약물 실험 보고서나 역학 연구에서 저자들이 그들이 모집한 실험 집단이 동일한 질환을 앓고 있지 않다고 해서 그것이 자신들의 연구 결과를 검증할 수 있는 것은 아니다.

사실 의료계와 의학계, 즉 임상과 연구 모든 영역에서 구체적인 범주를 요구하고 있다. 제도권 내에서의 모든 의학적 진단은 질환과 질병을 분류하는 것이다. 환자들이 겪고 있는 고통에 대해 이름을 부여하며 의사들이 치료하고자 하는 것 그리고 정량화하고 연구하고자 하는 것이 무엇인지를 제시한다. 실용적 측면에서 보자면 적어도 일상의 제도적 문맥에서 모든 것이 동일한 종류의 것, 즉 동일한 존재론적 지위를 갖는다. 그러니 혼란스러울 수밖에 없다.

또한 정신의학과 치료 모범 지침에 따르면 예전과 같이 여전히 약물 처방과 정신요법을 병행할 것을 권하지만, 실제 의료 행위는 생체의학적 방향으로 확실히 옮겨갔다. 앞서 언급한 바와 같이, 신경안정제 시대에는 향정신성의약품 사용 비율이 크게 증가했는데, 성인 인구의 20퍼센트 이상이 해당 약을 복용했었다. 1970년대 말(발륨의 경우엔 중독에 대한 우려 때문에 사용률이 급격히 떨어졌다)에는 이 비율이 떨어지다가 1990년 이후에 다시 올라가

는 양상을 보이기 시작했다. 그러다 그 비율이 급격히 늘어났다.[116]

하지만 현대 의료에서는 이전과 다른 점이 많았다. 이런 차이가 있다는 것은 현대 의료가 생체의학 쪽으로 이동했다는 점을 반영했다. 특히 다음의 네 가지 추세가 두드러졌다.

첫째는 환자들이 인기 있는 약을 예전보다 훨씬 더 장기간 복용한다는 점이다. 예를 들어 항우울제 복용 비율은 과거 발륨을 복용하던 때의 비율에 육박한다(한때 성인 가운데 15퍼센트가 복용했었고, 오늘날엔 13퍼센트가 복용하고 있다).[117] 만성적 뇌 이상으로 항우울제를 복용하는 환자들 가운데 사실상 대부분이 발륨을 복용하던 초창기와 달리 항우울제를 수년간 복용할 것이다.[118]

둘째는 같은 계열이든 아니든 향정신성의약품을 동시에 한 개 이상 복용하는 환자들의 수가 급격히 늘어났다는 점이다.[119] 향정신성의약품에 대한 다약제 복용 처방은 생물학적 정신의학에서 행하는 좁은 의미의 '표적증상* 접근법'을 반영한 것이다.[120] 이런 처방은 오늘날 아주 널리 행해지고 있다.

셋째는 향정신성의약품을 아이들에게도 처방한다는 것이다. 이것은 아마도 생체의학으로의 전환에서 가장 눈에 띄는 부분이 아닐까 싶다. 1960년대와 1970년대에는 성인 환자에 대한 처방률은 높은 반면, 어린이 환자에 대한 처방률은 훨씬 낮았다. 1984년 말까지의 처방 기록을 바탕으로 연구자들은 "전체적으

• 　불안, 억압, 환각 등 약제 효과가 클 것으로 기대되는 증상을 말한다.

로 볼 때, 정신질환 치료제는 20세 미만 환자들에게는 자주 사용되지 않았다"는 사실을 알 수 있었다.[121] 그 사이에 상황은 급변했다. 미취학 아동과 청소년 환자에 대해서도 정신질환 치료제 처방이 기하급수적으로 늘어났다. 2014년, 연구자들은 "정신 건강과 관련된 문제가 어린이들 사이에서 만성질환의 형태를 띠고 있으며 그로 인한 증상을 치료하기 위해 약 처방이 이루어진다"는 사실을 알 수 있었다.[122]

심지어 의욕적이기까지 한, 약을 처방하려는 이런 새로운 움직임은 다음과 같은 견해를 반영하는 것이다. 즉 정신 건강과 관련된 문제가 신경생물학적인 것이며, 이는 미래 세대에게 더 큰 문제를 일으킬 위험이 있다는 것이다. 따라서 기저에 깔린 이상 증후를 다스리기 위해서는(완치시키는 것이 아니다) 약을 처방해야 한다.

생체의학적 방향으로의 전환에서 나타나는 마지막 추세는 정신요법과의 극단적인 결별이다. 한때 발륨 사용량의 증가와 함께 인기를 누렸던 통찰지향정신요법은 약물요법을 선호하는 정신의학계에서 서서히 외면을 받았다. 오늘날 대다수의 정신과 의사들은 처방 점검표를 작성하기 위해 환자를 진료한다. 만약 환자에게 정신사회적 치료가 필요할 것 같으면, 의사는 다른 전문가에게 그 일을 맡긴다('분할 치료' 모델이라 알려진 진료 관행이다).[123]

가장 역설적인 것(그리고 생체의학적 관점이 얼마만큼의 성공을 거두었는지를 명확히 보여주는 표시 가운데 하나)은 정신요법 치료자조차 상담 치료의 효과를 설명하면서 그것이 '뇌대사율'과 '세로토닌 물질대사'에 영향을 미치는 것으로, 다시 말해 '뇌에서 매우 구체적인 생물학적 변화'를 일으킨다는 식으로 말한다는 점이다.[124] 심리학자들이 제한적이나마 약물을 처방할 수 있는 권리를 얻기 위해 그토록 안달을 내는 것은 어찌 보면 당연한 일이다. 상담요법의 목표와 약물치료의 목표가 한데 뒤섞여버렸고, 이제는 두 가지 모두 뇌의 언어로 이해할 수밖에 없는 상황이 된 것이다.[125]

1인칭 일상어에서 3인칭 과학어로

신약 광고에 대한 규제, 프로이트와 정신사회적 관점의 쇠

퇴, 신뢰할 수 있는 진단에 대한 요구 그리고 정신의학의 생체의
학적 전환 등 내가 설명했던 1970년 이후의 변화들은 보건 환경
을 근본적으로 바꿔놓았다. 의사와 기타 의료계에서 활동하는 사
람들이 상담을 하고 인지적 문제와 정서적 문제 그리고 행동의
문제를 치료할 때 사용하는 용어도 크게 바꿔놓았다.

일상어 기반의 초기 상담은 이제 자취를 감췄다. 이런 상담
은 (처방 전용이긴 하지만) 선풍적으로 약을 복용하던 거대한 1차
파도에 수반되었던 것이기도 하다. 신경안정제 시대에는 광범위
한 약물복용에도 불구하고, 심각한 정신질환과 일상의 심적 고통
사이의 구별이 여전했다. 그러나 1980년 이후 일상어들은 정신
질환에 대한 광범위한 진단 언어로 서서히 대체되었다. 이 새로
운 언어는 한때 소정온제가 효용이 있다고 광고한 문제(관계의 문
제, 힘든 상황에 적응해야 하는 문제, 만족스럽지 않은 삶의 여건 등)를
일일이 거명하지 않았다. 내적 기능 장애라 할 수 있는 그 어떤
상태에 있다고 말할 뿐이었다.

많은 정신의학 이론가들은 정신질환이 생물학적 요인과
정신사회적 요인의 복잡한 상호작용을 수반한다는 점을 강조하
지만, 그러면서도 그들은 모든 정신질환은 궁극적으로 신경생물
학적이라 주장한다. 심지어 한 영향력 있는 논문에 따르면, "무의
식적 과정과 동기 그리고 방어기제에 관한 연구는 이제 인지적
신경과학의 영역에 포함된다"고 말한다.[126]

보다 일반적 의미에서 정신의학과 약물은 이제 제자리를
찾았다. 임상을 위한 명확한 신경생물학적 기반이 없어도 되었

고, 그와 동시에 주관성에 관한 깊이 모델과 정신분석학, 해석학, 영적 전통과 같은 접근법이 한때 제기했었던 내면 탐구를 위한 언어가 없어도 되었다.

이처럼 신경이라는 외피가 씌워진 새로운 생체의학적 보건 환경 덕분에 우리는 학사관리가 엄격한 학교에서 학생들을 가르치다가 심적으로 무너졌던 에릭이 얘기한 임상적 대면이 어떠했는지를 알 수 있었다. 예상한 대로 그의 의사는 DSM에 기반한 진단을 했고 화학적 불균형이라는 개념으로 약의 역할을 설명했다. 또한 의사는 마음을 진정시키는 심리치료가 그리 도움이 되지 않을 것이라 폄훼했다. 분명 에릭의 불안이 어떤 의미가 있는 것인지를 찾아낼 의도는 없어 보였다.

한편 진료 약속을 잡기 전부터 에릭은 어떤 진단이 내려질지 알았고 처방전을 받을 준비를 했다. 그는 이미 임상 외에 상호작용 관계에 있는 다양한 원천을 지닌 생체의학적 보건 환경을 접한 적이 있었던 것이다. 그런 원천들 중에는 가족이나 친구들과의 대화도 있었고, 제약 광고, 신문이나 잡지 기사, 자기 조력 도서, 공익 캠페인, 웹사이트, 소셜미디어 등의 다양한 대중매체도 있었다. 일반인들은 이런 원천들에서 질환의 범주, 증상, 약물 복용, 약효, 뇌 상태와 같은 것에 대한 정보를 얻는다. 우리는 이와 같은 전반적 대화와 이미 만들어진 설명과 약속을 고려하지 않고서는 신경생물학적 상상법을 이해할 수 없다.

3장

마음의 아픔을
받아들이기

현재 마흔 살이 된 조지아는 약 5년 전에 실직했다. 처음에 그는 그 일을 기회로 여기고 학위나 마칠 겸 시간제로 대학을 다니기로 했다. 그러나 곧이어 재정적 위기가 닥쳤다. 그는 1년 동안 일을 하지 않았는데, 새로 사무직 일자리를 얻었던 남편이 얼마 있지 않아 회사에서 구조조정을 당했다. 졸지에 혼자 그들의 공동 재정을 책임지게 된 조지아는 수업을 줄이고 생활방식에 중대한 변화를 줄 수밖에 없었다.

　감당할 길이 없는 너무도 엄청난 일들이어서 그는 정신을 차리기 어려웠다. 그는 종종 슬픈 감정에 사로잡혔고 무언가 생산적인 일을 할 마음도 나지 않았다. 그의 삶이 한순간 멈춰버린 듯했다. 스스로에 대해 회의적으로 되었고 자신의 선택들을 돌아보게 되었다. 남편 탓을 하는 게 옳지 못하다는 생각이 들면서도 실직한 남편에게 화가 나는 걸 어쩔 수 없었다. 남편이 그렇게 된 것에 마치 '사기를 당한' 기분이었다.

　　조지아는 자신이 우울증을 앓고 있을지도 모른다는 생각
이 들기 시작했다. 잡지 기사를 읽고 제약 광고를 보면서 우울증
에 관한 여러 가지 증상을 접했다. 그 목록 가운데 일부가 자신의
증상과 들어맞는 것 같았다. 그런 정보를 접하게 된 한 일화를 그
는 이렇게 전한다.

　　TV에서 뭔가를 보고 있었던가 아니면 잡지에서 뭔가를 읽고
　　있었을 거예요. 거기서 말하는 두 가지 증상이 저와 관련이 있
　　는 것 같았어요. 저는 '내가 저런 증상을 겪고 있는 것 같아'라
　　고 말했어요…. 잡지를 읽고 TV를 보는데 제가 딱 그런 거예
　　요. 저는 거기서 말하는 증상들과 관련이 있었어요.

　　그러면서 그는 말했다. "그 일이 계기가 되었죠." 그는 자
신이 우울증에 걸렸다는 사실을 알았다. 조지아는 형제와 남편을
잃고 우울증 진단을 받아 약을 복용했던, 친한 친구에게 조언을
구했다. 그 친구가 의사를 만나보라고 권하자 그는 곧바로 의사
를 찾아갔다.

　　'자가 진단'을 했던 조지아로선 의사가 우울증이라고 진단
을 내렸을 때 그리 놀랍지 않았다. 그의 말에 따르면, 의사는 "제
진단에 동의한 셈이죠." 그러나 그렇게 짐작을 했다 하더라도 그
가 우울증을 앓고 있다는 현실을 받아들이기란 쉽지 않았다. 한
편으로 그는 의사가 자신의 상태를 설명하는 방식에 크게 안도하

기도 했다. 의사는 우울하다고 해서 그 사람이 미쳤거나 자살할 수 있다는 이야기는 아니며, 인생의 어느 시점에서나 누구에게나 일어날 수 있는 증상으로 부끄러워할 일은 아니라고 강조했다. 조지아는 말했다. "의사 선생님은 우울한 감정이 생기는 건 정상이라 말했고 저는 안심이 되었어요."

자신의 우울증이 '정상' 혹은 '지극히 정상'이라 할지라도 조지아는 그의 말처럼 '병의 일종이라 할 수 있는' 그 무언가를 갖고 있었다. 그는 자신의 우울증은 뇌의 기능 이상으로 인한 것이 아니라 삶이 좀 삐걱거린 데 대한 반응이라 강조한다. 즉 자신은 정신병을 앓고 있는 것이 아니며, 정신병 진단을 받은 적도 없다는 것이다. 그저 우울증에 걸린 것일 뿐이다.

그러나 우울증은 없던 것이 새로 생겨난 것이므로 병의 일종이라 할 수 있다. 그리고 우울증에서 벗어날 길이 없고 어찌할 바를 모른다면 그것은 더 심각해질 수도 있다. 조지아에 따르면, 그는 자신감이 넘치고 사안을 주도하며 문제가 생기면 그때그때 처리하는 사람이다. 그러나 그가 지금 겪고 있는 감정은 이례적이다. 왜냐하면 단순히 상황이 힘들다고 해서 그가 그토록 슬퍼하고 의욕이 저하되는 때는 없었기 때문이다. 뭔가 의학적 질환이라 할 만한 것('일반적 우울증')이 끼어든 것이다.

조지아는 그의 의사와 상담에 관한 이야기는 하지 않았는데, 이는 조지아가 정신요법을 전혀 고려하지 않았기 때문이다. 의학적 문제가 있다고 생각했기에 그는 제약 광고를 보고 잡지 기사를 읽고 친구와 상의했던 것이다. 의사가 항우울제 처방을

제안했을 때도 그는 놀랍거나 하지 않았다. 그리고 그는 처방약에 대한 부작용을 인터넷에서 찾아본 뒤 약을 먹기로 했다.

친구와 마찬가지로 조지아도 약이 도움이 되었다. 비록 효과를 확연히 느낄 수 있는 것은 아니었지만 말이다. "처음에 약을 복용하고 나서 '와, 대단한데, 더는 우울하지 않아' 이럴 줄 알았는데, 그런 마법의 탄환은 존재하지 않았어요." 그러나 잠을 좀 더 잘 자기 시작했고, 바깥일이든 집안일이든 일을 잘 처리할 수 있었다. 좀 더 차분해지고 감정에 덜 휘둘리게 되었다. 이는 자신감과 자존감을 북돋아 주는 변화였다. 이렇게 차츰 나아지는 가운데 재정적 형편도 좋아지고 승진의 기회도 얻게 되면서 조지아는 더는 상황에 끌려다니지 않고 본연의 모습으로 돌아갈 수 있었다. 우리가 면담할 당시, 그는 8개월째 항우울제를 복용하고 있었으며 약을 계속 먹어야 할지 고민 중이었다.

힘든 경험에 이름 붙이기

2장에서 보았듯이, 상상할 수 있는 모든 종류의 인지, 감정, 행동과 관련된 문제들은 이제 정신질환의 진단 언어를 가지고 의료기관이나 기타 기관에서 다루어지고 있다. 이 언어는 암묵적인 생체의학적 관점을 가지고 있으며, (단기적인 증상에 초점을 맞추는 행동 치료는 일부 예외로 하고) 다른 치료법보다 향정신성 의약품을 처방하는 정신과 치료와 밀접한 관련이 있다. 새롭게 등장한 생체의학적 경향은 새로운 유형의 정신과 환자를 상정하지 않을 수 없었으며, 이는 비단 전문 의료 영역에서만 나타난 현상은 아니었다. 사람들 사이에서 다시 회자하고 해석되는 방식으로 피드백이 되며 널리 퍼졌다.

조지아의 이야기는 새로운 언어와 가설이 자기 서사narrative of self 안에 어떤 식으로 스며들고 통합되는지를 보여주는 흥미로운 예화다. 그의 이야기는 직접적인 뇌에 대한 이야기가 없어도 신경생물학적 상상법이 어떻게 작용하는지를 보여주기 때문이다.

조지아에 따르면, 처음에 그는 대중매체, 제약 광고, 친구의 이야기에서 보고 들은 것을 토대로 자신에게 우울증이 있다고 진단했다. 그런 정보를 통해 그가 우울증에 대해 이해한 바는 DSM에서 말하는 것과 달랐다. DSM에서는 생활 사건에 대한 예측 가능한 정상적 반응의 경우 정신질환의 정의에서 제외했으며, 우울증의 경우는 정신질환의 일종이었다.[1] 그러나 조지아는 자신이 이해한 바에 대해 의사도 의견을 같이하며, 심지어 이전부터 의사가 먼저 얘기하던 바라고 믿는다. 사실 조지아와 의사는 서로 이야기를 나누면서 우울증이라는 언어를 사용했던 것이다. 그동안 그가 우울증을 앓아왔다는 점에 대해 그들은 입장을 같이했다. 조지아는 자기 식대로 우울증에 대해 말했지만(일부러 그런 것은 아니었다), 그것을 임상적 사실로 받아들였다.

그와 동시에 조지아는 자신에게 신경생물학적 질환이 있다는 점을 받아들이지 않는 듯했다. 자신의 우울증을 뇌의 기능 이상으로 보지 않는 것이다. 그럼에도 자신이 겪는 고통의 실질적 원인은 뇌의 기능 이상에 있다고 보았다. 그의 우울증은 일찍이 그로선 경험해보지 못한 힘을 가지고 있었다. 그는 우울증이라는 현실을 마주할 엄두가 나지 않았고 남편에게조차 그 사실을 숨겼다. 그것은 그 자신의 반응도 아니거니와 그와 혹은 그의 심리에 대해 무언가를 알려주는 지표도 아니다. 따라서 상담이나 정신요법은 아예 언급도 되지 않았으며 약물 처방만이 적절한 반응이었다. 약물 처방을 받게 되자, 그는 다시 자기감정을 조절할 수 있게 되었다.

　　곤경에 빠졌을 때 그는 우울증과의 연결고리를 만들었다. 이는 새로운 생체의학적 보건 환경에 기반한 다양한 매개자들로부터 영향을 받아 자연스레 형성된 경험적 지식 때문이기도 했다. 그 다양한 매개자들이란 의사, 잡지 기사, 소비자 대상의 제약 광고 그리고 친한 친구 등이었다. 이런 매개자들을 통해 다양하게 회자한 것은 정신의학의 추상적 연구 성과나 전문 학술 용어를 쉬운 말로 바꾼 표현들이 아니었다. 그보다 매개자들은 우울증 증상에 대한 실용적 해석, DSM 질병 분류의 적용, 적절한 조치에 대한 조언 등을 위한 게시판이나 수레 역할을 했다. 일반인의 경우 이런 정보를 접하고 개인적으로 의미 있는 조처를 한다는 것은 당면한 현실의 맥락에서 자신의 고통을 바라보고 그 해결책을 모색한다는 의미다.

　　이 장에서 내가 살펴보고자 하는 것은 인터뷰에 참가한 사람들이 생체의학적 언어와 개념을 맞닥뜨리는 장소다. 나는 그들이 어떤 설명과 약속을 들었는지 혹은 듣게 되는지를 조사하고 사람들이 그것에 어떻게 반응하는지를 살펴볼 것이다. 신경생물학적 상상의 문법은 습득되는 것이다. 마음의 아픔을 새롭고 객관적인 언어와 치료법으로 바라보게 되면, 그 아픔에 대한 기존 통념은 신경생물학적 상상의 문법으로 대체된다.

병이 아닌 다른 것

참가자들 가운데 조지아 같은 사람들은 도움을 얻고자 다양한 정보의 여러 원천을 접하고 그로부터 피드백을 받았다고 했다. 웹사이트가 되었든 의사 혹은 친구가 되었든, 다양한 정보의 원천들은 그들에게 일종의 안내원 구실을 했다. 그들은 조지아 같은 사람들에게 곤경에 대해 생각하고 그것에 대해 조처할 수 있도록 도움을 주었다. 물론 많은 사람들이 가족이나 친구 혹은 전문가에게 처음 기대하는 것은 개인적 도움과 지원이었다. 아주 많은 경우 그들은 그런 도움과 지원을 받았고 대중매체와 같은 것을 접하고 나서도 마찬가지였다. 어떤 원천으로든 사람들은 그것들로부터 용기와 도움을 얻어 자신들이 어떤 DSM 질병 분류에 속하는지를 가려낼 수 있었다.

조지아처럼 자신이 어느 분류에 속하는지를 알아낸 사람들 중에는 '자가 진단'이라는 말을 사용하는 이들이 있었다. 그러나 이 표현은 오해의 소지가 있다. 진단은 오직 전문 의료인만이 할 수 있는 일이기 때문이다. 그리고 자신이 어느 분류에 속하는지를 아는 것은 전문가의 진단 이전 혹은 이후에도 얼마든지 가능하다. 심지어 전문가의 진단이 없는 상태에서도 가능한 일이다. 이는 실제 질병 분류에 두 가지 의미가 있다는 말이다.

　　몇몇 사람들을 인터뷰하고 난 뒤, 나는 첫 번째 의미의 진단에 대해 '공식적 진단'이라 부르기로 했다. 이것은 자격을 갖춘 전문가가 내린 진단을 말하며, 그 의미가 어떤 것이든 임상의가 제시했음 직한 것이다. 물론 내가 이 의미에 대한 어떤 직접적 근거를 가지고 있는 것은 아니다. 그러나 의사와 그런 문제로 이야기를 나눴던 인터뷰 참가자들의 경우, 그들은 일반적으로 진단의 의미를 표준 의학적 관점으로 받아들였다.

　　질병 분류의 또 다른 의미는 인터뷰 참가자들이 부여한 의미다. 인터뷰하면서 우리는 개별적이며 개인적인 성격의 이 진단의 의미를 조심스레 살폈다. 내가 관찰한 바에 따르면, 인터뷰에서는 진단을 받은 환자들을 모아놓고 진단의 조건에 대해 질문하는 것이 일반적이었다. 그러나 환자들이 실제로 그 진단 내용을 받아들였는지 그리고 자신들이 겪은 바를 말할 때 그 조건에 부합하는 언어를 사용했는지에 관해선 묻지 않았다. 만약 그런 질문을 던졌다면 그들은 그 질문이 의미하는 바를 물었을 것이다. 일반적으로 의학 연구 문헌에서는 우울증, 사회불안장애, 주의력결핍장애라는 용어가 사회적 맥락에서 사람들이 사용할 수 있을 정도로 그 의미가 어느 정도 자리 잡은 것이라 가정한다. 이런 가정에 반하는 나의 전략은 사람들로 하여금 그들이 사용하는 언어와 그 사용 방식에 대해 스스로 말하게 하는 것이었다.[2]

조지아의 경우처럼 개인적 정의는 "우울증(혹은 사회불안장애나 주의력결핍장애)이란 내가 겪은 바의 그것이다"고 하는 식으로 매우 자기 관계적으로 정의되었다. 이런 정의가 그처럼 즉흥적으로 내려지는 것은 '자가 진단'이라는 말이 왜 요점을 벗어난 것인지를 보여주는 또 하나의 이유가 된다.

그들이 생각하는 바를 해석건대, 사람들은 우울증과 같은 DSM 질병 분류를 받아들일 때 수동적 입장에서 그것을 이미 정의된 일반적인 의미에서의 질병으로 받아들이지 않는다.[3] 오히려 진단 용어를 완전히 받아들이거나 부분적으로 취하면서 느낌에 따라 그것을 자신들의 경험에 적용하는 것이다. 이는 마치 규범적 요구에 맞춰 자신의 고통을 설명하고 자아를 추스르려 하는 것과 같았다. 나는 마음의 아픔을 자기화appropriation하기, 즉 자기 것으로 받아들이기 위한 도구로 자기 진단보다 이와 같은 능동적이며 즉각적인 조치를 말할 것이다.[4]

자신의 힘든 정신 경험을 이해하고 그것이 함의한 불쾌한 의미들을 '정화하는' 과정에서 자기화하는 행위가 시작된다. 조지아에 따르면, 우울증을 대할 때 그것을 정신질환이 아닌 정상적인 반응으로 생각하는 일은 의학적 연계성을 완성하는 데 중요하다. 여기서 의학적 연계성이란 잡지와 광고에서 증상에 대한 설명을 보고 '촉발되는' 그 무엇이라고 조지아는 설명한다. 이런 생각의 기조하에서 그는 이해를 달리하게 만든 '인상 포인트'를 찾아냈다. 그것은 의학적 개념이 가진 설명적 권위를 그 자신과 그의 경험에 대한 새로운 이해로 바꿔놓았다.

인류학자 피터 스트롬버그가 이론화했듯이, 인상 포인트는 '자신에 대한 새로운 이해, 상징체계에 대한 새로운 이해 그리고 과감한 수용'이라는 세 가지 상호 관련성을 가진 특징들로 이루어지는 과정이다.[5] 이런 특징들은 조지아가 겪은 일들을 보면 자세히 알 수 있다.

우울증이라는 익숙한 질병 분류가 전혀 예상치 못한 새로운 의미를 지니게 될 때 자신에 대한 이미지를 파악하는 인식이 성립된다. 그 이미지는 조지아가 우울증을 자신만의 의미로 사용하는 '주관성의 주입infusion of subjectivity'을 통해 형성된다. 그리고 그 이미지는 의학적 상징성에서 자신의 중요한 부분을 발견하고 그 상징성에 감정이입을 하고 과감히 수용하는 이런 발견 포인트 위에 구축된다. 이처럼 상징적 차원에서 자기화하는 문화적 모델에서 사람과 상징은 서로 변증법적 관계를 맺는다.[6] 조지아는 우울증을 과감히 수용했는데, 이는 자신과 자신의 고통을 좀 더 발전된 방향에서 이해할 수 있도록 해줌으로써 결과적으로 그 자신도 바뀌게 되었다.

인터뷰 참가자들 가운데 3분의 2가 이런 과정을 거치면서 정신질환 분류를 자기화했고 다른 3분의 1은 그렇게 하지 못했다. (딱 여섯 명이 의사를 찾아가거나 정식 진단을 받은 적이 없었다.) 후자 그룹은 친구와 가족뿐 아니라 그와 동일한 대중적 정보 원천을 접했다고 말했다. 그들은 역시 전문가를 만난 적은 없어도 생체의학적 언어와 약물로 구성된 보건 환경을 잘 알고 있었고 그것을 버거워하고 있었다.[7] 그러므로 비록 질병 분류를 거부하거나 외면하고 약을 복용하지 않았더라도(잠깐의 일회성 복용은 제외하고) 그들은 그렇게 한 사람들과 거의 차이가 없이 해석적 과정을 수행했다.

대부분의 경우 사람들은 자신들의 경험이 정신질환이나 정신병과는 다른 종류라고 판단하기 때문에 그런 질병 분류가 적절치 않다고 보았다. 이것은 주목할 만한 현상이다. 왜냐하면 그들 역시 자신들의 고통을 정상이 아니라고 본 것이며, 그런 고통을 겪고 질병 분류를 자기화한 이와 그렇지 않은 이 사이에 별 차이가 없다는 말이기 때문이다.

예를 들어 마흔일곱 살의 테완다는 정규직 일자리를 구하는 중에 임시직으로 일하고 있었다. 그는 집안에서 매우 힘든 상황을 겪고 있었으며 언제나 '슬프고' '갈피를 잃어버린' 듯한 마음이었다고 말한다. 그런데 그는 자신이 겪고 있는 마음의 고통을 우울증으로 보지 않는다. 그가 생각하는 우울증이란 아버지가 돌아가신 뒤 어머니가 겪었던 그런 것이다. 한때 그의 어머니는 '생기 넘치고 외향적인' 사람이었으나, 지금은 무기력하고 조심스럽고 과거에 연연하고 쉽게 포기하며 많이 의존적이었다. 테완다가 볼 때 어머니는 뭔가 문제가 있었다. 반면에 자신이 지금 겪고 있는 마음의 고통은 주로 외적 상황에 의한 것이다. 그리고 힘겹게 버티곤 있지만, 자신이 어느 정도 통제도 할 수 있고 '약을 먹지 않고서도 언젠간 극복할 수 있다'고 믿는다.

테완다는 의료적 설명을 거부하는데 이는 질환은 어떤 것이며, 그에 필요한 치료법은 무엇인지 그리고 그 둘 혹은 각각이 그 자신과 개인적 통제력에 대해 시사하는 바가 무엇인지에 대한 그의 판단에 기반한 것이다. 이 문제는 질병 분류를 자기화한 이와 그렇지 않은 이 모두가 똑같이 직면하고 있는 어려움이다. 인터뷰에 참가한 이들은 자신들이 겪고 있는 어려움을 의학 용어로 말할 때, (일반적으로 명시적이거나 함축적인 형태를 띤) 정신질환이나 정신병에 대한 문제를 제기하게 된다. 다시 말해 그런 용어로 자신의 증상을 설명한다는 것은 우리의 사고와 감정 그리고 행동에 직접적이고 결정적 영향을 미치는 신체적 기능 이상을 전제하느냐고 묻는다. 이런 문제 제기는 치료와 자기 이해의 과정에서도 나타난다.

조지아는 '정신질환' 부분을 빼고 우울증을 바라보게 되면서 정확히 거기서 인상 포인트를 찾아냈다. 우울증에 대해 다른 생각을 갖고 있던 테완다는 그런 포인트를 찾아내지 못했다. 그는 자신을 어머니와 같은 분류에 넣지 않았던 것이다. 조지아 같은 사람들은 질환을 자기화할 수 있었는데, 대부분의 경우 그들은 이미 진단을 받은 사람들과 자신들이 비슷한 점이 있다는 사실을 알았기 때문이다. 그리고 그들은 자기화한 질병 분류와 정신질환이라는 말이 함의하고 있는, 달갑지 않은 요소들을 따로 떼어 바라보았다. (이 부분에 대해서는 다음 장에서 좀 더 자세히 다룰 예정이다.)

나는 사람들이 도움을 구하고 질환을 자기화하는 과정에서 그들이 만나 이야기를 나누는 사람들의 역할에 주목했다. 일단 임상의부터 시작하고자 한다.

의사는 결백을 입증하는 증인

조지아가 자신이 겪은 바를 얘기하는 가운데 의사는 그가 힘들어하는 것에 대해 우울증 진단을 확정했다. 의사의 진단에 의하면, 조지아는 자신의 감정을 일반적이며 충분히 예측 가능한 자연스러운 반응으로 받아들일 수 있어서 안도감이 들었다. 조지아가 대중매체에서 접하고 의사와의 만남을 통해 얻은 우울증에 대한 이해는 의학적인 것이 아니다. 의사가 정말 그것을 우울증의 핵심적 의미라고 생각하는지 의심스럽다. 그러나 조지아는 그렇게 들었고, 그의 말에 따르면 의사가 그 판단에 동의했다는 것이다. 당면한 현실적 문제는 그것을 어떻게 받아들이냐 하는 것이었다.

인터뷰 참가자들이 의사들에 관한 이야기를 할 때 그들은 일반적인 의사결정 과정에서 하는 뻔한 역할에 대해 말했다. 의료 전문가를 만나 진료를 받기까지 사람들은 여러 다양한 경험과 경로를 거치게 되는데, 그중에는 비의료적인 치료사들과의 만남도 있다. 가족이나 친구는 종종 중요한 매개인의 역할을 하는데, 이 점에 대해서는 뒤에서 다시 다룰 예정이다. 인터뷰 참가자들 가운데 적어도 다섯 명(한 명은 불확실하다)은 정기적인 건강검진 혹은 신체적 문제 등의 다른 이유로 병원을 방문했다가 정신질환 진단을 받은 경우였다.

의사와의 첫 만남에서 어떤 일이 있었는지를 얘기해달라는 우리의 요청에 대부분의 참가자들은, 그들이 만난 이가 정신과 의사였든지 혹은 일반의였든지 시간적 순서대로 무엇을 했는지를 얘기할 뿐이었다. 그중 일부는 그런 사실조차 제대로 기억하지 못했다. 그들은 이야기를 했고 의사는 들었다. 그리고 질문에 답을 하고 진단 질문지를 작성했다. 그런 다음 의사가 진단을 내리고 치료법을 권했다. 이런 이야기들을 하면서 사람들은 의료인들이 자신들의 (개인적인) 설명적 관점에 직접 영향을 미쳤다는 식으로 말하는 경우는 거의 없었다. 2장에서 살펴보았던 에릭의 경우가 예외였는데, 그는 주치의 설득으로 의료적 관점을 가지게 되었다고 말했었다.

　　대개 의사의 역할을 말할 때의 모습은 두 부류로 나뉘었다. 한 부류는 참가자들이 직접 자신들이 질병 분류에 들어맞는다고 말하는 경우였다. 그들은 그렇게 의료적 관점을 취하며 약을 먹을 필요가 있다고 결정했다. 이때의 결정은 대부분 의사의 권유와는 무관했다. 조지아와 마찬가지로 대부분의 참가자들은 일단 의사를 만나게 되면 의사의 진단과 처방에 동의했다. 다른 부류는 의료인들이 다소 주저하는 경향이 있다고 말하는 경우였다. 어쨌거나 그들은 처방전을 받아오긴 하지만 말이다.

　　내가 '들어가며'에서 소개했던 대학생 크리스틴의 경우를 다시 떠올려보자. 그의 주치의는 ADHD 진단을 내릴 만한 증상이 하나도 보이지 않는다면서도 약을 처방했었다. 몇 가지 추가 사례를 보자면 의사가 진단을 거절한 경우도 있었다. 그러나 그 경우에도 다른 의사를 찾아가서 결국 처방전을 받아낸 참가자도 있었다. 아무튼 모든 경우에 있어서 사람들은 진단과 처방을 말할 때 질병 분류를 자기화하고 설명적 이해를 했다. 의사들이 다른 어떤 것을 권하지도 않았거나 혹은 그들이 다른 어떤 것을 받아들이지도 않았던 것이다.[8]

또 다른 일반적 유형을 보면 참가자들이 처음에 진단 내용을 쉽게 받아들이지 않은 경우다. 즉 의료적 설명이나 처방을 받아들이지 않은 것이다. 그들은 주치의가 거의 첫 진료에서 진단을 내리고 약을 권했다고 말한다. 그리고 그들의 문제가 신경생물학적 원인에서 기인한다는 의견을 제시했다는 것이다.[9]

참가자들 중에는 이런 의견에 매우 놀라고 우려되었다는 이들도 있었다. 나와 인터뷰를 하면서 그들은 일반의나 정신과 의사들이 진단을 내리고 처방전을 쓸 때 너무 아무렇지도 않게 급하게 처리한다고 불평했다. 의사와 환자의 상호관계가 너무 비인격적이며 증상에만 편협하게 집중되어 있다고 했다. 예를 들어 바이런이라는 참가자는 대학을 졸업한 뒤 출장이 잦은 직장을 다니게 되었다. 일은 육체적으로나 정신적으로 고된 데다 여자친구와는 떨어져 지내야 하고, 미래에 대한 걱정으로 힘들어하던 그는 걱정과 불안 속에서 헤어나오지 못했다. 바이런은 친구의 권유로 정신과 의사를 만났고, 의사는 '일반 스트레스 장애'라는 진단을 내리곤 진정제를 처방했다. 의사의 진단이 너무 성의가 없다고 생각한 바이런은 잠깐 약을 먹다가 그만두었다.

이와 비슷한 또 다른 경우 참가자들은 질병 분류와 질환의 원인에 관한 자신들의 관점이 얼마간 시간이 지난 뒤에 형성된 것이라 말했다. 그렇게 형성된 그들의 관점은 직접 약을 복용한 경험 혹은 다른 정보에 기반한 것이었다. 특히 몇몇은 진단에 대한 그들의 개인적 이해와 주치의의 전문적 견해를 대조해보기도 했다.[10] 그러나 사람들이 자신들의 견해를 가지고 의사와 서로 의견을 주고받는 그런 경우는 사실상 단 한 건도 없었다. 그들 역시 의사와의 상호작용이 형식적이며 일방적이었다고 말했다. 진단과 진료실 밖에서 행하게 될 치료법의 의미에 대해 질문을 하는 정도였다.

그런데 두 유형 모두에서 해석적 과정에서 의료인들이 중요한 역할을 하는 경우가 한 가지 있었다. 이는 단지 처방을 하는 의사에만 국한된 일이 아니었다. 그들은 도움을 구하고 약을 복용하는 환자들의 결백을 입증해주는 핵심 '증인'이었다. 그들의 진단은 환자들의 고통에 의미와 현실성을 부여하고 다른 결격사유가 있지 않음을 보여주는 증거였다. 사람들은 스스로에게나 다른 사람들에게나 자신들의 경험을 말할 때 정식으로 진단을 받았다는 사실이 중요하다고 거듭 언급했다. 이상하게 들릴지 모르지만, 공식적으로 병명을 부여받았다는 사실은 이리저리 요동치는 상태에서 벗어나 일종의 안정감을 얻고 사회적으로 인정받은 것이라는 의미를 부여했다.

그리고 전문 지식의 영역과 관련돼 있음을 보여주는 것이기도 했다. 예를 들어 경영 컨설턴트인 리처드는 이를 가리켜 한마디로 '조직하는 힘'이라 말했다. 그는 업무와 관련된 한 가지 일화를 들려주었다. "그 문제는 사람들과의 협력적 관계에서 빚어졌던…, 어떻게 보면 감성 지능의 문제였지요." 그는 자신이 우울하다고 생각했는데, 나이 예순한 살에 주의력결핍장애라고 정식 진단을 받고 깜짝 놀랐다. 그때의 심정을 그는 이렇게 말한다. "그동안 일을 하면서 몇 가지 일들이 잘 안 풀렸던 까닭을 설명해주는 것이어서, 그건 일종의 깨달음과 같았어요."

의사의 정식 진단엔 나름의 상징적 힘이 있다. 인터뷰 참가자들은 그 점을 확신했다. 심지어 그들이 고집스럽게 진단 내용에 자신들의 의미를 부여할 때와 진단 기준의 일부분만이 자신들에게 들어맞는다고 의사는 보고 있다고 강조할 때조차도 그러했다. 또한 그들은 의사의 진단이 충분한 진찰 없이 너무 성급하게 내려지는 것이 아닌가 우려할 때조차도 진단이 가진 상징적 힘에 대해서는 한 치의 의심도 없었다. 많은 사람들이 이런 상징적 힘의 의미와 방향을 찾고자 하는 그들의 노력을 매우 중요하게 여겼다. 이례적이면서도 애매하기 그지없는 개개인의 경험들에 대해 의사의 진단은 질서와 객관성을 부여하기 때문이다.

물론 내가 여기서 기술하는 것은 정신과 의사와 다른 일반의들과의 만남에 대해 참가자들이 들려준 말이다. 나는 실제로 어떤 말들이 오가고 어떤 조치가 이루어졌는지에 대해서 객관적으로 아는 바가 없다. 그러나 자신들의 능동적 역할과 질병 분류의 유용성 그리고 의사의 편안하고 협조적인 진단 방식에 대한 참가자들의 보고 내용을 객관적으로 뒷받침할 수 있는 증거는 많다.[11] 의료 행위에서 이제 가부장적 태도로 임하는 예는 없고, 필요한 경우에만 환자의 능동성을 장려할 뿐이다.[12]

2장에서 본 것처럼 DSM은 여러 질환에 대해 환자 지식과 평가를 바탕으로 그 기준을 구축한 것이다. 인터뷰 참가자들은 거기에 관여했다는 분명한 책임감을 느끼고 있었다. 일부 예외를 제외하고 참가자들은 자신들의 처지를 정확히 규정하는 일이 그들의 특권이자 의무라고 보았다. 전문가가 해석적 의견을 제시했을 때, 사람들은 그것을 조언과 같은 것으로 받아들이고 스스로의 평가와 일치할 때만 수용하는 듯 보였다. 참가자 중 한 명인 마흔일곱 살의 어니스트가 강조했듯이, 아무도 그의 상태가 어떻다고 규정할 권한이 없었다.

참가자들의 이야기에 나타난 의사들의 역할을 보면 의사 결정 맥락에서는 종종 매우 제한적이었던 반면, 정보의 대중적 원천의 맥락에서는 해석의 길라잡이로서 단연 돋보였다. 질환을 자기화하고 약물복용을 수용하기 위해서는 외부의 도움이 필요했다. 그 도움은 환자들이 전문 의료인을 만나기 전에도 후에도 필요한 것이다. 이런 과정 역시 변증법적이다.

심리학 학습 시대

정신의학에서 생체의학으로 나아간 것은 그 분야를 좀 더 안정된 의료 기반 위에 올려놓으려는 노력의 일환이었다. 그런 노력의 결정적 단계는 일상의 정신적 고통에 대한 부정확하고 제대로 정의되지 않은 진단에서 벗어나 질병의 구체적 실체와 치료의 관점에서 질환의 특성을 규정하는 일이었다. 역동정신의학과 소정온제 처방과 비교해 진단을 중심에 놓는 방식은 좀 더 고도의 새로운 기준을 보여주는 것이었다. 신뢰할 수 있는 질환 분류법을 가지고 사람들을 치료하는 데 집중하려는 방식이었다.[13]

게다가 질환이 점점 더 뇌의 문제로 규정되기 시작하자, 정신의학의 치료법은 범위가 제한되고 갈수록 약화된 형태의 정신병리학으로 기울어졌다. 신경안정제 시대에 발륨과 같은 약물 처방을 내렸던 많은 종류의 상황적 딜레마와 정서적 스트레스들은 이제 더는 다루지 않는 듯했다. 이런 경험들이 의학적 관심의 대상이 될 만큼 고통스럽지 않거나 혹은 힘들지 않거나 해서 그런 현상이 나타난 것은 아니었다. 그보다 의학적 치료의 적절한 대상이었던 병리학이 이제는 존재하지 않기 때문이었다.[14]

그렇게 상황적 딜레마와 정서적 스트레스가 관심 밖으로 밀려난 일은 한동안의 현상이었던 것으로 보인다. 예를 들어 일반적인 향정신성의약품에 대한 처방률이 1980년대에 실제로 떨어졌다. 물론 다른 많은 요인이 있었겠지만, 2장에서 얘기했던 것처럼 한 가지 분명한 요인이 있다. 그것은 바로 진단 용어의 의미를 담고자 만들어진 것이긴 하지만, DSM-III이 진단 과정에서 고통을 겪는 사람들에게 새롭고 중요한 역할을 부여한다는 점이다.

가장 일반적인 분류들을 보면 대부분 그 기준들이 다음과 같은 조건을 요구했다. 즉 사람들이 힘들어하는 정서와 행위의 문제들을 '증상'의 관점에서 생각해야 하며(적어도 함축적 차원에서는 질병의 관점에서 생각해야 하며), 그 문제들을 우리 환경에 부적절한 요인으로 바라봐야 한다는 것이다. 그리고 그 문제들이 우리 인생의 또 다른 중요한 국면에 방해가 된다는 사실을 명심해야 한다는 것이다.

이런 역할 가운데 일부는 신경안정제 시대에 얘기되던 역할과 비슷한 부분이 있긴 하다. 그 역할이란 일반인이 자신의 정신 건강에 문제가 있는지 그리고 도움이 필요한지에 관한 판단을 내릴 때 취하게 되는 통상의 과정에서 일정 정도 나타나는 것이다. 이런 판단들은 일반적으로 자신의 경험이 특이하거나, 비합리적이거나, 이해하기 어렵다거나, 적어도 부분적으로는 자신의 내적 기질의 한 측면에서 기인하는 것이라는 생각을 반영한다.

한편 DSM이 심리적 고통을 겪고 있는 이들에게 바라는 내용도 새로워졌고 구체적이었으며 그리고 지식과 해석을 요구했다. 새로운 분류 혹은 다시 명명된 분류(DSM-III에서는 250가지이며, DSM-IV과 DSM-5에서는 그보다 더 많았다)와 그 증상을 널리 홍보하기 위해서는 새로운 유형의 환자들이 맡아야 할 역할이 필요했다. 그 근거로 DSM-III 이후 등장한 방대한 심리학 학습보다 더 확실한 것은 없다. 잡지에서부터 인터넷에 이르기까지 대중매체는 광범위한 정신 건강 뉴스와 해설을 제공한다. 예를 들어 신문들은 1980년대 초에 건강 섹션을 따로 마련했는데, 그 이유 가운데 하나가 더 많은 정신 건강 관련 기사를 원하는 요구가 있었기 때문이다.[15]

1980년대 이후에는 환자의 권익을 보호하기 위한 의료 관련 정체성 집단의 수가 늘고 그 중요성이 꾸준히 부각되었다.[16] 이 집단들은 미 의회에 로비하여 특정 질환에 대해 사람들에게 알리는 전국 단위의 영상회를 개최하고, 공익광고를 제작하고, 정보와 증상 점검표, 치료법, 투병기 등을 실은 웹사이트를 만들며, 대중 서적의 출판을 지원했다.[17] (미국불안장애협회에서 추천하는 두 권의 책을 예로 들자면 『두려움을 이겨내기*Triumph over Fear*』와 『당당하게 살자』 등이 있다.) 그리고 사람들이 용기를 내어 도움을 청할 수 있도록 다양한 교육 활동에 관여했다.

미국 국립정신건강연구소, 질병통제예방센터Centers for Disease Control and Prevention, 보건총감국Office of the Surgeon General과 같은 연방기관은 연구 지원을 할 뿐만 아니라 정신질환에 관한 공공 보고서를 발간하고, 공익광고를 배포하고, 광범위한 공공 정보(질환의 위험을 알리는 신호, 증상의 특징, 이용 가능한 치료법 등)를 전달하는 웹사이트를 운영했다. 미국정신의학협회와 같은 전문가 협회에서도 동일한 유형의 교육 정보를 제공했다. 환자 블로그, 다양한 형태의 자기 조력 도서(예를 들어 『수줍음의 감춰진 얼굴*The Hidden Face of Shyness*』, 『불안과 공포증에 관한 워크북*The Anxiety and Phobia Workbook*』),[18] 인기 에세이(예를 들어 『프로작 다이어리』, 『나는 불안과 함께 살아간다』, 『한낮의 우울』)[19] 등 다양한 방식으로 정보를 전달하는 매체들도 많았다. 1990년대 후반 이후 소비자 직접광고의 폭발적 증가와 함께 이 모든 것이 쏟아져 나왔다.

모두가 생체의학적 보건 환경에 노출되었다. 인터뷰에서 우리는 참가자들에게 그들이 어떤 대중적 자료들을 접하고 참고했는지 그리고 거기서 알게 된 정보에 어떤 생각을 품게 되었는지를 물었다. 모두가 많은 생각과 이미지를 접했다. 그다지 놀라운 일도 아닌 것이, 그들은 자신들이 듣거나 영향을 받은 메시지 가운데 일부를 따로 떼어서 생각하지 않았다. 오히려 그들이 말하고자 했던 것은 공통된 메시지로 인한 일반적 친숙함이었다.

예를 들어 이런 친숙함을 발견하게 된 것은 다음과 같은 환경에서였다. 우선 약 이름과 질병 분류의 명칭이 사용하기 쉬워졌다. 뇌와 신경전달물질의 작용에 대해 사람들이 심상하게 언급할 수 있게 되었고, 뇌에 대해 이야기를 할 때 그것을 일종의 독립 인자로 여기게 되었다. 우리는 '비정상적', 즉 표준에서 벗어난 행위나 감정 혹은 용인할 수 없는 조건이라 치부하곤 하던 맥락에서, 약효의 기대치가 아주 높은 상태에서 그리고 질병 분류를 생물학적 조건으로 기꺼이 수용하는 상황에서 그런 친숙함을 발견할 수 있었다.

그들의 이 모든 이야기에서 알 수 있었던 것은 생체의학적 발상과 가설이 사회 전반적으로 유통되고 있다는 사실이었다. 물론 모두가 이런 메시지를 수용했던 것도, 가설을 받아들였던 것도 아니었다. 오히려 그와는 거리가 멀었다. 하지만 증상과 질환 그리고 약물에 관한 이야기를 누구나 편하게 할 수 있게 됨으로써 보건 환경의 일부로서 그런 '지식'이 일종의 상식이 되었다. 이제 사람들은 일상의 고통이 어떤 것인지를 얘기하고 평가하는데 그런 지식을 가져와 주장을 펼치고 의지할 수 있게 되었다.

이런 상식이 빙산이라 한다면, 우리는 대중매체와 제약 광고에서 직접 영향을 받았다고 말하는 참가자들로부터 그리고 충고를 건네고 개인적 경험을 나누고 의사를 소개하고 때로 자기 약을 한번 먹어보라고 권하기도 하는 가족과 친구들로부터 빙산의 일각, 그중에서도 일부를 접하는 셈이다. 나는 참가자들이 어떻게 자신들이 발견한 인상 포인트와 자기화를 다른 사람들이 쉽게 받아들일 수 있도록 권했는지를 살펴보면서 이 각각의 경우를 간단히 짚어보고자 한다.

전이의 매개체가 된 대중매체

인터뷰에 참가한 많은 사람들이 정보 원천으로 대중매체(자기 조력 도서, 잡지 기사 그리고 인터넷 사이트와 소셜미디어)를 언급하긴 했지만, 그들은 일반적인 이야기만 하고 자신들이 무엇을 알게 되었는지는 구체적으로 기억을 하지 못했다. 조지아의 경우처럼 대중매체를 접한 것과 광고에 노출된 것을 잘 구분하지 못할 때가 있었다. 특히 소셜미디어를 통해 정보를 접하거나 특정한 질병 분류 혹은 유명 의약품에 관한 연구를 진행하거나 할 때 잘 구분하지 못했다.

그러나 이런 구분이 별 의미가 없을 수도 있다. 제약회사가 직접 개설하거나 후원하는 웹사이트가 아주 많기 때문이다. 그리고 대중매체에 관한 주요 연구들을 보면, 매체에 실린 기사들은 정신 건강에 관한 내용을 다룰 때 매우 전문적인 의학 용어를 사용하면서 일반적인 형태의 일상적 고통을 정신질환의 증상으로 묘사한다는 점을 알 수 있다. 이는 두 가지 측면에서 제약회사의 소비자 직접광고와 매우 흡사하다. 여러 연구를 보면 그 두 가지 측면만으로도 이런 경향을 보여주기에 충분하다.

2009년에 발표된 첫 번째 매체 연구를 보면, 생체의학적 보건 환경의 발달과 신경생물학적 상상법으로 이동한 대중적 경향성에 관한 유용한 사례를 찾아볼 수 있다. 이 연구는 DSM-III이 발간된 이래 1980년부터 2005년까지의 25년 동안 《포브스》,《뉴스위크》,《레드북》과 같이 발행 부수가 많은 잡지에서 우울증을 어떻게 다루었는지를 조사했다. 연구자들은 우울증에 대한 정의, 발병 원인, 치료 등의 문제를 각각 어떻게 다루는지를 중심으로 기사들을 분석하고 분류했다. 그뿐 아니라 잡지에서 다루어지지 않은 것에도 주목했다.

연구자들이 발견한 바에 따르면, 그 기간에 전체적으로 다음과 같은 경향을 보였다. 즉 우울증에 대한 생체의학적 이해가 깊이 심화되었고, 약에 대한 긍정적 서술이 증가했으며, 선호하는 치료법으로 약물복용에 대한 권장이 크게 늘어났다. 기사에서 다룬 약물에 관한 내용을 보면, 약의 부작용이라든가 얼마나 오랫동안 약을 복용해야 하는지에 관한 이야기는 거의 언급되지 않았다.

연구에 따르면, 1980년대에는 우울증에 대한 묘사가 다양하게 이루어졌다. 좁게는 의학적 내용에 좀 더 집중하는가 하면, 개인이나 사회의 변화와 일상의 고통과 결부된 일반적 문제를 포괄하기도 했다. 그러나 1990년대에 접어들면서 우울증에 대한 정의는 다음과 같이 내려졌다. "그것은 대부분 생물학, 생물화학,

유전학 등의 여러 분야에 전적으로 의존했으며… 인간에 관한 생물과학을 기반으로 설명했다."[20]

마찬가지로 1980년대에도 우울증에 대한 생물학화가 일어났는데, 그 원인은 주로 일상생활의 변화와 사회적 경험에서 비롯된 것으로 추정했다. 1990년대 이후에는 그 원인을 아주 좁게 한정하게 되는데, 신체(뇌)의 기능 이상으로만 보았던 것이다. 1990년대 이후 우울증은 누구에게나 생길 수 있다는 생각과 더불어 우울증 발생에 대한 자각도 크게 늘었다.

끝으로 1980년대의 잡지 기사들은 치료법, 사회적 지원, 운동과 같은 우울증에 대한 여러 대처법을 소개하고 있다. 이와 대조적으로 1990년대 이후에는 전문가의 도움을 받는 데 초점을 맞추고 있다. 따라서 이때 제시되는 해결책은 거의 천편일률로 약물이었으며 이따금 약물치료의 보조 수단으로 정신요법을 언급하기도 했다.[21] (이 책을 이 정도 읽었으면 이제 저 요약이 귀에 전혀 낯설지 않을 것이다.) 또한 내가 강조한 바 있듯이, 일반적 묘사와 정신의학의 담론 사이의 관계는 단순한 번역이라든가 그대로 되풀이하는 수준이 아니었다. 대중매체에서 얘기하는 내용 가운데 많은 것들이 DSM 기준과 맞물리지도 않거니와 그것을 그대로 반복하는 수준이 아니라는 것이었다.

거의 비슷한 시기, 즉 1985년부터 2000년 사이에 나온 대중 잡지와 신문 기사에 대한 두 번째 연구를 한번 살펴보자. 이 연구는 DSM에서 말하는 우울증에 관한 묘사와 잡지 기사에서 말하는 우울증의 특성을 비교했다. 1980년대 후반 '선택적 세로토닌 재흡수 억제제'라는 새로운 항우울제가 등장한 이후, 그로 인해 DSM이 아닌 다른 식으로 우울증을 정의하는 일이 많아졌다.[22] 여성의 경우 DSM에 기반한 정의는 결혼, 모성애, 생리의 문제로 서서히 대체되었다. 사례를 비교하는 연구는 같은 기간 동안 항히스타민제에 관한 기사로 이어졌는데, 그에 따르면 『세실 내과학 교과서*Cecil Textbook of Medicine*』에서 명시된 의학적 기준에서 벗어난 것은 하나도 없었다.

다시 말해 선택적 세로토닌 재흡수 억제제의 사용 승인이 나고 그 약품을 사용하게 된 것은 다음과 같은 현상과 일시적으로나마 관련이 있었다. 일단 우울증에 대한 일반인의 표현에 변화가 일어났으며, 질환 분류가 확장되어 삶의 일반적 문제와 일상의 고통(이런 상태를 설명할 때 점점 신체적 언어를 사용하게 되었지만)까지 아우르게 되었다. 우리는 이렇게 범위가 확장되는 것을 앞서 살펴본 바 있다.

2장에서 나는 1950년대에 새로운 신경안정제를 홍보하는 기사가 잡지에 실리기 시작한 점을 언급했었다. 그 기사에 따르면, 이 새로운 신경안정제가 피로감에서부터 사교성 결핍, 업무 수행력 문제 등 모든 증상에 효과가 있다고 했다. 다른 점이 있다면 1950년대의 기사들은 대부분 구체적인 질병을 거의 언급하지 않았다는 것이다. 반면에 DSM-III이 발간되고 의학계가 좀 더 관료화된 상황에선 그런 점을 언급하지 않는다는 것은 생각할 수도 없는 일이었다. 현재 약물을 이용한 치료에서는 의료법, 의료 행위, 보험 보상 체계가 DSM 질병 분류와 밀접하게 엮여 있다. '치료를 받을 수 있는' 혹은 '증상'으로 간주되는 문제는 이 분류를 마음대로 옮겨 다닐 수 없다.

따라서 초반에는 대중매체가 일상의 고통을 치료를 받을 수 있는 질환으로 규정함으로써 이 모든 것을 대중화하는 역할을 했다면, 이제는 현재 겪고 있는 여러 증상이 혼재된 고통이 어떤 질환에 속하는지 그 분류 기준을 해석함으로써 그런 일을 한다. 이런 식으로 1990년 이후의 기사들은 신경생물학적 상상법을 반영할 뿐 아니라 폭넓고 다양한 일상의 고통을 질환의 영역으로 전이시키는 역할을 했다. 조지아 같은 사람은 대중매체를 통해 거기서 말하는 증상이 자기가 겪고 있는 증상과 같다는 사실을 알아차렸는데, 참고한 것처럼 보이지만 사실은 이런 현상이 바로 전이의 일종인 것이다. 기사들이 소비자 직접광고의 역할을 할 때 이런 현상은 더욱 노골적으로 나타난다.

광고를 보고 자가 진단하다

인터뷰 참가자 중 절반가량은 소비자 직접광고를 거론했다. 이때 그들은 자발적으로 광고에 관해 얘기하거나, 정보 출처와 관련한 그들의 다른 답변을 고려할 때 질문에 큰 문제가 없다고 생각하면 그에 대해 답하는 식이었다. 그들이 말한 것들에는 매우 일반적인 내용으로 그들이 겪은 일과는 큰 관련이 없는 이야기도 있었다.

일부는 소비자 직접광고에 교육적 이점이 있다고 말하기도 했다. 예를 들어 그런 광고 덕분에 사람들은 자신들의 상태를 이해할 수 있고 어떤 약을 쓰면 되는지 알 수 있었다고 했다. 또 다른 일부는 광고에 비판적이기도 했다. 광고로 인해 단순히 힘든 것과 정신질환 사이의 경계가 모호해졌다는 것이다. 어떤 사람들은 광고가 지키지 못할 약속을 남발한다고 보았다. 예를 들어 마거릿은 "예쁘고 멋진 사람을 등장시켜 그의 삶이 이 약 하나로 완전히 제자리를 잡았다"는 식으로 광고한다고 불평했다. 또 다른 사람들은 광고가 부작용에 대해 제대로 된 정보를 제공하지 않는다고 말하기도 했다.[23]

그러나 많은 사람들이 제약 광고를 개인적 차원에서 받아들였다. 광고가 그들 자신에 대한 정보를 제공한다고 보았던 것이다. 조지아를 비롯한 몇몇 사람들이 보기엔, 자신들의 증상이 광고에서 말하는 증상과 똑같았다. 광고에서 제시한 우울증 체크리스트를 보니 자신들의 감정 상태를 '눈으로' 확인할 수 있었다. 그들이 겪고 있는 바가 '저기 저렇게 쓰여 있었던' 것이다.

간혹 여기에 다른 경험들을 끌어들여 그들은 질병 분류를 자기화하곤 했다. 예를 들어 그레천은 소비자 직접광고를 접한 일을 계기로 어떤 조치를 취할 수 있었다. 두 개의 아르바이트를 하는 서른다섯 살의 그는 낯선 사람들과 같이 있어야 하는 사회적 상황을 여러모로 불편해했다. 그는 일찍이 정신요법을 받아본 적이 있으며, 인터넷을 통해 지원 단체나 약물 등의 관련 정보를 찾아보기도 했다. 비록 어느 단체에도 가입하거나 개인 정보를 제공한 적이 없었지만 말이다.

그의 말에 따르면, 남자친구의 귀띔이 있긴 했지만 자신의 불안증은 '자가 진단'한 것이라 했다. 처음 약을 복용한 때를 얘기하며 그는 자신이 보았던 소비자 직접광고를 매우 구체적으로 언급했다. 그는 광고 영상에 코웃음을 쳤지만, 다음과 같은 사실을 인정했다. "그 광고는 저로 하여금 생각하게 했어요…. 그냥 있지 말고 뭔가를 해야 한다는 거죠…. 그래서 연락을 했고 무엇을 하면 되냐고 물었죠."

사람들이 제약 광고 덕분에 얻게 되는 또 다른 종류의 정보는 화학적 불균형 현상에 대한 의학적 설명이었다. 예를 들어 대학 4학년생인 존은 지난 2년간 여러 가지 문제를 겪었다. 편입한 학교에 적응하지 못하고 공부에도 집중하지 못했으며, 사회 활동에 관심도 없고 재미도 느끼지 못했다. 처음에 그는 자신이 주의력결핍장애라 '자가 진단'을 한 뒤 정신과 의사를 찾아갔고, 의사는 그에게 각성제를 처방했다. 그는 심리학자를 찾아가보기도 했는데, 거기서 주의력결핍장애가 아닌 우울증을 겪고 있다는 이야기를 들었다. 결국 그는 우울증 진단을 받아들이게 되었고, 자신의 고통을 매우 전문적인 수준의 의학적 정의로 이해하게 되었다. 구체적인 사례를 제시할 순 없었지만, 그로선 제약 광고에서 화학적 불균형 현상에 대한 정보를 접하게 되었다. 그는 광고에 "참 많은 정보가 담겨 있다"고 생각했다.[24]

이런 이야기들의 배경을 이해하기 위해서는 다시 한번 현재의 진료 관행과 신경안정제 시대의 진료 관행을 비교해보는 것이 도움이 된다. 두 시기 모두 약과 질환과 환자를 묘사하는 데 있어 제약 광고가 필요 이상의 역할을 했다.

1950년대에 새로 등장한 신경안정제 처방약에 대한 광고는 대대적이었다. 1958년 초, 미 의회의 한 위원회가 이 약품들에 관한 '허위와 오해의 소지가 있는 광고'에 대해 문제를 제기했다. 1962년에는 키포버-해리스 수정안에 의거해 FDA의 사용 승인을 받은 약, 즉 해당 질환에 안전하고 효과가 입증된 약에 한해 제약 광고를 할 수 있었는데, 이 경우 부작용에 대해 확실한 정보를 제공해야 했다. '적응을 제대로 못 해 생겨난 불안증'에 효과가 있다는 1970년의 세렌틸 광고가 FDA의 제재를 받았던 것처럼, 새로운 규제는 특정 질환의 증상에 사용할 수 있다는 식의 처방약 광고를 제한했다. 그리고 FDA 승인을 받지 않아도 되는 상대적으로 경미하거나 일상의 불안증과 같은 질환에 효과가 있다는 식으로 의사들을 상대로 판촉 활동을 벌이는 행위를 금지했다.[25]

그러나 1970년대까지도 제약 광고들은 의사들을 상대로 과민성, 외로움, 피로감, 고립감, 허탈감, 실망감, 관계 갈등, 압박감 등의 문제들을 직접 거론하며 약으로 그 문제를 해결할 수 있다고 홍보했다. DSM-III 발간 이후에 이르러 행위의 정서 그 자체를 직접 입에 올릴 수 없게 되었으며 오직 DSM 질병 분류상의 장애 증상으로만 언급할 수 있을 뿐이었다.

초기엔 제약 광고의 주 타깃은 의사들이었다. 제약회사들은 의사들에게 약을 쓰도록 유도하기 위해 직접 병원을 방문하고, 세미나에 초대하고, 무료 샘플을 나눠주고, 판촉 선물을 증정하고, 의학 저널에 광고를 싣는 등 막대한 예산을 쏟아부었다. 물론 대중매체에 영향을 미쳐 일반인들의 관심을 끌기 위한 노력도 소홀하지 않았지만, 소비자를 대상으로 직접 약을 광고하지는 않았다.

변화의 기미가 보이기 시작한 것은 1981년으로, 처방약에 대한 소비자 직접광고가 처음으로 《리더스다이제스트》에 등장했다. 다른 광고들도 이와 비슷한 기조를 띠면서 1983년에는 소비자 직접광고에 골머리를 앓던 FDA에 규제 유예 요청이 들어갔고 마침내 받아들여졌다. 1985년, 감독기관은 "처방약을 소비자에게 직접광고를 하는 행위는 공익에 부합하지 않는다"는 입장을 견지하면서도 소비자 직접광고를 허용했다. 다만 약의 위험성과 효과에 대한 안내가 균형과 정확성의 기준을 충족시키는 한도에서 광고 게재를 허용했다.[26]

1997년, 소비자 직접광고에 좀 더 긍정적 입장을 취하게 된 FDA는 방송 광고에서 부작용을 공개해야 한다는 요구사항을 크게 수정한 새로운 규제안을 발표했다. 새로운 지침이 요구하는 조건은 약의 심각한 부작용만 '중대 발표'를 하도록 하고 소비자가 제품 포장에서 성분 사항을 모두 파악할 수 있도록 표기하는 합리적 규정을 마련했다. 이렇게 규제를 풀자 제약회사들은 30초에서 60초 사이의 라디오 혹은 TV 광고를 할 수 있게 되었다. 과거 규제안에 따르면 불가능한 일이었다.

제약회사 마케팅에서 알짜는 여전히 의사 몫이었다. 그러나 1997년 규제안 변화 이후 1990년대에 서서히 증가하던 소비자 직접광고 비용이 급격히 늘어났다.[27] 그로부터 몇 년 만에 사람들은 인쇄물, TV, 라디오, 우편물 등 거의 모든 매체에서 제약광고를 접하게 되었다. 최근에는 이런 광고 방식은 정체기에 접어들었고 제약회사들은 이른바 온라인 소비자 직접광고, 즉 페이스북, 트위터, 유튜브와 같은 소셜미디어에 더 많은 신경을 쓰고 있다.[28]

1999년과 2002년에 의사의 진료를 받은 적이 있는 사람들과 2002년에 의사 자신을 대상으로 행한 전국 단위의 설문조사를 보면, 소비자 직접광고에 대해 사람들이 대부분 이해하고 있다는 사실을 알 수 있었다.[29] 이 설문조사와 이후의 다른 조사에 따르면, 소비자 직접광고는 사람들로 하여금 약, 치료 조건, 일반적인 건강 상태에 대해 더 많은 정보를 알고 싶어 하도록 유도함으로써 '소비자들'의 행위에 영향을 미쳤다.[30] 실제로 소비자 직접광고 비용이 증가함에 따라 환자들이 처방약에 지출하는 비용도 급격히 늘어났다.[31]

공공기관의 교육 노력과 대중매체 덕분에 소비자 직접광고는 시간의 흐름에 따라 발전했다.[32] 사회공포증, 성인 ADHD, 우울증으로 분류되는 질환들에 대한 초기 제약 광고를 보면 텍스트가 지나치게 많았다.[33] 해당 질환이 일반인들에게 익숙지 않으니 많은 설명이 필요했던 것이다.

사회공포증(DSM-5에서 '사회불안장애'로 공식적으로 이름이 바뀌었다)은 DSM-III에 새로 등재된 질환이었고, 의료인들 사이에서도 폭넓게 다루어진 적이 없었다.[34] 제약회사 영업자들의 말처럼 사회공포증은 일반인들 사이에서 거의 알려지지 않았던 병이었다. 그래서 1999년, 영국의 제약회사 글락소스미스클라인은 사회불안장애 치료제로 선택적 세로토닌 재흡수 억제제 계열의 항우울제 파실Paxil의 판매를 앞두고 '질환 인식'과 '도움 추구'라는 두 관점에서 광고를 시작했다.[35] 이런 유형의 광고는 질병이나 질병 상태의 일반적인 증상들을 묘사한 뒤, 광고를 접하는 시청자들로 하여금 의사를 찾아가 필요한 치료를 받아보라고 권한다. 그러나 의약품 이름은 따로 언급하지 않는다.

첫 광고 캠페인에는 다음과 같은 슬로건이 있는 포스터를 널리 배포하는 것도 포함돼 있었다. "사람에 대해 알레르기 반응을 일으킨다고 상상해보세요." 포스터 속에는 낙담한 표정을 짓고 있는 한 남자의 사진이 실려 있었다. 그는 식탁 위에서 벌어지는 대화에 끼지 못하고 겉돌고 있었다. 포스터 중간 아래에는 질환의 상태를 설명하는 글이 적혀 있었다. "천만 명 이상의 미국인들이 사교 모임과 일터에서 그리고 어떤 특정한 일을 수행해야 하는 곳에서 창피와 부끄러움을 당할까 봐 감당할 수 없고 피할 길 없는 고통을 계속 받고 있다." 사회불안장애가 어떤 것인지를 설명하는 내용도 들어 있었다. 한편 포스터에는 이런 내용도 덧붙여져 있었다. "희소식은 이런 질환도 치료할 수 있다는 것이다." 그러면서 포스터는 800번대 전화번호*와 웹사이트 정보를

●   수신자 부담 전화번호.

일러주고 "의사와 상의하세요."라는 조언을 덧붙였다.[36]

2003년에는 성인 ADHD에 대해서도 위와 똑같은 '인식' 절차를 광고에 활용했다. DSM-III에서 정의한 바와 같이 그리고 초기에 DSM-II에서 '경미한 뇌 기능 이상'과 '유년기의 과다 행동 반응'이라 규정한 바와 같이 ADHD는 청소년기에 접어들면 그 증상이 없어지는 소아 질환이었다. 1970년대 후반에 접어들면서 의료인들은 유년기를 지나서까지 증상이 계속되는 '성인의 과다 행동'에 주목했지만, '성인 ADHD'이라는 이름이 붙게 된 것은 훨씬 나중의 일이었다.[37] 1990년대에 들어서야 비로소 성인 ADHD가 대중매체에서 주목을 받기 시작했으며, 1994년에 출간된 DSM-IV에서야 진단 기준에 포함될 수 있는 토대가 마련되었다.

성인 ADHD 치료제로 FDA의 승인을 받은 첫 번째 약은 스트라테라Strattera였다(광고에서는 이 질환을 주의력결핍장애로 소개했다). 의약품에 대한 모든 사항을 적시해야 하는 제약 광고 규칙안이 만들어지기 전, 미국 제약회사 일라이릴리는 '자기 주도'라는 주제로 질병 인식에 관한 광고를 내보냈다.

광고에서는 관리자 모임에 앤이라는 여자가 등장한다. 사장이 "판매 실적이 떨어졌으니 인력 감축을 해야겠다"고 말하자, 앤은 얼굴이 하얗게 질리더니 정신 나간 표정을 지었다. 그의 머릿속에서는 온갖 것들이 TV 채널을 탐색할 때처럼 스쳐 지나갔다. 별 스트레스를 주지 않았던 것들(꽃, 새, 교통신호)이 있었는가 하면, 그가 스트레스를 받았던 때의 일들(화가 나서 서류를 찢었던 일, 지갑의 내용물이 쏟아져 당황했던 일)도 있었다. 그러면서 보이스 오버가 흘러나온다. "우리가 가만히 앉아 있지 못하거나 약속이나 해야 할 일을 잘 지키지 못하는 까닭은 그리고 산만하고 주변 정돈을 잘 못 하고 일을 제대로 마무리하지 못하는 까닭은 성인 주의력결핍장애 때문입니다." 사장이 부르자 앤이 놀라서 아무 말도 못 할 때, 다음과 같이 보이스오버가 나오면서 광고는 끝이 난다. "주의력결핍장애… 그것은 여러분의 의사 선생님이 치료를 도와주실 수 있는 문제입니다." 광고를 본 시청자는 곧바로 웹사이트에 들어가 "첫 단계를 밟는다." 간단한 진단 설문을 작성하여 그것을 출력한 뒤 의사를 찾아가는 것이다. 그렇게 자기 주도를 유도하는 광고인 것이다.

우울증 관련 의약품에 관한 초기의 소비자 직접광고는 의약품에 관한 모든 사항을 적시하는 한편, 우울증을 설명하고 일부 증상을 소개하는 난을 크게 마련했다. 예를 들어 일라이릴리는 1990년대 후반 '우울증은 사람을 고립시킨다'는 주제로 항우울제 프로작 광고를 내보냈다. 텍스트 분량이 상당했던 이 광고의 내용을 보면 이런 식이었다. "임상적으로 우울증을 앓게 되면… 우리는 불면증을 겪을 수 있습니다. 평소와 달리 슬픈 감정에 휩싸이거나 짜증을 내게 됩니다. 집중하기가 어려워집니다. 식욕을 잃습니다. 활력이 떨어집니다. 혹은 즐거움을 찾기 어려워집니다."[38]

질병 인식은 일종의 기초 작업으로 종종 거기엔 더 많은 설명과 증상 목록이 필요하다. 앞서 언급했던 것처럼 여러 환자

단체와 전문가 집단 그리고 연방기관 등이 이 과정에 참여한다. 소비자 직접광고와 더불어 중요한 요소는 대략적이나마 증상 체크리스트와 시각적 단서를 제공함으로써 사람들로 하여금 도움을 요청하도록 유도하는 일이다. 이 과정이 선행되어야 이전에는 인식하지 못했던 문제를 제대로 바라볼 수 있거나 혹은 새로운 의학 용어로 그 문제를 정의할 수 있기 때문이다. DSM 질환 분류(혹은 더 구체적이나 무시무시하지 않고 사용자에게 친숙한 분류)를 제시함으로써 우리는 필요한 언어를 얻게 된다.

　　DSM 체계가 암묵적으로 가정하는 것이 있는데, 그것은 고통을 겪는 사람은 스스로 활용할 수 있는 정보를 가지고 있다는 점이다. 의사 혼자서는 그런 정보를 제공할 수 없다. 다른 이유로 의사를 방문한 자리에서 특별히 촉발되는 일이 없다면, 문제에 대한 사전 판단이 있어야 의학적 도움을 요청할 수 있다. 물론 심각한 정신질환이 있는 경우 행위와 감정(망상, 환청, 자살 충동, 통제 상실)이 매우 특이하고 설명하기 어렵다면, 그것으로 도움을 요청할 수도 있다. (주변에서 먼저 도움을 요청하라고 할 것이다.) 이런 경우엔 '인식'이라는 행위가 그리 중요하지 않다. 사실 심각한 질환을 보이는 경우 질병 인식을 위한 노력이나 소비자 직접광고가 그리 직접적인 영향을 미치진 않는다.[39]

　　그러나 앞서 논의했던 사례들을 다시 생각해보자. 일반인들이 앞에서 다룬 광고에서 언급한 경험들, 예를 들어 '어색한 상황에 대한 두려움', '산만함', '비체계적인 것', '즐거움을 느끼지 못하는 것', '슬퍼하는 것', '원인을 알 수 없는 통증과 고통'이 진단이 필요한 정신과 질환이라는 사실을 어떻게 알 수 있을까? 이런 광고를 통해 독자(시청자)는 의사를 만나볼 생각을 하게 된다. 이런 광고가 없었다면 그들은 그렇게 할 가능성이 없기 때문이다.

사람들이 질환에 대해 더 많이 알게 될수록 그 질환을 대상으로 한 소비자 직접광고를 보고 독자(시청자)는 뭔지 몰랐던 자신들의 경험을, 광고하는 의약품으로 치료할 수 있는 실제적인 의료적 문제로 바라보게 된다.[40] (심지어 신체적 부작용을 나열한 목록도 이런 실제성을 더한다.) 일반적으로 지면 광고나 영상 광고에서와같이 많은 정보가 시각적 이미지와 함께 전달된다. 약을 먹고 좋아질 미래의 삶을 담은 사진도 게재된다. 이런 이미지들이 상업 광고의 내용이면서도 폭넓은 사회문화적 지식에 기반을 두고 카피(보이스오버)와 짜이고 결합되어 의미가 만들어진다.[41] 광고에서 시각적으로 제시되는, 질환으로 인한 고통의 스토리는 그 광고에서 표현하고자 하는 내용의 핵심이다. 질환의 이름과 증상 목록은 여전히 중요한 위치를 차지하지만, 광고 목적은 정보 전달이라기보다 비교를 통해 질환의 정체를 파악하여 거기서 빠져나올 여지를 마련해주고 희망을 북돋는 데 있다.

예를 들어 2015년과 2016년에 공개된, 세로토닌 노르에피네프린 재흡수 억제제^{SNRI} 계열의 항우울제 프리스틱^{Pristiq}의 시리즈 광고는 다음과 같은 질문으로 헤드라인을 잡았다. "우울증 때문에 삶의 즐거움을 만끽하지 못하시나요?"[42] 치료를 받기 전의 모습을 표현한 그림을 보면, 태엽 인형의 모습을 한 여자가 칙칙한 색깔의 셔츠와 미드카프 스커트에 슬리퍼를 신고 있었다.

입 모양새는 웃는 것도 찡그리는 것도 아니며, 자세는 구부정하고 팔은 쭉 펴고 있다. 태엽이 다 풀린 상태였던 것이다. 그는 갈망의 눈초리로 거울을 들여다보고 있다. 거울에 비친 것은 지금 그의 모습이 아닌 치료를 받고 난 뒤의 모습이다. 거울 속의 그는 캐주얼 복장으로 회전목마 놀이기구의 회전대 위에 올라서 있다. 그리고 연분홍 목마에 올라탄 채 엄마를 사랑스럽게 바라보며 미소를 짓는 어린 딸을 향해 그는 팔을 벌리고 있다. 그의 남편은 딸의 반대편에서 한 손은 딸의 어깨에 얹고, 다른 한 손은 회전목마 기둥을 잡고 있다. 남편은 기대에 부푼 표정이다. 미소를 짓고 있는 엄마는 그동안 어디론가 사라졌다가 이제 막 그들의 놀이에 참여한 상황이다. 약물치료가 그 전환점이 된 것이다.

이와 같은 지면 광고를 보면 정신질환을 겪고 있는 사람은 제자리를 찾지 못한 외톨이며 문제가 많은 사람들이다. 다른 광고의 경우 주로 TV 광고가 그러한데, 사람의 표정과 고통스러운 감정이 담긴 이미지를 주로 싣는다. 각각의 광고는 일상으로부터 기호체계를 끄집어낸 것이다. '비포' 이미지에서는 익숙한 비유(회의 참석 전의 긴장된 모습, 욕실 가운을 입고 집 안을 빈둥거리는 모습, 파티를 즐기는 사람을 우두커니 바라보고 있는 모습)을 보여주고 '애프터' 이미지에서는 잘나가는 모습을 보여준다. 그런 문제가 사회적 기회, 일과 학업에서의 성취, 화목한 가정생활, 연애 가능성 등에 훼방을 놓는다는 점을 암시하는 것이다.

익숙한 배경에 놓여 있는 통상의 중산층 사람들의 이미지를 보면, 그것이 정신질환인지 아니면 삶의 애환인지 그 차이를 알기 어렵다. 거기서 보여주는 행위나 감정이 유별나게 '과도하거나 눈에 두드러지는지' 혹은 '집요하고 비이성적인 것'인지도 감지하기 어렵다. 오히려 그런 것들은 1950년대와 1960년대의 제약 광고에서 보여주었던 일종의 공통 경험(외로움, 슬픔, 좌절감, 당혹감, 절망감, 무력감 같은)에 가까운 것이다. 그러나 지금은 증상과 질환을 일목요연하게 정리해놓은 틀 안에서 그 문제들을 바라본다.

이런 흔한 괴로움과 한계에 관한 이야기는 변화를 불러온다. 이런 경험들은 우리 세계의 일부분이고 그것들을 내보인다는 것은 우리의 현재 위치를 돌아보는 것이며, 불확실성을 불러오는 것이다. 그리고 우리가 스스로에 대해 뭔가 중요한 것을 놓치고 있을 여지가 있음을 환기시키는 것이다.[43] 그 이미지들과 구문들이 목적하는 바는 이것이다. 우리 자신의 이야기와 겹치는 부분에 정서적 연결고리를 만들어 고립감, 무력감, 당혹감 등의 고통스러운 감정을 되살리는 것이다. 심지어 '애프터'의 장면들(행복한 재회, 새로운 친구, 일의 성공, 확신에 찬 주장 등)을 통해 우리는 비교를 하게 된다.

이런 욕망의 대상들이 말하는 이야기가 사회적 승인을 얻고, 보다 능동적이고 완전하고 총체적이며 성공적인 삶을 살게 되는, 질병에서 벗어난 상태에 대한 것만은 아니다.[44] 그 이야기들이 의미하는 바는 의약품이 가진 변화의 힘이지만, 그것들은 암묵적으로 소비자들을 자극하기도 한다. "당신은 정녕 이런 인생을 살고 싶나요? 이게 다인가요?" 그것들은 그렇게 넌지시 우리를 일깨운다. 우리는 그동안 까닭도 모른 채 자기 한계를 지우는 결정을 내리며 살아왔다고. 아마 우리는 자기 자신과 갖고자 했던 그런 관계를 맺고 있지 못한 상태라고.

물론 광고에서는 우리가 실제로 어떤 문제가 있다고 말하진 않는다. 그보다 우리를 한계상황에 내몰리게끔 하는데, 우리가 겪은 바가 바로 우리의 문제를 암시한다는 것이다. 우리는 자신이 겪은 일에 대해 엉뚱한 이름을 붙였던 것인지 모른다. 성인 주의력결핍장애 치료제 스트라테라 광고에서 그랬듯이, 우리가 놓치고 있던 것은 '당신이 평생 찾아 헤맸던 바로 그 설명'이었는지 모른다. 우리는 자신과 다른 사람들을 힘들게 해왔는지 모른다. 그럴 여지가 있다면 우리는 즉각 행동을 취해야 한다. "다음 단계를 밟고 나아가야 합니다. 오늘 당장 의사를 찾아가세요."

더 나아가 중요한 것은 '신경화학적 불균형이 문제의 원인일 수 있다'는 점이다. 자극을 받은 소비자들이 질병 분류를 자기화하고자 하는 힘은 불안을 조장하거나 고조시키려는 노력보다 더 크게 작동한다. 일단 그렇게 사람을 자극한 광고는 긴장을 완화하고 안도감과 의미를 부여한다. 신경화학적 불균형을 여러 사람이 언급할 때, 그때 느끼는 감정도 안도의 한 형태다. 소비자 직접광고의 맥락에서 볼 때, 신경화학적 불균형은 좋은 소식인 것이다.

제약회사의 광고에서 소개하는 마음의 고통을 겪는 사람들의 이야기를 듣다 보면, 그들이 겪는 고통은 늘 맥락 없이 제시된다. 아무런 스토리가 없는 것이다. 불길하고 해로운 느낌을 주며 치료가 필요한 상태로 존재할 뿐이다. 신경화학적 불균형을 가지고 설명함으로써 우리는 이런 문제를 '진정한'(유기적이며 생물학적인) 의학적 문제로, 그러면서도 정신질환과는 다른 것으로 정립하게 된다. 소비자 직접광고에서는 정신과 의사를 언급하거나 DSM 혹은 '정신병'이니 '정신질환'이니 하는 표현을 사용하지 않는다. 그보다 우리의 문제를 의사들이 일반적으로 치료하는 신체적 질병의 틀에서 바라본다. 즉 우리의 문제는 정신과 질환, 복잡한 상황적 딜레마, 심리학적 수수께끼와는 다른 평범한 것으로 간주된다.[45] 우리가 경험하는 것의 의미는 표면에 확연히 드러난 간단명료한 것이다.

다른 가능성, 다시 말해 자아와 그 자율성을 부정적으로 비추는 설명은 원천적으로 배제돼 있다. 신경화학적 불균형은 오직 뇌의 문제이므로 노력 탓도 심리적 문제 탓도 아니요, 평가적 입장, 자기 이해, 도덕성 등과도 아무런 관련이 없으므로 고통을 겪는 사람들이 비난을 받아야 할 일은 없다. 생물학적 결정론을 끌어들이는 것처럼 보이더라도, 광고가 얘기하는 바는 독자(시청자)는 선택과 최적화를 스스로 결정하는 자유로운 주체라는 것이다.

또한 광고에서는 신경화학적 불균형을 매우 일반적인 증상으로 소개한다. 소비자 직접광고를 통한 교육 홍보는 고통을 겪는 사람들에게 우울증, 주의력결핍장애, 사회불안장애와 같은 질환이 흔하고, 많은 사람들이 그로 인해 힘들어하고 있다는 사실을 강조함으로써 그들은 혼자가 아니라는 사실을 분명히 한다. 그리고 이런 질환들은 치료할 수 있다고 강조한다. 소비자 직접

광고에서는 예후가 긍정적이라 말한다. 왜냐하면 약물로 고칠 수 없는, 마음의 불치병이란 없기 때문이다. 한 방울의 약만으로도 효과가 있다는 것이다. 이런 광고에서는 정신요법과 같은 다른 치료법은 일체 언급하지 않는다.

소정온제 시대의 제약 광고처럼 소비자 직접광고가 제시하는 바는 고통, 기회 그리고 약의 힘이다. 고통스러운 경험은 광고에서 말하는 '장애'지, 추상적인 DSM 기준이나 거기서 말하는 정의에 입각한 장애가 아니다. 그 경험들은 광고가 독자(시청자)로 하여금 자신의 경험을 서로 맞교환하도록 만든 기표인 셈이다. 일부 인터뷰 참가자들은 지면 광고와 영상 광고에 대해 얘기하면서 '연관성을 찾거나' '공감하거나' '동일시할 수 있었다'고 말했다. 그들은 광고에서 본 증상과 자신들의 경험이 다르지 않음을 알게 됨으로써 자신들의 경험을 의학적 문제로 바라보게 된 것이다. 이런 맞교환은 광고에 쓰였거나 보인 것들을 단순히 인식했다는 사실을 의미하지 않는다. 그것은 그들의 마음에서 생겨난 것이다. 즉 상상적 참여를 하게 된 것이다.[46] 조지아의 경우에서 보았듯이, 자신의 생생한 경험에 대해 이름을 붙일 수 있게 된 것이다. 그들은 그 안에서 자신들만의 의미를 채워놓고 그것을 자기 이해의 큰 틀에 포함시키게 된다. 그리고 나면 이제 약물이 따라온다.

소비자 직접광고에 나오는 고통의 모습과 새로운 삶의 모습은 단순히 그런 고통을 겪고 있는 사람만을 겨냥한 것이 아니다. 의사와 다른 보건 관계자들을 대상으로 한 것이기도 하다.[47]

그 광고들은 가까운 주변 인물이 그런 고통과 한계를 겪고 있다는 사실을 알게 될 사람들도 겨냥한다. 대부분 광고는 함축적이지만 때로 노골적으로 표현되기도 한다. 예를 들어 앞서 설명한, '앤'이라는 인물이 주인공으로 나왔던 성인 주의력결핍장애 환자를 위한 광고는 2차 관객을 염두에 두고 있다는 점을 알 수 있다. "만약 당신이나 당신이 사랑하는 사람이 이런 증상을 겪고 있다면…." 곧이어 논의하겠지만, 제약회사 영업자들은 도움을 구하고 치료를 받는 과정에서 가족과 친구 또한 중요한 역할을 한다는 점을 아주 잘 알고 있는 것이다.

가까운 사람들의 영향력

대부분의 사람들은 일상생활에서 맞는 도전과 곤경을 헤아리고 그에 대처할 때 완전히 혼자가 아니다. 단 두 사람을 제외하고 참가자들은 자신들과 가까운 믿을 만한 사람들, 즉 가족, 배우자, 친구, 지인 등과 그들이 직면하고 있는 힘겨운 싸움에 관해 이야기를 나누었다.[48] 지인들은 그들의 실질적 결정과 해석에 영향을 미쳤다.

'들어가며'에서 언급했던 크리스틴은 파티에서 만난 한 남자 이야기를 했다. 그 남자는 크리스틴에게 자신이 ADHD 진단을 받고 약으로 치료를 했다는 말을 허심탄회하게 건넸다. 이런 만남을 통해 크리스틴은 서로 '잘 통하고' '잘 맞는' 사람이 있다는 점을 알 수 있었다. 2장에서 언급했던 에릭은 그에게 감정 기복이 심하니 의료적 도움이 필요하다고 얘기해준 사람이 아내였다고 말했다. 이 장의 서두에서 언급했던 조지아의 경우엔 스트레스 경험을 같이 나눴던 친한 친구 이야기를 했다. 그 친구는 의학적 도움을 받으라고 권하면서 약을 먹으면 스트레스를 이겨낼 수 있다고 조언했다.

이런 사례들을 보면 여러 사람의 이야기 속에서 어떤 패턴이 그려진다. 그들은 그 충고를 따르든 따르지 않든, 도움을 구하고 치료를 받아보라고 조언하는 지인들로부터 용기를 얻었던 것이지 압박을 느꼈던 것은 아니라는 점이다. 인터뷰 참가자들 가운데 3분의 2가 의료 전문가를 찾아갔는데 그중 딱 절반이 넘는 사람들이 이렇게 말했다. 친구나 가족이 그들이 도움을 구하고자 할 때 든든한 뒷심이 되어주었다는 것이다.[49]

나머지 경우에서는 다른 패턴이 나타났다. 그중에는 의사와 같은 전문가가 도움을 구하라고 권장한 경우도 있었고, 대학에서 적극적으로 이용을 권장하는 학생건강센터에 자발적으로 찾아간 학생들도 있었다. 전문가의 도움을 구하려 하지 않았던 사람들 중에서도 약 4분의 1이 친구나 가족(여덟 명) 혹은 의사(한 명)로부터 전문가를 만나보는 것이 좋겠다는 조언을 들었다고 했다. 정확하진 않지만, 딱 한 사례에서만 정신요법을 제안받았다(그가 바라는 도움은 아니었다).

여러 이야기를 들어보건대, 인터뷰 참가자들의 말은 이랬다. 자신에게 그런 문제가 있다고 어렴풋이 알고 있던 것을 확실하게 알게 해주고, 전문가를 만나는 데 주저하던 마음을 극복하게 해준 것은 도움을 받아보라는 가까운 사람들의 영향력이라는 것이다. 한 참가자의 말처럼 그것은 '모닝콜과 같은 것'이었다. 어떤 경우에는 질병 분류를 자기화하거나 약을 복용할 결심을 하는 데 상호작용이 또한 중요한 역할을 했다. (딱 두 사람의 경우에만 그들과 가까운 사람들이 질병 분류를 자기화하는 것을 직접적으로 만류했다고 한다.) 가까운 사람들은 전혀 뜻밖의 골치 아픈 감정이나 행위를 해석하거나, 더는 참을 필요가 없는 한도를 설정하는 데 도움을 주었다.

가까운 이들이 해주는 또 다른 역할을 보면 바로 눈앞의 모델이 돼준다는 점이다. 고통을 겪는 이들은 가까운 사람들의 경험과 자신들의 경험을 비교함으로써 자신들의 증상이 어느 정도인지를 가늠할 수 있다. 어떤 경우엔 이 모델이 부모 혹은 형제자매가 되기도 했다.

유별히 심각한 사례가 베카였다. 대학 4학년생인 그는 열세 살 되던 해에 처음으로 우울증 진단을 받고 항우울제를 복용했다. 일찌감치 그는 '정신적으로 매우 아팠던' 할머니로부터 우울증에 대해 보고 들으며 자랐다. 할머니는 베카에게 자신과 베카의 어머니 둘 다 우울증이 있어서 베카도 우울증에 걸릴 수 있다고 했다. 그러나 도움을 받을 수 있다고도 했다. 몇 년 후 베카가 8학년이 되었을 때 그는 "믿을 수 없을 정도로 우울하고 절망적으로 되었다." 그는 "그럴 만한 이유가 전혀 없었다"고 말했지만, 중학교는 그야말로 '사회적 지옥'이었다고 했다. 왜냐하면 그는 책벌레에 수줍음 많은 '왕따'였기 때문이다.

　　이유야 어쨌든, 어느 날 그는 어머니와 이야기를 나누면서 지난 몇 개월 동안 자기 인생이 너무나 힘들었으며 우울증에 걸린 듯하다고 말했다. 이 말을 듣고 어머니는 그에게 항우울제 알약을 건넸다. 이튿날 베카는 날아갈 듯한 기분이었다. 어머니는 그를 가족 주치의에게 데리고 갔고, 의사는 우울증 진단을 내리고 약을 처방했다. 그런데 이 약을 그로부터 십 년 가까이 지난 지금까지도 그는 복용하고 있었다(이제 그만 먹으라는 의사의 우려에도 불구하고).

　　베카의 사례에는 처음엔 전문가들을 대수롭지 않게 보았던 다른 사례와 달리 '우리'에 관한 이야기가 좀 더 있었다. 진단과 처방이 같이 이루어졌던 다른 사례를 보면 일반적으로 어머니가 발단이 되고, 청소년기 자녀들은 어떤 면에서 수동적이거나 양가적이다. 그러나 진단과 처방이 각각 이루어졌던 경우를 보면 어린 자녀들이 질병 분류를 자기화했다. 그리고 처방전이 발급되지 않았던 한 가지 경우를 제외하고 모두 약을 계속 복용하고 있었다. 성인이 되어 진단을 받은 많은 참가자들에겐 부모, 배우자, 형제자매의 역할이 중요했다. 베카의 경우처럼 가까운 사람들이 참가자들에게 질병 분류에 대해 일깨워줄 뿐만 아니라 약에 대한 기대감도 갖게 했다.

　　사실 정신요법으로 나아간 한 가지 경우를 제외하고는 모든 경우에서 이런 패턴이 나타났다. 예를 들어 쉰 살의 린다는 기분이 처지고 무기력감이 드는 문제를 '정서적 중년의 위기'라고 보았다. 파트타임으로라도 항상 일을 하고 '교외 주택가에 사는 전형적인 아줌마'는 아니었지만, 그의 말에 따르면 막내마저 대학에 들어가며 집을 떠나자 '빈 둥지' 신세가 될 거라는 생각에 위기가 시작되었다고 했다. 남편과의 악화하는 관계도 마음의 큰 짐이었다. 처음으로 그가 약을 먹어볼까 생각하게 된 것은 친구가 얘기해준 약에 대한 기대감 때문이었다.

제가 하향곡선을 그리며 내리막길을 걷고 있다는 점을 깨닫지 못했던 것 같아요. 그러던 참에… 어느 날, 친구와 저녁을 먹게 되었어요. 정말 친한 친구로 여기진 않았던 친구예요. 식당을 나와서 걷는데 제가 무슨 말을 반복했나 봐요. 친구가 그러더군요. "그런 경우엔 약을 먹으면 되는 거 알지?" 그리고… 무슨 이유에선가 머리를 한 대 얻어맞은 듯했어요. 있잖아요. 제가 무기력감이나 가라앉는 느낌을 가질 이유가 없는데 말이에요. 그래서 언니의 주치의를 찾아갔어요. 정신과 의사로 기억하는데, 그가 처방전을 써주었지요.

그 정신과 의사는 처방전을 써주었을 뿐만 아니라 상담을 받아보라고 권하기도 했다. 린다는 사는 게 너무 바빠지기 전까지 약 일 년 동안 상담을 받으러 다녔고, 지금도 약은 계속 복용하고 있다.

다시 말하지만, 의료 전문가들은 물론이고 나는 참가자들의 측근들이 실제 무슨 말을 하고 어떤 행동을 했는지 직접적으로 알 길이 없다. 그러나 인터뷰에서 묘사된 역할 패턴을 보면 참가자 집단 전체에 걸쳐 상당히 일관성이 있었으며 유별나게 튀는 경우는 없었다. 도움 추구 행동에 관한 일반적인 연구를 보더라도 사람들로 하여금 문제를 토로하게 하고 그 문제에 대해 이름을 부여하도록 하는 것이 측근들의 중요한 역할임을 알 수 있다.[50]

의료 전문가를 만나본 거의 모든 참가자가 적어도 한 명 이상의 신뢰하는 측근이 있다고 말한 점은 매우 의미심장하다. 이는 질병을 자기화하는 과정에서 나타나는 기본적인 대화 특성이라 할 수 있다. 대중매체와 광고에서의 상징적 재현은 중요했지만 딱 한 가지 경우에서는 그 자체로 충분했다. 그리고 의료 전문가들은 대부분은 최소한의 역할을 맡게 돼 있다. 이렇게 신뢰할 수 있는 측근들의 범위는 매우 작지만, 많은 경우에서 질병 분류를 자기화하고 기꺼이 약을 복용하는 데는 주변의 피드백이 결정적 역할을 한 것으로 보였다.

신뢰할 수 있는 측근들의 역할이 중요한 또 다른 이유가 있었다. 인터뷰 내내 사람들은 자신들의 주관적 견해와 치료 결정이 틀리지 않았음을 외부에서 확인해줄 '증인'이 필요하다고 말하려 했다. 이런 관점에 대해서는 앞서 의사들과 관련한 이야기를 하면서 소개한 바 있다. 질병 분류를 자기화한 사람들의 경우, 의사의 진단은 그들이 병과 싸우며 약을 복용하기로 한 결정에 객관성과 정당성을 부여해준 일종의 상이었다. 좀 더 일반적으로 말해 참가자들은 적어도 한 명 이상의 타인으로부터 검증을 구하는 동시에 그것을 필요로 했다.

앞서 논의한 역할 이외에 그들은 이야기를 하다가 중요한 갈림길에서 가족과 친구들을 언급했다. 때로 그들로부터 자신들의 견해에 대한 지지를 구했고, 실제로 문제가 있다거나 혹은 질환이 없다는 것에 대한 증거, 도움을 받아야 한다는 정당성 그리고 약이 효과가 있을 것이라는 확신 등을 구하고자 했다. 그들은 대안적이며 비의료적인 해석과 치료법이 존재하는 혼재된 영역에서 결정을 내렸다. 그 경우 신뢰할 수 있는 측근들이 의혹과 주저를 무마해주는 역할을 했다. 어떤 의미에서 이 증인들은 인터뷰 참가자들이 만든 팀의 일원이었다.[51] 그와 동시에 같은 문제와 관련하여 원하는 방향으로 도움을 주지 못한다고 여겨지는 사람들이 있으면 그들은 과감히 대화에서 배제되었다.

내 식대로 받아들인다

질병 분류를 자기화한 사람들(대부분 이와 더불어 의료적 설명과 약물복용을 받아들이는)은 의료 전문가, 대중매체, 소비자 직접광고, 가족이나 친구 등 몇 가지 핵심 원천들과의 상호작용에서 한 가지 인상 포인트를 찾아냈다. 전문가들을 포함해 이런 정보 원천들은 엄밀한 정신의학적 개념과 앎의 방식과는 의미상 거리를 두고 운영된다. 그렇다고 메시지가 항상 서로 충돌하는 것은 아니다. 그러나 대중적 정보는 다양한 실용적 목적을 가지고 현실 세계의 비과학적 명부에서 흘러나오는 것이다.

표면적으로 정신의학 용어를 맞닥뜨렸다고 할 때, 사람들은 자신들의 경험과 동떨어진 추상적이고 중립적이며 사전적 의미에서 그것을 맞닥뜨린 것이 아니라 구체적인 문제 해결의 맥락에서 맞닥뜨린 것이다. 다르게 말하면 참가자들이 이해를 달리하게 만드는 인상 포인트를 찾아냈다는 점은 의사가 확인하여 공식적으로 내려진 진단을 수동적으로 수용하는 것의 문제가 아니다. 물론 공식적 진단은 상징적 이유에서나 처방전을 받는 데서나 모두 중요한 것이다.[52] 그러나 사람들이 공식적 진단을 받지 않고 질병 분류를 자기화한다면, 그 자기화하는 개념과 공식적 진단은 서로 별개의 것으로 분리될 수 있다.

우울증, 사회불안장애, 주의력결핍장애 같은 정신 의학 개념이 광범위하게 대중화되면서 사실상 그 개념들은 보건 환경에서 '부유하는 기표'가 되었다. 더 이상 의학의 영역도 아니며, 의학적 권위가 필요하지도 않다. 참가자들의 인상 포인트는 주저하지 않고 과감히 진단을 받아들이도록 하고 희망을 심어주기 위한 일련의 보증과 약속으로 만들어진 것이다.

의사, 대중매체, 광고는 서로 다르지만 공통의 메시지를 다룬다.

- 당신의 힘겨운 일상은 의학적으로 진정한 문제가 있는 증상이다.
- 당신은 혼자가 아니다. 이런 문제는 많은 이들이 겪고 있으며, 사실상 거의 모든 사람이 이런 문제에 직면할 수 있다.
- 당신 탓이 아니다. 이런 문제는 신경화학적 일탈로 빚어진 것으로 당신의 의식적 통제의 범위를 벗어난 것이다.
- 당신은 (쉽게) 치료받을 수 있다. 약이 신체적으로 나타나는 근본적 문제를 해결하는 데 효과가 있을 것이다.

좀 더 암묵적으로 말하는 바도 있는데, 적어도 대중매체와 소비자 직접광고에서 이런 경우가 많다.

- 당신의 내적 삶과 평가적 입장은 관련성이 있을진 몰라도 그리 중요한 것은 아니다. 자기 통찰을 목적으로 하는 상담과 정신요법은 별 효과가 없을 것이다.

신뢰할 수 있는 측근들은 종종 동일한 정보와 피드백을 제공한다. 어떤 이들은 생체의학적 경향성에서 모델과 증인 역할을 하며, 전문가의 도움을 구하고 약을 복용하는 것이 옳다는 점을 뒷받침해준다. 전반적으로 보면 병에 대한 치료가 아니라 어떤 유형의 사람으로서 사회적 지위를 회복하거나 확장 가능한 삶을 살 수 있다는 약속이 주어지는 것이다.

그 약속이 열쇠다. 앞의 두 장에서 나는 신경생물학적 상상의 문법(DSM 질병 분류, 새로운 생물학 언어, 치료에 관한 생각 그리고 이것을 일반인들에게 대중적으로 전달할 방법)에 대해 살펴보았다. 일상의 고통과 그 원인 그리고 그것을 완화하기 위한 수단을 말할 때 사람들이 직접적으로든 암시적으로든 언급하는 것이 바로 이 기본 문법이다. 그들은 그것을 받아들이지 않을 때조차도 언급한다. 생체의학적 보건 환경은 이제 피할 수 없는 것이 되었다. 그러나 이 문법을 사용할 수 있다고 해서 그것을 어떤 목적으로 어떻게 사용해야 할지 알 수 있는 것은 아니다. 그 몫의 도전이 따로 존재하는 것이다.

곤경에 처하면 어려움을 겪는 자아는 위태로운 상태가 된다. 자신의 고통을 전문가를 포함하여 타인에게 드러내고, 진단을 자기화하고, 약을 복용하고, 생물학적 관점에서 경험을 해석하는 것. 이 모든 일에는 공적 의미와 잠재적 측면에서 자아에 대한 부정적 함의가 들어 있는데 참가자들은 이를 중요하게 여기지 않았다. 그들은 위험을 억제하고 부정적 의미를 일소하기 위해 해석상의 노력을 기울였으며, 동시에 자신들이 원하는 자아상, 필요, 목적에 맞는 의미들을 만들었다.[53] 이런 의미들이 반영하는 것은 탁월한 문화적 규범과 이상적인 선한 자아 그리고 존재의 특별한 존재론이다.

신경생물학적 상상법에 힘을 부여하는 것은 흔히 말하는 '생물학적인 것'이 아니다. 그것은 해체의 언어 그 이상도 이하도 아니다. 그 힘은 상상력에 의해 활짝 열린 해석과 바람직한 것에 대한 규범적 그림 사이에서 형성된 시너지에서 나온다. 신경생물학적 관점에서 고통을 상상하는 것은 이 그림에 현실감을 부여한다. 4장에서 사람들이 어떻게 다르다는 의미에 저항하는지를 살펴봄으로써 이 주장을 검토해보도록 하겠다.

4장

다름을

거부하다

제나는 대학 4학년 때 남자친구가 바람피운다는 사실을 알았다. 사귄 지는 얼마 안 되었지만, 제나는 거의 '멘붕' 상태가 되었다. 그가 말하길 '틈만 나면 울었고', 강의 들으러 갈 의욕도 안 나고 잠만 잤으며, 평소 즐기던 것을 모두 거부했다. 제나는 명문대에 다녔는데, 거기서 두각을 나타내는 우수한 학생이었다. 육상 특기생이기도 했는데, 몇 차례의 부상으로 3학년이 끝날 무렵 선수로서의 경력을 일찍 끝마치게 되었다. 육상은 '한때 그의 개성'에서 큰 부분을 차지하는 것이었기에 그로선 이런 변화를 받아들이기 어려웠다. 그러고 나서 6개월 후, 남자친구의 부정으로 갑작스러운 결별을 맞게 되었다.

　자신의 감정적 반응을 얘기하면서 제나는 비이성적이라는 점을 강조했다. 남자친구와 그리 오래 사귄 것도 아니었으니 크게 낙심할 일도 아니었는데, 그 문제로 울고불고 슬퍼하는 일이

한 달이나 갔다는 것은 걸맞지 않게 길었다는 말이다(그즈음 그는 상담사를 찾아갔다). 더 황당한 것은 자책감과 좌절감이었다. 제나는 남자친구가 그만큼의 감정을 보여주지 않았음에도 감정적으로 깊이 빠져 있었는데, 지금은 남자친구의 잘못보다 자신의 행동에 더 집착하고 있었다. 그는 남자친구가 바람피운 사실을 알았을 때의 자신의 반응에 대해 이렇게 말했다. "어떻게 걔가 나한테 이럴 수 있어?'가 아니라 '내가 어리석었지'였어요. 이런 식이었어요. '내가 뭘 잘못했지? 어떻게 내가 더 잘해야 할까?'"

자신감이 부족하고 관계를 속히 털고 일어나지 못하는 자신에 대해 제나는 그것이 원래 제 모습이 아니라고 생각했다. 사실 그가 제정신이었다면 그런 식으로 반응하지 않았을 것이다. 그는 이렇게 말한다.

과거에 그런 일이 제게 일어난 적이 없었더라도, 이것은 제가 취할 수 있는 접근법이 아니에요… 좀 더 자신감을 갖고 '그러니까 손해 본 건 그 사람이고 내가 더 나은 사람이니까'라고 접근할 수도 있었다고 봐요. 일을 그르친 건 그 사람인데 제 탓만 하는 게 아니라요. 그런 저 자신을 보고 있는 게 힘들었어요. 친구들이 계속 그런 이야기를 해주었는데, 제 귀엔 하나도 안 들어왔던 거죠.

'이건 아니다, 정말 아니다' 싶자 그는 제3자의 관점에서 접근할 필요가 있다는 생각이 들었다. 먼저 제나는 상담을 받아보는 문제에 대해 가장 친구 친구와 의논했다. 친구는 적극적으로 상담을 받아보라고 권했고, 자기 부모도 정기적으로 가족 상담을 받는다는 이야기도 들려주었다. 친구의 응원을 받긴 했으나 제나는 상담 약속을 잡는 일이 여전히 쉽지 않았다. 그것은 자신에게 문제가 있음을 인정하는 일이었기 때문이다. 그리고 자신이 어떤 반응을 보일지 두렵기도 했다. 그는 이렇게 말한다.

> 그들은 제가 미쳤거나 아니면 아직 그 정도는 아니라고 생각할 거라는 이야기죠. (웃음) 그걸 어떻게 설명하면 좋을지 모르겠어요. 그러니까 그들이 저를 미쳤다고 생각하지 않았으면 좋겠다고 하면서도 동시에 그들이 제가 삶을 버거워하며 매사에 너무 약한 존재라고 생각하는 것도 원치 않았어요. 결국 상담을 하는데, 이 두 가지 방식이 있었던 거죠.

그는 부모에게 사실을 털어놓고 그들로부터 격려를 받은 뒤 학생건강센터를 찾았다. 거기서 그는 예상보다 훨씬 편안하게 상담사와 이야기를 나눴다.

제나는 그의 말마따나 "정확히 내가 느끼는 감정"을 보여주었던 항우울제 광고를 이미 접한 적이 있었다. 그가 첫 상담에서 약물복용 문제를 상의하자 상담사는 일단 상담 치료부터 시작해보자고 했다. 그러나 몇 주 후 상담사는 학생건강센터의 정신과 의사에게 그의 진료를 의뢰했다. 제나는 친구나 부모와의 관계에서도 문제가 있었는데, 정신요법을 받는 동안 "약을 복용하는 단계로 넘어갈 필요가 있었다"고 그는 말한다. 진료는 약 두 시간 동안 진행되었고, 그동안 제나는 자신의 경험에 대해 설문지를 작성했다. 그러고 나서 정신과 의사가 그 자리에서 우울증과 불안증이 있다고 진단하고 항우울제와 수면제를 처방했다.

자신의 감정적 반응으로 혼란스러워하고 갈피를 잡지 못했던 제나는 우울증 진단을 받게 되자 그제야 안도감을 느꼈다(불안에 대해서는 언급하지 않았다). 그 진단은 그에게 '문제가 있다'는 점을 깨닫게 해주었다. 분명 뭔가 잘못된 것이 있었으며, 그의 말에 따르면 자신은 "좀 빠릿빠릿하지 못했을 뿐"이거나 혹은 문제를 제대로 풀거나 주변의 충고를 받아들이지 않았을 뿐이라는 사실을 확인했던 것이다. 그와 동시에 우울증은 매우 흔한 질환이며, 그의 경우는 아주 경미한 상태였기 때문에 그 진단이 특별히 더 위협적이거나 하지 않았다.

진단과 처방을 하면서 정신과 의사는 제나가 겪고 있는 문제에 대해 생물학적 설명을 해주었다. 의사는 세로토닌 수치를 언급하면서 밝은 색상의 그의 뇌 스캔 사진을 보여주었다. 그의 말에 따르면, 의사가 그렇게 설명해준 것이 '전반적인 뇌의 화학적 불균형'을 이해하는 데 도움이 되었다. 비록 그는 의사가 구체적으로 어떤 말을 했는지를 정확히 기억하고 있지 못했지만, 의사의 설명은 과학적 관점에서 그가 왜 '그만한 일도 아닌 것에 그렇게 울었는지'를 이해하는 데 도움을 주었다. 인상 포인트를 확인했던 것이다.

대학을 졸업한 뒤, 제나는 상담 치료가 금방 끝나는 경우

가 많고 투약 관리에만 집중하는 듯해 다른 상담사를 찾았다. 그는 상담을 좀 더 오래 받았으면 했다. 왜냐하면 수면제로 겪었던 일과 같은 달갑지 않은 부작용이 우려되었고, 항우울제의 효과가 미미하거나 그 기미를 거의 알아차릴 수 없었기 때문이다. 그는 이렇게 말한다. "감기 같은 것에 걸렸을 때랑 달라요. 감기가 떨어지면 우리는 금방 알아차릴 수 있죠." 그는 자신의 증상에 대한 변화 과정과 진행 상황을 이해할 수 있도록 도와주는 외부의 소상한 견해를 듣고 싶었다. 정신과 의사의 진료에서 보고 듣는 이야기가 너무 제한적이었던 것이다.

올해 스물세 살의 제나는 알게 모르게 자신의 증상을 개선하는 데 약이 중요한 역할을 했다고 믿는다. 창의력이 좀 둔해진 느낌이지만, 감정적 반응의 진폭이 덜하고 차분해진 것에 그는 만족했다. 잠도 잘 자고 활력도 넘치며 감정 조절도 잘 되었다. 그는 "예전처럼 제 기능을 발휘할 수 있게 되었다"고 말한다. 그는 자신이 정상이라는 느낌을 갖기 위해서라도 약을 계속 복용할 필요가 있다고 강하게 역설하면서도 한 가지 걱정을 털어놓는다. 만약 약을 먹지 않으면 그는 "상태가 계속 나빠져 급기야… 나라는 사람은 더 이상 존재할 수 없고 완전히 길을 잃은 상태가 될 것 같아요"라고 말한다. 이런 우려에도 불구하고 그는 얼마간의 시간이 흐른 뒤에는 약을 끊을 수 있기를 바란다.

자아상에 대한 위협

제나의 이야기에서 알 수 있듯이, 곤경이란 것은 다른 사람과 관련된 어떤 결정을 내리는 중요한 갈림길에서 곧잘 끼어들곤 한다. 각 결정엔 실질적, 설명적, 존재론적 측면에서 위험과 기대가 공존한다. 그가 내리막길을 걸을 때 대두된 문제는 누구와 대화를 나누고 조언을 얻는가 하는 것이었다. 제나는 그들의 말이라면 언제나 귀를 기울이고 신뢰하는 친한 친구와 부모로부터 대화를 시작했다. 그들은 제나의 반응과 자책이 정상이 아니라고 분명하게 얘기해주었다. 그리고 전문가의 도움을 구하는 것이 취해야 할 제대로 된 조치라고 했다.

그의 행동이 달라진 점을 눈치챈 기숙사 룸메이트들에게 그는 처음엔 변명으로 응대했다. 그러나 상담사를 만나고 자신의 감정을 어느 정도 감당할 수 있게 되자 그는 범위를 넓혀 룸메이트들도 신뢰할 만한 대상에 포함시켰다. 그리고 그들의 이해에서 그는 어느 정도 위안을 얻었다. 그는 이렇게 지적한다. "그들은 정말 잘해주었어요. 저와 같은 눈높이에서 긍정적인 마음을 북돋아 주었지요." 그들은 앞서 그의 행동에 대해서도 그렇고 그가 나아진 것에 대해서도 그리 호들갑을 떨지 않았다.

제나로선 도움을 청하고 부모와 상의하는 문제가 다소 급했는데, 왜냐하면 학업을 수행하기가 고통스러운데 졸업이 임박했기 때문이다. 그러나 그 결정은 쉬운 일이 아니었으며 신뢰할 만한 사람들의 지지가 중요했다. 상담을 받는다는 것은 전문가로부터 어떤 이야기를 듣게 될까 하는 걱정을 불러일으키기도 했다. 그의 생각과 다른 평가를 받을 수도 있는 일이었다. 그는 '어디 모자란 이' 취급을 받거나 '마음이 허약한 존재'로 여겨지지 않을까 걱정되었다. 감정적 문제를 토로하는 순간, 자신은 약자가 되고 듣기 불편한 평가도 감수해야 하는 위험이 있었다.

치료와 관련한 결정도 문제였다. 상담사의 제3자 관점을 들어보니, 자신이 생각하는 바와 비교할 때 호의적이지 않은 평가나 해석은 없는 듯했다. 그는 상담이 도움이 되었다고 했지만, 심리학적 통찰이나 갈등, 관점의 변화 등은 물론 상담이 어떤 식으로 도움이 되었는지는 말하지 않았다. 그러나 이미 그는 약을 복용하는 데 거리낌이 없고 그럴 마음이 있었음에도 약을 먹기로 한 것은 그의 말에 따르면, 상담요법에 비해 '훨씬 더 큰 걸음을 내디딘 것'이었다. 제나로선 약을 복용하는 일이 자제력과 관련하여 훨씬 더 많은 의미를 함축하고 있었다. 약을 복용하기로 한 이상 진단과 관련된 의학적 문제가 생겨나며 자신은 '아픈' 존재가 되고, 신체적으로 긍정적 효과와 부정적 효과가 뒤따른다.

제나는 감정적 반응과 자기 회의가 거슬렸다. 그것들은 자신감 있고, 성숙하고, 자족적이라 여겼던 자신의 모습에 대해 그리고 자기 정체성과 그간의 삶의 궤적에 대해 가지고 있던 기본 가정을 부정했다. 화학적 불균형이라는 관점에서 내려진 공식적 진단은 스스로 납득할 수 있고 안도감이 들게 하는 해명을 제공했다. 이는 받아들이기가 매우 어려운 문제가 될 수도 있었다. 그의 말에 따르면, "저의 정신에 정말 문제가 있어서 제구실을 못하는 것이었다면 이만저만 낙심하지 않을 수 없었을 거예요." 신경생물학적 문제라는 점은 이런 우려를 말끔히 떨쳐내게 한다. 문제는 대부분 자기 외부에 있는 것이며, 화학적으로 문제가 없었다면 그는 충분히 기대에 부응하며 살았을 것이라는 안도감이 들게 한다.

이제 그는 예후를 긍정적으로 본다. 그는 자신이 겪었던 일을 인과관계 순서와 화학적 불균형의 치료로 설명할 수 있다. 의사의 진단 덕분에 그는 다른 사람에게 자신에 대해 설명할 수 있었고, '환자'로서의 이점을 활용하여 부모, 룸메이트, 교수들이 그에게 거는 기대감을 조율할 수도 있었다.[1] 그리고 진단을 받음으로써 약을 복용할 수 있게 되었다. 그는 그 덕에(상담사의 도움과 더불어) 더 행복해지고 더 건강한 삶을 살 수 있게 되었다고 생각한다. 예전의 자신으로 돌아가는 데 도움이 된 것이다.

동시에 제나는 정신질환은 통제력 상실 상태를 함축한다고 보며, 인터뷰 중에도 그런 상태로부터 거리를 두고자 신경을 썼다. 예를 들어 그는 자신이 아프긴 하지만, '진짜 환자들'에는 포함되지 않음을 강조한다. 그는 화학적 불균형의 관점에서 우울증을 자기화하면서도 그다지 심각한 상태는 아니라는 점을 힘주어 말한다. 그리고 약물복용과 관련하여 그는 여전히 선택의 여지가 없다는 입장이다. 정신요법은 충분치 않았고, 상담사가 하는 말이 약물복용과 관련한 자신의 판단을 뒷받침해주는 것으로 그는 생각했다. 약의 도움이 없었다면 그는 '설상가상' 더 나빠졌을 것이다.

그는 책임감이 매우 강했고, 상황을 주도해가는 환자였다. 무엇보다 그는 의사의 말을 잘 따랐고, 약이 효과가 있는지를 판단하기 위해 상담사의 견해를 들었다. 그리고 적절한 시점에 약의 복용을 중단할 계획까지 세우고 있었다. 한마디로 그는 포기하거나 쉬운 길을 택하지 않았다. 열심히 노력하고 필요한 치료가 있으면 열과 성을 다해 긍정적으로 임했다. 그는 이미 예전의 자기처럼 생활하고 있다고 조심스레 말한다.

우리가 보았던 다른 사람들과 마찬가지로 제나는 다음과 같은 사실을 잘 알고 있었다. 즉 도움 청하기, 진단받기, 의학적 설명 듣기, 약물치료하기 등의 각 과정은 자아상과 사회적 지위에 흠집을 낼 수 있다는 것이다. 이런 위험성을 인터뷰 참가자들은 직접 언급하기도 했다. 그들은 자신들이 잘 알고 있으며 우려하는 위협에 대해 일일이 나열했다. 그러면서 그런 위협을 잘 넘길 수 있도록 도와주는 대리자의 역할을 강조했고, 누가 어떤 조건으로 그런 위협에 대해 알고 있는지를 주의했다. 그 밖의 위협들은 전면에 드러나지 않는 것들이다. 직접 언급하지는 않았지만, 참가자들의 이야기와 그들이 주장하며 거기에 맞추려 하는 기준과 원칙을 보면 분명히 드러났다. 그러나 어느 쪽이든 참가자들은 이런 위험 요소들을 무력화하거나 억제하려 했다.

참가자들의 이런 노력이 부정적 움직임은 아니다. 이 책을 쓰면서 대중적 정보 원천에서부터 제약 광고에 이르기까지 인터뷰 참가자들의 진찰 후기 등을 두루 살필 때마다 나는 한 가지 생각을 접하곤 했다. 모두 의료적 관점으로 방향을 돌리게 하는 일에 책임이 있다는 것이다. 그것은 자기 자신이나 다른 사람에게 책임을 돌리지 않으려는 바람이다. 여러 사람의 이런 생각을 아주 잘 포착한 한 저널리스트는 이렇게 말했다. "우울증이 알츠하이머와 같은 생물학적 질병이라는 생각은 우울증 환자들에게 큰 호소력이 있다는 점이 입증되었다. 덕분에 정신병이라는 낙인을 크게 떨쳐낼 수 있었는데, 그것은 인격적 혹은 도덕적 파탄의 문제가 아니라 소소한 생물학적 문제라는 것이다."[2]

이런 관점에서는 정신 건강 문제를 둘러싼 위험 요소들이 순전히 부정적 고정관념이나 혹은 특정 집단이나 특정 질환군에 사회가 부과한(그리하여 그 구성원들에게 내재화된) '뿌리 깊은 불신'에서 비롯된 문제인 것이다.[3] 특정 질환군에 속한 환자들은 수많은 부정적 이미지의 희생양이 된다. 그들이 고통을 겪는 일은 못난 성품이나 도덕적 하자 때문이라는 말이다. 따라서 마음이 아닌 머리에 문제가 있다면 환자들에게 도덕적 책임을 물을 순 없다. 인류학자 탄야 루이먼은 이렇게 말한다. "신체는 도덕적으로 언제나 결백하다."[4]

사실 그렇다. 참가자들 중에는 죄책감과 비난에 대해 언급하는 이들이 있는가 하면, 생물학적 설명으로 인해 그런 감정에서 헤어날 수 있었다고 말하는 이들도 있다. 그들이 무슨 의미에서 이런 말들을 했는지를 살펴볼 필요가 있다. 그러나 비난 혹은 '책임을 덜려는' 욕망 때문에 우리가 겪는 고통과 우리 자아를 신경생물학적 관점에서 상상하도록 강요하는 것은 아니다.[5]

이번 장과 다음 장에 걸쳐, 나는 참가자들의 질병에 대한 의미 부여는 자율적 자아를 보존하고 회복하기 위한 노력이라 주장할 것이다. 목표는 다음과 같은 기본 질문들을 던지는 것이다. "무엇이 문제였을까?" "왜 이런 일이 내게 일어났을까?" "어떻게 하면 털고 일어날 수 있을까?" 이런 질문들에 답할 수 있어야 자아와 감정 그리고 관계에 있어서 구체적 이상과 규범적 기준에 부응할 수 있는 자아를 확립하고 재정립할 수 있기 때문이다. 신경생물학적 상상법은 이 바람직한 자아의 모습을 어떻게 그려내고 성취할 수 있는가의 문제와 결부돼 있다.

그러나 의료적 설명과 그에 따른 조치엔 위험 요소들이 내재돼 있다. 그 주된 위험 요소는 사회적 낙인찍기가 아니라 자율적 자아에 대한 위협에 있다. 이때의 자아는 규범적 존재인데, 일상의 고통으로 인한 비정상적 경험으로 그리고 정상 궤도에 이르거나 다시 오르기 위해 의료적 노력을 기울이느라 그 존재 방식이 흐트러진 상태다.[6] 후자는 장애, 남과 다른 것, 의존성, 결정론의 의미를 함축한다. 바로 이런 이유로 많은 사람들이 의료적 관점을 취하는 것을 버거워했고 의료적 관점을 받아들이기를 거부했다. 신경생물학적 상상법이 가진 힘은 자기 정의적 자아와 더불어 시너지를 낸다. 그러나 그것은 오직 부정적 의미가 제거된 의료적 설명과 약물복용만으로 가능하다(이에 대해서는 이 장에서 자세히 다룰 예정이다). 이것들도 자기 정의가 되어야만 했던 것이다.

낙인찍기에 강조점이 놓여 있는 것은 너무 일반적이고 어쩌면 인지상정이라, 그런 문제를 지적하며 대중적 각성을 촉구하는 운동에 대한 논의부터 시작하고자 한다. 낙인찍기에 대해 비판적 입장을 취하는 문헌을 인용하자면, 이런 운동에서 주장하는 바는 이렇다. '신화에 입각하여' 정신질환에 대해 '낙인을 찍는 태도'와 '남을 미루어 재단하는 행위'는 사람들이 정신 건강 문제와 관련하여 의료적 도움을 구하고자 할 때 심각한 방해물이 된다는 것이다. 만약 일반인들만이 (일상의 고통까지 포함한) 그런 문제가 의학적 문제의 한 형태일 뿐이라는 점을 깨닫게 된다면, 마음의 고통을 겪는 사람이든 아니든 그들의 태도가 바뀔 것이다.[7] 그러나 지난 수십 년 동안 이런 운동을 해왔지만, 그처럼 관대한 쪽으로의 방향 전환은 나타나지 않았다. 오히려 생물학과 약에 대한 일반인들의 개방성이 그 태도를 더욱 강화시켰다.

　　이런 역효과를 염두에 둔다면, 참가자들이 감당하려 했던 의료적 언어 및 약물치료와 관련된 문제의 본질을 자세히 들여다보는 데 도움이 될 것이다. 일상의 고통과 정신질환을 두고 사람들이 미루어 재단하는 버릇은 너무도 흔한 일이고 우리는 거기에 신경을 쓴다. 그러나 제나의 경우에서 보았듯이, '잘못'이라는 낙인과 도덕적 책임을 지우는 행위는 참가자들이 거기서 빠져나올 궁리를 해야 하는 모래톱 같은 것이 아니다. 대부분의 경우 자아에 관한 실존적 이해는 자기 가치와 사회적 지위와 관련이 있는 '남과 다르다'는 문제와 균형을 이루고 있다. 의료적 언어와 약물치료는 이런 우려를 떨쳐내거나 완화시키지 않는다. 오히려 각자 자기만의 문제를 떠안게 만든다.

정신병이라는 낙인

정신질환과 관련된 낙인을 줄이기 위한 대중적 각성 운동은 그 연원이 오래다. 1951년 초 캐나다 서스캐처원주의 공중보건부는 '정신질환에 대한 일반인의 부정적 태도'를 변화시키고자[8] 한 작은 마을에서 6개월짜리 집중 교육 홍보를 시행했다. 정신과 의사와 사회학자가 주도하는 이 프로젝트팀은 지역 유지, 신문사, 시민단체와 함께 영화 상영, 학교 프로그램 지원, 팸플릿 배부, 라디오 방송, 소모임 토론 등을 통해 사람들에게 다가가기 위한 대대적인 활동을 펼쳤다.[9]

그들이 주로 전하고자 했던 메시지는 '정상과 비정상 사이의 경계가 모호하다'는 것과 '행위는 야기된 것이므로 그것은 이해할 수 있으며 또한 바뀔 수 있는 것이다'는 믿음을 갖자는 것이었다.[10] 그들은 사람들이 정신질환과 인간의 행위 일반에 대해 정신의학적 관점에서 바라볼 수 있도록 설득하고자 했다. 한편으로 이는 사람들에게 그 범위가 상당히 넓은 '실의 행동'*을 정상화하는 것을 그만두도록 가르치는 일이었다.[11] 다른 한편으로는 정상과 비정상 사이의 차이를 과장하지 말라고 가르치는 일이기도 했다. 즉 '장애'라는 딱지가 붙은 사람과 다른 모든 사람 사이의 경

---

* disturbed behavior. 적응 행동이나 조정 행동과는 달리 동물에게서는 때로 그 기능성을 의심하게 하는 행동도 관찰된다. 이것을 실의 행동이라 한다.

계를 자로 그은 듯 그어서는 안 된다는 말이었다. 마지막으로 그 것은 사람들에게 다음과 같은 것을 가르치는 일이기도 했다. 즉 정신질환의 '기제'는 다른 질병 이면에 있는 것과 마찬가지로 우 리가 그것을 이해할 수 있고 제대로 다룰 수 있다는 점이다.

만약 사람들로 하여금 이처럼 유연하면서도 올바른 생각 을 갖도록 설득할 수 있다면 그들은 '부정과 고립의 패턴'에서 눈 을 돌릴 수 있다. 정신질환을 앓는 이들은 '다른 모든 이와 하나 다를 바가 없다'는 점을 그리고 정신질환을 앓는 이들이 비난의 대상이 될 이유도 혹은 두려움과 회피의 대상이 될 이유도 없다 는 점을 알게 될 것이다.

이 초기의 홍보 운동은 총체적 실패로 돌아갔다. 홍보 전 후에 마을 사람들을 대상으로 설문조사와 인터뷰를 한 결과, 프 로젝트팀은 "프로그램의 결과로 정신질환에 대한 기존 믿음 혹 은 정신질환자에 대한 태도에 주목할 만한 변화가 없다"는 사실 을 발견했다.[12] 사실 이 운동의 주요 결과물이라면 그것은 프로 젝트 자체와 프로젝트팀에 대한 마을 사람들의 반감이 조성되었 다는 것이다. 주민들은 정신과 의사들보다 정신질환을 앓는 이들 의 비정상적인 행동에 훨씬 더 관대했으며, 정신질환을 '정신병' 과 같이 그 상태가 심각한 경우에만 한정해서 생각했었다.[13] 그 들은 "질병과 건강 사이에 차이가 없다"는 프로그램의 전제를 받 아들이지 않았고, 정신질환의 원인에 대한 나름의 견해를 가지 고 있었다. 그리고 완치에 대해서는 별로 낙관적이지 않았다. 그 들은 정신질환이 신체적 질병을 앓듯이 앓는 병이라는 믿음에 의

문을 제기하는 듯했다. 이런 믿음은 프로젝트팀을 이끌던 사람들이 '현대적이며, 이성적이고, 과학적인 접근법'이라 규정했던 것이다.[14]

그 뒤로도 '마음의 문 열어주기', '친구들이 만들어내는 커다란 변화', '잘 해내기', '낙인찍기 반대 전국 운동', '이제 변화할 때'와 같은 이름을 가진, 낙인찍기를 반대하는 운동이 대거 등장했다. 최근에는 마음의 고통을 받는 사람들이 인식 재고를 위해 소셜미디어에서 #저는부끄럽지않아요 #아프나약하진않아요 같은 해시태그를 사용하고 있다.[15] 이런 종류의 운동이 추구하는, 공유할 수 있고 서로에게 도움이 되는 목표는 고정관념을 무너뜨리고 부정적 태도를 떨쳐내는 것이다. 그리하여 정신질환 진단을 받은 사람들에게 필요한 도움과 자원을 적절히 배분하고, 소통과 도움 요청이 가능하도록 장애물을 없애주고, 차별적 관행을 종식시키고, 더 나은 치료를 받을 수 있도록 하는 것이다.

"정신질환은 다른 질병과 다를 바 없다"는 취지는 오랫동안 이런 운동의 근본 원칙으로 자리 잡고 있다.[16] 예를 들어 정기적으로 '낙인 타파' 운동을 벌이는 전미정신질환연합National Alliance for the Mentally Ill은 정신질환을 다음과 같이 설명한다. "그것은 사람의 생각, 감정, 기분을 흩뜨려놓고 타인과의 관계와 일상생활을 어렵게 만드는 질병이다. 당뇨가 췌장의 문제인 것처럼 정신질환은 일상에서 자연스럽게 요구되는 것을 감당하지 못해 생겨나는 질병인 것이다."[17] 또 다른 예를 들어보면 2010년, 여배우 글렌 클로즈와 환자들을 위한 봉사활동을 하는 하우스재단은 '우리 마음에 변화를'이라는 이름으로 전국 단위의 낙인찍기 반대 운동을 시작했다. 이 운동은 교육 자료를 만들고 유명 인사들을 초빙하여 공익 홍보 활동도 펼쳤다. 이 단체의 웹사이트에는 이런 글이 적혀 있다. "정신질환은 우리 신체에서 가장 중요한 기관인 뇌에서 발생한 이상일 뿐입니다."[18]

사람들은 이처럼 신체와 관련한 개념화를 강조하는 것이 정신질환자에 대해 좀 더 '배려하고 지지하는 분위기'를 조성하기 위한 필수적 절차라 여기는 참이었다. 그렇다면 기계론적 모델과 배려하는 태도 사이를 잇는 연결의 논리는 무엇일까? 내가 주장하고 싶은 것은 그 연결의 논리가 한 가지 가정에 기반하고 있다는 점이다. (이것을 하나의 도박이라 말하는 사람도 있다.) 그것은 정신건강 문제에 있어서 개인적 책임이 차지하는 역할에 대한 가정이다.

기계론적 모델과 배려하는 태도를 잇는 연결의 논리는 세 가지 측면에서 살펴볼 수 있다.

첫째, 이 논리에 따르면 마음의 고통을 겪는 사람이든 아니든 모두가 정신질환에 낙인을 찍는 근본 원인은 책임을 엉뚱한 데서 묻는 것에 있다. 마음의 고통을 겪는 사람이든 아니든 그들은 문제가 정식으로 등재된 질병legitimate illness에 있는 것이 아니라 도덕적 결함이나 의지박약에 있다고 잘못 알고 있다. 여기서 '정식으로 등재된 질병'이란 1999년 미국 보건총감국에서 발간한 「정신 건강Mental Health」 보고서에서 인용한 표현이다.[19] 낙인찍기와의 싸움은 상식이 되다시피 한 이런 도덕적 함의를 걷어내는 일에서 시작해야 한다.

둘째, 정신 건강 문제를 신체적 장애나 질병으로 여기고 치료하는 행위는 비난과 책임을 일부 면하게 할 수 있다. 한 연구진은 다음과 같은 아이디어를 내놓기도 했다. 정신병리학의 생물발생적biogenetic 측면을 일반인들이 이해할 수 있다면 정신적 어려움을 겪고 있는 사람에게 그 병에 대한 책임이 있다는 식으로 생각하는 것을 막을 수 있으므로, 정신질환에 대한 낙인찍기를 완화할 수 있다는 것이다.[20] 그 사람이 기능장애 메커니즘으로 인해 능동적 자제력이 떨어지거나 혹은 제거된 상태라는 설명을 듣는다면, 우리는 책임의 부분을 다소 줄여서 보거나 고려하지 않게 될 것이다. '우리 마음에 변화를'이라는 운동에서 말하듯이, "대부분의 질병과 마찬가지로 정신질환은 누구의 잘못도 아니다. 일부 정신질환에서 나타나는 기이한 행동은 병의 증상이지 원인이 아니다."[21]

셋째, 정신질환이 짊어지고 있는 책임과 비난의 멍에만 제거하더라도 마음의 고통을 가진 이들은 도움을 구하고 사실을 받아들이고 열린 마음으로 치료에 임할 수 있을 것이다. 그렇게 되면 그들을 대하는 다른 사람들의 태도도 더 나아지는 결과를 낳게 되면서 시간이 흐를수록 선순환을 이룰 것이다.[22]

서스캐처원주 실험은 이런 측면에서 일종의 도박이었으므로 그 전략은 실패한 것이었다. 25년 뒤 같은 마을에서 후속 연구를 시행했으나 여전히 달라진 것은 없었다.[23] 그럼에도 낙인찍기를 반대하는 사람들은 단념하지 않고 정신의학의 기조를 생물학적으로 바꾸는 것에 대해 적극적으로 지지하고 나섰다. 이 운동을 옹호하는 사람들은 일반인들이 발생 인자가 신체에 있다는 것, 전문가의 도움을 구해야 한다는 것 그리고 '증거 기반 치료'(대부분의 경우 약물치료이며 일부는 인지행동치료)를 해야 한다는 생각을 점점 더 지지한다는 사실에 환호를 보내고 있었다. 대중이 지지한다는 것은 그들이 정신질환을 좀 더 과학적으로 이해하게 됨으로써 마침내 문맹에서 벗어났다는 말이기도 하다.[24] 그런 의미에서 지식이 좀 더 쌓이면 그들은 "정신질환자에 대해 좀 더 진보적이고, 박식하고, 너그럽고, 지지하는 입장"을 갖게 될 것이다.[25]

그러나 생물학적 관점에 대해 일반인들이 더 포용력을 갖게 되었지만, 낙인찍기 반대 운동은 거듭 실패하고 있다. 뇌에 문제가 있다는 믿음과 낙인찍기 태도 사이의 관계를 분석한 연구들을 보면, 정신과 환자들, 일반 대중, 심지어 전문가들에게서조차 이전보다 더 관대해졌다는 사실을 찾아볼 수 없었다.[26] 오히려 연구 결과는 정반대로 나타났다.

물론 조사에 따르면, 생물발생적 입장에 대해 점점 더 많은 사람들이 지지하게 되는 것은 전문가들에게 도움을 요청하고 처방약을 복용하는 일을 적극적으로 받아들이는 것과 관련이 있다. 그뿐 아니라 환자에게 책임을 지우는 일이 어느 정도 줄어드는 것과도 관련이 있다. 이 세 가지는 의학 분야에서 일어난 낙인찍기를 반대하는 운동에서 중요한 목표로 삼았던 것이다.[27] 그러나 생물발생적 입장을 지지한다는 것은 정신 건강에 문제가 있는 사람들에 대해 낙인을 찍고 비판적으로 바라보고 피하려는 태도와도 관련이 있다. 이런 태도는 마음의 고통을 겪는 사람들도 마찬가지로 가지고 있다.[28] 이론과는 달리, 기술적이며 기계적인 언어에 기대어 책임을 지우지 않으려 하는 것은 마음의 고통을 겪는 사람들에 대해 덜 호의적인 데다 오히려 깔보는 듯한 견해(그 결과 더 낙인찍기가 되고 사회적으로 배척하게 되는)를 갖게 만들 수도 있다.

무엇 때문에 이런 역효과가 빚어지는 것일까? 인터뷰 참가자들에 따르면, '행위는 야기된 것'(1951년의 운동에서 인용하자면)이라는 메시지가 가장 받아들이기 어려운 의학적 설명이다. 책임과 자제력을 기계적으로 제거하는 행위는 자신의 주체적 힘과 사회적 지위에 문제를 제기하는 것이다. 사람들의 이야기를 듣다 보니, 그들은 심각한 정신질환과 결부될까 봐 자제력 상실이라는 말과 거리를 두었다. 이는 의료적 용어에 익숙지 않은 일반인들의 문제도, 사회적 편견의 문제도 아니었다.[29]

생각과 감정을 신체 현상의 가외 활동 정도로 축소하는 행위는 마음의 고통을 더욱 심화시켰다. 사회생활에서 불안감을 느끼는 마이클은 자신이 정신질환에 걸린 것이 아니기를 바라는 이유를 이렇게 설명한다. "제 생각엔 정신질환에 걸리면 무슨 나쁜 사람이 되는 것은 아니어도 남다른 사람이 될 수 있기 때문이에요." 그는 자신이 충분히 유능하지 못하고 정상적인 사회 구성원이 아닌 존재로 여겨지는 것을 원치 않았다.[30] 낙인찍기 반대 운동을 주도하는 그 무모한 도박이 자멸적일 수 있는 한 가지 이유는, 의학적 면죄부를 준다는 달콤한 제안으로 인해 결국 암묵적 비인간화라는 대가를 치르게 되기 때문이다.[31]

마이클의 의견에 따르면, '도덕적 잘못'은 정작 중요한 문제가 아니었다. 인터뷰를 보면 도덕적 잘못에 관해 얘기하는 참가자들이 실제로 얼마나 자신들의 곤경을 스스로의 탓이라 여기는지 확실치 않은 경우가 많았다. 예를 들어 제나의 경우 결별 후 첫 반응이 자책하고, 별일 아닌 일로 괜히 문제를 일으킨 것이 아닌가 싶고, 스스로 제정신이 아닌가 걱정하는 일이었다. 그러나 얼마 지나지 않아 그는 자책하는 것이 설명이 필요한 비정상적 반응임을 깨달았다.

사실 어떤 참가자도 문제를 도덕적 결함이냐 생물학적 결함이냐 하는 제로섬 이분법으로 바라보진 않았다. 특히 마음을 바꿨다는 사람들의 이야기에서 두드러진 생물학에 대한 대안적 설명에 따르면, 그것은 도덕적 잘못이 아닌 정신사회적 요인이라는 것이다.[32] 1장에서 보았듯이, 어떤 이들은 자신에게 잘못이 있다고 간주했다. 제대로 대응을 못 했거나 곤경을 이겨내기 위한 충분한 노력을 하지 않았다는 것이다. 그러나 고통의 원인을 지목하는 데 있어선 그것을 의도적 행동에서 찾거나 아무런 행동을 취하지 않은 데서 찾지는 않았다.

규범적 기준이나 이상을 충족시킬 능력을 제어할 수 없는 상황에서 사람들은 자신들의 선택으로 곤경에 빠진 것이라 보지 않았다. 사회학자 어빙 고프먼이 주목한 바에 따르면, "규범을 따르고자 하는 마음(선한 의지)이 있는 것으론 부족하다. 왜냐하면 많은 경우 사람들은 즉각적으로 자신들이 원하는 수준의 규범을 따르기 위한 제어력을 갖고 있지 않기 때문이다."[33] 참가자들로선 그들의 고통이 선택 혹은 의도적 일탈로 인한 문제가 아니었다. 따라서 그들은 곤경을 단순히 말해 '도덕적 잘못'이라거나, 좀 더 구체적으로 말해 그들이 후회를 하거나 용서를 구해야 하는 어떤 일 때문에 발생한 현상이라는 견해를 받아들이지 않았다.[34]

다른 사람들이 자신들을 볼 때 그리고 스스로 자신들을 바라볼 때, 참가자들이 몹시 신경을 쓰는 점은 '나쁜 사람'이 된다는 것보다 '다른 사람'이 된다는 것이었다. 다음 장에서 이상적 자율성과 관련하여 자세히 논하겠지만, 본의 아니게 남과 다른 것은 도덕적 의미에서 '잘못'이나 '책임'의 문제는 아니었으나 사회적 규범과 관련된 측면에서 오점이 있거나 결함이 있다는 의미로 받아들여졌다. 예를 들어 이별에 대한 제나의 반응은 자기 정의, 감정적 자족, 독립의 규범들에 부합하지 않는 것이었다. 이는 그의 자기 이해와 통제력에 타격을 주었고 그 충격은 작지 않았다. 왜냐하면 자율성의 규범이란 주체적이며 그 무엇에도 굴하지 않는 의지가 있다는 말이기 때문이다. 참가자들이 각자 나름대로 분명히 밝혔듯이, 자율성의 규범을 가지고 자신들의 곤경을 평가한다는 것은 그 곤경을 결정적 의미에서 자초했음을 뜻했다. 즉 그들이 어려움을 겪는 것은 어느 정도 선택의 문제였다는 것이다. 자율성의 맥락에서 본다면 그들 자신에게 뭔가 문제가 있었다. 이것이 가장 근간에 놓인 위협이었다.

도움을 구하고 치료를 받는 과정에서 발생하는 차이를 포함하여 이런 차이를 조정하기 위한 노력은 어려움으로 인해 타격을 받은 자아 개념이나 자율성을 재확인하고 재구축하기 위한 노력이었다. 제나의 경우처럼 참가자들이 의사의 진단을 받거나 의학적 설명을 듣고서 안심하거나 안도했다고 말하는데, 이는 바로 이 실존적 위험으로 인한 쓰라림을 달래게 되었다는 말이다.[35]

낙인찍기에 반대하는 운동은 의료 모델과 같이 엮여 있다. 2장에서 잠시 살펴본 의료 모델은 장애와 질병을 이면의 병리학적 메커니즘에서 비롯된, 개별 신체의 기능부전으로 본다. 의료 모델에서는 전문가들의 이론적 설명만이 진실한 가치가 있다. 그 설명은 과학적 발견과 가치중립적 사실에 기반한 것이다. 이와 대조적으로 일반인들이 일상생활 속에서 퍼뜨리는 지식과 이야기는 기껏해야 '전문가들이 생각하는 것과 비교하여 하자가 많은 근거치'일 뿐이다.[36] 최악의 경우 그런 지식과 이야기들은 도덕적 혹은 평가적 판단이 개입되며 '반면교사의 예로만 적합할 뿐이다.'[37]

이와 같은 의료 모델과 '질병은 서로 비슷하다'는 식의 관점에서 보면, 아프다는 것은 일단 신체적 사실이다. 사람은 아프면 치료를 받아야 하고, 그 치료가 효과가 있으면 아픈 것이 낫게 되는 것이다(완치의 정도는 다양하다). 당뇨의 경우처럼 신체에 문제가 있든, 생각이나 행동 혹은 감정에 문제가 있든, 모든 것이 그런 식이다. 의료상의 문제와 증상은 당연히 불편함과 통증 같은 증상을 일으킨다. 그러나 '다름'의 문제, 즉 사회적 규범과 자기 가치의 차이 문제는 전혀 엉뚱한 것이다.[38] 그런 문제를 제기하는 일반인들의 평준화 경향은 일종의 범주 오류를 범하는 것이다.

　그러나 의학적 도움을 구하든 구하지 않든, 사람들은 여전히 그런 식의 문제를 제기한다. 유전학과 신경화학에 대해 언급하는 참가자들조차 신체(뇌) 기능부전 이상의 것에 문제가 있다는 식이었다. 뇌를 언급한다고 해서 자아와 사회적 지위의 문제를 부수적으로 다룬 것도 아니었고, 참가자들이 적극적으로 자신들의 경험에 관심을 기울이고 그것을 제어하고자 하는 행위를 억압하지도 않았다. 전혀 그렇지 않았다. 앞서 언급한 것처럼 의사결정의 매 순간엔 현실적이며 설명적이고 실존적 위험과 약속이 수반된다.

　다음으로 내가 살펴보고자 하는 것은 의사결정의 순간과 사람들이 질병 분류, 약물복용, 이야기 공개라는 말에 대해 품고 있는 차별이다. 나는 참가자들의 이야기에서 나타난 방향감각 상실과 차이의 맥락에서 이 문제를 살펴볼 것이다. 이 순간들은 사회적 고정관념에 맞선 유전적이고 부정적인 싸움으로 환원되지 않는다. 그보다 그것들은 참가자들의 자기 정의 프로젝트 안에서 질서와 자기 인식을 재구축하려는 좀 더 심오하면서도 긍정적인 노력과 관련이 있다. (다음 장에서 나는 이 질서에 대해 잠깐 언급하고, 관계와 감정과 자아에 관한 좀 더 넓은 의미의 배경 규범에 대해서도 살펴볼 것이다.)

　참가자 대부분의 경우, 그들의 목소리를 찾기 위한 노력은 그들이 자신들의 이야기를 꺼낸 대상과 함께 시작되었다.

감정을 털어놓지 못하는 이유

인터뷰를 할 때 대부분의 참가자들은 고통이 극심한 초기의 위기 상태에 있지 않았다. 아직도 풀어야 할 것이 많았지만 그들은 자신들이 처한 어려움을 돌아보고, 가까운 사람들과 상의하고, 때로 전문가의 도움을 구하는 시간을 갖기도 했다. 자신들의 이야기를 하면서 그들은 그보다 앞서 있었던 한 가지 이상의 위기 상황, 즉 혼란의 시기에 대해 말했다. 그 혼란의 시기란 평소 같지 않은 감정과 행동에 대해 그 이유를 헤아리기 위해 발버둥을 치고, 의학적 도움을 구하고 치료에 임할 것인지(아니면 그냥 둘 것인지)를 결정하고, 무엇 때문에 자신이 이런 반응을 하고 그에 어떻게 대처해야 하는지 자문할 때다. 이런 시기에는 이야기를 할 것인지 말 것인지 그리고 누구에게 할 것인지와 같은 문제가 특히 중요하다. 왜냐하면 자신이 겪은 바 혹은 결정한 바에 대해 자신 있게 얘기할 준비가 돼 있지 않기 때문이다.

아무에게도 이야기를 꺼낸 적이 없다는 두 사람을 제외하고, 모든 참가자는 신뢰할 수 있는 한두 사람과 자신들의 내밀한 사정을 나눴다. 이렇게 자기들의 이야기를 나눈 경우 인터뷰 참가자들은 긍정적인 반응을 얻었다고 했다. 제나의 경우에서 보았듯이, 사람들은 지지를 받는다는 기분을 느끼는 것과 더불어 유익한 조언을 얻었다. 이와 관련된 사례를 보면 이런 이점에서 더나아가 전문가에게 도움을 구하고 약을 복용하는 문제에 대한 조언도 얻었다. 두 사례에서 신뢰할 수 있는 사람들이 약물복용을 권하지 않은 경우도 있었는데(성공하진 못했지만), 그럼에도 참가자들은 지지를 얻었다고 했다.

3장에서 논의의 운을 뗐듯이, 참가자들은 그들만의 주관적 용어로 곤경, 질병 분류, 약물복용에 대해 정의를 내렸다(정작 본인들은 그것들을 주관적이라 생각하지 않았다). 그들은 다음과 같은 표현을 반복해서 사용했다. "저 자신에 대해 생각건대", "본의 아니게 다소 극단적으로 들리겠지만", "그것에 대해 저는 그렇게 생각하지 않아요", "그들이 저처럼 봐준다면"…. 이는 언어에 대한 통제력 유지를 힘주어 강조하는 것이었다.

록밴드 일원인 스물네 살의 라이언은 이런 식의 생각이 얼마나 일반적인지를 잘 보여준다. 그는 "때로 내가 우울한 게 아닌가" 하는 느낌이 들지만, 평소에 그런 표현을 사용하지 않았다. 그리고 전문가의 도움을 구해본 적도 없었다. 그는 이렇게 말한다. "확실한 건 제가 누군가에게 '그래, 내 정신 건강이 온전한 것 같지 않아'라고 말한다면 저 자신이 위태로워질 것 같다는 거죠." 자기감정을 털어놓으려는 시도가 오해를 사고, 사람들이 병과 사람을 하나로 묶어서 생각하며, 급기야 '무슨 큰일이라도 난 것처럼' 대할까 봐 그는 두려웠다. 그는 자신의 삶도 제대로 건사하지 못하는 사람으로 매도되기를 바라지 않았던 것이다. 이런 이유로 그는 자신의 이야기(그의 말에 따르면 "그가 그 안에서 살기로 선택한 이야기 틀") 속에서 자신의 문제를 자신만의 표현으로 정의하고 싶었다.

3장에서 언급했듯이, 참가자들의 자신들을 드러내는 서사에 대한 '증인'은 매우 중요한 역할을 했다. 신뢰할 만한 사람이 되었든 전문가가 되었든, 증인들은 참가자들의 새로운 이해에 기여하고 그것을 뒷받침했다. 그리고 의혹과 저항을 잠재우고 외부 관점에서 참가자들의 견해에 정당성을 부여했다. 그들은 참가자들을 위해 존재했고 참가자들과 한 팀을 이루었다. 그들이 인정해줌으로써 참가자들의 고통과 외로움은 한결 가벼워졌다. 주관성이 일종의 객관성을 얻은 것이다.

하지만 다른 사람과 이야기를 나눈다는 것은 자신의 사적인 이야기를 위험에 노출할 수 있다는 말이다. 대부분의 사람들은 누구에게 언제 어떻게 얘기하느냐의 문제를 매우 조심스럽게 다루었다. 그들이 사적인 이야기 공개를 꺼렸던 가장 주된 이유는 그 자리에서 배척받을까 하는 우려 때문이 아니었다. 근래 남편을 잃고 은퇴한 예순다섯 살의 바브의 말을 인용하자면, 오히려 그들은 "대부분이 이해하지 못할 것 같다"는 기분이 들었다.

맥락을 고려하면 이런 우려엔 전형적으로 한 가지 의미가 내포되어 있었다. 참가자들이 어떻게 그 이질적 요소들을 일목요연하게 정리하여 그들의 주체성과 통제력을 회복하려 하는지를 다른 사람들은 이해할 수 없다는 것이었다. 왜냐하면 그들은 참가자들이 선택한 용어를 가지고 곤경, 진단, 약물복용의 문제를 이해할 수 있는 것이 아니었기 때문이다. 한마디로 그들은 참가자들이 말한 대로 이야기를 받아들이지 않을 것이다. 이런 예상은 매우 심란한 것이었다. 자기 정의가 위태로웠기 때문이다.[39]

증인으로 삼기 위해서는 또 다른 범주를 더할 필요가 있다. 그런 증인을 나는 '중립적이며' '곧이곧대로 듣지 않는' 감사관이라 부를 것이다. 사람들이 털어놓는 이야기를 듣는 이 감사관들은 화자의 관점에서 그들의 말을 지지해주지 않는다. 어떤입장도 취하지 않고 중립을 지키거나 혹은 화자의 이야기에 대해 질문을 하거나 이의를 제기하며 곧이곧대로 들어주지 않는다.

참가자들은 중립성이라는 단어를 자기들 말을 곧이곧대로 들어주지 않는 의미로 여겼다. 상대의 반응이 적대적이거나 모욕적으로 느껴질 때는 더욱 그렇게 여겼다. 왜냐하면 참가자들은 자신들의 이야기가 존중받아 마땅하다고 생각했기 때문이다. 그래서 나는 '중립성'이라는 단어를 참가자들이 그 단어를 어떻게 이해했는지와 상관없이 직접적 지지가 없는 경우에 한정해 사용하기로 한다. 증인과 마찬가지로 중립적이며 곧이곧대로 들어주지 않는 감사관은 전문가일 수도 있고, 신뢰할 만한 사람이거나 아니면 속내를 털어놓는 이야기를 들어주는 다른 사람일 수도 있다.

단 한 사람의 참가자만이 상대로부터 낙인찍기를 직접적으로 당한 적이 있다고 말했다. 그런데 정확히 어떤 상황에서 낙인찍기를 당했는지가 매우 불확실했다. 문제가 있다거나 '본의아니게 다르다는 것'을 다른 사람들이 직접 눈으로 볼 수 없는 상황이라면 그런 식의 만남은 흔한 일이 아니다.[40] 그러나 많은 사람들이 사회나 가족으로부터(어떤 경우엔 스스로부터도) 진단이나 약물치료에 대해 보이는 공통된 부정적 태도를 경험한 적이 있다고 했다. 그리고 그런 이유로 그들은 자신들의 문제를 공개적으로 드러내지 않았다.

예를 들어 스물일곱 살의 크리스탈은 사회복지를 전공하는 대학원생이었다. 그는 우울증 진단을 받고 거의 10년 동안 약을 간헐적으로 복용했다. 그는 약물복용에 대해 당뇨에 걸려 인슐린을 맞는 것과 다름없는 치료라고 여겼지만, 다른 사람들은 그것에 대해 부정적 견해를 가지고 있다고 믿었다. 그에 따르면, 사람들은 '우울증을 진짜 병으로 여기지 않으며' '얼마든지 털고 일어날 수 있는 것이므로 우울증은 핑계에 불과하다고 본다'는 것이다. 크리스탈 또한 사람들이 자신을 불안정하고 신뢰할 수 없는 존재로 볼까 봐 두려워했고, 자신이 약을 복용한다는 사실을 알까 봐 전전긍긍했다. "좀 괜찮다 싶으면(그래서 약물복용을 중단하게 되면), 곧바로 저는 그 흔적이 될 만한 것들을 없애버릴 거예요. 사람들이 알게 하고 싶지 않으니까요."[41]

3장에서 잠시 언급했듯이, 일부 참가자들은 전문가로부터 그들이 기대했던 반응을 얻지 못했다. 예를 들어 니아는 전문가와의 만남과 무관하게 스스로 우울증이라 생각했다. 정신과 의사와의 첫 면담 뒤, 그는 요컨대 "아무 문제가 없어요"라는 말을 들었다. 이런 비슷한 경험을 했던 몇몇 사람들과 마찬가지로 그는 의사의 말에 화가 나서 다른 의사를 찾아갔다. 신뢰할 만한 사람을 찾는 문제와 관련하여 참가자들은 자신들을 드러내는 이야기를 듣고 그것을 긍정해주고 도움을 주는 사람에게만 자신들의 문제를 공개했다고 말했다. 그들은 문제와 진단명 그리고 약물복용에 대해 저마다 생각하는 의미에 따라 사람들을 분류했다. 그 어떤 사람에게도 자기 이야기를 털어놓은 적이 없다는 사례가 두 건이 있었는데, 그 두 사람은 불확실한 태도로 자신들에게 그런 긍정적 반응을 보여준 사람이 없었다고 했다.

참가자들이 보기에 사람들이 이야기를 듣고 오해하는 데는 두 가지 패턴이 있었다. 하나는 공개하는 이야기를 듣고 문제를 부풀려서 생각하고 참가자를 '다르게'('이상하다', '미쳤다', '망가졌다') 본다는 것이다. 참가자들은 우울증과 같은 진단을 받았거나 항우울제를 복용하는 치료를 받는다고 하면 사람들이 마치 심각한 장애가 있는 것처럼 본다고 생각했다. 참가자들은 어떤 의미에서 엉뚱한 부류로 취급받는 것을 두려워했다. 라이언의 표현에 따르면, 어느 정도 각오하긴 했지만 자신의 이야기 공개가 문제를 '의외로 더 극단적으로 들리게' 만들까 봐 우려했다. 최근 은퇴한 바브는 대부분의 사람들이 잘 이해하지 못하리라 생각했는데, 그는 감사관 역할을 하는 사람들에게 자기 이야기를 공개하는 일에 대해 이렇게 말했다. "그들이 호들갑 떨 거라곤 생각하지 않아요. 그보다 '음, 좀 이상하긴 하군'이라고 하겠지요." "그래도 그것을 이상하게 여기지 않는 사람들이 많아서요"라고 그가 덧붙였다.

이와 대조적으로 공개하는 이야기를 듣고 그 곤경을 과소평가하는 사람들도 있으리라 예상하는 참가자들도 있었다. 그것은 진짜 문제가 아니니 힘내라는 식으로 말한다는 것이다. 예를 들어 미디어회사에 다니는 스물세 살의 루이스가 있다. 그는 일을 체계적으로 하지 못하고 산만하다는 지적에 고민이 많다고 했다. 그동안 의학적 도움을 구한 적이 없으며, 신뢰할 만한 주변 사람들로부터 서로 모순된 피드백을 받았다. 몇몇 친구들은 의학적 도움을 구하라고 조언했지만, 여자친구는 그에 반대했다. 그는 전문가에게 자기 경험을 털어놓는 일을 매우 꺼렸다. 왜냐하면 전문가가 그에겐 아무 문제도 없다고 말하지 않을까 봐 두려웠기 때문이다. 전문가는 "제대로 집중하지 않아서 그래요"라고 말할지도 몰랐다.

자기 성찰에 대한 우려는 좀 더 심각한 문제로 이어진다. 그것은 일관되지 못한 여러 견해에 대한 참가자들의 언급에서 잘 나타난다. 그들은 감사관 역할을 하는 이가 중립적이거나 부정적인 기조의 해석을 내놓을까 우려했다. 증인들은 곤경, 장애 분류의 자기화, 약물복용에 따르는 애매함을 덜어내는 데 도움이 되는 반면, 중립적이며 부정적인 반응은 그 애매함을 더했다. 이런 의미에서 이야기 공개에 대한 가장 큰 우려는 (특히 자기 문제를 드러내는 것이 가장 취약한 위기의 순간이나 결정의 순간에) 다른 사람이 그 진정성을 의심하거나 의문을 제기함으로써 자신의 이야기를 불안정하게 뒤흔들 수 있다는 점이었다. 앞서 본 바와 같이 이런 불안정한 가능성은 실제 그럴 수도 있고, 그렇게 생각만 한 것일 수도 있다.

참가자들은 신뢰하는 이에 의해서든 아니면 전문가에 의해서든, 자기 취향에 맞게 선택적으로 해석하는 것과 같은 부정적인 반응은 일종의 낙인찍기라고 느꼈다. 참가자들은 자기들 식으로 사람들이 인지하고 긍정해주기를 기대했다. 다른 경우에선 그들이 무슨 말이나 행동을 하기도 전에 중립적 감사관 자체에 신경을 썼다. 서로 다른 소리를 할 가능성이 농후하면 아예 이야기를 공개하지 않았다.

이런 우려는 다른 사람들의 반응에만 국한된 것이 아니라 때로 참가자 자신에게서 비롯된 문제이기도 했다. 많은 사람들은 자신들의 곤경을 얘기하는 것이 자기충족적 예언이 되지 않을까 우려했다.[42] 예를 들어 막 대학을 졸업한 마이클은 사회적 상황에서 어떤 종류의 치료도 정당하지 않다고 생각했다. 마이클은 앞서 장애가 있다는 사실은 자신을 나쁜 사람이 아니라 '다른 사람'으로 만드는 것이라 말했던 바로 그 젊은이다. 다른 사람에게 자기 이야기를 털어놓는 것이 어떠냐고 물었을 때, 그는 그것을 거부하는 뜻을 다른 사람의 반응이 아니라 자신을 정상이라 여기고 싶은 자기 욕구의 관점에서 설명했다.

예를 들어 인터뷰하면서 우리는 자기 조력 모임에 참석하는 것과 같은 방법을 생각해본 적이 있는지 물었다. 그는 이렇게 답했다. "단지 제가 그런 사람이 아니라고 생각한다 해서 저는 자기 조력 모임에 참석하는, 그런 부류가 아니라고 말하는 게 아니에요. 제가 그런 사람이 아니라고 생각하는 것보다 그런 사람이 되고 싶지 않다는 마음이 더 클 거예요." 그러면서 "저는 제가 엉망이라 생각하고 싶지 않아요"라며 말을 끝맺을 때를 보면 무엇보다 그는 스스로를 바라보는 자기 시각에 관해 얘기하는 것이 분명해 보였다. 그는 자신을 엉망이라 생각하고 싶지 않았는데,

다른 사람들에게 이야기를 털어놓는 것은 그 상황을 더 악화시킬 수 있었다. 그것은 어떻게 보면 다른 사람의 말을 사용해 자신이 힘든 시간을 보냈다는 사실을 지지하거나 '정당화'하는 것이었다. 많은 사람들이 다른 사람의 반응과 자신의 반응, 이 모든 것을 우려하며 이런 식으로 말했다.

자기 이야기를 공개하는 것이 어떻게 다른 사람으로부터 연민이나 동정의 반응을 끌어낼 수 있는지에 대해 언급했던 몇몇 사례를 보면, 이런 우려에는 동일한 역학이 작용했다. 문제의 핵심은 오해에 대한 우려가 아니라 자기효능감이나 스스로 자기 문제를 감당하는 일에 대한 기대감에 미치지 못해 생길 당혹감이었다. 이런 사람들만이 자신들이 처한 상황에 부끄러움을 느낀다고 직설적으로 말했다. (다른 사람들도 그 점을 명확하게 암시하긴 했다.) 그들은 공개하려는 이야기가 고통 그 자체에 대한 것이든 아니면 도움이 필요하다는 것이든 문제를 더 악화시킨다고 생각했다.

가장 분명한 사례는 앰버의 경우였다. 스물일곱 살의 그는 남자친구가 자신과 두 아이를 버리고 떠났을 때 감정적으로 매우 힘들었다. 그는 이렇게 말한다.

> 연민의 대상이 되고 싶지 않아요. 왜냐하면 그렇게 되면 나약하다는 느낌이 들 테니까요…. 누군가가 저를 보고 안 되었다는 생각을 한다면… 저는 마치 그 사람이 저를 내려다보는 것 같아 열등감을 느낄 거예요. 저는 그보다 좀 더 굳셀 필요가 있어요. 아니면 서로 비슷한 존재라고 여길 필요가 있어요. 비

록 제가 이런 힘든 시기를 겪고 있다 하더라도 말이죠.

이런 사람들은 연민을 연약하거나 도움이 필요한 사람에 대한 반응으로 본다. 아무리 선의가 있는 반응일지라도 그런 반응을 유발하는 행위는 다른 사람 눈에 자신을 나약한 존재로 보이게 하는 일이며, 스스로도 자신을 '유약하거나' '못난' 존재로 보게 한다는 것이다. 이런 이유로 그들은 자신들이 겪은 일을 남에게 털어놓는 것을 극도로 꺼렸다.

사람들이 자신들의 이야기를 공개하기를 꺼리는 마지막 이유이자 가장 흔히 말하는 이유는, 자신들에 대한 타인의 태도보다 참가자들 스스로에 대한 관점과 더 깊은 관련성이 있는 것으로 보였다. 어떤 이들은 스스로를 개인적인 성향의 사람이라 묘사하기도 했다. 그런 사람들은 자신들이 처한 상황에 대해 부끄러워 하지 않았다. 그러나 아주 가까운 소수의 사람들 이외에는 그 누구에게도 자신들의 곤경을 털어놓을 이유가 없다고 보았다. 조지아가 그런 이유를 댔다. 그는 우리가 3장에서 만났던, 경제적으로 쪼들리던 시기에 우울증 진단을 받은 여성이다. 조지아는 의식적으로 인상 관리를 했다. 그가 하는 인상 관리는 부분적으로는 강한 의지를 가진 이로서의 자기 이해를 위한 것이었다. 통제력을 회복하기 위해 그는 먼저 긍정적인 이미지를 자신에게 투사하면서, 동시에 다른 사람들 앞에서 그런 모습을 유지하기 위해 노력했다.

정상과 정신질환 사이

당뇨에 걸려 인슐린을 투여하는 것처럼 정기적으로 의학적 진단을 받고 치료하는 경우 신체의 기능부전에 대해 명확하고 일반적인 이해가 가능하다. 이런 경우엔 개인적 정의가 큰 중요성을 띠지 않는다. 그러나 참가자들 개개인의 곤경인 경우엔 개인적 의미가 중요하다. 스스로 의미를 부여한 것이든 혹은 수용한 것이든, 각자가 처한 상황이나 행동 방침에 대한 정의가 행해질 때 바로 인상 포인트가 나타났다. 일부 참가자들은 자신들의 정의를 의사들이 꼭 공유해야 한다고 생각하지 않는다고 말했지만, 그렇게 정의가 서로 노골적으로 대립하는 경우는 드물었다.

참가자들이 힘겹게 싸우는 대상은 의료 전문가들이 아니었다. 그들은 참가자들에게 곤경과 진단과 약물에 대한 특정한 이해를 강요하거나 요구하지 않았다. 진료실에서 행해지는 실질적 의사결정은 의미를 공유하는 것이 아니라 따라야 하는 것이었다. 그보다 참가자들이 힘겹게 싸우는 대상은 서로 양립할 수 없는, 상황의 여러 국면이었다. 그런 양립할 수 없는 국면들로 인해 자신들의 주체적 능력과 자유로움 그리고 자기 이해가 퇴색하게 되는 것이었다. 일상의 정신적 고통이 심각하게 의료화가 되는 사회적 상황에서 우리가 제나의 경우에서 보았던 것처럼, 이런 싸움은 그들의 곤경을 다음과 같이 이해하고 묘사하게 했다. 즉 그 곤경들이 진짜 실재하는 것이긴 하지만, 의학에서 암시하는 일부 불편하고 달갑지 않은 함의는 포함하지 않는 것이었다.

진단과 관련하여 중요한 함의는 '정신질환'이나 '정신적 장애'였고 다름과 통제력 상실이라는, 그것이 가진 끔찍한 내포였다.

병이라는 극단으로 치닫지 않다

진단을 자기화한 사람이든 그렇지 않은 사람이든, 그들에겐 질병 분류가 자신들이 처한 어려움을 정의하는 데 중요한 도구였다. 3장에서 언급했듯이, 질병 분류를 받아들이지 않은 사람은 단 두 경우를 제외하고 심리치료적 관점에서 설명했다. 그들은 의학적 도움을 구하지 않았거나 의사의 진단을 받지 않았다. 인터뷰 당시에도 그들은 그런 도움을 구할 생각이 없다고 했다. (그러나 몇몇은 상황이 바뀌거나 나아지지 않는다면 다른 결정을 내릴 것이라며, 그 가능성을 열어놓고 있었다.) 그들은 자신들의 고통을 의사가 진단할 수 있는 정신과적 장애와는 다른 것으로 정의했다. 그중에는 정신질환을 정상 범주의 스펙트럼에서 바라본다고 말하는 이들도 있었지만, 그 말을 자세히 들여다보면 그것은 단견의 소치였다. 정신질환은 신체적 질병이었다. 그리고 그들은 자신들의 경험을 묘사할 때 그와 같은 장애를 하나의 대조점으로 삼았다.

이 집단에 속하는 많은 사람들은 이렇게 주장했다. 자신들의 경험이 '병이라는 극단으로 치닫지 않은 것'임을 보여주는 신호는, 정신질환으로 진단할 수 있는 것들은 약물치료와 같은 행위가 필요하다는 것이었다. 그러나 자신들은 그런 경우는 아니라는 말이었다.

이 말을 한 사람은 독신이자 은퇴자인 예순한 살의 필리스였다. 그는 몹시 낯을 가리고 다른 사람들의 비판을 힘들어했다. 그리고 자신이 주기적으로 '위축되어 있는 것'이 우울증 탓이라 생각했다. 그는 살면서 여러 차례 심리치료사를 찾아간 적이 있었고 정식으로 범불안장애 진단을 받기도 했다. 그러나 그는 그 진단을 받아들이지 않았다. 그에게 진단은 보험을 위해 필요한 것일 뿐이었다. 그의 말에 따르면, 건강 관련 전문가들은 보험 변제를 위한 기록이 필요해서 진단을 내리는 것이라고 그에게 '면피 삼아' 말했다. 그가 말하는 이유 가운데 하나는, 병이 있는 사람은 약물로 큰 도움을 받을 수 있고 자신도 약물로 어느 정도 도움을 받을 수도 있겠지만, 자신은 그것이 필요 없다는 말이었다. 이는 '기질적인 문제'에 가까웠다. 정신병 진단을 받은 경우와 달리 그는 정신요법으로 자신의 문제를 해결하는 데 도움을 받았다.

좀 더 심리치료적 경향을 보이는 집단의 사람들은 자신들의 고통을 정상으로 여기지 않았다. 그렇다고 해서 그 고통을 다른 사람과 자신들을 차별화하는 것으로 보지도 않았다. (그렇게 보고 싶어 하지도 않았다.) 그들은 개인적 노력을 강조했고, 대부분 약물복용을 거부했다. 왜냐하면 약물복용이 받아들일 수 없는 의존이거나 변명이라고 그들은 믿었기 때문이다. 비록 그들보다 더 상태가 심각한 이들이라면 그것에 의지할 수는 있지만 말이다. 적어도 현재로선 그들의 곤경은 약물복용을 정당화할 정도는 아니었다.

한편 문제가 저절로 해결되기를 바라는 사람들도 있었다. 이 집단에 속하는 참가자들은 사회가 받아주지 않는다면 그 문제를 안고 살아갈 마음도 있다는 식이었다.

병이 함축하는 바를 정제하다

스스로 자신의 곤경을 정의하는 것은 의료적 관리를 받지 않는 이들에게 해당하는 일이었고, 의료적 관리를 받는 이들에겐 매우 힘들고 색다른 도전이었다. 장애/질병/증후군/질환의 형태로 나누어지는 DSM 질병 분류는 매우 위협적인 언어일 수 있다. 우리는 참가자들이 여러 형태로 다음과 같은 행동을 하는 모습을 이미 지켜본 바가 있었다. 그들은 자신들과 형식적 질병 분류 사이에 거리를 두었고("의사가 그렇게 부르더라고", "뭐, 불안증이라고 해두지" 등) 정도를 따져 그 분류의 의미를 설명했다("의사는 내가 우울증의 일종이라고 생각한대" 혹은 "의사가 내가 경미한 ADHD라고 하네" 등). 게다가 많은 사람들이 주목한 바와 같이, 정신질환에 대해 말한다는 것은 매우 심각한 문제의 이미지들을 떠올리게 한다. 한 사람은 다음과 같은 이미지를 말한다. "혼자 중얼거리는 사람".

또 다른 연구들에 따르면, 심각한 장애가 있는 사람도 정신질환의 언어를 피하려는 경향이 있었다. 예를 들어 사회학자 데이비드 카프가 우울증을 겪고 있는 사람들(5분의 3이 적어도 한 번은 정신병원에 입원한 적이 있는)과 나눈 인터뷰를 보면, 자신들의 문제가 정신병이라고 확실히 규정하는 이는 극히 소수였다. 그와 인터뷰한 한 사람의 말에 따르면, 대부분 '병이라는 사실을 정제하려고' 했다는 것이다. 카프에 의하면, 바로 이런 사람들이 전통

적인 '의학적 차원의 현실'을 채택하는 사람들이었다.[43]

그렇다면 질병 분류를 자기화한 사람들 가운데 다섯 명의 한 명꼴도 안 되는 사람들만이 자신들의 고통을 질병의 언어로 묘사하는 일을 받아들였다는 말이다. 그들은 약물복용은 질병 때문이라는 견해를 공유하는 듯 보였다. 따라서 그들이 약을 복용했다면 적어도 엄밀한 의미에서 병이 있다는 말이기도 했다. 그러나 그들이 강조하는 것은 자신들의 병은 심각한 장애라든가 통제력 상실과는 무관하다는 점이었다. 이와 관련하여 몇몇 참가자들은 그것을 당뇨나 관상동맥 위험 요인과 같은 것에 비유하기도 했다. 앞서 언급했던 사회복지학 대학원생 크리스탈의 말마따나, 이는 진단을 받은 자신의 문제(우울증)와 약물복용은 매우 일반적인 의학 현상이지 특별한 심각한 질병이 아니라는 말이었다.

질병 분류를 자기화한 또 다른 사람들의 경우, 그들은 여러 다른 단계를 밟아서 정신질환의 함의로부터 자신들을 좀 더 멀리 떨어뜨려 놓았다. 심리치료적 관점에서 자신들의 곤경을 해석했던 많은 사람들은 정식으로 진단을 받고 약을 복용하고 있었다. 그들이 질병 분류를 자기화한 것은 약물복용에 수반된 일이며, 사실상 약물복용 때문에 필요한 일이기도 했다. 그들은 자신들의 곤경을 상황적 딜레마에 대한 힘겨운 반응이라 규정했다. 그리고 몇몇 경우에는 약물복용이 임시적 조치임을 강조하기도 했다. 즉 그들은 만성 질환에 시달리는 것이 아니라는 점을 강조했던 것이다. 이들 중에는 자신들의 문제가 정신질환으로 분류되는 것은 오직 그렇게 되도록 내버려 두었을 때뿐이라고 생각했다.

두 번째 이혼으로 후유증을 앓고 있던, 전문 일러스트레이터인 쉰네 살의 멜리사는 불면증에 시달렸고, 시도 때도 울었으며, 기력이 크게 쇠했다. 가족 주치의를 찾아갔더니 우울증 진단과 함께 항우울제를 처방해주었다. 그 진단을 받아들이고 정신질환이라는 데 동의했지만, 그는 우울증을 질병으로 보는 시각은 너무 지나친 데다 자기충족적 힘을 부여하는 행위라고 믿었다. 그의 말에 따르면, "그것을 질병이라고 딱 매듭을 지어버리면 우리가 질병을 지배하는 것이 아니라 질병이 우리를 지배하게 되는 거로 생각하게 돼요. 제겐 우울증도 마찬가지예요." 그는 또한 약물복용에 대해 능동적 반응이 중요하다고 강조했다. 이런 부류의 참가자들로선 진단을 받을 정도의 문제는 때로 정신병으로 여겨질 수도 있다고 본다. 하지만 그들의 특별한 경우는 달랐다.

정신질환이라는 생각과 스스로 거리를 두면서 진단명을 무시하고 넘긴 사람들처럼, 그들도 자신들의 문제가 신체적 원인에서 기인했다는 생각으로부터 거리를 두었다.[44] 저마다 넌지시 얘기하는 바는, 자신들은 '정신적 능력'에 아무런 문제가 없다는 것이었다. 그들의 발언을 보면 생물학적 기능부전으로 인해 병에 걸렸다는 것은 심각한 도전이었다. 그것은 정신 건강상의 문제가 초래하는 위협을 누그러뜨리는 수준의 문제가 아니었다. 그것은 자기 주도의 통제력을 상실했다는 말이었으며, 자신의 행위와 감정이 인과적 결정론에 종속돼 있다는 말이었다. 한마디로 그들은 남들과 다른 존재며 자유롭지 못한 존재라는 의미였다. 질병분류를 자기화하는 과정에서 그들은 이와 같은 다름을 배격했다.

약을 복용하는 일이 진단명으로부터 스스로를 완전히 분리시키지 못했음을 의미한다면, 그들은 진단명과 정신질환을 분리하여 진단명이 가진 의미에 단서를 달았다.

제3의 상태

약을 먹든 안 먹든, 의료적 설명으로 질병 분류를 자기화한 사람들은 신체라는 도전과 결정론이라는 망령을 더 예민하게 받아들였다. 앞서 지적한 바와 같이 그중 일부는 질병에 관해 얘기했지만, 비록 전부든 일부든 신체의 기능부전으로 인한 문제라고 주장하면서도 자신들의 고통과 정신질환을 분리하고자 하는 균형감을 추구했다. 그들은 자신들의 고통을 일종의 '제3의 상태'(내가 만든 말이다), 즉 정상 상태도 아니고 그렇다고 완전히 병에 걸린 상태도 아닌, 그 중간으로 규정함으로써 이 분리를 성공적으로 해냈다. 많은 경우 참가자들은 자신들로 하여금 이런 생각을 할 수 있도록 해준 것은 의료 전문가나 신뢰할 수 있는 지인이라 했다. 참가자들의 고통은 일반적인 것이고(많은 보통 사람들이 똑같은 문제를 겪고 있다고 참가자들은 들었다) 그것은 그리 어렵지 않게 관리할 수 있으며, 더 나아가 '고칠 수도' 있다는 것이었다. 이런 관점에서는 다름을 불가피한 요소로 인정하며 또한 그것을 포함하고 있었다.

사람들은 '제3의 상태'가 무엇인지를 직접적으로 정의하지 않았다. 그들은 좀 더 폭넓은 이론적 차원이 아닌 개인의 의미 조성 차원에서 그 말을 사용했다. 게다가 이 관점의 핵심은 새로운 형태의 다름을 보여주기 위한 것이 아니라 다름에 관한 기존의 함축을 완화시키기 위한 것이었다. 제3의 상태는 정상이 아닌 것과 정신질환이 아닌 것 사이에 만들어진 틈이다. 사실 이 틈은 참가자들이 어떤 의미로 정의하든, 그것은 미리 정해진 의미가 아니라는 주장을 토대로 만들어진 것이라 해야 정확할 것이다. '제3의 상태'라고 하면 참가자들은 더 이상 질병 분류에 휘둘리지 않아도 되었다. 질병 분류가 아니라 그들이 자신들의 경험을 규정하는 것이었다.

가장 분명한 예는 일부 참가자들이 자신들의 경험 혹은 자기화한 질병 분류와 조현병이나 양극성장애 같은 심각한 정신질환을 명확히 구분하는 데서 찾아볼 수 있었다. 이에 관한 사례는 우리가 이미 2장에서 살펴본 바가 있는데, 명문 고등학교가 주는 압박감에 짓눌렸던 교사 에릭의 이야기가 그것이다. 그는 자신의 '불안감'(공식 진단명인 범불안장애라는 표현을 쓰지 않고 그의 식대로 부른)과 그가 '진짜배기'라고 부른 조현병과 같은 상태를 구분했었다.

이런 구분을 통해 사람들은 자신들의 경험은 그리 심각한 상태가 아니라고 주장할 뿐만 아니라 같은 의미에서 그 어떤 '상태'도 아니라고 주장했다. 한마디로 질적으로 다르다는 말이었다. 그 의미는 일정 부분 어떤 고정된 의미가 없다는 점에서 구별되는 것이었다. 그들의 주장에 따르면, 조현병이나 양극성장애는 우리가 개인적으로 자기화할 수 없다.[45] 일반적인 신체적 질병과 아주 비슷하게 그런 심각한 장애가 내포하는 의미는 그 고통을 겪는 이가 개인적으로 어찌해 볼 수 있는 것이 아니다. 이와 대조적으로 그들의 경험은 그런 식으로 규정되지 않았다.

그 대신, 그러나 같은 목적에서, 자신들의 경험이나 처한 환경과 공감대를 이루는 환경에 있는 다른 사람의 경험을 서로 비교하는 이들이 있었다. 3장에서 우리는 그런 몇몇 사례들을 살펴보았다. 이런 사례에서 참가자들은 자신들의 경험과 다른 사람의 경험(혹은 광고에서 나오는 이미지)이 비슷하다는 점을 강조했다. 왜냐하면 다른 사람들의 힘겨운 싸움은 그들에겐 하나의 본보기로 의학적 관심(진단)과 치료 대상이 되는 문제였기 때문이다. 물론 정신질환 같아 보이진 않는 본보기였다. 예를 들면 이런 문제들은 통제력을 크게 상실하거나 의사에게 의존하도록 할 것 같지는 않기 때문이었다. 본보기와 비교함으로써 그들은 정신질환으로부터는 안전하게 떨어져 있지만, 그렇다고 아주 정상은 아닌, 딱 중간지대에 자리하게 되었다. 진단을 공유한다는 것은 고통이 실재한다는 '증거'이며, 생물학적 설명을 뒷받침하고 약물 치료를 정당화하는 일이었다. 즉 그들은 제3의 상태였다.

패턴이 중복되는 또 다른 사례를 보면, 참가자들은 질병과 정상을 대조하고자 다른 의미가 있는 용어를 사용함으로써 제3의 상태를 표현하기도 했다. 그들 역시 자신들의 경험이 정신질환과는 질적으로 다르다고 보았다. 예를 들어 파이퍼는 이렇게 말한다. "정신질환이라 하면 조현병이나 미친 사람을 생각하죠? 그런데 저는 미치지 않았어요. 그저 신경과민일 뿐이에요. 그리고 말라리아가 병이라 해서 제가 슬픈 건 없어요." 오히려 파이퍼는 자신에게 다른 것이 있다고 생각했다. 그것은 참가자들이 정신질환은 잘못된 분류라고 말하는 또 다른 이유다. 그는 이렇게 바라본다.

> 저는 당신이 어떤 상태에 있는 거라고 봐요. 그 상태가 심각하진 않고 좀 문제가 있는 정도죠. 유전자에 좀 문제가 있어서 다른 사람들처럼 그 기능이 원활하게 돌아가지 않는 거예요…. 그런 건 얼마든지 생각해볼 수 있어요. 파란색 눈을 가진 사람, 녹색 눈을 가진 사람, 갈색 눈을 가진 사람이 있듯이 특정 화학물질을 너무 많이 가지고 있는 사람, 너무 적게 가지고 있는 사람, 딱 알맞게 가지고 있는 사람들이 있는 거죠. 저의 경우엔 그것이 무엇이든 너무 적게 가졌거나, 너무 많이 가져서 이 사달이 난 거예요.

파이퍼는 질병과는 다른 무언가를 가지고 있는데 그것이 무엇인지는 그도 정확히 모른다. 동시에 그것은 우리가 살다 보면 자연스레 겪는 우여곡절과는 다르다는 의미에서 제3의 것이기도 하다. 고통의 원인을 화학적 불균형에서 찾는 파이퍼는 사회적 상황 속에서의 불안감은 일반적인 수줍음과는 다르다고 주장한다.

약물복용은 일종의 결격사유

자신들의 곤경을 극복하고자 노력하는 과정에서 대다수 사람들은 정신질환을 자아상에 대한 위협으로 여겼다. 그것은 곧 통제력의 상실이며 여느 사람들과 다른 존재가 되는 것이고, 자기 문제를 스스로 해결할 수 없음을 의미했다. 이런 것들은 참가자들이 줄이거나 피하고 싶어 했던 치명적 요소들이었다.

대다수 사람들에게 정신질환은 또한 약물치료를 받아야 함을 의미했다. 앞서 언급했던 것처럼, 흥미롭게도 의료 관리를 받지 않았던 사람들은 진단과 약물 사이에 밀접하고 필연적으로 보이는 관계가 있다는 데 가장 분명한 태도를 보였다. 그것은 종종 그들이 의학적 도움을 구하지 않았던 이유 가운데 하나였다. 절망적이었지만 그럼에도 전문가를 만나려 하지 않았던 마야는 가장 담백하고 솔직한 사람이 아니었을까 싶다. "저는 의학적으로 우울증이 있는 사람이 되고 싶지 않아요. 왜냐하면 그건 제가 약을 먹어야 한다거나 무언가 더 끔찍한 상태라는 말이기 때문이죠." 그러나 거의 모든 사람이 그렇게 결부 지었다.[46]

보편적이며 효과가 있다고 하는데도 약물치료 역시 자아상을 손상할 수 있었다. 당연한 말이지만, 이것저것 브랜드를 바꾸고 복용량을 달리해보는 방식으로 약물복용을 수용한 대다수 참가자들은 어떤 면에서 그것이 도움이 되었다고 보았다. 그들의 말에 따르면, 개인적으로 여러 면에서 뚜렷하게 나아지게 되었으며, 약물복용이 자기 체험에 영향을 미치는 중요한 방식이 존재한다고 했다. (나는 6장에서 그들이 주목한 바를 좀 더 자세히 논할 것이다.)

그러나 대부분의 경우 약물복용엔 애매한 부분도 있었다. 약물복용의 이점과 약물복용이 의미하는 바에 대한 불안감 사이에 팽팽한 긴장감이 존재했다. 분명 사회적 규범은 작동했다. 약물복용은 정당화되어야 하는데, 그것은 진짜 문제가 있고 환자 개인이 어찌해 볼 수 없는 경우에 한해 허용될 수 있어야 한다는 의견이다. 이런 규범을 고려하여 참가자들 중에는 그것이 의지 박약, 의존성, 통제력 상실로 비칠까 우려를 표하는 사람들이 있었다. 그리고 많은 이들이 약물복용이 개인적 결격사유가 있음을 의미할까 걱정했다. 아무튼 이런 함의들까지 그들은 고려해야만 했다.

어떤 이들은 의존성에 대해 직접적인 우려를 표했다. 약물복용이 신체적 의존성을 유발할 수 있지 않을까 걱정하는 사람들이 어느 정도 있었다. 이에 대한 그들의 대응은 약을 적게 먹거나 아니면 복용량을 조절하거나 줄이는 방식이었다. 약물복용이 자립과 자족 능력의 상실을 의미할까 우려하는 경우는 좀 더 많았다.

프리랜서 웹디자이너인 마흔 살의 윌을 예로 들어보자. 그는 일을 할 때의 불안감과 일에 대한 활력과 의욕 상실에 대한 문제를 해결하기 위해 도움을 청했다. 그는 정식으로 '불안증'과 '주요우울증' 진단을 받았고 각각의 진단에 대해 2년간 약을 복용했다. 인터뷰 당시 그는 상담까지 받고 있었다. 그러나 그로선 문제를 '해결해나가는 데' 스스로 역부족이라 느꼈고 약물복용 이외에는 뾰족한 대안이 없었다. 그럼에도 윌은 "약을 먹는 행위에 열등감을 느낀다"고 역설했다. 그의 말에 따르면, 약물복용은 "의존적으로 되는 것이며, 약으로 삶을 유지한다는 생각이 들 때면 스스로 할 수 있는 것이 없다는 기분마저 든다"는 것이다. 그는 예전 여자친구에게만 자신의 진단 내용과 약물복용에 대해 말했을 뿐 다른 누구에게도 그 사실을 알리지 않았다.

약물복용이 개인적 결격사유가 있음을 함의한 것이 아니냐는 우려를 많은 사람들이 표명했다. 이런 우려는 여러 형태로 나타났다. 하나는 기능 향상에 대한 우려였다. 본질적으로 이 우려는 약물치료 효과가 지나치게 강력할 수 있다는 점을 전제한다. 의료상의 문제로 인한 증상을 완화시키기보다 부당한 이득을 준다는 것이다(여기엔 '공정한 경쟁의 장을 만들어야 한다'는 생각이 깔려 있다). 한 참가자에 따르면, 그들은 다른 사람보다 앞서 나가기 위해 약물을 복용한 것일 수도 있다. 참가자들이 애더럴이나 리탈린 같은 각성제를 복용할 때 이런 우려가 가장 뚜렷하게 나타났다. 이런 약물들은 장애를 치료하기 위한 목적이 아닌 용도(특히 대학생들이 학습 보조 수단으로 처방도 받지 않고 복용하는)로 사용되고 있음을 지적한 글들이 대단히 많았다.[47] ADHD의 의미와 각성제 복용 문제를 두고 고민하는 참가자들은 스포츠의 도핑처럼 기능 향상을 위한 약물복용은 일종의 부정행위라고 생각했다. 정식 진단을 받은 사람들의 경우에도 자신들이 불법적 이득을 취하는 것이 아니냐는 걱정을 했다.[48]

중복적으로 나타나는 또 다른 우려는, 많은 사람들이 지적하는 약물복용이 '손쉬운 해결책' 혹은 적절치 못한 '임시변통'이 아니냐는 비판에 관한 것이었다. 이 비판은 오직 이따금 직접적으로 표현될 뿐이었다. 예를 들어 쉰여섯 살의 모니크는 한때 항우울제를 복용했고 그것이 도움이 되었다고 했다. 그리고 다시 복용할까 생각 중이라고도 했다. 하지만 그는 약물치료가 종종 진짜 문제를 위장하거나 감추는 데 사용된다고 생각했다. 어떤 문제의 근본 원인을 외면할 수 있도록 해주기 때문에 약을 먹는 경우가 자주 있다고 그는 믿었다.

그러나 약물치료가 효과는 있지만 스스로 해야 할 바를 외면하게 만드는 것이 아니냐는 우려는 참가자들이 강조한 다른 문제만큼 표명되지는 않았다. 제나나 3장의 조지아의 경우처럼, 약물치료에 좀 더 주도적으로 임해야 한다는 점을 강조하는 사람들이 있었다. 1장의 리사처럼 약물복용을 제외한, 할 수 있는 모든 것을 해야 한다고 주장하는 사람들도 있었다. 이들은 어렵게 가는 길을 마다하지 않고 받아들였다.

일반적으로 결격의 문제를 표현하는 마지막 형태는, 약은 자연스러운 것이 아니라는 식의 우려와 관련이 있었다. 약은 감각을 둔하게 만들거나 원치 않는 성격적 변화를 유발할 수 있다는 의견이다.

예를 들어 금융회사에 다니는 마흔일곱 살의 오데타는 공식적으로 진단받은 자신의 우울증을 어떤 '상황'의 소산으로 묘사한다. 그는 다 큰 아들의 죽음으로 인한 슬픔, 이어서 남편과의 별거 그리고 자신의 인생은 하나의 실패작이라는 고통스러운 느낌을 두고 힘겨운 싸움을 벌여왔다. 그는 정신요법을 받고자 정신과 의사의 진료를 받고 있으며 항우울제도 복용하고 있다. 한편으로 약은 '종잡을 수 없었던' 그의 감정을 진정시켜준 공이 있으나 감정을 무디게 만들었다. 다른 한편으로 약은 한 가지 걱정을 불러일으켰다. 그는 이렇게 말한다. "뭔가 자연스럽지 않은 거예요. 아주 좋지 않은 기분이든 슬픈 기분이든, 그것들은 좋은 것은 아니지만 적어도 자연스럽잖아요." 오데타로선 좋지 않은 감정이 더 진실하다는 말이다.

　　약물치료와는 대조적으로 대다수 사람들은 정신요법을 이구동성으로 '부끄러운 일이 아니다'고 여기는 듯했다. 1장에서 언급한 바와 같이, 일부 남성들만이 예외였다. 그들은 다른 사람의 의견을 듣는 일에 거부감 혹은 의구심을 드러냈다. 그러나 분명

한 점은 참가자들은 거의 말하지 않지만, 통제된 상태에서 자기 이야기를 털어놓는 것과 다른 사람의 의견을 따르지 않는 것에 대한 우려와 관련하여 내가 했던 많은 말들은 치료사 만나기를 주저하는 일에도 적용할 수 있을 것이다.

제나가 학생건강센터를 찾아가는 데 주저한 일에 대해 분명히 말했던 것처럼 자기 이야기를 공개하는 것엔 불안이 따른다. 그것은 문제를 인정하는 일이며, 원치 않는 방식으로 그 이야기가 전개될 가능성이 있음을 받아들여야 한다는 것이다. 그와 동시에 제나가 지적한 바와 같이, 정신요법과 비교하여 약물치료의 길을 간다는 것은 '훨씬 더 과감한' 결단을 요했다. 정신요법이나 상담은 매우 단기적이며, 진단도 따로 없고, 정신질환이니 의존성이니 결격사유니 하는 것과 거리가 멀기에 훨씬 덜 위협적이다.

다르다는 위협

일상적 고통의 근간에는 이례적 경험이 자리한다. 참가자들의 의미 조성은 위협적 요소를 잘 조정하고 올바른 질서를 구축하기 위한 긍정적 조치에 수반된다. 그것이 자기 이야기를 공개하는 것이든, 진단을 받는 것이든, 의학적 설명을 듣는 것이든 혹은 약물치료를 받는 것이든, 많은 사람들에게 의학적 도움을 구하고 치료를 받는 일은 확실히 자아상을 위협하는 것이었다.

이때의 위협은 부정적 고정관념에 대한 두려움에서 오는 것이 아니라 실행 가능한 자아를 성취하고자 하는 목표와 그 수단 사이에 발생한 격차에서 오는 것이었다. 그 격차를 줄이기 위해, 즉 다름이라는 위협을 무력화하기 위해 참가자들은 자신들이 목표로 하는 긍정적 자아상에 걸맞게 의미를 정의하고 해석했다.

대부분의 이야기에서 참가자들이 목표하는 바는 능동적이며, 통제력을 갖춘 자기 정의적 존재였다. 이 목표는 참가자들이 강조하는 가치관에서 선명하게 드러났다. 그들은 다른 사람들과 상의하여 스스로 결정을 내렸다. 의료 전문가, 가족, 친구들의 판단을 존중하기는 하지만 결정을 내리는 것은 자기 방식대로였다. 그들은 문제를 해결하기 위한 행동들을 강조했다. 거기엔 개인의 노력도 있고, 스스로 통제력을 행사하는 것도 있다. 예를 들어 약물치료는 마법도 미봉책도 쉬운 탈출구도 아니었다. 그들은 자신들의 문제와 싸우기 위해 책임감 있게 임하고 의존적으로 되지 않고자 조심하고 또 경계했다.

원하는 자아상이란 참가자들의 가치 평가가 전제되어야 하는, 근간이 되는 규범과 이상에서 드러나는 것이다. 남자친구의 바람과 결별을 겪고 그 상황을 견뎌내야 했던 제나의 사례를 다시 떠올려보자. 그는 자신의 감정에 대해 유독 말을 아꼈다. '슬펐다', '이유 없이 울었다', '귀찮았다', '우울했다' 등이 인터뷰 내내 그가 했던 유일한 부정적 감정어 혹은 그와 관련된 표현이었다. 그는 자신이 처한 상황에서는 당연히 했음 직한 질투, 배신, 분노, 당혹감, 원한과 같이 복잡한 사회적 감정을 표현하는 말을 전혀 입 밖에 꺼내지 않았다. 대신 그는 (포괄적인) 부정적 감정을 비합리적이며 의미 없는 것으로 특징지었다. 그것은 자신의 진정한 감정이 아니라 외부에서 발산되는 그 무엇인 것이었다. 그는 정서적 효율성과 통제력에 대한 사회적 규범을 끌어와 그 경험을 이례적인 것이라 특징지었다. 그리고 그를 통해 다소 불안정한 상태이긴 하지만, 자신의 선한 자아가 무엇을 느끼고 어떤 행동을 했는지를 보여주었다.

참가자들이 자아를 평가하는 (종종 암묵적 형태를 띠는) 사회적 규범과 이상에 주의를 기울인다는 것은 자신들의 경험에서 비정상적인 것이 무엇이며, 재구축해야 하는 질서가 무엇인지를 가늠할 수 있도록 해준다. 의료적 도움을 구하는 데 따른 위험 요소에 대처하는 일은 문제를 바로잡고자 광범위한 노력을 기울이는 하나의 방편이다.

다음 장에서는 대다수 참가자들이 목표로 하는 실행 가능한 자아의 규범적 모습을 자세히 살펴봄으로써 무엇이 신경생물학적 접근을 흥미롭게 만드는지 그 성찰을 지속하려 한다. 이처럼 바람직한 것의 체계를 조망함으로써 그것이 실현 가능한 조건은 무엇인지를 가늠해볼 수 있다. 그것은 신경생물학적 상상법만이 제공할 수 있는 조건이자 자기 인식의 가능성이며 그리고 규범적 수행 능력이다.

5장

실행 가능한

자아를 찾아서

마흔한 살의 롭에겐 고통스러운 실연의 과거가 있다. 그가
진지하게 사귀었던 첫 번째 여자친구와의 사이에 실연의 아픔이
시작된 것은 몇 해 전이라 했다. 미래를 함께하리라 생각할 즈음,
그 여자가 다른 남자와 바람피운다는 사실을 알게 되었다. 큰 충
격을 받은 그는 넋 나간 사람처럼 그 어떤 일에도 집중을 하지 못
하고 극심한 공허감과 자책감에 시달렸다. 이런 감정들이 잦아들
무렵, 그는 자신에게 뭔가 문제가 있고 전문가의 도움이 필요하
다는 생각에 이르렀다. 그러나 그가 만난 심리학자는 아무런 문
제가 없다고 평가했다. 그리고 시간이 지나면서 이런 감정들은
완전히 누그러지더니 더는 그를 괴롭히지 않았다.

　　몇 년 후 롭은 그가 진심으로 마음을 두고 있었던 사람으
로부터 예기치 못한 퇴짜를 맞았다. 그는 다시 자기 인생의 모든
것에 대해 회의를 품기 시작했다. 자신의 반응이 왜 그렇게 절망

적이었는지 그리고 왜 훌훌 털고 일어나지 못했는지를 돌아보았다. 그는 심리학자를 다시 찾아갔고, 그 심리학자는 몇 가지 간단한 치료를 했다. 롭이 보기에 그것은 "별 효과가 없었던 것 같았다." 그럼에도 그는 얼마 후 새로운 인연을 만났다.

세 번째 실연과 집요한 감정의 격동을 치른 후, 롭은 해결책이 절실했고 어떤 문제든 이제는 완전히 끝을 보고 싶었다. 그는 심리학자를 또다시 찾아갔으나 이번엔 정신과 의사를 만나보라는 권유를 받았다. 그는 정신적 실패자가 된 듯한 기분에 진력이 났다. 실연 때문에 그토록 우울해지며, 그 감정을 곱씹고 잠을 설치는 것이 정상이 아니라는 생각이 다시금 들었다. 그의 친구들도 그렇게 생각했다고 그는 말한다.

자신의 이야기를 하면서 롭은 실연의 상처를 강조했지만, 그가 하는 일도 그에겐 거듭되는 상처였다. 여러 해 동안 그는 여러 직업을 전전했고, 하는 일마다 사람 때문이든 보수 때문이든 아니면 일 그 자체 때문이든 만족하지 못했다. 이런 문제들 때문에 그는 더욱더 분노하고 좌절했으며, 그가 보기에도 자신의 반응은 이상하고 균형을 잃었다. 친구들도 그가 과민 반응을 보인다는 점을 인정했다. 그들은 그렇게 낙담할 일도 아니고, 계속 화가 난 상태로 있어서는 안 된다고 보았다. 친구들은 그가 좀 덤덤할 필요가 있다고 했는데, 이런 말이 롭을 더 화나게 했다. 롭은 무엇이 필요하고 안 하고는 자기가 알아서 한다는 생각이다.

롭은 주변의 충고를 받아들여 정신과 의사를 만났다. 그의 말에 따르면, 진찰은 기본적으로 문답형식이었다. 문답이 끝나자 정신과 의사는 롭에게 정신요법은 효과가 없었던 것 같다고 말하며, '중간 정도의 우울증'이라고 진단을 내리고 항우울제를 처방해주었다.

처음에 롭은 약이 자신을 다른 존재, 예를 들어 '로봇과 같은' 존재로 만들어버릴까 봐 우려되어 몇 년 동안 항우울제를 복용했던 한 친구를 수소문했다. 변호사 일을 하던 그 친구는 롭에게 자신이 약물치료로 어떤 도움을 받았는지를 얘기해주었다. 그 친구의 이야기를 듣고 롭은 일단 약물치료를 받기로 마음을 정했다. 그로부터 2주 뒤, 롭은 기분이 나아지기 시작했다. 그의 감정 상태는 아직 '수위'가 있었으나 집중력은 좀 나아졌다.

롭이 보기에 '우울증'은 자신이 겪은 바를 설명하는 데 그리 적절한 단어가 아니었다. '진행 단계'(그는 이렇게 불렀다)를 거치는 동안, 그는 어떤 때는 기운이 처졌다가 또 어떤 때는 기운이 넘쳤다. 정신과 의사와 그는 청소년 시절에 겪었던 문제에 관해 얘기했는데, 그를 힘들게 했던 것은 슬픔이나 낙심이 아닌 수줍음이라는 것이었다. 이런 진단을 받으면서 그는 사실 불쾌했다. 왜냐하면 우울증은 공개적인 낙인찍기였기 때문이다.

신경생물학적 설명을 듣는 과정에서 이해를 달리하게 만든 인상 포인트가 드러났다. 정신과 의사의 진료를 받으러 갔을 때를 그는 이렇게 회상한다.

그가 어떤 이론을 얘기했는지는 기억나지 않아요. 그는 문제(우울증)를 일으킨 원인이 무엇이냐에 대해서는 여러 의견이 있을 수 있다고 설명했던 것 같아요. 그런데 그는… 우리 뇌 안에 있는 세로토닌이라는 물질을 가지고 감각 신경수용기를 설명했어요. 전 그저 그것 때문일 수도 있겠다고 생각했죠.

이런 의사의 진단을 계기로 롭은 다른 데서도 이와 관련된 정보를 구했다. 지난날을 돌아보건대, 자신은 우울증을 겪으면서도 그 사실을 인지하지 못하고 지냈던 것이 아닌가 싶었다. 이제 그는 평생 자신을 괴롭힌 고통이 유전적 요인에서 비롯되었다고 본다. 그렇게 보니 실연을 겪고 그토록 격렬한 감정적 반응을 보였던 것이 설명되었다. 성인이 되어 겪었던 직장 생활의 어려움과 청소년기에 겪었던 수줍음도 모두 설명되었다.

이렇게 새로운 해석을 하게 되자 롭은 그 어떤 지향적 대상도 없이 주체할 수 없었던 자신의 감정을 낯설게 바라보게 되었다. 그를 과거 속에서 허우적대게 했던 것은 신체적 상태의 결과물이었다. 그는 이렇게 주장한다. "이런 상태가 아니었다면 그리고 일이 없었거나 혹은 좋은 일자리가 아니었거나 아니면 안정된 연애를 하는 것이 아니었다면, 아마 저는 두 번 생각할 것도 없이 변화를 줘버렸을 거예요. 아니, 생각하고 자시고도 없었겠지요. 이도 저도 아니었다면, 저는 묵묵히 견뎌냈을 거고요."

그는 2년 동안 약을 먹으면서 효과가 있다고 느꼈다. 그러나 그즈음 건강보험을 잃게 되면서 약물치료를 중단해야 했다. 우여곡절 끝에 다시 약물치료를 받기 시작했는데, 다른 항우울제와 섞어서 복용했음에도 약이 예전만큼 잘 듣지 않는 듯했다. 이

후 그는 자신이 원하는 것을 분명하게 알았지만, 그의 기분을 늘 좋게 할 수 있는 것은 아무것도 찾지 못했다. 약물치료가 문제없이 잘 되었다면 그는 과감히 앞으로 나아갈 수 있었을 것이다. 살아가면서 문제가 닥치더라도 죄책감이나 무력감에 빠지지 않고 그것들을 잘 해결해나가면서 말이다. 그를 더할 나위 없는 상태로 만들어주고 정신요법이 큰 도움이 되지 않는다는 확신을 준 것은 약물치료였다. 그것이 없었다면 롭은 숙명론자가 되어 자신이 나아질 수 있으리라는 것을 꿈도 꾸지 못했을 것이다.

정상의 사회적 함의

4장에서 언급했던 제나 역시 상대의 부정과 실연으로 인해 감정적으로 매우 고통스러워했다. 제나와 마찬가지로 롭의 경우에도 관계의 상실이나 배신감 혹은 버림받았다는 감정 때문에 힘들어했던 것은 아니다. 적어도 처음에(첫 번째 시기라고 해두자) 그는 슬픔, 배신, 낙심 등의 감정을 느꼈고, 그런 상황에선 의미 있는 반응이라 생각했다. 제나처럼 롭은 자신이 겪은 초기 감정에 대해서는 거의 이야기를 하지 않았다. 그는 '정말 이상하다'라는 느낌과 '공허함'에 대해서만 언급할 뿐이었다. 그리고 그 느낌이 너무도 강렬하여 놀라는 한편 그것 때문에 힘들어했고, 또 그 느낌이 얼마간 지속되어 혼란스러워했다. 두 번째 시기에 그는 우울과 좌절의 감정이 부적절하다고 보았고, 이제 그는 격렬한 감정이나 그런 감정의 지속을 자신의 상황 탓으로 보지 않았다.

롭이 이런 판단을 하게 된 것은 자신이 틀에 박힌 상태에 갇혀 과거의 상처를 떨쳐내지 못하고 극심한 괴로움을 겪고 있다는 사실 때문이었다. 하지만 그가 곤경에 대해 내리는 정의는 자신에 대한 외적 기준을 전제했다. 다시 말해 친구들의 증언을 암묵적으로 참고하는 것이었다.

친구들은 두 시기에 그의 감정 상태가 이례적이었다는 점을 확인해주었다. 그가 실연이나 직장 생활의 불만을 언급하면 친구들은 이렇게 말했다고 한다. "뭘 대수라고! 세상의 반이 여자고, 다른 직업도 얼마든지 있는데!" 친구들과 공유하는 공통된 정서적 기준에 빗대어 그는 자신의 감정 상태가 이상하다고 말했다. 그는 어떤 감정을 자기 식대로 느끼면 안 된다고 생각했고, 곧바로 그런 감정에서 벗어나려 했다. 어떤 심리적 장애가 있는 사람이 아니라면 갈등 없이 곧바로 훌훌 털어버려야 하는 것이었다.

롭의 이야기에서 알 수 있듯이, 곤경은 사회적 규범을 전제한다. 여기서 사회적 규범이란 도덕적 교리, 정당한 욕망, 용인되는 삶의 방식, 고상한 가치의 특질, 수행 기대일 수도 있고 혹은 관계, 정서, 자아에 관한 여러 형태의 의무와 기준과 이상일 수도 있다.[1]

우리는 4장에서 이런 규범을 지속적이고 직접적으로 접해온 터였다. 인터뷰 참가자들은 자신들의 곤경과 진단 그리고 약물치료의 의미를 정의하고 그것들을 감당하는 과정에서 스스로의 통제력을 상실하지 않을까, 스스로의 노력이 충분치 않았던 것은 아닐까 그리고 스스로가 잘못하고 의존적이며 부적절한 감정 상태 등에 있는 것은 아닐까 우려를 표했다.

이 모든 평가는 불가피하게 다른 것과 비교할 수밖에 없는 측면이 있다.[2] 왜냐하면 그것들은 어떤 말로도 그 의미를 제대로 전달할 수 없기 때문이다. 받아들일 수 있는지 없는지, 더 나은지 혹은 더 나쁜지, 칭찬받을 만한지 비난받을 만한지를 결정하는 판단은 우리와 무관하다. 즉 그런 판단은 개인들이 내리는 것이 아니다. 그런 판단은 우리의 행위와 생각과 감정을 이해하고 평가하는 기준을 형성한다.[3]

일상의 행위를 지배하는 수많은 규범들은 단지 전통적 범주에 불과하다. 여기서 문제가 되는 규범인 사회적 규범은 그 이상의 것이다. 그런 규범이 영향을 미치는 것은 사회 속 존재로서 개인의 지위며, 그것은 선善에 대한 암묵적 가치체계를 반영한다. 강제력과 제도화에는 일정한 수위가 있지만, 사회적 규범엔 '당위'가 존재하며 그 당위는 우리 삶에 영향력을 발휘한다. 사회학자 마거릿 아처에 따르면, "사회적 규범은 우리의 행위를 분류하고 동시에 거기에 평가와 판단을 추가한다." 이를 통해 우리는 어떤 행동이나 상태 혹은 관계를 도덕적으로 비난받을 만하고 용납할 수 없으며 공격적인 것이라 여기기도 하고, 바람직하고 올바르며 좋은 것으로 여기기도 한다.[4]

사회적 기준과 이상은 우리 외부에 있는 것이지만, 그것을 가지고 자신을 평가하는 것은 내재화된 주관적 요소다. 미국처럼 복잡한 사회에서는 규범집이 여러 가지다. 뿌리 깊이 제도화된 규범조차도 모두가 그것을 따르거나 혹은 따라야 한다고 생각하지 않는다.

규범들 사이엔 긴장과 갈등이 존재한다. 우리는 특정 규범을 비판하거나 거부할 수 있으며 때로 신경조차 쓰지 않는다. 예를 들어 아처의 말에 따르면, "학업 성취와 관련하여 그 기준과 기대를 기계적으로 인정하면서도, 학업 성취에 대해 우리는 전적으로 무관심한 태도를 취할 수 있다."[5] 이른바 법적 규범과는 다른 사회적 규범으로부터 영향을 받으려면, 우리는 그것에 대해 신경을 써야 하고 그 규범의 의미를 어느 정도 내재화해야 한다.

특히 선과 주관성이라는 서로 연계된 문제에서 우리는 종종 사회적 규범을 당연한 것으로 여기며 그것을 배경에 둔다. 일상의 고통에서와같이 사회적 규범을 자극하거나 어기는 일이 일어날 때 혹은 일탈이나 실패가 있을 때, 우리는 비로소 그 실체를 인식할 수 있다. 결국 사람들은 보통 때 사회적 규범을 의식하지 못할 수 있다는 것이다. 예를 들어 롭은 자신의 곤경을 묘사할 때 정상이라는 것의 사회적 의미를 염두에 두고 있음을 어느 정도 자각하고 있었다. 또한 자기평가는 사회적 영향으로부터 자유로운 자신의 개별적이며 사적인 판단을 반영하는 것으로 생각했다. 다른 참가자들도 이와 비슷한 말을 했는데, 때로 사회적 기준을 자각하고 그것을 분명히 표현하기도 했으나 그런 일이 자주 있었던 것은 아니다.[6]

참가자들이 어떤 평가를 하는지를 보기 위해 나는 종종 그들이 자신들의 말이나 감정을 설득력 있게 전달하기 위해 사용하는 기대치 혹은 기준이 무엇인지를 유추해야 했다.[7] 이것은 어느 정도 예상된 바였다. 그들의 평가와 비교가 꼭 그들이 의식적으로 견지하는 체계적 철학이나 선에 대한 포괄적 관점을 드러내야 하는 것은 아니다. 인류학자 메리 더글러스의 말을 빌자면, 우리 대부분은 "세상에 대한 견해는 특정한 실제적 문제에 반응하느라 온전한 형태를 갖추지 못한다."[8]

　　일상의 고통은 우리의 자존감에 직접적으로 영향을 미치므로 우리의 주관성을 들여다볼 수 있는 유일한 창이다. 그러나 우리는 단 한 가지의 지향적 의미 혹은 자율성과 같은 원리를 얘기하지 않고 맥락에 따른 다양한 가치와 선을 말한다. 일부러 규범집을 바꾸는 경우를 제외하고 사람들은 무엇이 적절한지 아닌지, 무엇을 용인하고 용인할 수 없는지 그리고 무엇이 옳은지 그른지를 결정할 때 자신만의 근거를 굳이 확인하지 않는다.[9] 규범에 맞춰보는 것은 일상의 고통에 관해 이야기를 할 때 그 안에 함축돼 있다. 따라서 참가자들이 굳이 말을 하지 않더라도 그리고 스스로 인지하지 못하더라도 충분히 그들의 이야기에서 유추할 수 있다.

　　이 장에서 나는 관계와 감정 그리고 자아에 관한 사회적 규범을 자세히 살펴볼 것이다. 이 규범들은 참가자들이 스스로의 상태를 판단하고 곤경의 해결책을 찾을 때 그 기준으로 삼는 것들이다. 관련된 존재 규범이 무엇인지를 상세히 설명하는 것은 매우 중요한 일이다. 왜냐하면 참가자들이 그 존재 규범을 어떻게 이해하고 반응하는지를 보면 그들이 처한 곤경의 배후를 어떻게 바라보는지, 왜 그 곤경을 겪고 있는지, 그것을 이겨내기 위해 무엇이 필요한지 그리고 그 노력의 결과(약물치료의 결과까지 포함하여)를 어떻게 이해받고 평가받을 수 있는지를 미루어 짐작할 수 있기 때문이다. 선한 자아가 무엇을 요구하는지의 문제와 관련하여 바로 여기서 우리는 신경생물학적 상상법, 즉 문제가 어떻게 돌아가는지 그리고 어떻게 돌아가야 하는지에 대한 상상이 설득력 있다는 점을 알게 된다.

우리를 지배하는 규범들

'들어가며'에서 다루었듯이, 불만에 찬 참가자들이 자신들의 곤경과 관련된 구체적 정황과 원천으로 지목한 것들은 넓은 의미에서 실적과 성취 그리고 상실의 범주로 집약되었다. 이와 같은 곤경들은 분명한 의미에서 서로 다른 것들이다. 그것들은 서로 다른 기준에 입각해 규정되었으며 (진단 범주로 분류한다면) 서로 다른 범주에 들어갔다. 예를 들어 사회적 성과와 관련된 문제는 외향적 기준을 전제했다. 그리고 공식적이거나 적절하다고 할 수 있는 진단을 내린다면 사회불안장애가 가장 흔한 것이 되었다. 마찬가지로 학습 부진의 문제는 집중력과 체계성을 기준으로 재단되었고, ADHD가 가장 흔한 진단 범주가 되었다. 다른 형태의 곤경도 이런 식이었다.

이와 대조적으로 참가자들이 개선책을 모색할 수 있는 조건들을 고려할 때는 다른 패턴이 발견된다. 특정한 정황과 불만이 있다 하더라도 올바른 질서를 회복하기 위해서는 매우 유사하고 관련성이 깊은 존재 규범을 준수하려는 노력이 뒤따라야 했다. 예를 들어 충분한 기량을 발휘하지 못하는 참가자들은 미리 대비하고 최적화를 할 수 있는 사람이 기준점이 된다. 그러나 성취와 상실의 문제로 곤경을 겪는 참가자들에게도 이 기준은 똑같이 적용된다. 정서적 효율성, 개별적 자율성, 자기 승인 문제 같은 그 밖의 다른 사회적 규범에서도 마찬가지다.

　대부분의 참가자들 사이에서 가장 두드러진 차이점은 다른 기준에 대해서보다 자신들의 상황에 관해 역설하거나 설명하는 데서 나타났다(적어도 나의 방법론이라는 것과 한 번의 인터뷰라는 것의 한계 안에서 최대한 파악한 결과임을 감안해야 할 것이다). 특히 사회적 계급에 따라 몇 가지 분명한 예외도 존재했다. 모두가 동일한 가치를 공유하는 것은 아니었으며 그 정도도 각각 달랐다. 그렇다고 내가 획일성을 요구하는 것은 아니다. 그러나 가족유사성이라 하는 유사성이 두드러지게 나타나며 그것이 가리키는 규범성을 폭넓게 공유했다.[10] 이것은 아리스토텔레스가 말하는 정체政體의 맥락에서 우리가 말할 수 있는 의미다. 즉 우리를 지배하고 명령하는 선에 대한 일관된 관점이다.

　참가자들의 이야기에서 강조되는 바는, 지난날 그들이 어떤 상태에 처해 있었는가 하는 것보다 지금 어떤 상태이며 앞으로 어떤 상태에 놓여 있고 싶어 하는가였다(그것이 선택에 의한 것이든 필연에 의한 것이든 말이다). 명시적이든 암묵적이든 그들이 자신들을 판단하는 결정적 규범은 그들이 바라는 최종적 상태와 관련이 있었다. 예를 들어 자존감을 회복하고, 자신을 통제한다는 확신을 갖고, 꺼림칙한 마음 없이 생산적인 삶을 살아가는 것을 그들은 바랐다. 대부분의 사람들이 열망하는 것은 단순히 곤경을 해결하는 것이 아니라 자신들의 재개념화였다. 좀 더 '실행 가능한' 존재로 삶을 영위하고 한때 처했던 곤경에 다시는 빠지지 않는 존재로 자신을 재개념화하는 것이다.

자아의 재개념화

관계를 수행하고, 감정을 조절하고 표현하는 방법에 관한 사회적 규범을 포함한 모든 규범적 기준은 자신이 어떤 자아(주관성, 자기 자신과의 관계)이며 어떤 부류에 속하는지와 관련이 있다. 참가자들이 의학 용어와 그 함축된 의미를 어떻게 받아들이는지를 고려하면서, 나는 그것이 해석과 자신을 '실행 가능한 자아'로 볼 수 있어야 한다는 생각과의 화해에 기여한다는 사실을 보여주고자 했다.

우리가 인터뷰한 사람들이 자신들과의 관계를 평가하면서 실제로 '실행 가능한'이라는 말을 사용하진 않았다. 메리엄-웹스터 사전에 따르면, '실행 가능한'이라는 말의 한 가지 의미는 '적절히 실행하고 기능하고 발전할 수 있는 것'이다. 조금 다른 의미로는 '성공 가능성이 충분히 있다'는 것이다. 일상에선 사람을 두고 이런 식으로 말하지 않지만, 나는 이 말이 여러 참가자의 이야기 속에 스며 있는 평가의 틀을 잘 보여준다고 생각한다. 그들의 관점이 의료적이든 심리치료적이든 말이다.

이미 자신들의 표현으로 여실히 입증해 보였듯이, 그들은 종종 '기능적인, 효과적인, 합리적인, 생산적인, 부적절한, 균형이 맞지 않는, 불충분한' 등 애매하고 무미건조한 언어들을 사용했으며, 현재지향적이고 미래지향적인 것을 강조하고 그것에 더 큰 가치를 두었다. 다시 말해 과거의 사건이나 감정에 발목이 잡히거나 거기서 허우적대지 않고 앞으로 나아갈 수 있는 능력을 중시했다. 많은 이들이 자신들의 곤경을 좀 더 나은 상태로 만들거나 혹은 극복하는 것을 치료나 해소의 문제로 보지 않고 기계적 의미에서 '고치는 것'이라 보았다. 그들은 (실행 가능한) 다른 사람들처럼 삶을 영위하는 것이 그들의 궁극적 목표라 말하곤 했다. 인생이란 성공과 실패라는 이름으로 측정할 수 있는 일종의 프로젝트였다. '실행 가능한'이라는 말은 어렴풋하나 그와 관련해 중요한 관점을 포착해내는 데 적절한 표현처럼 보였다.

나는 사람들이 추구하는 것은 선하다고 하는 윤리적 표본에 맞춰 사는 일이라 주장해왔다. '실행 가능한'이라는 말은 윤리적 표현이 아니다. 참가자들은 도덕률이나 참회 등과 같은 의미에서 윤리적이거나 도덕적 언어 혹은 선이라는 이상적 기준에 따른 언어를 사용하지 않았다. 오히려 그들은 윤리적 반성과 같은 것을 염두에 두지 않았다고 하는 편이 더 적절할 것이다. 그들은 자신들을 어떻게 생각하는가를 윤리적 문제로 여기지 않았다. 자유주의 사회에서는 사람들의 삶에서 규범적 요소를 어느 정도 부정하는 것이 규범이 지배하는 상황에서 오히려 자연스러운 일부분이다. 자율적 자아는 도덕적 질서보다 우선하는 것이다.[11] 철학자 아이리스 머독의 말을 인용하자면, "내면의 삶을 도덕의 영역으로 여겨서는 안 된다."[12] 바로 이것이 우리가 전제하는 가정이라 해도 무방할 것이다.

이와 같은 윤리적 상황을 살펴보기 위해서는 거기서 빠진 것을 강조할 수밖에 없다. 일반적인 대화에서 우리는 '도덕적' 그리고 '윤리적'이라는 말을 정의와 타인에 대한 존중 그리고 옳고 그름과 허용과 금지의 문제에 주로 사용한다. 즉 도덕률이나 윤리적 원칙의 진술에, 명시적으로 성문화된 문제에 주로 사용한다. 그러나 이때의 의미는 매우 한정되어 있다.

철학자 미셸 푸코는 생애 막바지에 했던 유명한 인터뷰에서 이런 제안을 했다. "도덕의 역사를 거슬러 올라가기 위해서는 '행위', 즉 도덕적 처방과 관련하여 사람들이 실제로 하는 행동과 '도덕적 처방'을 구분해야 한다." 푸코는 공식적인 도덕 규칙과 행동 규범이 도덕적 변화를 이해하는 데 특별히 결정적이라 보지 않았다. 그런 것들은 시간이 흘러도 크게 변하지 않지만(십계명과 같은 것을 생각해보라), 도덕적 주관성의 실체는 변화무쌍한 것이다. 대신 푸코는 도덕적 처방의 다른 측면을 강조했다. "그것은 보통의 경우 동떨어진 것이 아니라 매우 중요한 것이다. 이는 윤리학이라 부르는 자기 자신과 맺어야 하는 그런 관계다. 그리고 그것은 개인이 어떻게 자신을 자기 행동의 도덕적 주제로 구성해야 하는가를 결정하는 것이다."[13]

'자기 자신과 맺어야 하는 관계'라는 표현은 곤경에 처한 것이 무엇인지를 가장 정확하게 묘사한다. 이 관계, 즉 주관성에는 윤리적이며 공적인 차원이 있다. 그것은 선과 존엄성 그리고 목적의식과 의미에 관해 우리가 어떤 입장을 가졌는지를 보여준다. 그것은 자기 가치에 관한 것이며 우리가 전념하고 있는 것, 우리의 애착과 믿음, 우리가 진정 중요하다고 여기는 것에 관한 것이다. 그것은 '당위', 즉 어떻게 우리 자신을 구성할 것인가에 관한 것이며 도덕적 차별, 권위에의 호소, 순응하기 위한 실제적 기술과 노력에 관한 것이기도 하다. 이런 윤리적 요소를 놓친다는 것은 참가자들이 중요하게 여기는 것, 자기평가에 대한 책임, 그들이 지키려 하는 기준, 성취하고자 하는 이상을 간과하는 것과 같다.

'실행 가능하다'는 말을 가벼이 꺼내지만, 그것은 사실 참가자들이 도덕적 책임감을 느끼고 그렇게 살려고 하는 사람들을 일컫는, 결코 가볍지 않은 개념이다. 이어지는 논의에서 나는 실행 가능한 자아에 대한 공통된(달리 강조를 해본다면) 규범과 미국 사회에 존재하는 이런 규범 체계에 대한 일반적 근거에 대해 간단히 살펴볼 것이다. 그리고 몇 가지 특기할 만한 예외사항도 살펴볼 것이다. 다른 존재 규범을 따르거나 추구하는 사람들도 있기 때문이다.

계약 관계와 연대의 규범

　　이제 롭의 이야기로 돌아가서 그가 평가를 내리는 기준을 보면, 자족에서부터 정서적 효율성과 개인적 적응력에 이르기까지 인터뷰 참가자들에게서 볼 수 있는, 주요한 사회적 규범들이 여럿 나타난다. 실연으로 인해 처하게 된 롭의 곤경은 관계의 상실로 인한 것이 아니라 그것을 털어내지 못하는데 그 원인이 있다. 상대로부터 거절을 당했을 때 롭은 적절한 자족감을 보여주지 못했던 것이다. 어떤 이유에서든 관계가 끝이 났을 때는 어깨를 한 번 으쓱하고 넘긴 뒤 자신의 인생을 이어나가야 했다. 일에서도 마찬가지다.

　　롭은 규범에 대해 말하지 않는다. 대신에 그는 자신의 기준은 오직 자신만의 것이며 자기 삶을 규정하는 문제에서 다른 사람의 말을 따를 이유가 없다고 주장한다. 물론 대부분의 참가자들도 그렇게 말했다. 핵심 목표는 자율성의 증진이었다. 이 말은 강제나 순응이 아닌 자유로운 선택을 의미한다. 자율성을 사회적 승인이나 비난의 대상이 될 수 있는 처신의 방식이나 의무와 같은 개념으로 강제하기란 쉽지 않지만, 외적 기준이 분명 관여돼 있다. 롭이 자신의 실연에 대해 말하는 방식을 보면, 연애와 충실함에 있어서 다른 사람의 말을 잘 믿고 쉽게 속아 넘어갈 수 있다는 것을 암시한다. 매번 그는 뒤통수를 맞았고, 여자친구들의 충실함을 고려하지 않았다는 사실에서 자신의 모습을 본 다음 그에 맞춰 자기 상태의 증상을 보는 듯하다. 그는 더 많은 자율성과 통제력을 유지해야 했다.

여기서 작동하는 관계의 규범들은 사회학자 앤서니 기든스가 '순수한 관계pure relationship'라고 부르는 규범과 매우 유사하다.[14] 기든스는 지난 수십 년 사이에 일어난 사회적 변화가 미친 영향에 대한 논리적 연역과 '치유 문헌'을 통해 이상적 관점을 도출한다. 그의 묘사가 보여주는 것은 대중적인 자기 조력 도서에 제시된 계약적 이상에 관한 공정한 모습이다. 여기서 말하는 이상이란 외부의 규범, 즉 고정된 사회적 지위, 미리 정의된 사회적 역할, 전통의 틀 등이 서서히 발산하면서 더불어 생겨난 것이며 또한 반대로 규범을 배양한 것이다. 이때의 외부 규범은 한때 친밀한 사람들 사이의 관계에서 닻 구실을 했던 것이다.

순수한 관계의 핵심적 특징은 관련된 파트너에게 영향을 줄 수 있는 것에만 반응한다는 점이다. 이런 의미에서 친족 관계와는 달리 그것은 순전히 선택된 관계이고, 따라서 더 큰 위험과 불확실성을 수반한다. 친밀성은 더 큰 기대를 갖는 동시에 위태위태한 것이다. 그것은 더 큰 짐을 지우는 일종의 시련(감정의 닻, 개인의 안녕, 욕구의 충족, 내밀한 감정의 표현을 만들어내는)이자 탐구의 장이다. 그러나 친밀성은 성취하는 것이고, 반드시 형성되어야 하는 신뢰를 위해서는 연애 파트너 혹은 친구가 서로 마음을 맞추고 상대에게 똑같이 헌신할 수 있도록 반사적이고 지속적으로 관계와 심적 만족감을 살펴야 한다. 적절히 유지되는 관계가 되려면 예측 가능하고 만족스러운 방식으로 서로 믿고 응대할 수 있도록 각자 자신만의 자율성과 확신을 유지해야 한다. 개인적 친밀이란 전적으로 기대는 것도, 당연하게 여기는 것도 아니다. 순수한 관계에선 각자 자기 탐구와 친밀감을 더욱 돈독하게 하는 일련의 과정에 참여하게 된다.

개인적 관계가 관련된 상황을 언급하는 인터뷰 참가자들 중 상당수는 그와 같은 계약적 기준을 가지고 자신들의 행위를 암묵적으로 판단했다. 롭의 경우처럼 실연으로 감정이 피폐해지면 순수한 관계적 기준이 아닌 다른 기준으로 자신의 이전 행동을 재평가하게 된다. 맥락상 이런 재평가는 개인의 긍정적 이상을 적극적으로 포용하는 것이 아니라 거절을 당해 평소와 다른 감정적 반응을 보이게 되면서 자기 가치를 지키기 위한 과정으로 보였다. 어느 쪽이든 규범은 경험을 판단하는 기준이다. 롭의 사례가 분명하게 암시하는 것은 자신에게 생물학적 문제가 없고 적절한 사회적 규범에 따라 살아왔었다면, 그는 이런 경험을 하지 않았으리라는 것이다. 그는 좀 더 신속하고 수월하게 고통을 털어버리고 감정을 추스르며 새로운 환경을 자신 있게 받아들였을 것이다. 그랬더라면 훨씬 더 많은 고통을 피할 수 있었을 것이다. 그가 회의적으로 바라보았던, 훌훌 털고 일어서는 방법은 그를 덜 집착하도록 만들어줄 올바른 약물치료법을 찾는 일이다.

흔한 경우이긴 했지만 모든 이가 그런 규범적 기준에 맞춰 자신을 판단하지는 않았다. 예를 들어 마흔일곱 살의 드웨인은 고객 서비스 부서에서 일한다. 그는 외톨이 신세라는 말로 자신의 곤경을 설명했다. 오랫동안 그에겐 그 수는 적지만 그를 응원해주는 절친한 친구들이 있었다. 그러나 1년 6개월 사이에 그는 그들과의 관계를 모두 잃었다. 한 명은 멀리 이사 갔고, 두 명은 각각 암과 약물중독으로 세상을 떠났으며, 또 다른 둘은 각자의 개인 사정으로 꾸준히 얼굴을 볼 수 없었다.

그에겐 이야기를 나눌 친구가 없었다. 그는 건강 상태가 좋지 않은 노쇠한 아버지를 모시고 있었으며, 그가 갱년기를 지나는 것 같다고 말한 아내와는 거의 대화를 하지 않았다. 그는 약물중독으로 세상을 떠난 친구를 더 많이 도와주지 못한 데 대한 회한을 피력하기도 했다. 진이 빠지고 '스트레스와 분노'로 가득 찬 그는 갈수록 술에 의존하는 정도가 높아졌고, 한때 흥미를 느꼈던 것들에 대해 모두 관심을 끊었다.

그러나 드웨인이 강조하는 것은 그런 문제가 아니다. 그는 이렇게 말한다. "누구나 부침을 겪기 마련이죠." 그에게 필요한 것은 안으로 꼭꼭 닫아두었던 감정의 '배출구'였다. 그는 친구들, 다시 말해 그의 '응원단'에 의지했다. 그들은 그의 이야기에 귀를 기울여주고 조언을 해주었으며, 때로는 듣기 싫은 쓴소리도 했다. 그가 애석해한 것은 그들을 잃어 의존할 데가 없다는 점이 아니었다. 드웨인으로 하여금 마음을 쓰게 만든 관계의 규범에서 보자면, 다른 이와 짐을 나누는, 우리가 '연대의 규범'이라 부르는 것이 바로 친구의 존재 이유였다.

드웨인으로선 자신의 곤경에서 벗어나는 것은 연대나 상호 의존의 새로운 결속을 맺는 일이다. 그는 새 응원단을 찾고 있고 교회 활동을 더 많이 한다. 그에 따르면, "얘기할 사람이 아무도 없어도 신에겐 언제나 얘기할 수 있으니까요." 약물을 복용한다는 생각은 그에게 도저히 용납할 수 없는 일이며, 그는 상담을 선택사항으로 여기지도 않는다. 흑인 남성들 사이에서 상담 치료는 일종의 오명이며 그도 그렇게 믿었다. 그러나 그들만의 하위 문화에서는 여전히 친구와 감정을 나눌 수 있었다.[15]

사실 드웨인의 사례가 어니스트의 사례이기도 했다. 어니스트는 마흔일곱 살이었으며 그 역시 아프리카계 미국인이었다. 약혼녀의 갑작스러운 죽음에 이어서 몸까지 나빠지는 바람에 실직한 그는 무기력과 무능력과 슬픔의 감정에 휩싸였다. 그는 전문가의 도움을 구했고 약물 처방까지 받았으나 약은 아무 효과가 없을 것이라 믿었다. 의미 있는 차도를 보여준 것은 다른 사람들, 가령 어머니 아파트 같은 동에 사는 사람들을 돕고 그들과 교류한 것이라고 그는 말한다. 애정과 명분이 있는 이런 교류가 '그의 목숨을 구했다'는 것이다.

합리적이고 효율적인 감정

참가자들의 이야기를 들어보면 전체적으로 관계의 규범이 감정의 규범과 얽혀 있었다.[16] 그들이 토로한 감정들은 다양한 반면, 그들의 평가에는 한결같이 통제력과 정확성과 효율성이라는 기준이 포함돼 있었다. 롭의 경우 조작적 규범은 실연을 겪을 때마다 관계를 털고 일어났어야 한다는 점을 명시한다. 냉정함을 유지하고 속히 다음으로 넘어갔어야 한다는 것이다.

그는 자기감정을 너무 격렬하게 몰아붙였다. 감정이란 그 것을 촉발한 사건에 맞춰 적정한 수준으로 발산해야 하는데 말이 다. 그는 좋지 않은 감정을 멈춰야 할 때를 놓치고 너무 멀리 끌 고 갔다. 감정이란 적절해야 하며 어느 정도 지속해야 하는지 그 한계를 정해야 하는데 말이다. 그는 자기감정을 충분히 제어하지 못하고 제멋대로 발산하게 내버려 뒀다. 감정이란 도구적 목적과 자기 자신의 역할을 해야 하는데 말이다. 문제는 특정한 감정이 나 그 대상에 있지 않고 감정을 겪고 있는 그 자신에게 있다.

성과지향의 다른 맥락에서 정서적 효율성의 이상적 모습 을 살펴보기 위해 우리는 10학년 때부터 마음의 고통을 겪기 시 작한 레이철의 사례를 생각해볼 수 있다. 그는 미적분 시험에서 B+를 받고 그가 '미니 공황장애'라고 부르는 충격에 빠졌다. 학 교에서 줄곧 영재 소리를 들었던 그에게 미적분은 난생처음 맞 이한 어려운 과목이었다. 그는 눈물을 흘리며 벌렁거리는 가슴을 끌어안고 손까지 떨어가며 그가 잘 따르는 선생님의 사무실로 찾 아갔다. 레이철을 진정시킬 수 없었던 선생님은 그의 어머니에게 연락했고, 어머니는 딸을 데리고 곧바로 주치의를 찾아갔다. 그 날, 의사는 레이철에게 범불안장애 진단을 내리고 항우울제를 처 방했다. 레이철은 학년말까지 그 약을 복용했으며, 어머니에게 반항하는 의미로 잠깐 복용을 중단했다가 대학에 들어가서 자발 적으로 다시 약을 복용했다.

1학년 중간고사 때 B-라는 학점이 나오자 그는 걱정이 되 었다. 크게 낙심한 그는 한바탕 울고 학점을 만회하기 위해 열심히 도움을 청했다. 그는 앞으로 더 힘든 수업이 있을 것을 대비하여 의사를 찾아갔는데, 의사는 그가 다시 약을 복용한다는 말에 기뻐했다. 레이철은 자신의 불안감(그의 말에 따르면, 학교생활에서만 생겨나는 것이다)을 '정량적으로' 적응할 수 있는 것과 그렇지 않은 것으로 나누었다. 공부를 열심히 해야 한다는 노심초사는 '적응할 수 있는' 불안이었으며, 이는 목적의식 면에서 그에게 중요한 것이었다. 그는 이렇게 말한다. "저는 제 자신에 대해 매우 높은 기준치를 가지고 있어요. 언제나 최선을 다해야 하며, 그 모습이 바로 저라고 생각해요."

그러나 시험 기간이 되면 다른 친구들과 달리 그는 지나치게 걱정을 했는데 이것이 그의 '잘 적응하지 못하는' 불안이었다. 그는 이 감정 경험이 잘못된 생물학적 기제에서 비롯되었고 본다. 왜냐하면 그는 부모를 포함하여 외적으로 다른 압력을 받은 적이 없기 때문이다. 그는 약물복용이 이런 '생물학적 불안'을 사전에 효과적으로 제어할 수 있도록 해준다고 믿는다. 그리고 좋은 성적을 낼 수 있도록 동기부여가 되면서 B나 C를 받을 것 같다며 걱정하는 경향을 덜어주는, 즉 걱정을 하더라도 좀 더 걸맞고(덜 정량적인) 효과적인 방식으로 할 수 있도록 해준다고 믿는다.

레이철과 롭 그리고 다른 참가자들이 겪은 경험을 판단하는 데 사용된 정서 조절의 규범들을 보면 넓은 의미에서 서로 유사한 합리적이고 중요한 초점을 공유했다. 그들의 목표는 감정의 기록부를 자신들의 통제하에 두는 것이었다. 그들은 지난 20년 동안 정서적 통제와 능숙함을 주요 주제로 다루었던 대중적인 자기 조력 도서를 연상시킨다.[17] 가장 두드러진 한 예가 대니얼 골먼의 베스트셀러 『EQ 감성 지능』인데, 이 책은 인사 관리와 훈련의 영역에서 진정 새로운 바람을 불러일으키는 데 한몫했다.

골먼이 정의한 바에 따르면, '감정 지능'이라는 개념은 자기 성찰 능력과 대인관계 능력을 한데 묶은 것을 가리킨다. 개인적 성찰 능력이란 자신의 감정 상태를 알고 그것을 감시하고 관리하여 동기부여와 투지의 원동력으로 삼는 능력이다. 한마디로 감정의 토로를 유예할 수 있고 유연성과 적응성을 포용할 수 있는 능력이다. 대인관계 기술은 다른 사람의 감정 상태를 파악하고 그들의 감정을 잘 어루만지면서 관계를 다루는 능력이다. 골먼은 '적절하다'라는 간단한 말로 감정 표현의 기준을 포착해낸다. 감정 지능이 높은 사람은 '정서적 삶이 풍요로우면서 적절한' 사람이다.[18]

이것이 의미하는 바는 다른 무엇보다 우리의 감정은 언제나 우리의 목적과 조화를 이루어야 한다는 점이다. 극단으로 치닫거나 갑자기 터트리거나 충동적으로 되어서는 안 된다. 필요할 때는 바로 행동에 이를 수 있어야 하고, 방해물이 있을 때는 그것을 떨쳐낼 수 있어야 한다. 그리고 주저하거나 죄책감을 느끼거나 불안해하지 않아야 한다. 적절한 감정이란 우리의 중요한 목적에 부합할 수 있는 감정이다. 많은 참가자에게 있어 '적절한' 감정이라는 기준은 자신들의 감정이 부적합했다는 점을 확인하는 조건이며 그들이 원하는 감정 상태를 보여주는 조건이었다.

자율적이며 책임감 있는 자아

참가자들의 이야기에서 계약 관계와 효율적 감정의 규범은 또 다른 사회적 규범을 반영한다. 롭의 감정은 자신이 보기에 '이상하다.' 그가 보기에 지나칠 뿐만 아니라 그의 의지에 반하기 때문이다. 그가 계속 마음이 쓰이는 것은 스스로 선택한 행위가 아니다. 레이철이 불안감에 적응할 수 없는 이유는 그가 그것을 통제할 수 없기 때문이다. 그의 말에 따르면, 약물치료를 통해 "저는 제가 하는 일을 통제할 수 있어요. 그리고 제가 원하는 것을 이룰 수 있고요."

이런 이야기들을 들어보면, 관계적 자족이나 정서적 효율성으로의 전환은 좀 더 폭넓은 개인적 자율성, 즉 자기 방향성, 선택, 의지, 적응성, 통제력으로의 전환이다. 대부분의 사람들에게 자율성은 철학자 이사야 벌린이 단순히 '부정적인 자유'라고 부르는 것의 문제가 아니었다. 그것은 다른 사람들로부터 독립된 개별적인 관점에서나 바라는 것을 추구하는 데 장애가 없을 때 실현되는 자유였다.[19] 이 규범에는 제멋대로의 감정과 같이 의존이나 다른 제약에서 벗어나기 위해 스스로 목표를 설정하고 그것을 추구하는 데 자신의 자유를 사용하는 긍정적 책임성도 포함돼 있었다.

필요한 독립성을 확보하는 것은 종종 다른 유형의 의존성, 즉 다른 사람의 기대나 의견에 좌우되는 불충분한 자유를 기준으로 평가되었다. 좀 더 뻔뻔할 필요가 있다는 친구들의 조언에 롭이 화를 낸 것은 바로 그런 규범을 건드렸기 때문이다. 그는 친구들의 의견에 의존하지 않고 자신의 현실을 스스로 결정했다. 많은 사람들이 이와 유사한 내용의 날카로운 언급을 했다. 그들은 사회적 기대를 모르는 바 아니었으나 그것은 스스로 정해야 한다는 점을 강조했다.

아르바이트 일을 두 개나 하는 서른다섯 살의 그레천은 엄격한 자율성의 규범에 따라 자신을 판단한다. 비록 그는 상담 치료를 받다 말기를 반복하면서 항우울제를 복용하고 있지만, 자신이 처한 곤경을 두고 '잘못 정의되고' '자가 진단된' 우울증과 불안으로 고생하는 것으로 묘사한다. 그는 낯선 사람들과의 체계가 잡히지 않은 사회적 상호작용으로 어려움을 겪고 있다. 그런 상호작용에서 그는 '취약한' 존재나 '가장 어색한' 존재가 된 것처럼 어쩔 줄 몰라 한다. 그는 더 일반적인 실패의 낌새에 대해서도 말한다. 그레천은 '자기 일을 하기로 한' 결정을 잘했다고 여기면서도, 속으로는 가족이나 다른 사람, 심지어 자기 자신을 실망시킬까 봐 걱정한다. 이렇게 걱정하는 것을 그는 약점으로 생각한다.

지금 우리는 눈앞의 명백한 기준에 따라 다른 사람의 기대에 주저하는 법 없이(심지어는 아랑곳도 하지 않고) 스스로의 선택에 따라 삶을 이끌어나간다. 그런데 그레천의 경우는 여기서 더 나아가 자율성의 규범이 가진 좀 더 깊은 함의를 시사한다. 사실 압박은 다른 사람에게서 오는 것이 아니라 바로 자기 자신에게서 온다는 것이다. 그가 암묵적으로 가정하는 바는, 자아란 다른 사람의 의견을 인정해야 하는 문제에서 언제나 통제권을 가져야 한다는 것이다. 더 나아가 자아는 다른 식의 가치를 갖는 것으로부터도 독립적이다. "제가 제 감정의 책임자인 거죠." 그러면서 그는 이렇게 말한다.

> 그러니까 그건 정말 바보 같은 열등감이에요. 왜냐하면 저 스스로 열등감을 느끼는 것이지, 제가 열등감을 느끼도록 만든 사람이 따로 없기 때문이에요. 그래서 머리론 알지요. 실제로는 그것 때문에 힘들고 그게 사실이라고 인정해야 하는 거예요.

이런 말을 들어보면 각 개인을 (거의) 천하무적으로 가정하는 것 같다. 자아 외에 그 누구도 그를 직접적으로 건드리거나 붙잡거나 방해할 수 없다는 것이다. 자유로이 선택할 수 있고, 의무나 관계에 얽매이지 않는다고 해서 오직 그것을 허용할 때만 굴레를 지고 속박을 당하는 것은 아니다. 그레천이 열등감을 느낄 때 그것은 자신이 그런 식으로 느끼도록 '만들기' 때문이다. 자신이 사랑하는 사람을 포함하여 그 누구도 그렇게 만들 순 없다. 자신들이 그렇게 되도록 내버려 뒀을 때 문제는 병이 된다고 강조하는 이들을 포함하여 다른 참가자들의 이야기들을 보더라도 유사한 입장을 취하고 있다. 자율적 규범을 기준으로 자신들을 판단할 때 참가자들은 공통적으로 그처럼 천하무적과 같은 대상을 전제한다.[20]

자기 조력 도서는 다시 한번 규범에 따른 자아의 유형을 보여주는 좋은 예가 될 수 있다. 1990년대 후반에 출간된 『누가 내 치즈를 옮겼을까?』라는 책은 글로벌 베스트셀러에 오르며 44개 국어로 번역되어 2천800만 부 이상 팔렸다.[21] 제목의 '치즈'는 사람들이 인생에서 바라는 것, 즉 그들을 행복하게 만들어줄 직업, 건강, 명예, 가족 등에 대한 은유다. 책은 환경이 바뀌어 소중한 꿈이 좌절될 때 성공한 사람들은 어떻게 반응하는가를 보여주는 우화다.

이 책에 따르면, 성공한 사람들은 변화를 기대하고 환영한다. 그들은 저항하지도 뒤돌아보지도 않고 변화를 예상하며 상황뿐 아니라 자신에게도 빠르게 적응한다. 그들은 두려움에 사로잡히거나, 안전지대에 매달리거나, 엎질러진 물에 한탄하지도 않는다. 그들은 '변화의 가장 큰 억제제'가 자신들의 마음속에 있다는 점을 잘 알고 있다. 따라서 그들은 미래를 예측하고, 위험을 감수하며, 더 나은 일들이 늘 앞에 놓여 있으리라 본다. 그들은 곧바로 균형을 잡고, 실수로부터 배우며, 헛된 생각을 하지 않고 거기에 맞춰나간다. 이 우화의 상상법으로 말하자면, 그들은 곧바로 운동화를 신을 준비가 돼 있다.

이 책이 전제하는 바에 따르면, 자아란 주권적 힘을 가지고 있으며 자신이 처한 상황과 과거의 약속이나 가치와 무관하게 자기 자리를 지킬 수 있다. 한마디로 천하무적인 것이다. 이런 현실을 살아가고자 한다면, 우리는 그 점을 인식하기만 하면 된다.

자율성의 규범은 분명 보편적인 평가 척도였지만, 거기에만 그치는 것은 아니었다. 앞서 언급한 드웨인이나 어니스트의 경우처럼 몇몇 사례에서 나타난 대안적 규범은 바로 연대의 규범이었다. 또 다른 예로 카미샤의 경우를 들 수 있는데, 그는 자신의 경험을 자율성과 연대의 규범으로 평가한다. 가진 것 없는 미혼모인 그의 사례는 사회계급의 문제에 관심을 갖게 만든다.

목표 의식이 뚜렷하고 자기 정의적이며 미래지향적인 삶을 꾸려나가고자 한다면, 즉 '자율적' 삶을 살기 위해서는 가진 것이 있어야 하고, 자기 공간이 마련되어야 하며, 타인으로부터 독립적이어야 한다. 이는 오직 부유하고 사회적 신분이 높은 이들만 가질 수 있는 것이다. 분명 개인의 소비 문제에서부터 직업적 가능성, 생활양식에 이르기까지 잠재적 선택의 유형과 범위는 계급 위치에 따라 크게 다르다. 그러나 전통적으로 계승되던 생활방식이 사라지면서 어떻게 살 것인가는 선택의 문제로 바뀐다. 이는 상류층뿐 아니라 모두에게 일어나는 변화다. 롭의 경우에서 보았듯이, 우리가 여기서 얘기하는 것은 열망의 문제, 즉 별개로 표현할 수 있으며 어떤 의미에서는 가능한 수단에 맞추어 표현할 수 있는 순응에 관한 욕망이라 할 수 있다. 카미샤의 경우는 가슴 아픈 예다.

카미샤는 서른둘 살이며 각각 십 대와 미취학 연령의 두 아들을 두고 있다. 그의 삶은 너무도 바쁘다. 일주일에 칠 일 그리고 하루에 여덟 시간 이상 일하는데, 주중에는 사무 보조로 일하고 주말엔 식당에서 서빙을 한다. 집에서는 이따금 어머니의 도움을 받으며 두 아들을 돌보고 학교와 유치원에 보낸다. 주말이 되면 남자친구를 만나는 그는 지난 수년간 형제를 비롯하여 자신과 인연이 있는 거의 모든 사람을 보살피고 있다. 카미샤에 따르면, 친구들 대부분이 자기보다 운이 좋지 않다(그리고 열심히 일하지도 않는다). 재정을 관리하는 일에서부터 구직에 이르기까지 많은 부분에서 그는 친구들의 인생에 관여를 해왔다. 여기서 그치지 않고 카미샤는 매일 일이 끝나면 치매를 앓는 할머니를 찾아가 간단한 간식거리를 챙겨주었는데, 할머니는 여간 깐깐한 분이 아닌 데다가 욕설까지 해댔다.

그리 놀랄 일도 아니지만, 일을 하고 두 아들을 키우고 그 모든 가욋일을 하느라 카미샤는 늘 녹초가 된다고 말한다. 그는 자신이 피곤에 찌든 것은 그런 상황을 고려할 때 당연하다고 본다. 그리고 남을 도울 수 있다는 것은 자기에게 아직 기력이 있고 옳은 일을 하고 있다는 표식이라 생각한다. 그의 평가에는 연대의 규범이 포함된 것이다. 동시에 일부는 자율성의 규범과 생산적 활동을 하는 책임감을 가지고 자신을 평가하고 자기 삶에 충실하다는 점을 보여주는 듯 보인다.

헌신과 여러 상황적 제약에도 불구하고 그는 자신이 처한 곤경을 자기 자신 그리고 자기 발전과 삶의 목표를 등한시한 데서 오는 좌절과 실패의 감정으로 규정한다. 그는 자신에게 실망감을 느끼며, 그의 표현에 따르면 스스로를 '하찮은 존재'라고 느낀다. 그가 해야 하는 일은 자신을 우선시하고 자신에게 어떤 실체를 부여할 목표를 향해 매진하는 것이라 카미샤는 말한다. (다른 참가자들의 이야기들을 통해 예상할 수 있듯이, 그의 남자친구는 그에게 의학적 도움을 받아보라는 제안을 했다.)

최적화되고 성취하는 자아

카미샤의 이야기를 들어보면 평가 기준 사이에 긴장감이 존재한다. 개인의 자율성을 강화하는 방향으로 나아가기 위해서는 연대가 그만큼 덜해야 한다. 자율성과 연대는 서로 다른 방향을 가리킨다. 이와 대조적으로 그레천이 처한 곤경을 보면 저항이 문제가 되는 것처럼 보인다. 그는 자율적 규범에 따라 살고 있다고 단언했다. 그의 확고한 철학은 '내가 하고 싶은 것'을 하고 다른 사람의 시선을 개의치 않는 것이다. 그런데 그가 자신에 대해 이런 식으로 말하는 것은 사회적으로 용인되는 구체적 방식으로 자기 능력을 최적화해야 한다고 말하는 것과 상충된다.

그의 곤경 가운데 일부는 그가 버티려고 애쓰는 의무에 관한 생각 그리고 그가 할 수 있는 것을 하지 못했다는 걱정으로 이루어진다. 자율성의 규범엔 자신의 목표를 추구하고 자기 선택에 책임을 지는 것도 포함된다. 그레천으로선 그 책임감이 큰 문제는 아니다. 문제가 되는 것은 그와 관련돼 보이는 다른 규범으로, 바로 최적화의 규범이다. 그가 볼 때 자기 일을 하는 것은 그런 의무(혹은 선택하지 않은 의무)를 수반해서는 안 된다.[22] 자율적 규범에 따라 살아가기로 한 이상 그는 자신을 실패자라 여겨선 안 된다. 왜 그래야 하는지 그도 설명하지 못한다.

대부분의 참가자들에게 자율성과 최적화의 규범은 서로 유기적으로 공존한다. 명시되거나 암시된 평가 기준 가운데 자기조향操向의 책임감에는 주도적으로 행동하고, 목표를 설정하고,

스스로 일을 처리해 나가며, 가시적 성과를 거둬야 한다는 의무가 포함돼 있다.[23] 어떤 결심을 한다는 것은 이와 같은 자기 최적화된 인물이 된다는 점을 포함한다.

이 규범은 특히 (중산층 집안의) 대학생들 사이에서 두드러지게 나타났다. 물론 그들에게서만 나타나는 것은 아니며 우리가 인터뷰한 많은 노년층이 똑같은 기준으로 자신들을 평가했다. 이들 대부분은 배후에 전제하는 생각이 있었다. 그것은 자기 최적화를 위해 최선을 다하는 것과 성공적으로 목표를 달성하는 것은 서로 필연적으로 연관돼 있다는 것이다. 전자의 규범을 따르게 되면 후자로 이르게 되니, 그들은 자신들의 곤경을 기대에 미치지 못해 생기는 실망과 혼란의 결과라고 보았다.

그런데 대학생들은 특히 직접적인 최적화의 용어로 자신들을 판단하는 경향이 있었다. 그들은 남보다 더 뛰어나고자 하는 높은 열망을 품고 경쟁 환경에서 노골적으로 돋보이고 싶어 했다. 자율성의 규범이 전제하는 바는, 선택은 열린 가능성의 영역에서 이루어진다는 것이다. 자기 최적화를 머릿속에서 그리며 학생들은 한계가 지워지지 않은 넓은 영역을 지닌 '잠재성'의 규모를 가지고 자신을 판단했다.[24] 어떤 이들에게는 타고난 자질과 기질조차도 인정해줄 만한 제약사항이 아니었다.[25] 이런 기조에서 보자면 최적화란 확실히 자율성과 자주성이 요구하고 만들어내는 바로 그것이다.

10학년 때 시험에서 만점을 받지 못해서 '살짝' 공황에 빠졌던 레이철의 경우를 생각해보자. 그에게 '언제나 내가 할 수 있는 최선을 다하라'는 명령(그것은 성적으로 바로 나타난다)은 '나는 누구인가'와 깊이 얽혀 있다. 아니면 '들어가며'에서 언급한, 애더럴 처방을 적극적으로 따랐던 크리스틴의 경우를 생각해보자. 그는 최선을 다해 살아가야 한다는 기준에 미치지 못했고, 그 결과는 주위로부터 신망을 잃은 것으로 나타났다.

대학 졸업반인 카일은 인터뷰 당시 처방전 없이 약을 복용하고 있었다. 그는 생산성을 높이고 일을 성취해야 한다는 강한 의욕을 드러내는 한편 학업에서 원하는 결과를 얻지 못했을 때 낙담을 할 수 있는 여유도 강조한다. 이런 상황에 처하면 그는 '내가 도대체 어떻게 살고 있는 거냐?'며 고민한다. 처방전 없이 약을 복용하는 것은 문제가 없다. "왜냐하면 그렇게 해도 문제가 없었으니까요." 그는 약에 의존적으로 된다는 생각을 믿지 않는다. 또한 그가 약을 복용해서 학생으로서 좀 더 생산적이고 효율적으로 활동할 수 있으므로 잘못된 일이 아니다. 게다가 그는 이렇게 말한다. "한창때 뭔가 제대로 된 성과를 내야 하죠. 여러 가지 일을 해냈다는 성취감이 필요해요. 그리고 (약물복용이) 제게 그런 기분을 안겨주고요."

레이철과 크리스틴은 처방전을 받긴 했지만 비슷한 판단을 내린다. 자신에게 해를 끼칠 수 있는 나쁜 약과 레이철의 말에 따르면 학교생활에서 '더 나은 자신을 만들어주는' 각성제를 구분한다.[26]

자율성과 선택의 윤리적 가치관은 근대적 사고방식에서 오랜 연원을 가진다. 사실상 그것은 근대적 사고방식으로 우리가 의미하는 바를 정의한다. 자기 최적화와 성취를 이상으로 여기는 것도 그 연원이 오래다. 그러나 현재의 변곡은 보다 최근의 사회 변화 그리고 새로운 권리 주장과 제도적 절차를 반영한다. 예를 들어 1960년대에 논문을 발표한 인간의 잠재 능력 관련 연구를 한 심리학자들은 자율성의 증대와 주관성의 해방을 자아실현의 여지를 열고 "자신의 모든 역량을 표출하고 활성화하기 위한 책임감을 창출하는 것"(심리학자 칼 로저스의 말이다)으로 보았다. 마찬가지로 심리학자 에이브러햄 매슬로도 자유로운 주체로서 한 개인의 책임감은 자기 능력을 최대치로 발휘하는 것이라 강조하며, 해설자의 말투로 "가능한 한 많은 자기 잠재력을 깨닫는 것"이라 말했다.[27] 실제로 그들은 그런 진취성과 자기 능력과 자질에 대한 극대화를 건강의 중요한 지표로 여겼다.

그러나 지난 수십 년 동안 최적화 규범을 표현하는 언어는 인간의 잠재력, 긍정적 사고, 권한 부여, '절정의 기량', 자존감 같은 용어와 더불어 다양하게 사용되어왔다.[28] 언어의 변화와 더불어 중요한 관심사는 자아의 확장이 아닌 만질 수 있고 볼 수 있는 성공으로의 인도로 바뀌었다. 1980년대에 퍼지기 시작한 한 가지 주목할 만한 강령에 따르면, 최적화하는 개인을 진취적인 사람, 경제성과 효율성을 견지한 채 우수함과 성취감 그리고 자기 충족감을 향해 노력하는 사람으로 표현했다.

물론 '진취적'이라는 말은 비즈니스 용어지만, 기업이 가진 특정한 관례와 자아의 자유로운 모습 사이의 조화를 의미하게 되었다. 이 말은 최근 들어 '브랜딩'이라는 이름으로 표현되기도 하는, 그런 조화를 의미하기도 한다.[29] 기업뿐 아니라 교육, 의학, 가족 등 다른 사회 분야의 조직에서도 "각자의 진취적인 능력을 동원하고 활용하며 그리고 대담하고 원기 있게 행동하도록 격려하고, 자기 이익을 위해 계산하고, 스스로를 독려하고, 목표를 추구하는 과정의 위험을 기꺼이 감수하도록 한다."[30] 기업의 이런 목표는 자기 최적화 표준의 광범위한 윤리적, 배경적 전제를 위한 은유를 반영하는 동시에 그것들을 제공했다.

혹자는 '신자유주의'라고 부르기도 하는 기업의 강령은 자기 최적화의 척도가 직업이나 경제적 성공의 주요 관건이라는 잘못된 인상을 심어줄 수 있다. 직업적 성취는 확실히 적합함의 일반적 척도 중 하나이지만 규범은 그것보다 훨씬 더 포괄적이다.

오늘날 점점 더 두드러지는 현대적 관점이 있다. 사회학자 하르트무트 로자에 따르면, 한 번 사는 인생에서 바람직한 삶이란 자신의 수명을 '가능한 한 의도적이며 포괄적으로' 사용해야 한다는 것이다.[31] 그런 이상적 상태는 '움직임 속에서' 구현되며 우리의 재능과 잠재력을 가장 포괄적으로 개발할 수 있는 방향으로 지향하는 '증가의 논리'를 가지고 있다. 세상에는 우리가 이용 가능한 선택지가 무한하다시피하고 우리가 실현할 수 있는 가능성의 수는 제한적이라 할 때, "특정한 중간 단계나 사건을 거치면서 우리가 빨리 나아갈수록 우리가 실현할 수 있는 가능성은 더 커진다."[32] 자신을 최적화함으로써 더 많은 인생 목표를 성취할 수 있으며 더 많은 모험적 시도를 할 수 있다.

자기 최적화가 손에 잡히는 가시적 성과로 측정되지만, 최적화의 특성에 따라 자신과 혹은 다른 사람과 비교하는 기준이 되는 것은 역시나 규범이다. 그 둘 다 수행적 특성, 즉 좋은 인상을 남기고, 건강해 보이고, 기력이 넘치고, 느긋하고, 유연하고, 임기응변에 능하다 등과 같은 특성을 가질 수 있다.[33] 참가자들의 말에 따르면, 수동적이니 무책임하느니 하는 부정적 성격 묘사를 피하기 위해서는 진취성과 경쟁력(다시 말하지만, 이것은 진로 준비나 성공의 문제 이상의 것이다)을 지속적으로 보여줄 필요가 있다.

이 규범에 반발하는 학생들도 있었다. 예를 들어 높은 학업 성취도를 보여온 일레인은 고등학교 시절 자신이 '미친 완벽주의자'였다고 한다. 그는 매우 다양한 활동에 적극적이었고 성적은 '완벽했다'. 이제 스물세 살인 일레인은 곧 석사학위를 취득할 예정이며, 자신의 역량을 제대로 발휘하며 한 관리 회사에서 정직원으로 일하고 있다. 그러나 그는 성공을 추구하면서 가족과 친구들과 연결된 인연의 끈을 끊어버렸고 주변 사람들의 안부에 관심을 기울인 적이 없었다. 그는 주변 사람들의 안부에 관심이 없고, 연락을 끊고 지내는 것을 가리켜 '단절'이라는 말을 사용한다. 이런 분리 상태가 그에겐 고통이자 죄책감의 원천이다. 그는 "그들에게 잘못한 것 같다"고 말한다.

일레인은 '항상 모든 것을 같이 고려해야 한다'는 의무와 자기 최적화와 성취에 따르는 사회적 승인을 인지하고 있다. 그는 이런 규범들을 충족시키기 위해 노력해왔고, 그가 처한 곤경은 주로 학문적, 직업적 성공에 너무 몰두한 나머지 '성과에 빨려들어간' 결과라 믿는다. 그의 어머니와 친구가 저마다 그에게 의사나 상담사를 만나볼 것을 제안할 때, 그는 자신이 ADHD를 앓고 있고 약이 필요할지 모른다고 생각했다.

하지만 전문가를 만나는 대신 그는 삶의 '우선순위'를 다시 정했다. 그는 고향으로 돌아가 가족과의 관계를 새롭게 구축하기로 했는데, 이는 직업적 기회를 포기하는 것을 의미할 수도 있었다. 그는 고향으로 돌아가는 것이 삶의 닻을 내리고 좀 더 깊은 친밀감을 형성할 수 있는 길이 되기를 바란다. 그리고 자족적 존재로 진취적으로 행동해왔지만 이제 변화가 필요하다고 믿는다.

승인되고 충족된 자아

일레인의 말에 따르면, 항상 모든 것을 함께 고려해야 한다는 의무는 '자연스럽고 행복한 성격'을 투사해야 한다는 압박감을 유발한다. 주관성의 다른 어떤 측면보다도 우리는 자기 승인과 성취감을 개별적이며 사적인 문제로 여긴다. 이런 식으로 자신과의 관계를 바라볼 때 의무 혹은 책임감이라는 말은 명백히 비논리적으로 보인다.[34] 그럼에도 우리는 사람들이 일종의 의무로서 자신들의 성취와 만족을 말하는 예들을 이미 접한 바 있다. 다른 사람에게 속내를 털어놓기로 한 것에서부터 말이 가진 수행력에 대한 우려와 사람들의 과한 반응이나 동정심 표출에 신경 쓰는 일에 이르기까지, 인상을 관리하는 데 있어서 참가자들은 자신들이 행복해야 하고, 삶의 주인으로서 스스로에게 만족해야 함을 강조했다.

물론 한계를 극복하고, 가능성을 실현하고, 인생에서 꾸준히 앞으로 나아가고, 보다 생산적으로 되기 위해 좀 더 자율적이고, 감정적으로 효율적이며, 자기 최적화를 하기 위한 바람은 바로 자신에 대한 불만족에서 비롯하는 것이며 그런 불만족을 표출하는 것이다. 그러나 많은 경우 그들의 평가적 판단엔 독자적인 자기 승인의 기준, 자신의 성취와 타인과의 적절한 (윤리적) 관계를 위한 중요한 승인도 포함돼 있다.

자신들의 곤경을 정의하면서 참가자들은 일반적으로 자기 표현의 관점에서 자기 승인을 평가했다. 다른 사람과의 상호작용을 통해 자신과 자신의 처신을 어렵게 만드는 자기 특성을 알 수 있었다. 그런 비교에는 이상적 기질, 사람들이 좋아하고 기대하는 것, 심리적 안정과 투지를 보여주는 자질의 필수 규범에 관한 생각이 깔려 있다.[35]

예를 들어 사회불안장애 진단을 받은 파이퍼는 '좋고, 재미있고, 외향적이고, 자신감 있는' 것이 이상이라 말한다. 역시나 사회불안장애 진단을 받은 스물일곱 살의 대학원생 헤일리는 다음과 같은 말로 규범(그의 표현에 따르면 '이상적 자질')을 규정한다. "사회의 모든 영역에서 외향적이고 호감을 주는 것이 중요하다." 자율성과 독립성은 높이 치지만, 타인과의 관계에서 고립은 원치 않는다. 파이퍼에 따르면, 사교성과 자신감 그리고 긍정적이며 낙관적인 태도를 갖추지 못하면, 다른 사람들의 눈에 공격적이거나 악의를 가졌거나 심리적으로 정상이 아닌 인상을 줄 수 있다는 것이다. 존재의 규범은 스스로 만족스러운 존재가 되고 함께 어울려 지내기 좋은 사람이 되는 것이다.

자기 승인의 한 척도인 긍정성에도 이면이 존재한다. 자기 부정, 비관주의, 타인의 문제를 짊어지는 행위 등을 경고하는 명령이 그것이다. 이 명령은 부분적으로 다른 사람과의 올바른 관계를 위한 것이다. 예를 들어 패트리샤는 자신의 불행한 처지를 가급적 친구들에게 말하지 않으려 하는데, 그 이유는 "사람들이 부정적인 사람 주변에 있고 싶어 하지 않기 때문이다." 그의 말에 따르면, 부정성의 또 다른 문제점은 자기 파괴다.

예순세 살에 혼자 사는 그는 이제까지 살아온 인생에 대한 좌절감과 실망감을 안고 있으며, 이혼과 자기 최적화를 충분히 해내지 못한 것 등 자신이 내렸던 어떤 결정들에 대해 회한의 감정이 있다. 그러나 '행복은 자기 안에 있는 것'이라는 확신 때문에 실망감은 다소 복잡한 형태를 띤다. 행복과 자기 승인은 선택 사항이며 그 선택은 우리가 내려야 하는 것이다. 이런 관점에서 패트리샤는 다음과 같이 말한다. "너무 좌절해서는 안 돼요. 저는 제 안에서 행복해야 하고 그런 다음 그것을 다른 사람과 나눠야 한다는 점을 깨달았어요." 자기 승인은 자기 자신을 위해 그리고 자기 자신으로부터 해야 하는 것이다.

많은 참가자들이 절친한 사람에게조차 털어놓을 수 없는 기분이 들 때가 종종 있다고 했다. (낙담, 외로움, 초조, 불안, 외모와 몸무게에 대한 걱정, 후회와 자책 등등.) 이런 기분을 다른 사람에게 털어놓지 못하는 이유를 보면 오해와 과민 반응과 같은 우리가

4장에서 다루었던 감정 경험들 때문이다. 이는 인정하기 쉬운 경험들이 아니다. 고립을 더욱 자초하고 다양하고 은밀한 방법으로 드러나는 또 다른 이유가 있는데, 그런 감정들이 좋은 관계를 맺기 위한 규칙과 더불어 자기효능감과 자기 승인에 대한 규범 이미지를 훼손한다는 것이다. 한 참가자에 따르면, 자신에 대해 나쁜 감정을 갖는 것은 "사람들을 당신에게서 멀어지게 한다"는 일종의 비관주의와 자기 의심일 뿐이다.

　　사람들이 낮은 자존감을 극복할 수 있도록 돕는 방대한 문헌만큼 자기 승인의 규범을 잘 보여주는 지표는 없다. 이런 책들의 공통된 메시지를 보면, 사람들은 자신들의 크기를 너무 작게 보고 진정한 척도를 제대로 인정하지 않는다는 것이다. 이런 과소평가는 치명적일 수 있는데, 1999년 미국 보건총감국에서 발행한 「정신 건강」 보고서에 따르면, 자존감은 정신 건강과 개인의 성공에 있어 근간이 되는 특징이기 때문이다. 이 보고서의 표현을 인용하자면, 자존감은 "각 개인이 공동체와 사회에 성공적으로 기여하는 것의 핵심 요소들" 가운데 하나이기도 하다.[36] 이런 관점에서 볼 때, 많은 개인의 실패는 낮은 자존감의 직접적 결과이므로 자기 승인의 경험을 높이는 것은 개인적 의무인 동시에 사회적 의무다.[37]

　　『자존감 워크북 _The Self-Esteem Workbook_』이라는 책의 광고 문구를 보면 자신과 다른 사람들의 윤리적 모습에 대한 좋은 예를 찾아볼 수 있다. 이 책의 제2판에는 이렇게 적혀 있다.

건강한 자존감을 키우고 유지하는 것은 행복한 삶을 영위하기 위한 열쇠다. 새로운 연구, 예를 들어 '뇌의 가소성에 관한 최신 정보'와 새로 판올림한 이 베스트셀러 워크북에서 확인할 수 있는 훈련을 통해 여러분은 자신에 대해 좋은 느낌을 갖게 되며, 마침내 여러분이 될 수 있는 최선의 존재가 될 수 있다. 이 책이 제공하는 것은 새로운 장場이다. 그 장에서 여러분은 자신과 다른 사람들에 대한 연민, 용서, 무조건적 사랑을 기를 수 있다.

이 책은 자존감은 우리가 자신에게 부여할 수 있는 자기 승인이라 주장한다.

만약 우리의 자존감이 오직 성과에 기반한다면(우리가 일을 잘해내거나 잘했다는 인정을 받을 때만 가치 있는 존재가 된다고 한다면) 자신에 대한 감정은 항상 외부 요인에 의해 좌우될 것이다. 자존감은 우리가 하는 모든 일에 영향을 미치기 때문에 스스로 가치 없다고 느끼거나 다른 사람들에 의해 자존감이 형성된다면 그것은 적지 않은 문제다.
제2판에서… 우리는 자신이 본래 가치 있는 존재라는 점을 깨달음으로써 애정 어린 눈으로 자신을 바라보는 법을 배우고 비교에 기반한 자아비판은 우리의 가치를 측정하는 진정한 척도가 아니라는 점을 배우게 될 것이다.[38]

주변에 낯선 사람들이 있으면 어색해하고 당혹감을 느끼며 자신이 초라하다고 느끼는 그레천의 경우에서 보았듯이, 자존감은 사회적 기준이나 다른 사람의 기대에 전혀 좌우되지 않기 위해 우리가 취할 수 있는 하나의 선택이다. 그와 동시에 『자존감 워크북』에서 인용한 바와 같이, 자존감은 개념화가 취약하다. 비교와 자아비판은 쉽게 할 수 있지만, 자존감을 지키려면 그것들을 의식하고 솜씨 있게 다루며 변화시킬 수 있는 특별한 기술이 필요하다. '자기 자신에 대해 긍정적으로 느끼는 법'을 배워야 한다.

이 장과 마지막 장에서 다루는 규범 논의는 대부분 서로 비슷한 불안정성에 대한 것이었다. 참가자들이 자신들을 평가하는 기준은 다음과 같은 것에 초점을 맞춘다. 일단 개인의 통제력이며 그다음은 감정, 순수한 관계, 자기 최적화 등 자율성과 관련된 사회적 규범의 부류다. 이는 내가 연대의 규범에서 평가의 기준 가운데 예외로 쳤던 것들이다. 그러나 참가자들의 이야기에서 상상된 것처럼 자율성은 단순히 자아에 관한 것이 아니다. 그것은 자기 승인과 관련된 것이며, 다른 사람들과 어떻게 서로 주고받으며 살아야 하는가에 관한 것이다. 존재의 규범은 사회적으로 필연적 결과를 빚는다.

우리는 자신의 상태를 털어놓는 조심스러운 과정에서 자기 승인의 규범이 빚어내는 필연적 결과를 목격할 수 있다. 다시 말하지만, 참가자들은 자신들의 고통에 대한 자초지종을 아무에게나 들려주지는 않았다. 오히려 그 반대였다. 내가 인터뷰했던 한 참가자의 표현에 따르면, "대부분은 이해할 수조차 없을 것이기 때문이다." 그들은 가까운 사람과 전문가에게서 들을 수 있는 원치 않는 해석을 피하고자 종종 언어에 신경을 썼고, 중립적이거나 부인하려 하는 사람들을 애써 피하고자 했다. 해석이란 다른 사람과 대화(그리고 내적 대화)를 나누는 과정에서 형성되긴 하지만, 그들이 '그 틀에서 살기로 선택한' 이야기가 반드시 누군가로부터 동의를 받거나 받아들여진다는 보장은 없었다. 확실하게 인정을 받는 한 가지 방법은, 마치 제3의 증인에게 의존하듯이 외부 기준이나 원천에 호소하여 고통과 그것을 해결하기 위한 노력을 확인받는 것이었다. 그러나 그런 기준에 의존하지 않는 또 다른 방법도 있었다.

많은 사람들이 자신들의 이야기를 인정받을 권리가 있다는 생각을 견지하고 있는 듯 보였다. 그런 생각은 신뢰 관계로 형성된 가까운 사람에게서 더욱더 강하게 나타났다. 이런 기대의 충족도가 높게 나타난다면 그것은 가까운 사람들 스스로가 그렇게 인정하는 것을 규범적으로 받아들였다는 말이며, 그렇지 않은 반응을 부적절하거나 해를 끼치는 것으로 받아들였다는 말이다. 가까운 사람들 외에는 서사적 편견에 대한 기대치는 낮게 나타났다. 적어도 그 외의 기대치들은 무비판적이거나 공정하거나 '친절해야'(일부 대학생들은 이렇게 표현했다) 한다. 다시 말해 전문가들에게도 적용할 수 있을 만한 기준이어야 한다. 전문가들로부터 중립적이거나 부정적 기조의 반응을 얻었다고 하는 이들은 소수였는데, 그들은 그런 반응을 불쾌하게 여겼다. 자기 승인의 규범이 갖는 필연적 결과는 다른 사람의 자기 서사를 서로 인정해주어야 한다는 점이다.

『자존감 워크북』에 따르면, 동정심, 용서, 무조건적 사랑을 키우는 것은 '자신'과 '다른 사람'을 위한 것이다. 나는 이 예에서 나 혹은 앞서의 예에서 인터뷰를 통해 알게 된 것과 『자존감 워크북』처럼 널리 알려진 묘사들 사이에 일대일 상관관계가 있다고 주장하진 않는다. 사실 우리는 참가자들에게 자기 조력 도서에 대해 질문을 했었다. 독서를 좋아하는 사람들은 좀 있었으나 자기 조력 도서를 읽는다고 하는 사람은 얼마 되지 않았다. 내 요지는 직접적인 영향을 준다는 것이 아니라 참가자의 평가와 문화적 환경 내의 실제적 신호 사이에 서로 일치되는 부분이 있다는 점을 강조하는 것이다.

대부분의 경우 그리고 대부분의 사람들은 규범적 기대를 책이 아닌 일상의 삶을 살아가는 과정에서 배운다. 아이들 사이에 널리 쓰이는 '어썸awesome'이라는 말을 한번 생각해보자. 이 말은 『자존감 워크북』 독자들과 마찬가지로 아이들이 '애정 어린 시선을 통해' 자신을 보는 법을 배우고 '비교에 기반한 자아비판'은 피해야 한다는 견해를 담고 있다.[39] 혹은 같은 취지에서 끊임없이 입바른 소리를 하는 광고도 마찬가지다.[40] 그러나 단서를 보여주는 데 있어 대중적 도서는 분명히 쓸모가 있다. 왜냐하면 그런 책들은 전형적으로 배경에 머물러 있는 사회적 규범을 명시적으로 드러내기 때문이다.

진실성

비록 '실행 가능한'이라는 말을 사용하긴 하지만, 내가 보여주고자 했던 것은 참가자들의 현안이다. 즉 선에 대한 그들의 비전은 무엇이고, 행위에 대한 도덕적 주체로서 자신들을 구성하는 길은 무엇이며, 존재의 규범적 방법에 따라 삶을 살아가는 방식은 무엇인지를 보여주고자 했다. 그러나 우리에게는 이미 '실행 가능한'이라는 말보다 더 나은 개념, 그러니까 일부 참가자들이 사용하고 뚜렷한 윤리적 의미를 지니며 종종 '윤리적'이라 지칭되는 그런 단어가 있지 않은가? 내가 말하는 그 단어란 바로 '진실성'이다. 앞서 말한 것처럼 적어도 자율성과 자기 정의에 관한 한 이 마지막 부분은 '참되고 진실한 자아'와 관련이 없을지도 모른다.

자아와 정체성에 대해 철학과 대중적 치료법 이론서에서 다룬 많은 이론들을 보면 진실성에 커다란 방점을 찍는다. 진실성을 자기 창조적 삶(그런 삶은 기반과 활력 그리고 평가적 기준에서 매우 다양하다)에서 꼭 필요한 요소로 보는 것이다.[41] 자아실현, 자기 충족 같은 대중적 개념과 거기에 도달할 수 있다고 하는 방편은 모두 이런 기반 위에 있다. 자아 그 자체를 넘어서는 신성한 지위를 가진 것은 '자신에게 충실하라'고 하는 명령이다. 이것은 왜 빠져 있을까?

사실은 진실성이라는 한 축이 등장했다. 4장에서 약물복용에 관한 문제를 논의하면서 나는 참가자들이 오류나 거짓 같은 것이 아닐까 우려하는 모습을 보았다. 학업 능률을 높이기 위해 각성제를 복용하는 학생들은 약물복용이 부당한 이익을 취하는 것이 아닐까 우려했다. 부정행위나 위선일 수 있다는 것이다. 그 실력은 그들의 것이 아닌 것이다. 약물복용에 관해 우려하는 바는 또 있었다. 약물복용이 감정을 무디게 하거나 성격을 부자연스럽거나 원치 않는 쪽으로 변화시킬 수 있지 않을까 하는 것이다. 이런 우려 때문에 약물복용을 중단하는 실험도 했었다.

대부분의 참가자들은 다른 모든 것이 고른 상태에선 변화를 주지 않는 것을 선호했다. 그들은 대부분의 경우에서 자신들의 성격을 익숙하고 편안하게 여겼다. 감정 통제를 더 잘하려는 욕구가 감정의 정체나 둔감함에까지 확장되지는 않았던 것이다. 그들의 이런 특징들은 복잡하지 않은 '진실된' 방식을 취할 때의 그것들이다. 또한 이 장의 앞부분에서 나는 자신의 길을 개척하고, 개인의 목표를 설정하며, 궁극적으로 혼자서 결정하고자 하는 책임감은 자율적 규범과 더불어 생겨나는 것이라 말했다. 이는 주인의식이나 충실성의 문제였다. 우리 삶은 우리의 것이며, 우리는 그것을 귀히 여기는 가운데 개인적으로 충만되고 창조적인 방식으로 삶을 살아야 한다. 계약상의 순수한 관계가 반영하고 의지하는 것은 자아에 대한 바로 그 일관성과 충실성이다.

주인의식 축의 진실성과 자율성은 사실상 같은 말이다. 참가자들에게 있어 자율성이 평가의 규범이듯이, 진실성의 벡터도 마찬가지였다. 선택의 새로운 규칙에는 주인의식이 필요하며 그것들을 따로 떼어서 보기는 어렵다. 우리의 제도와 관행 그리고 전통적 삶의 방식이 쇠퇴한다는 점을 고려할 때, 사실상 불가피한 의미에서 우리는 의식적 선택의 문제로 과거와 미래를 모두 아울러 우리 삶에 대해 상상하고 살아나갈 수밖에 없지 않을까 싶다.

기든스에 따르자면, "어떻게 존재하고 어떻게 행동할 것인가를 선택하는 것 외에 우리에게 다른 선택이란 없다." 혹은 또 다른 사회학자 니컬러스 로즈는 이렇게 말한다. "현대의 자유주의적 자아는 삶의 모든 측면을 수많은 선택지 가운데서 취한 선택의 결과로 해석하기 위해 자유로워야만 하는 존재다." 결국 선택이란 로즈의 표현에 따르면, "어떤 선택을 한 개인을 반영하는 것이다."[42]

그러나 진실성의 또 다른 축이 존재하는데, 그것은 아주 다른 의미의 '진실'에 기반하고 있다. 이 두 번째 축을 가지고 나는 그 기원을 18세기 말의 낭만주의 운동으로 거슬러 올라갈 수 있는 이상을 언급하고자 한다. 상상력, 즉흥성, 정념, 내면성, 창조성, 자연과 같은 것을 높이 쳤던 그 낭만주의 운동 말이다.[43] 여기서 말하는 이상은 첨예한 대립에 기반한다.

한편으론 각 개인에게는 심오한 '참된 자아'가 존재한다. 이 가장 내면적인 자아는 우리의 욕망, 도덕적 감정, 성향 그리고 다른 여러 속성의 원천이며, 그것은 다른 누구의 것도 아닌 우리 것이며 우리가 어떻게 살아야 하는지 그 참된 길로 인도하는 중요한 지침이다. 안으로 시선을 돌림으로써 우리는 자기 초월을 모색한다. 우리보다 위대하고 우리를 넘어선 그 어딘가, 즉 자연, 우

주, 존재의 질서와 같은 것에서 우리의 자리를 찾아내고자 한다.[44]

다른 한편으론 사회질서가 있다. 바깥세상은 사회의 '억지와 관습 그리고 가면과 위선'이 지배하고 왜곡된 거짓 자아의 영역이다.[45] 그것은 그저 피상적이고 가공된 것이며 우리와 우리의 진정한 자아 사이에 놓여 있다. 이 장벽을 돌파한다는 것은 우리 안으로 눈을 돌리고 우리의 가장 깊은 감정과 만나며 그곳에 숨어 있는 진실과 독창성에 심미적 표현을 부여한다는 것을 의미한다.

안으로 시선을 돌린다는 것은 집중적 자기 성찰과 솔직한 자기평가를 한다는 것이다. 철학자 찰스 귀농의 말을 빌자면, 그것은 '참된 자기 지식을 얻기 위한' 것이다. 따라서 이상적인 것은 우리가 이런 자기 지식을 가지고 살아야 한다는 것이다. 우리의 모든 행위에서 우리의 참된 자아를 표현하고 드러낼 수 있어야 한다. 귀농은 "우리는 모든 관계, 사회생활, 일상에서 거기에 온전히 몰입하는 그런 존재가 되어야 한다"고 쓰고 있다.[46]

위에서 논의된 사회적 규범을 가지고 나는 몇 가지 반례를 지적할 수 있었다. 진실성으로는 몇몇 진실한 예를 찾을 수 있었다. 현상학적 의미에서 진실성이 심층심리학과 자아를 초월한 진리를 전제하기에 그런 것이 아닐까 싶다. 그러나 신경생물학적 상상법이라는 렌즈를 통해서 보면 일상의 고통을 토로하고 실행 가능한 자아로 나아가는 일은 그렇지 않다(이에 대해서는 다음 장에서 상세히 논의할 것이다). 예를 들어 대부분의 참가자들은 자기 성찰을 잘 하지도 않고, 자기 탐색도 하다 말며, 인간다운 존재가 될 수 있는 유일한 길을 놓치고 마는 것에 대해 크게 개의치 않는다. 그들은 자신들 안에 있는 심오한 진리를 추구했어야 한다는 자각이 없었다. 이때의 진리란 그들이 알았다면 곤경을 막을 수 있었던 혹은 적어도 미래의 행동을 잘 이끌어나갈 수 있었던 그런 이치다.

그들은 체제상 당연히 자신들의 자리를 찾고자 하는 욕망, 잃어버린 전체성이나 단일성의 갈망 그리고 그것들을 자신들의 삶에서 회복해야 한다는 점을 입 밖에 내지 않았다. 그들은 희망에 대한 운을 떼우거나 약물복용이 무의식적 과정을 표현하거나 그들의 창조력을 우선시하는 데 도움이 된다는 식의 장담을 하지 않았다. 거짓되고 천박한 사회질서에 자신들의 경험을 빗대거나 그 사회질서가 가진 기만과 피상성에 너무 얽매인 데 대해 스스로 자책하는 사람은 매우 드물었다. 어떤 문제에 대해서든 통찰지향정신요법(다양한 표현으로 내면의 삶을 탐구하는 양식)에 희망을 품는 사람 역시 매우 드물었다.

진실성이 결여된 것은 실행 가능한 자아로 가는 길이 그와 같은 내적 지향의 경로를 따르지 않기 때문이다. 자신에게 진실한 존재가 된다는 것은 자아가 자리하고 있는 드넓은 의미의 지평에서 조망할 때만 제대로 이해할 수 있다.[47] 우리의 이야기가 자기 지시적인 것에 불과하다면, 내면으로 시선을 돌린다고 해서 만족스러운 결과를 얻을 수 있는 것은 아니다.[48]

자신에게 진실하기

명시적이든 함축적이든 자신의 곤경과 앞으로 나아가야 할 방향을 납득하기 위해 대부분의 참가자들은 자율적 존재라는 자유주의적 이상과 강력한 가족유사성을 띤 여러 가지 사회적 규범(관계, 감정, 자아와 관련된)을 가지고 자신들을 평가했다. 실행 가능한 자아의 모습을 성취한다는 것은 스스로를 통제하는 독립적인 존재가 된다는 것을 그리고 한 참가자의 말을 빌자면, '자신이 어디에 위치해야 하는가를 결정할 수 있는' 힘을 가진 존재가 된다는 것을 의미했다. 자기 창조적 삶에 관한 옛날 윤리학에서 보면, 내적 진리로서의 진실성은 줄곧 존재론적 문제에 대한 해결책으로 제시되어왔으나 지금은 아니다. 목적지가 다르고, 이에 따라 그 목적지에 이르는 수단도 다르다.

이 장을 시작하며 소개한 롭의 이야기를 다시 떠올려보자. 그는 강한 의미의 자율성을 주장하고, 그의 목표는 자신의 경험을 이런 사회적 규범에 일치시키는 것이다. 그의 발목을 잡는 것은 사회가 아니라 아직 본연의 자신이 아닌 자기 안의 그 무엇이다. 그의 말에 따르면, 그가 선택한 것만이 그에게서 비롯된 것이며(이것은 자기 주권이 의미하는 바다), 그가 현재 취하는 방식의 관계는 그가 선택한 것이 아닌 이상 어떤 유전적 조건이 영향을 미치고 있는 것이 분명하다.

　　몇 차례 언급한 바 있으며 역시 같은 입장을 취하는 그레천의 이야기를 다시 떠올려보자. 그는 높은 성과를 얻기 위해 노력하지 않는 것에 대해 열등감을 느끼는 일을 '바보 같은 것'이라 말하지만, 그의 고통은 매우 크고 집요하며 아무리 많은 양의 약을 복용해도 효과가 없다. 한번은 그가 이렇게 말했다. "항우울제를 복용한 상태에서도 제가 눈을 뜨고 처음 드는 생각은 '내 인생은 정말 엿 같다'는 것입니다." 그는 다시는 약을 복용할 생각이 없었다. 그럼에도 그는 지금 이런 생각을 한다. "내가 이해할 수 없는 신체적 현상 때문에 약물복용은 중요해요." 그레천의 암묵적 추론을 따른다면, 그 '신체적 현상'이 발생하는 것은 자신이 열등하다고 여기는 것을 스스로 선택한 것이 아니기 때문이다. 이런 느낌은 자율성의 관점에서 설명할 길이 없다. 무언가 다른 것, 즉 신체적인 것이긴 하지만 '자기 자신은 아닌 것'이 개입하고 있다.

　　실행 가능한 자아에 대한 이런 상상에서 보자면, 규범의 위반을 선택의 문제로 귀속시키고 힘든 경험을 자기 서사 안에 포함하지 않고서는, 자신의 곤경을 설명할 수 있는 대안으로서 전통적인 심리학적 혹은 사회학적 설명에 기댈 여지는 거의 없는 것으로 보인다. 물론 과거의 경험과 사회적 맥락을 한데 아우르는 것이 핵심이 되는, 다른 경로를 취하는 상상(정신역동적, 해석학적, 현상학적, 종교적 상상 등)이 존재한다. 드웨인, 어니스트, 카미샤, 일레인의 경우처럼 이 장에서 언급했던 예외적 사례는 종교적이라 할 수 있는 그런 상상에서 기인한다.

곤경이 의지를 제약하는, 실행 가능한 자아에 대한 이런 상상에서 보자면, 신경생물학은 설득력 있는 해석의 가능성 가운데 하나를 제공한다. 문제의 원천을 자아와 구분해서 볼 수 있는 것이다. 참가자의 과거, 근심, 맥락과는 별개로 다른 곳에서 기인할 수 있는 것이다. 문제가 있는 생물학적 메커니즘에서 기인할 수도 있고 혹은 신체적 원인의 문제를 다루면서 우리가 4장에서 인용했던 한 참가자의 사례에서처럼 '너무 적어서든, 너무 많아서든, 그것이 무엇이든 우리로 하여금 문제를 일으키게 하는 것'에서 기인할 수도 있다.

이렇게 구분해서 본다면, 우리는 자신의 사회적 조건에도 구애받지 않고, 본연의 모습으로 살아갈 수 있는 새로운 인간상을 그려볼 수 있다. 두 가지를 구분해서 봄으로써 문제가 있는 메커니즘을 긍정하는 가운데 그것을 극복할 수 있는 희망을 제공해 줄 수 있는, 약물 효과에 대해 새롭게 상상할 수 있는 길이 열린다. 신경생물학적 상상법을 통해 목적과 수단은 함께 갈 수 있는 것이다.

6장

심리학

이후

대학을 졸업하던 해, 위기가 찾아왔다. 헤일리는 완전히 새로운 그만의 환경에 갑자기 처했다. 그동안 혼자 감당해본 적이 없는 일상의 책임과 의무에 직면하게 되었다. 가는 곳마다 그는 불안과 자의식에 시달렸다. 특히 직장 생활이 힘들었다. 그는 전화를 걸 때마다 긴장했다. 새로운 사람들을 만나고, 복도에서 동료들과 수다를 떨고, 퇴근 후 그들과 어울리는 일이 곤욕이었다. 그는 혼자 겉도는 느낌이었고, 사람들이 자신을 이상하게 행동한다고 생각하지 않을까 마음이 쓰였다. 궁지에 몰린 상태에서 그는 이 생활을 지속할 수 있을지 자신이 없었다.

이런 강렬한 경험은 해본 적이 없지만, 헤일리는 '불안과 관련된 문제'가 낯설지 않았다. 어린 시절 그는 행복했고 친구도 많았지만, 인기 있는 축에 들진 못했다. 그리고 여럿이 모이면 엉뚱한 말을 하거나 멍청하게 보이지 않을까 걱정하곤 했다. 사람들과 있으면 긴장한 나머지 그의 쾌활한 성정이 억눌렸던 것으로 보인다. 왜냐하면 친구들은 그에게 화난 표정을 짓지 말고 좀 더 미소를 지으라고 했기 때문이다. 학교에서는 교실 안에서 잡담을 하는 법이 없고, 발표를 해야 할 때는 손을 떨면서 머리가 하얘지곤 했다. 그의 어머니 말에 따르면, 교사들은 그가 너무 수줍음을 많이 타기 때문에 좀 더 외향적으로 되도록 격려했다.

헤일리는 사람들이 자신을 수줍음을 많이 탄다고 생각하는 것이 싫었다. 마치 비난처럼 여겨졌기 때문이다. 그의 말처럼 "그건 뭔가 이상이 있다거나 정상이 아니라는 것"이므로 도움을 받아야 한다는 말이었기 때문이다. 하지만 나이가 들면서 헤일리는 수줍음에 대한 부정적인 평가와 한계를 받아들이게 되었다. 그는 이렇게 말한다. "우리 사회에서는 사람들에게 말을 걸고 관계를 맺을 수 있는 게 정말로 중요한 능력이에요." 이런 규범을 충족시킬 수 없었으므로 "저는 제 자신에 대해 부정적이었죠." 그는 삶의 중요한 영역에서 결핍된 존재처럼 여겨졌다.

졸업 후 닥친 위기가 점점 심각해지자, 헤일리는 의학적 도움을 구했다. 심리학을 전공한 그는 이미 사회불안장애에 대해 어느 정도 알고 있었다. 그것이 흔한 장애이며 그의 표현에 따르면 '도파민과 세로토닌 같은 단어로 표현되는 생물학적 과정'이 존재한다는 것을 알고 있었다. 사실 정신과 의사를 만나기 전에 그는 이미 사회불안장애 진단과 약물복용을 기정사실로 하고 있었다. 그는 이렇게 말한다. "저는 그게 제 상태에 대한 진단 결과라는 걸 알고 있었으며, 제게 필요한 건 처방전이었지요."

정신과 의사는 헤일리에게 사회불안장애 진단을 내리고 항우울제 처방전을 써주었다. 헤일리는 불안감이 바로 완화되는 것을 느꼈다. 그러나 여전히 불편한 구석이 있어 심리치료사를 찾아갔다. 그러나 심리치료는 오래가진 못했다. 그는 이렇게 말한다.

> 모르겠어요. 잘 맞지 않았어요. 약을 복용할 때만큼 도움이 되는 것 같지 않았어요. 약을 복용하기 시작했을 때는 도움이 된다는 사실을 알면서도 꼭 필요한 것이라는 생각을 하지 못했어요. 돌이켜 보면 심리치료사를 찾아가 몇 차례 세션을 받은 것은 잘한 일이었어요. 왜냐하면 그가 가르쳐준 인지행동요령이 몇몇 상황에서 매우 유용했거든요. 지금은 그 방법을 더는 쓰지 않아요.

약을 계속 복용하니 그는 마치 '다른 사람'이라도 된 것처럼 사회적 상황에서 좀 더 자신감을 느끼기 시작했다. 느긋해질 수 있었고 자신에 대한 사람들의 생각에 덜 연연하게 되었다.

헤일리는 수줍음이 타고난 기질 탓이라 생각했었는데, '신경전달물질의 작용 기전'에 대해 이미 알고 있던 바와 약을 복용했던 경험이 어우러져 그의 인상 포인트를 형성했다. 이제 그는 수줍음이 '생물학적이며 유전적인 것'에서 비롯되었다고 본다. 그는 사회불안장애가 정신질환이라는 것을 알지만, '질환'이란 말이 유동적이며 상대적이라 본다. 그리고 그는 자신만의 용례와 '전문가들'이 말하는 사회불안장애의 의미를 구분한다. 경험을 통해 알 수 있었던 것은 신경생물학적 요소에 어떤 문제가 생겼다는 것이다. 즉 그의 뇌가 '막혀 있거나' '장막 같은 것이 쳐져 있다'는 것이다. 그리고 그의 말에 따르면, 이로써 '분명히 약물을 복용해야 할 필요성이 있는 일'이라고 확신하게 되었다는 것이다.

스물일곱 살의 심리학 전공 대학원생인 헤일리는 이런 불안의 장막을 제거하면 새로운 인생의 길이 열릴 것이라 보았다. 그는 '더 이상 갇혀 있다는 느낌'에 시달리지 않았으며 경력을 계발하기 위한 궤도에 다시 올라선 이상 자신이 어떤 삶을 살아갈지에 대해 더는 걱정하지 않게 되었다. 이제 그는 "뭐든 할 수 있을 것 같다"고 말한다. 한 가지 후회스러운 것이 있다면 진작 진단을 받고 약을 복용하지 않은 것이었다. 그랬다면 좀 더 자기 최적화를 할 수 있었을 것이다. 예를 들어 대학 생활이 아주 만족스러웠다고 하더라도 그가 약을 복용했더라면 아마 과대표 선거에도 나갔을 것이다.

헤일리는 '다른 사람'이라도 된 것처럼 느껴진다고 말하긴 했지만, 약물복용이 자신을 결정적으로 바꾼 것은 아니라는 사실을 강조한다. 그는 다르게 행동한다. 이전에는 수업 때 아무 말도 하지 않고 있었던 그가 지금은 말도 곧잘 하고 심지어 깊이 생각하지도 않고 말부터 뱉어내기도 한다. 그러나 이런 '극단적 변화'(그의 말에 따르면)가 그로선 당황스러운 것도 아니며, 그것이 진정한 변화도 아니다. 진정한 의미에서 그는 다른 사람이 된 것

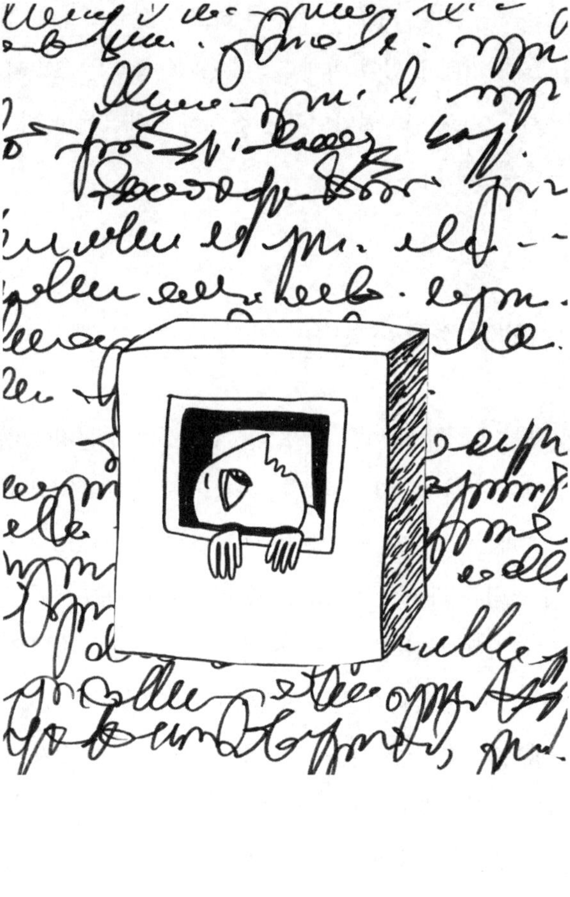

이 아니다. 좀 더 자기를 표현할 수 있게 된 것이고, 약을 복용하기 전에도 그런 동기부여는 있었다. "전에도 하고는 싶었으나 할 수 없었던 일을 지금은 할 수 있게 된 거예요. 갑자기 그 일을 하고 싶어진 건 아니라는 거죠. 예전부터 하고는 싶었으나 할 수가 없었어요." 헤일리에게 있어 이제 그의 목표와 목적은 그만의 것이다. 그것들을 가로막던 불안이라는 신체적 방해물에서 비로소 그는 자유로워졌다.

고쳐야 할 것은 머릿속

이 마지막 장에서 나는 참가자들이 자신들의 곤경에 접근하고 해결책을 정의하고자 이용하는 사회적 규범과 존재의 이상을 (직접 발화하는 방식으로 혹은 배경에서 함축하는 방식으로) 제시했다. 이때의 규범은 자율성에 초점을 맞춘 것이며, 대부분의 참가자들 경우 곤경을 개선하거나 극복하는 것은 그들의 경험을 좀 더 독립적이고 자기 정의적인, 자신들에 대한 그림과 일치시키는 것을 의미했다. 나는 또한 대부분의 참가자들이 그것으로부터 통찰과 진실을 이끌어낼 수 있는 자신들의 깊은 내적 자아와 긴밀히 접촉하고 그것을 표현할수록 진실성(적어도 진실성에 관한 공통적인 현상학적 의미로는)을 평가척도로 사용하지 않았다고 주장했다.[1] 실행 가능한 자아를 향해 나아가거나 그것을 회복하기 위해 애쓰는 과정에서 참가자들은 내적 자아 혹은 사회와의 갈등을 거의 언급하지 않았다. 심리학 전공 대학원생인 헤일리조차 그런 유의 상담이 필요하다는 생각을 크게 하지 못했다. 그리고 상담을 받으러 갔어도 몇 번에 불과한 그의 세션은 주로 문제 해결과 기능 최적화라는 도구적 측면에 한정돼 있었다.

헤일리의 말에 따르면, 그는 자신이 범한 인지적 오류가 무엇인지를 물어봄으로써 그리고 그 오류를 다양한 '전략'과 '묘책'으로 교정함으로써 자신의 불안을 '합리화'하기 위한 도움을 구했다. 자신의 불안을 통해 내적 진실에 이르는 실마리를 얻을 수 있다거나, 그 불안이 어떤 기능을 한다거나 혹은 사회적 불안정의 표식이라 생각한다면, 그는 그것을 입 밖에 내지 않는다.

헤일리와 같은 참가자들의 경우 기억, 평가적 입장, 사회적 자리매김을 탐구하는 것이 아닌 '실행 가능성'을 구축하거나 복원하는 과정이 아주 색다른 형태로 개입된다. 이 과정을 일컬어 '고치기'라고 부른다. 고치기는 참가자들이 자신들과 일상의 고통에 도구적(거의 기계적으로)으로 접근할 때 가장 빈번하게 사용하는 표현 가운데 하나다. 심리학적 사고방식을 가진 몇몇 사람들은 약물복용을 백안시하는 심리치료를 '임시 고치기'에 비교했다. 그러나 좀 더 일반적으로 참가자들은 문제 해결이 가능하다는 것을 나타내기 위해 뇌 문제 혹은 약물 작용에 대해 언급함으로써 '고치기'라는 말을 긍정적으로 사용했다. 한 참가자는 이렇게 말했다. "고쳐야 할 것은 엉망인 제 머릿속이었죠." 헤일리와 마찬가지로 그들은 자신들의 고통을 기계적 고장으로 여겼다. 손으로 만질 수 있는 객관적인 것이며, 교정하고 수리하거나 제거할 수 있는 것으로 보았지 그에 대한 자기 이해를 자세히 관찰하고 설명하고 따지거나 혹은 치유할 수 있는 경험으로 보지 않았다.[2]

또한 몇 가지 전제 아래서 헤일리 같은 사람들은 특정한 소기의 효과를 약물의 생리학적 작용 덕으로 보았다. 약의 효과가 두드러지지 않아서 그 효과를 검증하려면 전문적 도움이 필요하다는 점을 강조했던, 4장 제나의 예가 그러했다. 이러한 관점에서 약물은 서사와 무관하게 작용한다. 다시 말해 사회적 영향력에서 벗어나 해석적 작업이라든가 사회적 지원 같은 것을 필요로 하지 않는다. 중추신경계에 작용하는 약물은 사고와 감정 그리고 행위 형성에 직접적으로 개입한다. 헤일리의 경우 그가 제공하는 것은 자기 해석이 아니라 새롭게 드러난 진실에 대한 설명이다. 그러나 헤일리 같은 참가자들이 고치기에 대해 얼마만큼 생각하고, 어떻게 하면 그것을 제대로 할 수 있는가에 대해 얘기하는 것을 곰곰이 따져보면, 그들의 말에서 신경생물학적 과정에 대해 얘기하는 것은 찾아볼 수 없다. 긴장을 덜어내고 특별한 사회적 규범을 따르고자 하는 자기 서사 활동만이 찾아볼 수 있다.

이 장에서 내가 살펴보고자 하는 것은 배경 그림의 다른 차원인데, 이는 신경생물학적 상상법을 고려하지 않을 수 없게 만든다. 의료적 설명의 서사적 추이에서 보면 신경생물학적 인과 개념은 약물치료에서 비롯되는 다양한 변화와 연결돼 있다.[3] 이런 변화를 살펴보기 위해 나는 무엇보다 약을 먹긴 했으나 심리 치료적 관점을 가진 사람들의 이야기와 헤일리와 같은 사람들의 이야기를 서로 비교하는 데서부터 시작했다. 그 둘 사이의 차이를 보면 어떻게 해서 신경생물학적인 것이 그만의 해석 가능성을 통해 실행 가능한 자아를 찾아가는 과정을 용이하게 만드는지를 확연히 알 수 있다. 상상법은 우리에게 자유 의지를 갖춘 자신을 머릿속에 그려볼 수 있는 길을 제공한다. 기술적이며 객관적인 개입을 통해 우리는 규범적 결핍을 해소하고 자신이 삶의 진정한 주인임을 깨닫기 시작한다.

여기서 기술적 개입이란 바로 약물치료다. 약물치료 효과는 자신이 겪었던 힘든 경험과 자신을 분리시켜준다는 데 있다. 만약 내가 묘사했듯이, 자아라는 체제가 중요한 사회적 규범을 확보한다면 실행 가능성을 성취하는 것이 바람직한 일로 보인다. 여러 맥락에서 이것이 우리의 삶의 방식이어야 하며 만약 그렇지 못했을 때는 사회적 비용을 치를 수밖에 없다. 이와 대조적으로 약물치료가 그 사람의 이력과 전후 사정을 백지화한다고 상상하는 것의 가치는 곧바로 분명히 드러나진 않는다. 이 장에서 다시 보게 되겠지만, 약을 복용하고 거기서 도움을 받는데 그런 해석이 필요하진 않다. 그것을 매력적으로 보이게 만드는 뭔가가 있다.

그다음으로 나는 사회조직의 특징과 우리가 어떻게 살고 있는지에 대해 몇 가지 고찰을 할 것이다. '액체 문명'*의 현대사

---

* liquid times, 사회학자 지그문트 바우만이 우연적이고 불확실하고 예측 불가능한 현대사회를 규정하기 위해 도입한 '액체 현대' 이론에서 따온 개념이다.

회를 살아간다는 것은 가볍고 얕은 존재 방식을 영위하게 한다고 나는 생각한다. 가볍고 얕은 존재 방식은 자아 체제와 그것을 구체화하는 신경생물학적 상상법의 수단과 어울리는 것이다. 사실 상상은 일종의 신정론*과 같은 것으로 규범적 질서와 고통을 자기설계라는 자유주의적 관점과 서로 조화를 이루게 한다.

약효는 해석의 미학

약을 복용하여 생기는 변화에 대해 얘기하면서 많은 참가자들이 마법의 힘을 언급했다. 1장의 리사와 같은 사람들은 약의 효과를 너무 강조한 것처럼 들리지 않을까 우려하며 다른 변화의 노력 역시 상태 호전에 기여한 바가 있다는 점을 역설한다. 약은 도움이 되지만 마법 같은 효과가 있는 것은 아니라는 이야기다. 2장의 에릭도 비슷한 사례다. 그는 마음으로야 자신의 약이 '모든 것을 멋지게' 만들어주길 바라지만, 그것은 자신의 문제를 감당하는 데 도움을 준 정도라고 말한다.

그러나 약효가 대단해서가 아니라 약효가 너무 미미하여 정반대의 맥락에서 마법을 말하는 이들도 있었다. 그들은 약이

---

* 神正論, 신은 악이나 화를 좋은 목적을 위한 수단으로 인정하고 있으므로 신은 바르고 의로운 것이라는 이론. 이 세상에 악이나 화가 존재한다는 이유를 들어 신의 존재를 부인하려는 이론에 대응하여 생긴 것이다.

무슨 작용을 하는지도 몰랐고 특별한 차이가 있는지도 몰랐다. 그들은 자신들이 놓친, 무슨 마법과 같은 일이 일어나야만 하느냐고 되물었다. 제약 광고에 관심을 보였던 그레천은 이런 생각을 한다. "제가 데이지 꽃 만발한 초원을 뛰어다니며 유니콘이나 무지개와 더불어 노래라도 흥얼거려야 하는 걸까요? 그렇게 느끼지 못하는데도 그렇게 느껴야 하는 걸까요?" 그의 담당 의사는 항우울제 복용량을 조절하면서 그레천에게 어느 정도면 적당하다 싶은지 판단해보라고 했다. 그러나 그는 이렇게 말한다. "그걸 제가 어떻게 알아요?"

이처럼 마법을 언급하는 모든 것은 다음과 같은 환자의 역할을 강조한다. 즉 약효를 평가하는 것은 환자의 역할이라는 것이다.[4] 약이 잘 드는지를 자기 보고에 의거해 판단하며 이런 판단에는 다음과 같은 전제가 깔려 있다. 약에 따라 정서적, 행위적, 인지적 상태 혹은 그 프로세스가 각각 다르게 나타나며 이를 환자는 정확하게 가려낼 수 있다는 것이다. 이런 가정은 DSM에서 사용하는 특정 질병 모델에서 기인하며 이를 바탕으로 특정 유형의 장애와 관련된 향정신성 화합물(항정신병약, 항우울제, 항불안제, 'ADHD 약품', 항조제 등)이 나뉜다. 장애 유형에 따라 그에 상응하는 약물치료를 받는다. 의사와 환자 사이에서 약품을 제시하고 그에 대해 상의하는 방식도 이와 같은 가정을 따른다.

그러나 과학자들은 오래전부터 향정신성의약품의 생리적 효과가 사람마다 차이가 크고 두루뭉술하다는 것을 알고 있었다. '항우울제'로 불리는 의약품을 생각해보자. 역학 연구에 따르면,

이런 의약품들은 불안, 만성통증, 신경증, 피로, 수면장애와 같은 문제에 주로 처방된다.[5] 다시 말해 우울증 말고도 많은 것이다.[6] 또한 이런 약물로 차도를 보이는 데도 사람마다 차이가 확연히 난다. 인터뷰 참가자들을 보면 항우울제가 듣는 사람이 있는가 하면 안 듣는 사람도 있었다. 자신에게 도움이 된다고 생각하는 (또는 어지러움이나 피로감 같은 부작용이 없는) 약을 찾기 위해 여러 회사의 약을 복용해보는 사람들도 있었다. 그리고 일정 시간이 지나면 항우울제가 더는 듣지 않는 경험을 하는 사람도 있었다. 한 알을 복용해서는 효과가 없는데, 두 알을 먹거나 다른 약과 같이 항우울제를 복용했을 때 효과를 봤다는 사람도 있었다. 항우울제가 전혀 도움이 되지 않았다는 사람도 있었다. 사실 이런 약물을 처음으로 복용하는 사람이 아닌 경우엔 적어도 한 차례 이상 약물복용 방식을 바꿨다.

또한 약의 기전에 대한 이야기는 환자에게 있어 약이 갖는 의미가 단순히 약의 생화학적 특성에서 주어지거나 기인한 것이라는 잘못된 인상을 심어줄 수 있다. 광범위하게 진행된 한 연구에 따르면, 실상은 그렇지 않다. 예를 들어 평가를 위해서는 환자가 자신이 약을 복용한 것과 스스로 자각할 수 있는 신체적 감각 혹은 변화 사이에 인과관계를 형성할 수 있어야 한다. 우리가 오래전부터 봐왔듯이, 인과관계를 오판하는 경우가 너무나 빈번하다.[7] 예를 들어 약물을 가지고 무작위 대조시험을 해보면 플라세보 통제 집단의 사람들은 일말의 변화, 증상의 완화, 바람직하지 않은 '부작용' 등을 화학적 불활성물질(그들이 약으로 여기는)에 의한 것이라고 보는 경우가 많다. 항우울제의 경우 1991년 이후 실험한 결과 위약 반응률이 평균 35~40퍼센트대였다.[8]

물론 플라세보 반응은 향정신성의약품에만 나타나는 것이 아니다. 그것은 의학 전반에서 나타난다. 플라세보 효과가 생기는 것은 그런 치료가 사람들에게 긍정적 의미와 상징적 가치를 지니기 때문이다. 임상 연구에 따르면, 여기에는 상호작용을 하는 여러 맥락 요소가 관련돼 있다. 그 요소에는 개인적 혹은 전문가적 믿음과 기대에서부터 의사와 환자의 관계, 주변 사회 환경, 치료 여건 등이 포함된다.[9] 이와 같이 비약물적 영향 요소들에 대한 내용은 내가 소개했던 참가자들의 이야기 속에서 이미 드러난 바다. 무엇보다 사람들은 약과 그 효과에 대한 생각을 나눌 때 친구와 가족이 중요하다고 했다. 그리고 약을 복용하는 문제에 대해선 가족과 인종 집단 그리고 신뢰할 만한 사람들이 중요했다. 복용이 시작된 다음부터는 다른 이의 지각 반응을 중시했으며 처방을 해준 전문가를 신뢰했다. 때로 자신에게 긍정의 말을 해주고 상황을 설명해주는 심리치료사를 신뢰하기도 했다. 그리고 진단은 고통에 현실성을 부여하고, 약은 지난 경험에 현실성을 부여했다.

이러한 특정한 영향의 이면에는 사회 속에서 회자하는 광범위한 희망과 신념들이 존재한다. 약의 경우 특정 종류의 약과 특정 브랜드의 약에 강력한 힘을 부여한다. 2장에서 나는 대대적으로 광고했던 약들의 예를 들었다. 신경안정제 시대의 밀타운, 리브리엄, 발륨이라든가 좀 더 현대에 와서는 단연 인기였던 프로작(그리고 '선택적 세로토닌 재흡수 억제제' 계열), 리탈린, 애더럴 등이 그것이다.[10] 이런 약들을 복용하기 훨씬 전부터, 앞으로 그 것들을 사용할 수 있는 사람들은 이런 약들이 가져다줄 약효에 대한 정보를 접했으며 그 약들로 안정을 찾은 사람들을 직접 알 게 되거나 건너 들어왔다. 신경생물학적 상상법의 한 요소는 약 이 문제를 해결해준다는 약효에 대한 이런 믿음이다. 약을 복용 해본 적이 없는 사람조차 그런 믿음을 가졌고 부작용에 대한 대 중적 비판이 커지는 가운데 일부에선 '선택적 세로토닌 재흡수 억제제'는 플라세보에 불과하다고 하는 주장하는 가운데서도 강 력한 믿음으로 자리하고 있었다.[11] 약의 사회적 명성이 약에 대해 사람들이 (그리고 치료자들도 마찬가지로) 부여하는 의미를 조건화 한다. 약이라는 대상에 대해서도 그렇고, 약을 복용한 경우에는 그 복용한 경험에 대해서도 그렇다.

약을 복용함으로써 발생하는 변화를 평가하는 데는(여기엔 약이 뇌에 미치는 생리학적 영향도 포함된다) 누적된 학습 과정이 개 입된다. 그 의미는 미리 결정되어 약 자체에 삽입되는 것이 아니 다. 그것은 사용자에게 달린 것이다. 그리고 약을 복용함으로써 그가 접하는 사람들과 정보의 원천에 의해서 그리고 그가 경험한 또 다른 변화에 의해서 그 의미는 형성되고 다듬어진다.[12] 우리가 살펴본 바와 같이, 항우울제를 복용하면 감정이 둔해진다고 하는 사람들의 말처럼 우리는 거기서 긍정적이든 부정적이든 매우 비 슷한 경험을 한다는 것을 알 수 있다. 진단 분류에서도 마찬가지 로 문화사회인류학자 빅터 터너가 '다성적 상징multivocal symbols'이라 불렀던 것과 같은 특징을 약에서 찾아볼 수 있다. "동시에 여러 가지를 나타낸다"는 말은 대상물이 "모두 동일한 논리적 질서에 의한 것은 아니나 여러 사회적 경험과 도덕적 평가의 영역에서 도출된 것이다"라는 말로 표현할 수 있다.[13] 약물에 기인하는 효과를 이해하기 위해서는 이러한 다성성을 자각할 필요가 있다.

내가 인터뷰한 사람들을 보면, 약의 의미와 그 효과에 대한 평가는 그들이 자신들의 곤경과 그 해결책을 어떻게 바라보느냐와 밀접하게 연결돼 있다. 곤경과 약효에 대한 정의는 서로 얽히고설켜 있다. 약을 복용한 사람들이 그 경험을 설명하는 방식은 두 가지 일반적 이야기 노선을 따랐다. 즉 그것은 자신들의 곤경을 심리치료적 관점에서 설명하느냐 혹은 의료적 관점에서 설명하느냐에 달렸다. 전자는 생물학을 배제하고 약을 복용하는 경우로 정서적 안정에 관한 이야기가 된다. 후자는 생물학을 고려하여 약을 복용하는 경우로 외적 제약을 제거하는 것에 관한 이야기가 된다. 자신들의 곤경을 뇌와 결부 지으려는 후자의 경우 자기 변화의 효능을 약에 더 많이 귀속시키는 경향이 있었다. (혹은 약에서 그러한 효능을 더 많이 기대하는 경향이 있었다.) 그리고 일반적으로 심리치료적 관점과는 대조적으로 약을 장기적으로 복용할 마음을 먹고 있었다.

본격적인 논의에 앞서 한 가지 언급할 것이 있다. 그것은 대다수의 사람들이 심지어 가장 적극적인 사람들조차, 자신들이 복용한 약에 대해 어느 정도 실망감을 표출했다는 사실이다. 약이 점점 잘 듣지 않는 것 같다고 했던 5장의 롭이나 '들어가며'

의 크리스틴의 경우를 상기해보자. 같은 수업을 듣는 친구가 애더럴을 복용하고 활기를 찾은 것을 보고 깊은 인상을 받았던 크리스틴이 약은 '마법의 묘약'이 아니라는 사실을 알았을 때, 당혹스러운 마음에 예외도 있을 수 있다는 식의 미련을 보였다. 그런가 하면 많은 이가 약이 기대에 미치지 못한 점에 대해 언급했다. "행복을 가져다주는 약은 아니었다"라든가, "불안감이 완전히 가시지 않았다"는 이야기를 했다. 약이 도움은 되지만, 곤경 상태를 완전히 해결해주거나 정서적 고통을 종식시켜주진 않는다는 것이다. 그러나 약이 고대하던 자기 변화를 가져다주진 못했지만, (상징적 대상으로서) 그것이 서사적으로 행한 것은 인과적 해석과 그 해석에 의한 의미 부여를 뒷받침해주고 확언해준다.[14]

개선과 회복의 촉매제

약을 복용한 이들 가운데 약 3분의 1은 자신들의 경험에 대해 심리치료적 관점을 가지고 있었다. 그들의 이야기를 들어보면 역경을 극복하고자 하는 것이 핵심이다. 몇몇은 (항우울제, 각성제, 항불안제 등) 약물치료에 긍정적 효과가 없다고 보고, 변화란 그들 스스로 도모해야 한다고 주장했다. 그 변화가 약에 의한 것인지 아니면 다른 무엇에 의한 것인지 단언할 수는 없어도, 항우울제든 항불안제든 자신들이 먹는 약이 큰 도움이 되었다고 말하는 이들도 있었다. 확연히 가려내는 것이 중요한 일은 아니지만,

참가자들은 대부분 다음과 같은 약물치료 효과가 있다고 말했다. 즉 감정을 조절할 수 있고, 기운을 새롭게 북돋을 수 있으며, (주로 숙면을 할 수 있게 된 덕에) 정신적으로 집중도 잘 되고, 일상생활에서 즐거움과 흥미를 느낄 수 있다는 것이다. 어떤 이들은 전혀 별개의 관점에서 약을 복용하면 기분이 좋아진다고 말하기도 했다. 이런 효과에 다른 긍정적인 변화와 주변의 지지가 결합되어 여러 문제가 개선되는 가운데 정서적 균형을 유지해나가게 된다.

　　이런 이야기에서는 약물치료가 효과가 있었지만, 그것은 개인의 노력이라는 더 큰 서사에 의해 제한되었다. 한 예로 3장에서 언급했던 린다는 자신의 곤경을 '정서적 중년의 위기'라는 관점에서 묘사했다. 그는 감정에 압도된 느낌이었고, 감정이(긍정적인 감정과 부정적인 감정 둘 다) 무슨 일이 일어나고 있는지를 파악하는 데 방해가 되었다. 그는 약 덕분에 감정 조절을 할 수 있었다고 보며, 따라서 이제 그는 사리 판단을 좀 더 잘할 수 있으며 자신을 힘들게 하는 여러 원인을 파악하고 구분할 수 있다. 그의 말마따나 '이성적으로' 말이다. 이런 식으로 참가자들은 약물의 도움을 받아 본연의 자신으로 돌아가거나 회복하여 정서적으로 좀 더 균형을 유지하고 '지난날의 자신'을 제어할 수 있게 된 것이다.

　　어떤 이들은 감정 조절과 안정감을 강조하는 가운데 약물치료 경험이 갖는 다른 특징에 대해서도 언급했다. 이런 경험들 가운데 부정적으로 여겨지는 것이 있는데, 성격이 바뀌고 께름칙한 마음이 계속된다는 점이 그 예다. 긍정적으로 여겨지는 경

험들도 있다. 린다는 약 덕분에 '좀 더 태만해진 것'이 있다고 했
는데, 즉 '될 대로 되라는 식'의 태도를 갖게 되었다는 것이다. 그
는 이런 변화가 좋았고 그로 인해 선택의 여지가 더 많아졌다고
생각한다. 린다는 고급 옷가게에서 일했던 일화를 예로 든다. 그
는 좀 더 사교적으로 되는 법을 배우고 싶었고, 손님을 상대해야
하는 일의 특성상 그것을 해내야만 했다. 그러나 일단 항우울제
를 복용하기 시작하자 그런 노력이 더는 필요하지 않아 보였다.
그는 자신이 사교적인 타입의 사람이 아니며, "그것이 무슨 큰 하
자가 되는 것은 아니다"라는 결론을 내렸다. 그리고 그 일을 그만
두었다. 이런 식으로 린다는 약물치료에 다음과 같은 효과가 있
다고 본다. 약물치료는 정서적 안정감을 회복시켜줄 뿐만 아니라
자아의 변화를 가져다준다는 것이다. 그리고 이런 자아의 변화는
그가 전력을 다하고자 하는 일에 대해 다른 감각을 제공함으로써
자율성을 증대시킨다.

기울어진 운동장 바로잡기

심리치료적 관점을 가진 사람들은 약물치료의 주요 효과
로 예전의 실행 가능한 자아(정서적으로 안정되고 이성적으로 행동하
는 자아)로의 회복을 꼽는다. 의료적 관점을 가진 이들은 약의 효
과에 대해 이와는 다른 이야기를 한다. 그들의 이야기는 여러 종
류의 버전이 있지만, 이야기의 한결같은 종착점은 좀 더 이상적

인(이상적으로 실행 가능한) 자아의 발현이었다. 그들의 이야기에서 개인의 노력은 핵심이 아니다. 오히려 그들은 약이 제약조건을 제거해주었기 때문에 변화가 일어났다고 본다. 이때의 제약조건이란 외적으로 그리고 기계적으로 다루어야 하는 뇌의 문제였다. 따라서 약물치료 자체가 그들의 서사에서는 중요한 특징인 것이다.

비록 이 참가자들이 신경생물학적 설명을 끄집어내긴 했지만, 그들의 설명은 뇌의 신체적 작용에 관한 것도 과학에 관한 것도 아니며, 심지어 질병에 관한 것도 아니었다. 우리가 살펴본 바와 같이, 뇌에 '무언가 생물학적인 것'의 문제가 있다고 말하는 이도, 약물치료가 어떻게 해서 병리학적으로 작용하는지를 설명하는 이도 없었다. 아무도 그러려고 하지 않았다.

어느 정도 이런 무관심은 예측 가능한 것이었다. 특히 그 누구도 뇌 문제를 신체 건강에 대한 심각한 위협으로 여기진 않는 것 같았다.[15] 그들의 일반적 입장을 한 사람은 이렇게 표현했다. "무언가 살짝 삐끗했을 뿐이다." 그러나 이에 대한 구체적 지식이 없었기에 그들은 호기심이나 관심을 보이지도 않았다. 예를 들어 우리가 2장에서 만난 교사 에릭은 규율이 엄격한 학교에서 동료 교사와 학부모들의 압력에 '압사될' 지경이었는데, 그는 신경화학에 대해 아는 바도 없었고 또 알고 싶어 하지도 않았다. 의심할 여지 없이 에릭과 그와 비슷한 다른 참가자들은 뇌에 대해서 그리고 비정상적인 감정과 생각과 행동에 대해서 참된 사실을 알려주고 약물치료가 어떻게 효과를 보이는지를 설명해줄 과학이 저 밖에 존재한다고 믿고 있다. 그러나 그들의 말을 보면 과학의 이러한 본질은 별로 중요해 보이지 않는다. 신경생물학에 대해서도 그들은 뇌의 실제 작용을 말하기보다 주로 의지의 제약을 말한다.

그들 가운데 많은 이가 지적했듯이, 화학적 불균형이 의미하는 것은, 3장의 존을 다시 인용하자면 "내 잘못이 아니다"라는 점이다. 왜 그의 잘못이 아닌가 하면, 또 다른 참가자인 사라의 말마따나 곤경은 "내가 아닌 다른 무엇에 의해 생긴 것"이기 때문이다. 사라의 말을 계속 인용하자면, "우리 뇌에서 분비되는 호르몬 양의 차이, 잘 모르지만 엉뚱한 시점에 뉴런이 활성화되었기 때문이다." 이런 식으로 볼 때 '나 자신'이란 나의 뇌도 아니요, 나의 신체도 아닌 개별성과 통제력이 자리하는 의식의 장소인 것이다. (사라는 '나 자신'이라 말하지만, 이는 '너의 뇌'를 가리킨다.) 제약이 뇌와 관련이 있다고 하는 것은 제약을 끊어내는, 다시 말해 자신으로부터 멀리 떼어놓아 우리 밖에 있는 메커니즘(뇌)에 전가하는 하나의 방법이었다.

헤일리는 이런 분리가 어떻게 이루어지며 이 과정에서 좀 더 이상적인 '숨겨진 자아'가 어떻게 드러나는지를 보여준다.[16] 심리치료적 관점을 가진 사람들에게 약을 사용한다는 것은 일종의 오류일 수 있다. 겉으로 볼 때 헤일리가 이상을 성취하기 위해 약을 복용하는 것도 비슷한 문제, 즉 과연 약물치료가 그를 좀 더 외향적으로 만듦으로써 그의 성격을 강화(변화)시킬 수 있는가의 문제를 야기한다고 볼 수 있다. 헤일리는 이런 함축적 의미를 잘 알고 있어서 짐짓 약이 그의 성격이나 목표를 바꾸는 것은 아님을 강조한다.

그러나 약 먹기 전의 상태와 비교하여 일관된 것이 있음을 주장하는 것은, 어린 시절 수줍음이 많고 자의식이 강했으며 대학 시절부터 힘겨운 싸움이 계속되었다는 그의 이야기와 상충된다. 이런 경험을 했다는 것은 헤일리로선 수줍음과 자의식이 그의 한결같은 성격임을 암시하기 때문이다. 바로 이런 결론 때문에 그는 자신이 비정상적이라는 생각을 갖게 되었고 스스로에 대해 실망하게 되었다. 그는 자기 안에 갇힌 데다 개선의 여지도 없고 외향적이며 긍정적인 사회적 규범을 따르지도 못하는 존재라는 것이다. 헤일리는 규범을 따르는 사람이 될 수 없었기에 자신에게서 벗어나고 싶었다. 순응의 욕구가 그만큼 강하지 못했던 것이다.

헤일리에게 있어 성격의 문제가 대두되는 부분은 '생물 유전적인 것'이 그의 이야기에 들어가는 대목에서다. 신경생물학을 통해 그는 자신의 과거 경험을 재정의하는데, 그렇게 재정의함으로써 자신의 현재 모습을 규범에 부응하고 제약으로부터 자유로운, 이상적이고 미래지향적인 모습에 일치시킨다. 이러한 재정의는 지난날 그를 억압하던 것과 불안 그리고 자의식을 그와는 무관한 하나의 대상으로 바꿔놓는다. 이러한 전이에 의해 불안정한 성격과 결부하여 곤경을 얘기하던 것은 이제 성격과 무관한 장애에 대한 이야기로 대체된다. 외부의 그 무엇으로 자아와 정신을 바라보게 되면 장애는 기계적으로 제거할 수 있는 것이 된다. 이것이 바로 헤일리가 약효를 설명하는 방식이다. 이 새로운 이야기에서 보면 약은 수줍음을 타는 사람을 돋보이게 해주진 않는다. 왜냐하면 그는 처음부터 수줍은 사람이 아니었기 때문이다.

헤일리의 개작된retelling 이야기를 보면, 그는 실제로 모든 일을 잘 해나가고 있음에도 불구하고 심각한 오해를 받아왔다. 그는 뇌 메커니즘을 독립적 행위자로 간주한다. 그 행위자는 그의 의식, 의도, 평가, 관계 그리고 그간 영위했던 삶과는 무관하게 그의 자기 경험을 선택적으로 형성한다. 이는 마치 약물치료를 받기 전의 일상에서 중요한 부분은 다른 누군가에 귀속되었다는 말처럼 들린다. 선택되지 않은 경험, 바로 그 경험(자신의 소중한 면은 그의 것이다)만이 그릇된 생물학에 의해 야기된 것이다. 그것을 자아로부터 분리해냄으로써 그는 실현 가능하고 자율적인 존재가 된다. 그리고 이런 해석은 길잡이 역할을 하기도 하고 약효에 의해 확인을 받기도 한다.

사회적 상황에서 제약을 느끼는 개인적 경험을 '장애'라는 은유로 표현한다. 약은 이런 장애를 제거함으로써 좀 더 자신의 욕망에 충실하고(할 말을 하고, 적극적이며, 관계를 돈독히 엮어나가고) 다른 사람들과 잘 어울리는 외향적인 사람으로 만들어준다. 약의 도움을 받아 그는 감춰졌던 자신의 실행 가능한 자아를 드러내게 되는데, 인지행동치료나 통찰지향정신요법으로는 상상도 할 수 없었던 발견을 했다고 말할 수 있다.[17]

헤일리의 이야기는 의료적 서사의 한 형태다. 그는 약물치료가 좋은 자아를 만들어내는 데 도움이 되는 것으로 여긴다. 물론 이 서사는 경험을 순전히 신체적 용어로 재구성하며, 그 경험을 평가적 혹은 도덕적 틀로부터 상징적으로 제거하고 좀 더 유리한 자기 해석을 만들어낸다. 그런데 헤일리의 이야기에는 또다른 요소가 작동한다. 경험을 덜어내는 것과 같은 방식으로 선한 자아를 구축하거나 복원하는 것을 약의 작용에서 기인하는 결과로 본다는 점이다. 우리는 1장과 2장에서 각각 리사와 에릭의 사례를 이미 보았다. 두 사람 모두 그들의 미성숙하고 비윤리적인 행위를 일으키는 신경전달물질의 불균형 상태를 약이 고쳐준다고 보았다. 또한 약은 그들로 하여금 그들이 신경 썼던 것들을 부정하도록 만들고, 이제는 부적절하다고 보는 것에 대해 대응할 수 있도록 해준다. 그들이 강조하는 바에 따르면, 그들의 주변인들이 변화를 목격하고 그들이 더 보기 좋았다고 말한다는 것이다.

이러한 해석의 가장 분명한 사례들은 각성제를 복용한 대학생들에게서 찾아볼 수 있다. 그들의 말에 따르면, 약은 그들이 해야 할 일이나 잠재성을 발휘하는 데 필요한 동기부여를 어렵게 만들던 장애(그들 자신이나 그들이 겪은 일에서 유래한 특징들)를 제거해주었다. "기울어진 운동장을 바로잡기"와 같은 표현과 관련하여 두 가지 포인트를 언급할 수 있다. 제약회사 각성제 광고에서 주로 사용되는 은유의 포인트는 개선이라는 개념을 배척한다.[18] 각성제의 효과는 무너진 메커니즘을 바로잡는 데 있기 때문이다. 그것은 이점을 더하는 것이 아니라 어느 참가자의 말마따나, "진정한 나를 드러내도록 해주는" 것이다.

그러나 참가자들의 이야기들을 보면, 기울어진 운동장을

고르게 한다는 은유는 뭔가 다른 의미를 갖는 것처럼 보였다. 그들이 약의 덕분이라 본 것은 동일한 규칙에 따라 게임을 할 수 있도록 해준다는 점이 아니라 그들로 하여금 자신의 게임을 더 잘할 수 있도록 해준다는 점이었다. 예를 들어 어떤 분야가 고르지 않다는 사실을 확인하는 것은 새롭고 매우 구체적인 도전의 상황에서 힘겨운 싸움이 벌어지는 것에서 비롯한다. 도전의 상황이란 거의 흥미가 돋지 않는 강의를 경청하거나 과제를 해야 하는 그런 상황이다. 그리고 고등학교 때처럼 추가 점수를 딸 수 있는 여지도 없는 혹은 다른 수강생들은 수월히 학업을 수행하고 있다는 것을 아는 가운데 좋은 학점을 따야 하는 그런 상황이다.

약물치료 덕을 본 혹은 거기서 찾아낼 수 있는 효과는 숨겨진 자아(일찍이 다른 여건에서라면 더 높은 성취 규범을 따를 수도 있었다) 혹은 예전의 자아(그들이 실패를 경험한 상황이 사실 새롭고 다르다는 것에 주목했다)를 드러내는 데 있지 않았다. 그보다 한계를 제거하여 더 높은 기준을 더 잘 충족시킬 수 있는, 실행 가능한 자아를 생성하는 데 효과가 있었다.

심리치료적 관점을 가진 참가자든 의료적 관점을 가진 참가자든 그들은 약물치료에 자신들의 관점에 부합하는 의미를 부여했다. 그리고 그 의미를 자기 서사에서 재확인했다. 피드백 회로가 일어나는 것이 전부는 아니었다. 왜냐하면 자기 해석을 하는 것은 약물치료를 받은 경험으로부터 영향을 받기 때문이다. 사람들은 자신들이 느끼는 생리적 변화를 해석하거나 어떤 효과도 느끼지 못한다는 사실을 납득해야 했다.

그들은 어떤 변화가 긍정적인 것이고 바라마지 않는 것인지, 혹은 부정적인 것으로서 부작용인지를 해석해야 했다. 그들은 어떤 효과가 자신들의 것으로 삼을 수 있는지, 혹은 거짓되고 부자연스러운 것인지를 해석해야 했다. 그들은 어떤 효과가 약에서 유래한 것인지, 혹은 다른 도움이나 변화에 의한 것인지를 해석해야 했다. 따라서 약을 복용한다는 것은 해석과 평가가 필요한, 새로운 경험을 창출하고 생각지도 못한 변화를 초래했다(약을 복용하면 '더 태만해진다'고 믿었던 린다의 이야기에서 볼 수 있듯이 말이다).

그렇더라도 인과의 틀과 약물 효과는 분명 피드백 관계에 있었다. 심리치료적 관점에서는 개개인의 노력이 중심이며, 약은 이런 노력을 보조한다는 식이다(대부분의 경우 그 이상은 없다). 이와 대조적으로 의료적 관점에서는 약물 효과가 중심이다. 이런 식의 자리매김은 상징적 차원에서 고통을 자아나 특정한 사회적 조건과 분리해서 보도록 할 뿐만 아니라 변화를 위해서는 개인의 범위를 넘어서서 외부의 메커니즘이 결정적 역할을 한다는 믿음을 확인시켜준다. 또한 곤경은 자신이 처한 상황과 이해 그리고 통제의 범위를 벗어난 외부의 힘에서 유래한 것으로 그 변칙성을 확인시켜주기도 한다. 그것은 문제가 '물질적'이며 따라서 실제적이라는 점을 확인시켜준다. 고통을 겪는 사람은 신체적 오작동의 '숙주'이지 문제의 원천이거나 해결의 주체는 아니라는 것이다. 그리고 그것은 약이 존재의 관련 규범에 자신을 들어맞게 하는 기본적 테크놀로지라는 점을 강조한다.

이야기의 대단원

헤일리의 이야기는 신경생물학적 설명을 설득력 있게 만들어주는 결정적 차원이 무엇인지를 보여준다. 그것은 새로운 해석적 가능성, 즉 고통을 이해시키고 잘못된 문제를 해결하고 그 해결책을 상상하는 방법을 열어준다. 헤일리가 발견한 것은 자신의 곤경을 설명하고 미국 사회가 요구하는 방식으로 더 평범한 존재가 되고자 더 통제해야 하는 것을 넘어선 미래를 상상하는 한 가지 방법이었다. 과학적 권위의 뒷받침을 받고 있으며 약물 치료로 인해 억압된 상태가 완화되었다는 신경생물학적 설명 덕분에 그는 스스로 지운 한계에서 벗어날 수 있었고, 더는 유별나거나 혼자 끙한 상태로 있지 않게 되었다.[19] 자신의 이야기와 문맥에서 특정한 요소를 걷어냄으로써 그는 이상과 부족함 사이의 긴장을 해소한 듯했다.

헤일리의 이야기는 신경생물학적 용어와 기술이 어떻게 과거와 과거의 속박으로부터 자유로운 자아를 마음에 품게 만드는지를 보여주는 매우 자명한 예다. 이는 자신을 드러내기보다 회복의 관점에서 약물치료를 생각하는 심리치료적 시각의 이야기와는 대조를 이룬다. 심리치료적 관점(약을 먹든 안 먹든)의 눈에 띄는 특징은 개인과 (대부분) 다른 도움을 받지 않는 노력을 강조한다는 것이었다. 이렇게 접근한다고 해서 자기 이해에 대한 '현재론적' 경향이나 변칙적 경험에 대한 상징적 결별이 필요한 것은 아니었다.[20]

적어도 넓은 의미에서 비신경생물학적 관점을 취하는 일부에게는(정신분석적, 정신사회적, 해석학적 입장을 가진 이들과 특정한 종교적 전통을 따르는 사람들) 시간성 혹은 사회적 맥락을 배제하고 고통을 상상하는 것이 충분히 가능한 일이다. 이런 부류에 속하는 참가자들에 따르면, 사물의 중요성은 그들의 능력과 장점 그리고 성공에서와 마찬가지로 그들의 한계와 취약성과 좌절에서도 드러나기 마련인 것이다. 그들의 가치 평가와 동기부여에 대한 맹목 혹은 무지는 약화하기 때문에 믿음과 감정 그리고 욕망을 반추하는 일은 중요하다. 자아에 대한 진실, 즉 그들이 답할 수 있으나 오류나 혼란에 빠졌을 수 있는 현실에 대한 충실함이 존재한다. 자기반성은 그들이 일을 그르칠 수도 있고, 속일 수도 있고, 발견한 것이 마음에 들지 않을 위험이 있기 때문에 모험이었다.

예를 들어 인터뷰 당시 직업이 없었던 쉰여섯 살의 모니크는 결혼 생활이 파국을 맞고 유산까지 하는, 인생의 가장 힘든 시기를 지날 때 우울증 진단을 받았다. 그는 의사가 처방한 약을 잠깐 먹었지만 곧 중단했다. 대신 그는 상담을 받고자 했다. 상담을 받으면서 그는 어릴 때 자신을 학대한 어머니와의 매우 힘든 관계를 '풀어나가기' 시작했다고 말한다. 하지만 그는 이에 대해 함구하다가 마침내 이렇게 말한다. "그것에 대해 말을 했지요. 비밀을 털어놓았어요. 입 밖에 내고 따져보고 논의의 테이블에 올려놓았던 거예요. 더는 안에 품고 있을 수 없었으니까요. 네, 그랬어요. 제게 인지행동치료는 아주 중요했어요. 왜냐하면 내면 분석을 해야 했으니까요. 실체를 봐야 했던 거죠." 문제의 원천, 그러니까 '진짜 문제'가 무엇인지 확인하고 밖으로 끄집어내 말로 표현하자 그는 그것이 미친 영향을 이해하고 그것을 좀 더 잘 풀어나갈 수 있었다.

그러나 모니크의 사례와 같은 이야기들은 심리치료적 관점을 가진 이들 사이에서도 흔한 것은 아니었다. 단지 일부 사람들만이 어린 시절의 남다른 경험이나 규범적 환경의 특징 혹은 자신들의 감정이나 행동의 의미를 대화를 나누는 방식으로 탐구하고자 하는 필요성을 강조했다. 다시 말해 몇몇 사람들만이 더 깊이 개입해 들어가는 것을 곤경에 대처하는 방식으로 보았던 것이다. 다른 이들은 자신들의 고통을 의료적 관점, 다시 말해 좀 더 기계적인 표현으로 상상하는 것 같았다.

이보다 더 명확하게 말하긴 어렵다. 대부분 그 요소가 무엇인지도 모른 채 자신들의 고통에서 어떤 비합리적 요소(때로 그들은 '장애' 또는 진단과 관련된 표현을 사용했다)가 작용하고 있음을 암시하는 한편, 심령적 중요성이 그들에게 명백하게 영향을 미치고 있다고 주장하기도 했다(이런 것이 있다면 말이다). 많은 사람들이 약물치료에 각별히 열린 마음을 가진 채, 변화를 위한 자신들의 잠재적 노력에 상당히 운명론적 견해를 가지고 있었다. 따라서 심리치료적 관점을 가진 사람들 중에는 뇌에 대한 명시적 언급이나 특정한 기계론적 해결 방안을 갖고 있지 않을지라도, 신경생물학적 시선으로 자신들을 상상하는 것처럼 보이는 이들이 있었다.

과거로부터 자유로워지고, 선택되지 않은 것에서 벗어남으로써 극기한다는 것은 신경생물학적 상상이 견지하는 바다. 이러한 경로를 통해 헤일리는 이제 자신이 살기로 선택한 이야기를 짓는 저자가 된다. 이제 자신은 스스로 선택할 수 있는 의지와 능력을 가진 존재가 되며 적어도 개인적으로 승인한 세계를 구축하게 된다.[21] 아이러니하게도 자유의 약속에 비추어 스스로 자기 이야기를 짓는 저자가 된다는 것은 헤일리를 하나의 문화적 틀 안에 더욱 확고히 자리매김하게 한다. 그의 자기 형성 활동은 이제 지배적인 규범을 준수하는 방향으로 향한다.

사실 그가 자신을 질적으로 다듬어야 할 필요가 없는 또 다른 이유가 있는데, 그것은 그에게 바람직한 것은 이미 정해져 있기 때문이다. 헤일리는 수줍고 자의식이 강해서 적어도 한동안은 새로 부여받은 어른으로서의 책임에 다소 압도당했다. 이러한 것들은 그가 겪은 증상이다. 생체의학적 틀에서 이러한 증상들은 그 의미를 탐구하거나 밝혀내야 하는, 심리적 수수께끼나 어떤 복잡한 것의 징후나 표식이 아니다. 그것들은 문제들이다. 헤일리는 좀 더 외향적일 필요가 있을 뿐이다. 그가 알아야 할 것은 저기 표면에 드러나 있는 것들이다.

헤일리의 사례와 같은 이야기를 보면 조그만 알약은 엄청나게 큰 상징적 효과를 가지고 있다. 그리고 상상된 객관적 수단과 원하는 극기 사이에 강한 친화력 있다는 점을 암시한다. 그런데 왜 그렇게 되는 것일까? 이 긴밀한 관계가 그럴듯하고 적절해 보이려면 우리 자신에 대해 어떤 경험을 해야 할까?

액체 문명 시대의 자아

이 마지막 장에서 나는 지배적인 자아의 규범을 하나의 '체제'라고 했다. 이 말은 지배적인 자아의 규범이 자기와의 관계를 다스리기 위한 중요한 문화적 제도라는 의미뿐만 아니라 많은 참가자들이 약속한 가치의 양식 혹은 꾸러미라는 의미를 담고 있다. 이런 체제에 대한 근거를 설명하면서 나는 더 광범위한 사회 변화가 우리를 효과적으로 우리 자신에게 되돌려주고, 정해진 패턴과 삶의 질서를 뒤흔들며, 의식적인 선택의 관점에서 우리 자신을 더 많이 규정하도록 하는 몇 가지 방법에 대해 언급했다. 사회적이고 기술적인 그러한 변화는 우리 자신에 대한 생각에 지대한 영향을 미쳤다. 그것은 우리를 곤경에 빠뜨리는 데 한몫하는가 하면, 특히 우리가 그것에 대처하는 데도 한몫한다.

급격한 사회 변화는 현대성의 특징이었다. 예를 들어 마르크스와 엥겔스는 그들이 살았던 19세기 부르주아 시대의 특징을 "생산의 계속적인 변혁, 모든 사회 조건의 끊임없는 교란, 항구적인 불안과 동요"로 규정한다. 이러한 역동성을 바탕으로 그들은 다음과 같은 유명한 주장을 펼쳤다. "굳어버리고, 빠르게 얼어붙은 관계는 예로부터의 부산물, 높이 받들던 편견과 견해와 더불어 쓸려 가버린다…. 굳건했던 모든 것이 흔적도 없이 사라진다."[22] 이전 세대의 다른 사회이론가들처럼 마르크스와 엥겔스는 전통적 사회관계와 관습의 해체를 환영했다. 해체 자체가 좋은 것이 아니라 경화된 조직과 낡은 계급 질서가 더 낫고 더 합리적인 제도 건립에 방해가 되었기 때문이다. 그리고 얼마간 일반인들은 새로운 근대적 제도와 계급구조 속에서 틈새를 찾았다. 이 제도와 구조는 사회학자 지그문트 바우만의 말마따나 "가장 뻣뻣하고 완고한" 형태로 고정된 지향점이 무엇인지 그리고 방향과 길잡이를 제시해주던 의미 구조가 무엇인지를 알려주는 것이었다.[23]

변화 자체가 종언을 고한 것은 비교적 최근, 즉 20세기 후반의 일이었다. 우리는 어느덧 '액체 문명 시대'에 살고 있다. 이 말은 바우만이 끊임없이 변화하는 사회세계를 가리켜 표현한 적절한 은유다. 생산과 소비의 근본적인 변화, 일과 가정의 재구조화 그리고 새로운 미디어와 전자 기술의 확산은 사회이론가들이 다음과 같이 규정한 주요한 변화들 가운데 일부다. 즉 그것들은 유동적이고 다원적이며 예측할 수 없는 사회 환경을 생산하고 우리가 경험하는 삶의 세계를 극적으로 변화시키는 것들이다.

전환은 1960년대와 1970년대에 일기 시작했다. 이 무렵 사회학자 알랭 에랭베르는 다음과 같이 주장했다. "모든 분야(그것은 일터일 수도, 가정일 수도, 학교일 수도 있다)에서 세상은 자신의 규칙을 바꾸고 있었다…. 각 개인은 자신의 안정된 형태를 잃고, 일시적으로 되어, 썰물과 흐름으로 구성된 변화하는 세계에 끊임없이 적응해야 하는 과제를 수행해야만 했다." 이러한 제도적 변화는 사람들에게서 새로운 것을 요구했다. 제도적 변화로 인해 "가장 비천하고 낮은 지위의 사람들조차도 모든 것에 대해 선택하고 결정하는 일을 수행해야 하는" 상황이 되었다. 에랭베르는 주장하길, 바로 이러한 유동성의 맥락에서 (각자가 자신의 주인이라는) 자기 주권의 강력한 가치가 광범위한 사회적 현상이 되었다.[24]

사회 변화를 맞아 미국인들이 20세기 중반 이후 스스로 자리매김하는 방식을 바꾸었다는 증거는 많다. 그들이 '참된 자아'를 규정하는 방식은 제도적 틀로부터 개인화되고 개별화된 기준으로 점점 더 많이 옮겨갔다. 개개인은 다른 이들과의 상대적 고립 속에서 자신의 자기 정의를 세워나가야 했다. 예를 들어 한 실증적 연구에서 심리학자 조지프 베로프와 그의 동료들은 1957년과 1976년 사이에 실시된 전국 단위 설문조사 결과를 비교함으로서 사람들이 자기 정의와 행복감을 구조화하는 방식에 큰 변화가 있다는 것을 발견했다. 그들은 그것이 '사회적으로 통합된' 패러다임에서 좀 더 '개인적이거나 분화된' 패러다임으로의 변화라고 보았다. 그리고 그 변화를 다음의 세 가지 측면에서 주목했다. 자기 평가의 기초로서 사회적 역할 기준의 쇠퇴, 자기 표현력과 자기 방향성에 대한 집중력 증가 그리고 사회조직의 통합에서 대인관계로의 관심 재조정이 그것이다.[25]

비슷한 맥락에서 사회이론가들은 고착화된 역할 기반의 사회적 관계와 사회생활의 여러 영역에서 자기 경험의 다양한 양상에 대해 조사했다. 예를 들어 사회학자 리처드 세넷은 '새로운 자본주의'하에서의 노동에 관한 연구에서 경제 분야와 불안정성에 대한 새로운 경험을 창출하는 '유연한' 기업의 운영에서 나타나는 변화를 강조한다. 완고함, 변함없는 루틴, 위계질서 등은 퇴출되고 역동성, 우발성, 네트워크가 새로 등장한다. 그는 이렇게 쓰고 있다. "노동자들은 민첩하게 움직여야 한다. 갑자기 들이닥친 변화에도 적극적으로 응해야 하며, 끊임없이 위험을 감수해야 한다. 그리고 규칙과 형식적 절차에 덜 의존적으로 되어야 한다."[26]

끊임없이 변화하는 새로운 질서는 (그것이 경제적 결과에 관한 것이든, 노동자의 시간 경험이든) 충성과 헌신과 같이 사실상 오래 지속되는 특성들을 약화시킨다. 그리고 실질적이고 지속적인 자아의식을 구축하거나 고정시키는 사람들의 능력도 약화시킨다. 세넷의 주장에 따르면, 새로운 기업 형태는 이동적 감수성(유연성, 피상적 협조, 단기성의 추구)을 요구하며 변화하는 환경에 맞춰 과거의 경험과 이전에 학습한 내용은 되도록 빨리 잊을 것을 요구한다.

새로운 경제 상황의 근본적인 유연성과 유동성은 변화의 한 원천이지만, 다른 요소들도 마찬가지로 급진적이다. 광범위한 사회와 기술의 변화는 삶의 많은 영역을 불안정하게 했고 시간과 공간의 관계를 바꾸었다. 바우만이 말하고 있듯이, 지속, 리듬, 연속 등의 역사적이며 집단적인 특성을 유예시키던, 굳건하게 지속되는 사회구조는 불안정해지거나 자취를 감추기 시작했다. 시간은 이제 '순간의 집합체'에 가깝고, 고정되거나 정지된 것에 비해 움직임과 가벼움에 프리미엄이 주어진다고 그는 주장한다. 세넷과 마찬가지로 그는 일반인들이 아무런 연속성이나 안정감 없이 산다고 주장하는 것이 아니라 사회적 다원화와 불안정성이 가치관과 가치체계를 바꾸고 있다고 주장한다.

예를 들어 긴 시간을 두고 생각하고 계획하고 행동하는 것은 점점 더 어려워지고 별로 중요한 대접을 받지 못하며, 즉각적인 단기 프로젝트와 일회성 기획으로 대체된다. 한때는 인정받는 조건이었던 붙박이가 이제는 퇴행의 징조가 되었다. 한때는 갈망의 대상이었던 지속성이 일시성으로 대체되었다. 바우만은 이렇게 쓰고 있다. "오랫동안 어떤 것에 고정돼 있는 것은, 사용기한을 넘어서 그리고 새롭게 개선된 대체물이 나오고 업그레이드된 것이 나왔는데도 예전 것을 그대로 사용하는 것을 넘어서… 결핍의 증후일 뿐이다."[27] 오늘날 가치가 있는 것은 (선택의 여지가 있는 것이든 없는 것이든) 유연성이다. 그것은 "바로 그 자리에서 전략과 스타일을 바꿀 수 있고 주저하는 바 없이 헌신과 충성심을 버릴 수 있는 자세다."[28]

그뿐 아니라 사회기술적 변화와 더불어 일상생활의 속도도 빨라지고 있다. 기술 덕분에 우리는 더 빠르고 더 적은 노력으로 더 효율적으로 일할 수 있으므로 그 자체로 자유 시간이 더 늘어야 하는 것이다. 그러나 사회학자 하르트무트 로자에 따르면, 우리가 아무리 일을 빨리하고, 활동을 압축하고(활동과 활동 사이의 시간을 줄임으로써), 멀티태스킹을 한다고 하더라도 우리는 같은 시간을 쏟아부으며 더 많은 일을 할 뿐이다. 다시 말해 일손을 덜어주는 기계의 경우처럼 기술적 이점이라는 것은 활동(기술적 그리고 사회적 변화와 모두 관련된 활동)이 늘어나기 때문에 오히려 손해다. 왜냐하면 생산도 더 많이 해야 하고, 질도 더 높여야 하고, 새로운 관계의 패턴도 마련해야 하고, 행위의 가능성도 더 확대되어야 하기 때문이다. 그가 주장하는 바에 따르면, 결론은 만성적 시간의 부족이다. 해야 할 것과 선택지와 우연성의 증가로 허덕이게 되기 때문이다. 그리고 경험과 기대의 신뢰성이 빠르게 떨어지기 때문에 쉴 틈이 없다. 우리는 뒤처지지 않기 위해 계속 나아가야 한다.

로자는 가만히 있으면 도태되는 경제 생산에서 그것을 멈출 수 없는 것처럼 변화의 흐름을 역행하거나 한동안 제자리걸음을 하는 것은 잠재적 가치를 지닌 여러 선택지와 관계를 놓치는 행위라고 본다. "누구든 끊임없이 변화하는 행동 조건에 매번 맞춰나가지 않는 사람은 미래의 선택지를 넓힐 수 있는 관계를 상실하는 것이다." 삶의 모든 분야에 끊임없이 노력하지 않으면 우리는 시대착오를 일삼는 위험한 상태에 처할 수 있다.[29] 또 다른 연구자에 따르면, "모든 것은 앞으로 나아가는 것과 관련이 있다. 뒤처진다는 것은 아메리칸 나이트메어American Nightmare."[30]

이와 같은 연구들은 점점 더 불확실하고 예측할 수 없는 사회 환경, 제도적 자기 정주의 쇠퇴 그리고 선택과 자기 결정을 개개인에게 일임하는 현상을 보여준다. 사회 변화와 그 결과에 대한 모든 논의는 언제나 과도한 일반화에 빠지거나 대안적 결론과 중요한 저항 형태를 빠뜨리게 된다. 그렇다고 이런 연구 자료에 모든 사람이 동등하게 혹은 유사하게 영향을 받았다거나 혹은 귀속적 정체성(인종과 성별 등)과 다른 고정적 요소들이 모두 사라졌다고 주장하는 내용은 없다. 오히려 반대다.

그러나 이론적 평가와 경험적 평가 모두에서 상당히 겹치는 결과에 대해 말할 수 있는 것은 자신과 의식에 대한 경험이 제도적으로는 점점 덜 주어지고 그것들로부터 기대하는 것은 점점 많아지는 가운데 변화해왔다는 것이다. 이런 조건들은 자아에 대한 개념을 다음과 같이 증진시킨다. 즉 자아는 "행위의 중추다. 다시 말해 우리의 삶, 능력, 지향성, 관계 등과 관련하여 그것을 관리하는 일종의 기획실이다."[31] 그것들은 강한 형태의 '재귀적' 자기 인식을 고취시킨다. 이는 하나의 감수성으로서 타인의 기대에 맞추고, 사회적으로 적절한 것에 대해 신경을 쓰며, 상호작용의 각 맥락에서 요구되는 규범에 부응하는 것이다.[32]

　　또한 정신없이 돌아가며 개인화되고 매개화된 세상에서 개인적 위험도 변해왔다고 말할 수 있다. 그것은 단지 수적으로만 많은 것이 아니라 질적으로도 차이가 있다. 즉 선택된 정체성, 스스로 결정한 것의 결과, 개인의 잘못으로 여겨질 사건들, 수많은 현실적 가능성의 누락 등과 같은 위험을 감수하게 된다.[33] 세상도 우리 자신도 주어진 대로 단호하고, 변함없는 모습으로 다가갈 수 있는 것은 아니다. 오히려 장애물은 우리의 창조적 노력에 의해 개별적으로 변형되거나 변질되거나 혹은 무효화될 수 있는 변수로 취급되어야 한다.[34] 확실히 이 새로운 세계는 역동성과 민주주의 그리고 우리가 원하는 그 어떤 존재도 될 수 있다는 믿음과 같은 미덕을 가지고 있지만, 거기에 여러 함정이 도사리고 있다. 자신감을 무색하게 하고, 불만을 낳고, 불안과 위험을 고조시키고, 인정에 대한 광적인 갈망을 키우며, 지속적인 불완전함과 고립감을 불러일으킬 수 있는 환경이기 때문이다. 이것들은 참가자들이 자신들의 곤경에 대해 기술한 것들이다.

현대사회의 조건에 의해 조성된 감성과 자기 개념은 신경생물학적 상상법이 가진 특징과 일치한다. 특히 나는 두 분야의 상관관계를 살펴보고자 한다. 하나는 어떻게 우리의 존재 양식이 주관성의 내면보다 외면을 자극하는가이다. 이러한 변화는 자신의 개인사를 생각하는 방식과 그것을 반성하는 지점에 영향을 미친다. 다른 하나는 어떻게 우리의 존재 양식이 초기보다 사회에 대한 대립적 관점에 덜 영향을 미치는가이다. 이러한 변화는 사회적 규범에 대한 우리의 인식과 관점에 영향을 미친다.

반추에서 성찰로

다른 어떤 힘 못지않게 기술변화와 기술의 가속화는 일상의 경험을 강력하게 재구성해왔다. 예를 들어 『미디에이티드』라는 책에서 인류학자 토머스 드 젠고티타는 TV, 컴퓨터, 휴대전화와 같은 유비쿼터스 재현 기술이 어떻게 '표면 사회society of surface'를 만들어냈는지를 보여주기 위해 일상생활의 많은 특징들을 탐구한다.

그에 따르면, 우리 세계는 철저히 이미지 형태로 매개되고, 먹기 좋게 잘 포장돼 있다. 그리고 그 이미지들은 끊임없이 아부하는 현실적 선택지를 우리에게 제시한다. "네가 잘하는 것"을 "네 방식대로" 해라. 이 끊임없는 흐름을 잘 넘어가려면 "감정과 관계에 대한 습관적 성찰에 의존하는 매우 유연한 자기 인식 같은 것"이 필요하다고 그는 쓰고 있다. 그리고 그것은 메서드 연기*와 비슷한 점이 많다. 아이들은 이처럼 강렬한 자기 인식을 일찍 맞닥뜨린다. 이 의식은 '깊이의 고요함'과는 양립할 수 없지만, 끊임없이 움직이는 삶('매 순간을 살아가는 삶')을 유지하는 데 잘 적응한다. 그리고 선택지를 항상 열어두고, 적응 방법이라는 연장 도구에서 필요한 사회적 능력을 가져와 임기응변을 발휘한다.[35]

유동적이며 매개화된 환경에서 프리미엄이라 할 수 있는 것은 존재의 '가벼움'에 기반한 것이다. 움직임과 활동의 연속화된 전경 속에서 구체화되고, 날카로운 자기 인식과 적응력을 가진 유연한 자아의 모습을 한 것이다. 무엇이 가치가 있는 것인가에 대해서는 사회학자 데이비드 리스먼이 말한 인간형으로 잘 기술된 바 있는데, 그것은 타율적인 '사회적 성격'의 고전적 이상형이다.[36]

소비사회에서 등장한 이 타입은 어릴 때부터(생산지향의 경제체제에서 나타난 초기의 내부지향적인 성격과 마찬가지로) 행위 범절을 내재화하지 못한 것이 아니라 일종의 감각 장치를 내재화하지 못한 것이다. 이 정교한 장치는 가족 단위를 넘어서 동료 집단, 매스미디어, 소비문화를 아우르는 광범위한 사회에서 유래하는 다양하고 변화무쌍한 메시지를 수용하기 위해(그리고 그것을

• 배우가 자신이 연기할 배역의 생활과 감정을 실생활에서 직접 경험하도록 하는 연기법.

유통시키기 위해) 필요한 것이다. 이런 타입의 경우 자제력 메커니즘은 확산된 불안의 형태를 띠는데, 그것은 '레이더'처럼 작동하면서 각 집단의 신호(선호하는 것, 가치를 두는 것, 인정하는 것 등)를 잡아낸다. 이런 신호들은 방향성의 원천이다. 그리고 타율적인 사람들은 이런 신호들을 가지고 내면의 상태를 구체적인 맥락을 가진 사회적 기대와 당대의 요구에 맞춰나간다. 그들의 주관성이 위치하는 곳은 '바깥'인 셈이다.

우리는 이러한 '가벼운' 존재 방식을 '내부'에 주관성의 중심이 있는 이상적인 유형의 사람들과 대조할 수 있다. 그들은 자신들의 내면세계를 발전시키려 한다. 한때 그러한 '심층 모델'이 심리학과 철학과 같은 여러 영역에서 인간상을 그리는 데 영향을 미쳤고 예술, 건축, 음악, 문학 등의 분야에서도 나타난 바 있다.[37] 그것은 지속적이며 유형적인 사회세계(가시적 권위, 훈육 규범, 공동의 목적)를 전제하는 모델이기도 하다. 그것은 내적 목적의식과 지속적인 서술에 의해 연출되는 보다 오래 지속되고 뿌리 깊은 인생 경험을 전제로 한다. 그것은 즉각적인 인식의 표면 아래 의미의 층이 놓여 있는 심리적 복잡성을 전제로 한다. 그것은 자기 서사에 대한 비판적 태도, 인간의 열망과 한계 사이의 괴리에 대한 고통스러운 인식 그리고 자아를 안(유혹과 본능적 충동에 맞서서)과 밖(사회의 제약과 왜곡에서 맞서서)에서 긴장과 투쟁의 언어로 정의하는 것을 전제로 한다.[38] 이는 오늘날 찾아보기 어려운 모델이다.

성찰이 타율적인 사람의 자기 형성적 활동 특성이라면, 우리는 '반추'를 깊이 지향적인 사람의 자기 형성적 활동 특성을 설명하는 데 사용할 수 있을 것이다. 후자의 경우 자기 형성이란 자신의 행동을 자신의 기질과 원칙에 일치시키려고 하는 것이다. 그리고 자신의 행동을 적어도 부분적으로 주어졌거나 의무로 간주되는 목적에 일치시키기 위한 수단을 찾는 것이다.

예를 들어 일기를 쓰는 오래된 관습에서 볼 수 있는 비밀스럽고 내성적인 기질을 생각해보자.[39] 그런 기질을 페이스북 프로필을 유지하기 위해 관여하는 공개적이고 성찰적인 자기 작업과 비교해보자. 만약 일기를 쓰는 유형이 내부적인 것에 관여하고 그것을 구축하며 과거와 매우 안정적인 판단 기준에 전적으로 의지한다면, 페이스북 유형은 변형 가능한 외적 자아를 요구하고 육성한다. 페이스북 유형의 자아는 현재에 부합하고 매개물이 자기 경험을 주도하고 내포하는 자기 선택적 관계망을 규범적으로 지향한다.

이런 말을 하면서 나는 사회적 변화나 기술적 개입을 통해 사람들에게 변화를 도모할 수 있다고 주장하는 것은 아니다. 변화에 어떻게 대응하느냐 하는 것은 매우 복잡하고 다채로운 것이다. 그러나 내가 주장하는 바는 우리의 사회적 제도와 기술적 제도가 존재 양식을 육성한다는 것이다. 그것은 우리 자신에 대해 '가볍다'고 보거나 '수직적'이지 않고 '수평적'이라 본다거나 혹은 심리적으로 '투명하다'고 보도록 만든다.[40] 이런 조건 아래서는 느릿느릿하게 진행되는 반추라는 활동을 할 시간도 없거니와 그럴 당위도 없는 듯하다. 만약 우리의 일상을 영위하는 것이 성찰적인 자기 소유의 지배 형식과 자신에 대한 도구적 태도를 장려

하는 것이라면, 내적 자아, 동기부여, 평가적 입장에 대해 신경을
쓰는 일이 그리 중요해 보이진 않을 것이다.

우리의 관심은 내면의 힘을 실현하는 것이 아니라 세상 속
에서 사회적 실마리가 되는 것을 읽고 거기에 반응하는 것이다.
자신에게로 '나아가거나' 자신의 '다른 모습을 보여줄 수 있는'
능력을 바라고 그것이 필요하다면, 자신의 지난날과 고통스러운
경험을 반추할 여지가 거의 없다.[41] 반추란 일종의 사치거나 혹은
그보다 못한 것으로서 희석된 향수 같은 것이다.[42] 삶이 불연속적
이라면, 우리의 의지에 의해 삶의 한 부분을 떼어낼 수 있다는 것
은 충분히 상상 가능한 일이다.

조화 속의 자아와 사회

『미디에이티드』와 페이스북 사례에서 이미 언급했듯이, 현
대 생활에서 중요한 또 다른 특징은 자기 경험이 관계망 속에 점
점 더 많이 귀속되고 자리매김한다는 것이다. 『더 이상 갈등하지
않다: 현대 미국 사회의 자아와 사회 In Conflict No Longer: Self and Society
in Contemporary America』라는 흥미로운 제목을 가진 색다른 책에서
사회학자 아이린 타비스 톰슨은 인간관계가 어떻게 '자아의 구성
인자'가 되는지를 보여준다.[43] 이것은 역할 기반의 정체성으로의
회귀를 말하는 것도, 사람들이 지연집단地緣集團과 실존적 공동체
에 다시 귀속된다는 점을 의미하는 것도 아니다. 미국인들은 더

조직화되면 될수록 실제로 가입하고 참여하는 정도는 점점 줄어든다. 이제 인간관계는 개인이 '갖는' 그 무엇이다. 그리고 사회학자 돌턴 콘리 같은 사람들이 지적하듯이, 이런 식의 관계는 지연집단 안에 집중되는 것이 아니라 '다른 곳'에 있다. 즉 전자적 소통을 통해 널리 퍼져 있다.[44]

　　매우 유동적이며 매개화된 사회적 환경에서 새로운 관계성은 독특하고 유연하게 설정된 집단과 관계 속에 매몰된 개인들로 이루어져 있다. 필요할 때면 언제든 거기서 분리될 수 있긴 하지만, 사람들은 자기 선택적인 집단과의 관계를 통해 자아감의 중요한 국면들을 만들어내고 거기에 닻을 내린다. 톰슨의 주장에 따르면, 이와 같은 '관계적 자아'는 타율적이며 수행적이며 자기 반추적이다. 내 표현으로 하자면, 주관성의 양상이 두드러져 보이고 더 외재적으로 된다.

　　톰슨은 정체성이 제도적 틀 안에 고정돼 있던 시대와 비교해볼 때, 관계적 자아는 사회에 대해 덜 억압적인 관점에서 바라본다고 주장한다. 이런 유형의 경우 사회적 지평의 특징은 유연하지 못하고 제한적인 것이라기보다 잘 변하고 가능성과 삶의 기회와 잠재적(가능한 범위 안에서) 목표가 열려 있는 것이다. 만약 어떤 사람이 제약을 받는다고 느낀다면, 내가 앞에서 지적했듯이 상황이 되었든 자기 자신이 되었든 변수가 되는 것이 바뀌기만 하면된다. 눈에 잘 띄지 않는 긴장과 투쟁 속에서 자아-사회의 대립기반(예를 들어 공적인 것과 사적인 것, 개인과 사회, 이드와 슈퍼에고, 권위와 비권위) 위에 서 있는 낡은 구분법은 그 기반을 잃었다.

주관성의 '깊이 모델'(내가 부르는 방식이다)은 분리된 자아와 뚜렷한 사회질서를 전제로 한다. 이런 사회질서 아래서는 에랭베르의 말을 다시 인용하자면, 개개인은 "훈육 규범에 잡혀 있어야 한다."[45] 한때 소외는 곤경의 일반적 형태 가운데 하나였다. 이에 따라 사회비평가들은 사회적 순응을 비판하곤 했었다. 이와는 대조적으로 관계적 혹은 성찰적 자아는 주체적 행위를 할 때 즉각적으로 파악할 수 있는 환경을 일별하고 그 집단에서 요구하는 적절한 태도와 행위를 민감하게 살핀다. 그리고 자기 이해와 올바른 행위를 밀접하게 연계시킨다. 이런 기조에서는 사교 모임은 저항이나 억압의 공간이 아닌 반추적 자아의 공간이다.[46] 이러한 가소성의 세계에서 '순응'이란 비판적 평가 개념이 아니며, 단점은 더더욱 아니다.

자아-사회의 긴장이 해소된다면 일상의 고통은 다른 말로 떠올려야 한다. 지배적 규범 자체가 감당할 수 없다면 그리고 우리가 그에 미치지 못하거나 충분히 적응할 수 없거나 혹은 속도를 내는 대신 줄일 수 없어서 고통을 떨쳐버리게 되면, 그로 인한 곤경(그리고 죄책감)이라는 것은 아무런 의미도 없는 것이 된다. 성찰적 자기 결정을 행한다고 해서 사람들이 그러한 방식으로 갈등에 대응할 수 있는 것은 아니다. 그 대신 문제를 자초한 것으로 보거나 합리적 설명도 없이 그저 애매한 것으로 바라보는 시각만 키울 가능성이 크다. 처음엔 수치심과 침묵이 자리하고, 그다음엔 (자아와 무관하며) 제대로 작동하지 않는 메커니즘을 찾으려 할 것이다. 유일하게 논리적 대응이라 할 수 있는 것은 그렇게 제대로 작동하지 않는 문제를 완화시키거나, 전복시키거나, 무효화시키는 것(고치는 것)이다. 그리고 사물의 흐름 속에서 적절한 위치를 되찾기 위해 규범을 숙달하는 데 전념하는 것이다.

이처럼 현대의 사회생활에 대한 간단한 반추로도 다음 둘 사이에 동질성이 있다고 얘기할 여지가 충분한 것 같다. 그 둘은 오늘날의 삶의 특징과 인터뷰 참가자들이 얘기하는 것들이다. 인터뷰 참가자들이 얘기하는 것은 그들의 고통에 대한 기계론적 인과성, 약물치료에서 그들이 마음에 두는 희망의 종류 그리고 그들이 통찰과 곤경에 대한 대화적 형태의 반응을 말할 때 사용하는 경멸적 표현에 관한 것이다. 우리 자신을 상상하는 신경생물학적 방식이 설득력 있는 것은 그것이 사회조직과 우리 시대의 대의가 부추기는 하나의 감수성이기 때문이다.

신정론, 은혜로 구원받다

고통, 자기 이해 그리고 사회적 규범을 받아들인다는 점에서 신경생물학적 상상법은 일종의 세속 신정론이다. 재앙이 닥치고 선한 이가 고통을 받는 문제를 설명해야 하는 신정론의 문제는 오래된 것이다. 욥기와 길가메시 서사시의 홍수 설화는 그 좋은 예다. 이와 관련된 근대적 개념은 17세기 철학자 고트프리트 라이프니츠로 거슬러 올라가며, 이 개념이 다루는 것은 특히 신의 선의와 전지전능 그리고 악의 존재와 세상의 고통을 조화시키는 신학적 문제였다.

일신론一神論의 맥락에서 사회학자 막스 베버는 신정론을 어떻게 설명할 것인가의 문제를 좀 더 확장시켰다. 불행과 '운명과 미덕 사이의 불일치' 문제를 설명하기 위한 문화와 종교의 광범위한 노력을 그 안에 포함시키고자 했다. 그는 자신의 확장된 신정론 개념을 철학적 인간학의 밑바탕에 깔아놓았는데, 철학적 인간학은 세계에서 기능하기 위한 의미 있는 도덕적 질서를 구하는 인간의 필요성을 기본으로 한다. 이와 같은 강력한 의존성에 의해 악과 불의 그리고 고통을 납득할 수 있는 '사그러들지 않는 요구'가 만들어진다.[47] 베버에게 있어 신정론은 주된(전적으로는 아니다) 합법적 기능을 수행한다. 고통이라는 비합리적 경험에 직면하여 신정론은 사회제도를 정당화하고 고르지 않은 '운의 배분'에서 사람들에게 자기 몫을 배정해준다.[48]

베버의 주장에 따르면, 명예와 권력을 지닌 사회 특권층은 자신들이 누리는 지위는 '그들만의 특별하고 본질적인 자질'(그들의 '실제적 존재 혹은 평판적 존재'가 가진 특징)에서 기인한다고 보는 경향이 있다.[49] 그는 혈통에 기반한 귀족주의와 같은 사회제도를 염두에 둔 것이지만, 역설적이게도 평등과 능력을 기반으로 하는 오늘날의 체제에서도 지위는 비슷한 요구에 기반하고 있다. 지위는 모든 이를 곤경에 처하게 하는데, 왜냐하면 곤경들이 존재의 규범과 관련이 있기 때문이다. 몇몇 분명한 예외와 더불어 내가 5장에서 주장한 바와 같이 관계, 감정, 자아에 관한 실행 규범은 모두에게 별 차이가 없다. 물론 사회경제적 상황에 따라 기대의 정도가 다르긴 하지만 말이다. 그러나 자신의 자질에 기반한 '실제적 존재 혹은 평판적 존재'와 같은 것은 위태로워졌다.

헤일리의 경우를 떠올려보자. 다른 여러 사람처럼 그는 실행 가능한 방식의 존재와 인지 부족 사이의 간격을 좁히기 위한 하나의 방편으로 신경생물학적 상상법과 그것이 가진 보상에 관한 기계적 가정을 염두에 둔다. 용납할 수 없는 존재 규범에 맞서 그는 자신의 안정된 위치를 자신할 수 있다. 이는 4장에서 논의했던 것처럼, 사람들이 진단과 신경 메커니즘에 관한 이야기를 하면서 거기서 이끌어내는 안도감이다. 그들을 용서할 사람이 없으면 용서를 받을 도리는 없다. 아무리 많은 사람이 원할지라도 마법 같은 일은 벌어지지 않는다. 대신 받을 수 있는 것은 은혜와 같은 것이다.

'은혜'는 신의 도움을 떠오르게 하는 말이지만, 세속적 관점에서도 우리는 같은 개념으로 사용할 수 있다. 아이리스 머독의 말에 빌면, 세속적 관점에서 도움은 "인성의 경험적 한계를 극복하기 위한 인간적 노력"인 것이다.[50] 고통을 겪고 있는 이는 존재의 밑바닥 지위에서 단 하나의 가능성일지라도 상징적 차원에서 다시 인정을 받을 수 있는 것이다.

이것은 신 혹은 베버가 상세히 기술한 '순수한 형태'의 종교적 신정론에 싸인 세계와 같은 형이상학적 전제가 전혀 없는 신정론(혹은 어떤 이의 말마따나 세속적 인정론anthropodicy)의 일종이다. 이처럼 넓은 차원의 의미 조성 틀은 우리 사회에서 점점 그 의미가 줄어들고 있다. 그러나 세속적 신정론은 질서와 설명 그리고 규범적 이상과 구체적 경험 사이의 화해에 대한 동일한 현상학적 요구에 응한다.[51] 인류학자 진 코마로프는 이렇게 쓰고 있다. "우리는 의학이 우리에게 의미의 틀을 구축할 핵심적 상징(우리의 존재 상태에 대한 신화)을 제공해주기를 바란다.[52]

　　신경생물학적 인과율의 논리가 고통을 겪는 이들을 보호하고 긍정해주듯이, 그것은 또한 자유롭고 자기 정의적 자아의 이미지도 보호하고 긍정해준다. 규범을 실현 가능한 것처럼 보이게 만들어주고, 그와 동시에 저항을 물리치고 규범 질서를 정당화한다. 세속적 맥락에서 고통에 대한 비합리적이고 변칙적인 경험을 통해 우리는 개인의 자유, 사회질서 그리고 운의 배분에 대한 기본적인 가정을 문제 삼을 수 있다.

　　곤경에 직면한 참가자들은 거의 언제나 스스로에게 문제를 제기했다. 그러나 5장에서 논의한 몇몇 사례에서 보듯이, 참가자들은 스스로에게 문제를 제기하지 않고 자기 창조와 최적화 그리고 계약적 관계로서의 기준과 이상에 문제를 제기했다. 이들은 자신들의 고통을 생물학적 표현으로 기술하지 않았다. 그렇게 한 사람들은 의료적 설명에서 답을 찾는다. 의료적 설명은 부조화가 일어난다고 해서 자유주의적 모습 혹은 사회적 규범이 부당하다고 말하는 것은 아님을 보여주기 때문이다. 일단 생물학적으로 해석하면 그들의 고통에는 실제적인 의미가 없다. 그저 고통과 혼란과 불편함만 야기되었을 뿐이며 그것이 따로 의미하는 바는 없는 것이다. 그들의 고통이 자아의 체제나 현대적 사회제도에 대해 무언가 문제가 될 만한 것을 드러내는 것은 아니다. 왜냐하면 어떤 것도 드러내지 않기 때문이다. 그리고 겉으로 보이는 증거, 즉 고통이란 개인의 신경화학적 문제라고 하는 증거는 바로 약물이다.

관조적 관점에서 생각하기

일상적 고통과 그것이 만들어내는 곤경에 대한 대응으로서 신경생물학적 상상법은 고려해볼 만하다. 곤경을 완화하거나 극복하고자 하는 취지에서 참가자들은 실행 가능한 자아의 자율성, 통제력, 효율성을 강조했다. 그리고 덜 취약하고, 더 자족적이

고 유연하며 최적화된 상태를 추구했다. 실행 가능성(강한 형태의 자유주의적 이상)을 향해 나아간다는 것은 의지를 방해하는 것으로부터 자유로워지는 일을 의미했다.

　　인류학자 데버라 고든에 따르면, 순수한 모습의 자유로운 자아는 "스스로 주인이 되고자 하며, 의식적으로 자신의 길을 선택하고, 잠시 관조하듯 물러섰다가 무엇이 되고 어디로 갈지에 대해 이성적으로 판단한다." 이를 위해서는 잠시 관조하는 태도가 필요하다. 왜냐하면 아무런 구애를 받지 않고 자신에 대해 유일한 주인이 되기 위해서는 어떤 요구되는 기준으로부터 독립된 채 생각하고 행동할 수 있어야 하기 때문이다.[53] 관조적(객관적, 중립적, 도구론적, 비해석적) 용어로 자신의 경험을 개념화하는 것이 목표를 실현할 수 있는 길이다.

　　이것이 우리가 헤일리와 같은 참가자들에게 찾아볼 수 있었던 경향이다. 이 경향이란 신경생물학적 상상법이 제시하는 관점의 유형인 것이다. 의료적 틀에서 문제를 다루게 되면 그 문제는 기술적 문제, 즉 한 개인에게 나타나는 기능 이상인 것이다. 이러한 한계를 뇌와 결부시켜 바라보면 기능 이상을 대상화할 수 있다. 다시 말해 약이 기계론적으로 제거할 수 있는 것으로 해석할 수 있는 대상이 되는 것이다. 이상과 표준(사람의 유형 혹은 존재의 한 방식) 그리고 인지 부족 사이의 긴장감은 은혜에 의해 사라질 수 있다.

　　왜 그런 관점이 점점 보편화되고 있는지 그리고 신경생물학으로의 이동이 왜 이렇게 조용한지 그 이유를 아는 것은 어려운 일이 아니다. 이 세상의 많은 것들이 이를 촉진하고 있기 때문이다. 상상은 부분적으로 자연스러워 보일 수 있다. 왜냐하면 우리는 이미 삶의 많은 영역에서 우리 자신에 대해 관조적 태도를 취하고 사회적 실천 속에서 그것과 맞닥뜨리기 때문이다.

우리가 우리 삶을 우리의 선택에 의해 정의할 수 있는 것으로 보거나 이 세상을 자기 정의적 요구와 목적에 따라 형성되는 현상의 공간으로 생각한다는 것은 이상한 일이 아니다. 우리의 많은 사회적 실천은 우리 자신을 '가볍고' 심리적으로 투명한 존재로 보도록 자극한다. 그리고 우리로 하여금 성찰적이고, 현재지향적이고, 템포가 빠르며, 언제든 변화할 준비가 된 그런 존재로 이끌고 나아가도록 한다. 여러 맥락에서 볼 때 극기에 사회적 프리미엄이 붙는다. 여기서 극기란 자신을 여러 형태로 주물럭거릴 수 있는 그리고 올바르게 작업을 해야 하는, 손안에 쥐어진 찰흙으로 여기는 것이다.

곤경에 처했을 때 신경생물학적 상상법이 견지해야 하는 것은 이런 종류의 극기다. 그런데 우리는 우리 안의 얼마나 많은 부분을 그런 것을 추구하는 데 전적으로 쏟아붓고 있을까? 나는 관조적 관점을 생각하면서 그리고 그것이 우리를 떠난 곳이 어딘지를 생각하면서 이야기를 마무리 짓고자 한다.

나가며

영혼의

위기

사실 현대 과학의 모든 것을 집대성한 것보다 정신약리학이
사람들에게 본질적으로 기계적이며 물리 화학적인 속성이 있
다고 설득하는 데 더 효과적이었다고 주장하는 사람들이 있을
수 있다.

  –에벌린 폭스 켈러[1]

  일상적 고통에 시달리는 일반 미국인들과의 인터뷰에서
나는 내가 신경생물학이라 지칭한 자아와 신체 그리고 고통과 사
회의 관계를 상상하는 방법을 발견했다. 인터뷰 참가자들이 자
신들의 고통에 대해 해석하는 바를 해석하면서, 나는 그들의 생
각과 인상 그리고 의료 언어뿐만 아니라 치료를 위한 접근법과
대중적 정보 원천까지 포함해 광범위한 보건 환경 속에서 그들
이 가정하는 바를 탐구했다. 나는 그들의 평가와 회복하고자 하

는 갈망을 뿌리 깊은 규범적, 사회적 배경과 견주어보았다. 이런 규범적, 사회적 배경은 정상/다름이라는 개념을 통해 그들로 하여금 실행 가능한 자아를 갈망하도록 만들었다. 그리고 나는 상상이 가진 사회적, 도덕적 호소가 어떤 것인지를, 즉 어떤 형태의 극기가 액체 문명 시대를 맞아 제시해볼 수 있는 것인지를 보여주고자 했다.

이 책을 읽다 보면 자아와 일상의 고통을 신경생물학적 방식으로 상상할 때 거기에 어떤 껄끄러운 암시가 등장하기도 한다. 이 암시는 참가자들 스스로 표현한 것으로 실제적이면서 실존적이다. 예를 들어 약물치료는 평생 받아야 할지도 모른다거나, 약을 한 종류 이상 먹어야 할 필요도 있다는 것. 혹은 약에 의존하게 되어 스스로 제어하지 못할 수도 있으며, 맞는 약을 찾느라 절망적으로 될 수도 있다는 것이다. 그리고 여느 사람들과 다른 존재가 될 수도 있다는 것이다. 그들의 행동과 감정 중 일부는 아무런 이유가 없는 것일 수도 있고, 그들의 행위와 감정이 그들의 것이 아닌 알 수 없는 힘에 의해 만들어진, 별도의 존재론적인 것일 수도 있다. 정신장애 진단을 받게 되면 사람들은 그만의 언어를 박탈당하게 된다. 자신의 경험을 숨겨야만 할 것 같고, 정신질환을 가진 이들 주변에 '다른 존재'라는 경계선을 그려놓고 스스로 통제가 안 된다는 암시를 주려는 분위기에 맞서야 할 듯하다.

더 많은 말을 할 수 있겠지만, 마무리를 짓는 과정에서 나로선 결과와 관련하여 좀 더 다양하고 폭넓은 가능성에 대해 살펴보고 싶다. 서두에서 인용한 물리학자 에벌린 폭스 켈러의 말은 1인칭 인간의 축소에 대한 것이다. 물론 앞서 내가 보여주려고 했던 것인데, 설득력을 지녔던 것은 정신약리학 그 자체가 아니라 신경생물학적 상상법의 관점에서 해석된 정신약리학이다. 그러나 우리 자신을 '본질적으로 기계'로 보는 관점에서 설득하고자 하는 것은 새로운 상상법이 우리를 이끌고 가는 바로 그 지점이다. 그것은 자유의 약속, 즉 자유주의적 자아를 향한 더 커다란 문화적 열망을 촉진한다. 그러나 사람을 축소시키는 방식으로 촉진한다.

이런 경향성을 설명하기 위해 무엇보다 나는 과학적이고 학술적인 영역에서 기계론적이며 이완된 인간상을 보여주는 유사 사례들에서부터 시작한다. 내가 보건대 그들이 말하는 대체 언어는 우리가 처한 상황을 낱낱이 설명하기엔 역부족이며 혼자만의 공허한 의지 개념을 사실상 인정하는 쪽으로 나아간다. 이는 신경생물학적 프리즘을 통해 우리 자신을 상상할 때 받게 되는 하나의 충격이다. 또한 다른 형태의 충격들도 존재하는데, 여기엔 우리가 사회규범과 이상과 맺는 관계에 주어지는 충격, 다른 평가틀에 우리가 의지하는 데 주어지는 충격, 우리의 자기 이해과 타인들과의 관계에 주어지는 충격 그리고 고통에 대한 우리의 태도에 주어지는 충격들이 있다. 상상은 해석의 길을 열어주거나, 눈을 뜨게 해주거나, 연대를 돈독히 해주지 않는다. 다만 차단하고 억제해줄 뿐이다.

우리 자신의 이완된 모습

우리는 우리가 생각하는 그런 존재가 아니다. 혹은 우리는 이런 이야기를 듣고 있다. 우리 자신을 복잡한 존재로 이해하는 것은 근본적인 오류라는 이야기를. 이 선언의 전조들은 매우 다양하며 직접적인 대화에 참여하지 않는 지적 세계로부터 유래한 것이다. 겉보기에는 다양하고 심지어 생각하는 바가 서로 다름에도 불구하고 그것들은 뚜렷한 가족유사성에 기초하여 인간상을 공유한다. 그것들은 각자 나름의 방식으로 우리에게 다음과 같은 것을 요구한다. 즉 우리 자신에 대한 의미를 조성하는 내적이고 질적인 1인칭 관점을 거부하고 외적이며, 이완적이고 기계적인 관점 같은 것을 취하라고 말이다. 후자의 관점에서 우리는 우리의 의도, 내적 경험, 평가적 전망 그리고 사회문화적 세계 안에서의 우리의 위치 등에서 벗어나 우리 자신에 대해, 다시 말해 우리 자신의 중요한 면모에 대해 생각하게 된다.

대중적 인기를 누리는 유전학과 신경과학의 여러 책을 보면, 그것들은 마음과 영혼이라는 것에 반대하는 활발한 논쟁의 맥락 속에서 새로운 인간상을 제시한다. 그런 책들은 마음의 문제를 뇌의 문제로 환원하고 인간적 특질, 가령 이성, 사유, 도덕 관념과 같은 것을 좀 더 근본적인 자연의 메커니즘과 과정, 가령 유전자, 호르몬, 뉴런의 부수적 현상에 불과하다는 것을 보여줌으로써 낡은 심신 이론의 문제를 해결한다. 그런 책들 가운데 하나에 따르면, "인류에겐 전통적으로 받아들였던 마음, 영혼, 자유

의지의 활동을 수행할 수 있는 특별한 능력도, 여분의 역량도 없다."[2] 의식, 의도성 그리고 우리의 주관성이 가지고 있는 모든 유사한 특징은 사실상 뇌에 의해 구성되어 세상에 투사된 뇌의 기능일 뿐이다. 유전학자이자 노벨상 수상자인 프랜시스 크릭에 따르면, "우리의 기쁨과 슬픔, 기억과 야망, 개인적 정체성과 자유의지는 사실 신경세포와 그것들로 이루어진 분자들의 거대한 집합체가 보여주는 행동일 뿐이다."[3] 신경과학자 퍼트리샤 처칠랜드는 '뇌라는 자아'라는 부제를 단 책에서 "뇌는 나를 지금의 나로 만들 수 있는 열쇠를 쥐었다"고 했다.[4]

자유의지의 거부와 철학자들이 1인칭 관점이라 부르는 것을 포함한 유사한 주장들이 인지과학과 행동과학에 관한 책에서도 나타난다. 이런 연구들 가운데 일부를 요약하면서 한 철학자는 다음과 같은 결론을 내린다. "이 모든 발견의 결론은 단순히 철학자에게뿐만 아니라 인간 모두에게 의미심장하다. 즉 1인칭 관점은 없다는 것이다. 우리가 자기 생각에 접근한다는 것은 다른 사람의 생각에 접근할 때만큼이나 간접적이며 오류를 범할 수 있는 것이다. 우리 자신의 마음에 접근할 수 있는 특권이 우리에게 없는 셈이다." 따라서 성찰과 의식은 자기 인식에 있어서 믿을 만한 근거가 되지 못한다.[5]

무소불위의 자동화에 의해 막대한 영향을 받게 된 사회심리학과 실험심리학에서도 이와 유사한 결론이 나오고 있다. 이런 관점에서 보면, 일상의 생각과 감정과 행동은 전부는 아니더라도 많은 경우 의식이나 의지적 통제 밖에서 작동하는 반사적 뇌 작용의 통제를 받는다.[6] 우리 마음 안에 있는 것들 가운데 우리가 자기 성찰할 수 있는 것은 거의 없다. 우리를 움직이는 것은 우리가 그것에 대해 반성하고 해석하고 이해할 수 없는 힘들이다. 우리는 우리 자신에 대해 이방인이 된다.[7] 진정 우리 자신을 이해하고 싶다면 포커스 그룹을 소집할 수밖에 없다. 현대 철학의 많은 부분이 이와 거의 유사한 관점을 공유하고 있다.

이처럼 이완된 인간상은 어디서든 찾아볼 수 있고 뇌에 관한 이야기와는 아주 거리가 먼 맥락에서도 찾아볼 수 있다. 인문학에서 후기구조주의,* 포스트모더니즘,** 문화연구 영역들을 보면, 놀라울 정도로 유사한 명령을 발견할 수 있을 것이다. 그것은 우리 자신을 이해하기 위해 전통적으로 사용해왔던 언어들을 포기하라는 명령이다. 이런 연구 문헌에서 다루는 근대적 합리성을 띠는 통일된 주제는 지배와 배척 그리고 통제로 이루어진 체제가 양산한 신화다. 이 신화의 자리에는 조각난 자아의 이미지가 자리한다. 분산되고 불연속적인 경험의 더미 상태로 말이다. 고인이 된 사회이론가 스튜어트 홀에 따르면, "정체성이란 두서없는 관행들이 우리를 위해 만들어놓은 주체의 자리에 잠시 붙어 있는

---

* 구조의 역사성과 상대성을 강조하는 사상을 말한다. 구조를 선험적, 보편적인 것으로 생각했던 초기구조주의와 대립하는 것으로 미셸 푸코 이후의 프랑스 철학의 일반적 사상을 이른다.

** 모더니즘이 확립하여 놓은 도그마, 원리, 형식 따위에 대한 거부와 반작용으로 일어난 예술 경향을 말한다. 특히 1960년 전후의 미국, 프랑스 소설의 실험적 작풍이나 구조주의 이후의 전위적 비평을 이른다.

점과 같다."[8] '내부'엔 고정된 실체 혹은 지향성이 결여돼 있다. 자아는 외부적으로 결정되며, 역할과 담론이 빚어낸 결과물에 불과하다. 다시 말해 그것은 도구적이고 수행적인 것이며 권력체제에 의해 만들어진 것이다.[9] 시간의 흐름에 따라 더욱더 단단해지면서 그것들로부터 우리 '안'에 자아가 있다는 그런 오해가 만들어진다.

이 모든 예가 공유하는 것은 수축되고 까발려진 원칙이다. 그 원칙이란 우리는 용기와 정직함을 가져야 (우리가 그렇다고 믿었던) 영혼과 마음과 심오함을 지닌 인간의 그 뜬구름 같은 속성을 인지할 수 있다는 것이다. 그와 동시에 겉으로는 결정론(생물학적 결정론이든 사회적 결정론이든)처럼 보일지라도 그것들은 낙관적 정신 속에서 움직여 나간다. 내적 삶에 대한 비판, 즉 주관성을 극복하기 위해서는 어떻게든 앞으로 나아갈 수 있는 길을 닦아 놓아야 한다.

과학자들로선 생물학이 운명론이 될 필요는 없다. 윈스턴 처칠의 말을 정리하자면, 유전학, 분자생물학, 신경과학, 진화심리학 등의 분야 그리고 관련 기술 분야에서 첨단을 달리는 연구는 우리로 하여금 현재의 우리를 만드는 주된 요소가 무엇인지를 알 수 있도록 해주며 치료의 새로운 길을 열어줄 수 있다는 것이다. 후기구조주의자들을 포함한 이론가들로선 합리적이며 자기중심적인 자아에 기반한 근대 언어로부터 벗어나는 것이 자유로워짐을 보장받는 길이다. 변화무쌍하고 파편화된 현대적 삶의 조건은 새로운 주관성을 자리매김할 새로운 길을 열어주며 이제 막

정의하고 있는 방식으로 사회질서를 다시 만들 새로운 가능성을 열어준다.

　게다가 결정론으로 추정됨에도 불구하고 외적 관점을 옹호하는 이들은 인간의 능동성과 자유로운 자아를 다시 몰래 가져온다. 리처드 도킨슨이나 스티븐 핑커 같은 과학계의 활동가들은 이런 식으로 움직인다. 미셸 푸코나 리처드 로티 같은 포스트모더니즘의 선구자들이 그랬던 것처럼 말이다. 각자는 어떤 중요한 능력을 인간상 안에 간직하고 있다. 예를 들어 지배에 저항하는 능력이 그것인데, 이는 행동하는 인간을 상정하지 않는다면 앞뒤가 맞는 이야기가 아니다. 그리고 순전히 논리적으로 말해 진보와 해방까지는 아니더라도 그리고 누가 알아주지 않더라도 우리가 환상에 빠지지 않도록 하는 노력은 진리와 자유 그리고 그것들을 향해 나아갈 인간적 능동성의 개념을 포함해야 한다. 양쪽의 방식을 모두 취하려 하는 경우를 볼 때, 일부 이를 옹호하는 이들은 다음과 같은 주장을 펼친다. 자아, 인간성, 자유의지가 환상이라면, 그것은 쓸모가 있는 환상이라는 것이다.[10] 우리에게 영혼이 없을지라도 삶에 그 이상의 무언가가 있다고 믿고 삶을 영위해 나간다면, 삶은 충분히 의미가 있고 다스려 나갈 수 있다는 것이다.

　현실적으로 말해 이런 식의 얼버무림은 피할 도리가 없는 것 같다. 그것의 논리적 귀결을 따라가다 보면, 철학자 토머스 네이글의 말마따나 외적 관점이 우리에게 남기는 것은 '아무것도 아닌 존재'일 것이다.[11] 더 나아가 그것들은 우리에게 드러내 보여주는 것도 없기에 우리의 행동은 그저 단순한 사건에 불과할 것이며 타인은 그저 단순한 사물에 불과할 것이다. 하지만 과학자들과 교수들은 설사 그것이 가능하더라도 논쟁을 벌여 우리로부터 실존을 박탈하고 싶은 마음이 없다. 오히려 역설적이게도 그들은 우리를 다음과 같은 자리에 데려다 놓는다. 그 자리는 한때 철학자 아이리스 머독이 도덕철학을 논하면서 지목했던 곳이다. 머독이 주장하는 바에 따르면, 철학의 지배적 접근법에서 우리의 객관적 면모는 우리가 통제할 수 없으나, 우리의 주관적 면모는 '외톨이의 실체 없는 의지'로 움츠러든다.[12]

자아의 언어, 연대의 언어, 고통의 언어

자신감에 찬 듯하지만, 어떤 과학이나 어떤 포스트모던 인문학도 마음 혹은 자아를 그들이 약속한 것과 같은 방식으로 설명할 순 없다. 우리는 분명 살과 피로 이루어진 존재지만, 그렇다고 우리는 뇌가 아니다. 그리고 우리의 의식, 마음, 자아는 신경생물학의 기계적 언어로 이해할 수 있는 것도 아니다.[13] 사실 그런 언어로는 일상의 고통 가운데 그 무엇도 가시화하지 못한다. 급진적인 자기 형성과 생기론* 같은 용어를 구사하는 후기구조주

● 생명 현상은 물리적 요인과 자연법칙만으로는 설명할 수 없고, 그와는 원리적으로 다른 초경험적인 생명력의 운동에 의해 창조, 유지, 진화된다는 이론을 말한다. 17세기 이후부터 일부 생리학자나 철학자들이 제창했다.

의 이론도 사실상 존재의 새로운 방식이나 대체 언어를 제시하지 못하고 있다. 예를 들어 어떤 이들은 신경생물학적 용어로 고통을 상상하는 것이 특정한 공동의 과거(예로부터 여성에게만 적용되던 관행적인 정신질환 서사)로부터 벗어날 수 있는 언어를 제공해 줄 수 있다고 주장하기도 했다.[14] 또 다른 이들은 이런 주장을 펼치기도 했다. 신경생물학으로의 전환이 신체와 신체성embodiment 사이의 심화된 동일성 혹은 고상한 마음과 저급한 육체로 나누는 낡은 데카르트 이원론의 붕괴로 이어진다는 것이다. 사회학자 니컬러스 로즈는 지금 내가 얘기하고 있는 경향성(예전에는 '심리학적' 불만이라 여겼던 것을 신체와 결부시키는)에 주목하면서 이런 주장을 한다. 이제 우리는 우리 자신을 '신체적 개별자'로 본다는 것이다.[15]

일상의 고통을 설명하기 위해 신경생물학적 상상법에 의지하는 참가자들은 신체와의 동일시가 더 깊어졌다는 것에 대한 이야기는 일절 하지 않았다. 그리고 대부분의 경우 자신들의 경험을 평가하고 목표로 삼는 이상에 대한 이야기를 할 때 자유주의적 자아의 언어를 계속 사용했다. 자기화하는 것에 대해서는 병이니 정신질환이니 하는 표현을 멀리하고 그들 식으로 표현했다. 그리고 어설프나마 신경화학에 대한 이야기를 하는 것은 자아 개념의 틀을 짜기 위한 수단으로서 그렇게 한 것은 아니었다. 그것은 여전히 개성과 통제의 의식적 부분이라 여겨지는 자아로부터 한계들을 분리해내기 위한 것이었다. 그들의 이야기에서 신경생물학적인 것은 '비자아nonself'를 담기 위한 일종의 그릇이었다.

　　이러한 언어들은 희망, 두려움, 욕망, 야망, 욕구, 상심, 한계, 무능감 등과 같은 일상적 고통 혹은 사회적 환경으로부터 더 깊이 있고 정곡을 찌르는 특징을 잡아내지 못한다. 오히려 그 반대다. 그렇다면 많은 참가자들이 그랬던 것처럼 생각, 느낌, 행동의 모든 영역은 화학적으로 결정된 것이므로 그들의 사회적이며 대화적인 역사, 인생 경험, 개인적 관심 그리고 약속과는 무관하다는 것은 결국 무슨 의미일까? 자신의 평가적 전망과 자아의 관계를 분리해내는 것이 가능하긴 할까? 의료적 관점에서 보면, 골치 아팠던 경험은 밋밋한 것으로 바뀌어 증상, 진단, 뇌 상태 등의 비인격적 언어로 축소되고 재구성된다. 그 경험은 이제 한눈에 알아볼 수 없는 것이 된다. 장황함을 대신하면서 해석과 자기 명료화의 과정은 종언을 고하게 된다. '표층'을 반기는 반해석학적 포스트모더니즘도 똑같이 그렇게 한다.

　　의료적 관점은 자아의 딜레마를 설명하거나 일상생활의 현상학적 세계를 드러내는 그 어떤 힘으로부터도 타당성을 얻어내지 못한다. 사실 그것은 모든 것을 무시하고 더 파고드는 것을 불가능하게 만든다. 과학자들과 철학자들이 상기시켰듯이, 뇌와 그 활동 과정이 자기 탐구나 심문에 이를 수는 없다. 참가자들이 말하는 '생물학적인 것'에 대해 어떤 식으로든 일인칭 접근은 있을 수 없는 것이다. 고통의 원인은 우리가 그것에 대해 반성하거나 해석하거나 혹은 이해할 능력이 없는 하나의 힘이다. 우리 능력 밖에 있는 것이다. 우리는 이 힘이 어떤 모습을 하고 있을지 전혀 알 도리가 없다. 만약 그 실체에 다가갈 수 있다면 우리가 발견하게 될 것은 욕망이나 믿음 혹은 의도와 같은 것이 아니라 과정일 것이다. 다시 말해 내용이나 의미 없이 그 자체로 신경 발화된 자극에 의해 활성화된 뇌 체계일 것이다. 자아의 사회적이며 대화적인 측면을 제쳐놓는다면, 우리는 중요한 경험에 재갈을 물리게 된다.

더 나아가 그리고 같은 이유로 신경생물학적 상상법은 참가자들을 실행 가능한 자아의 체제 안에 단단히 밀어넣고 꽉 붙들어놓는다. 규범들이 의료 언어 안에 직접 붙박이로 들어가기 때문에 그 언어에 기대게 되면 사회규범을 자연적이며 불가피한 건강의 척도로 구체화할 수밖에 없으며 그 척도와의 확고한 관계 아래서 경험의 무게를 잴 수 있다. 사회적 기준 자체가 선험적으로 부정되기 때문에 그 어떤 규범적 기준도 유지되긴 어렵다. 정의상 의료 언어는 신체에 대해 가치중립적이다. 이상이라든가 사회적 기준 혹은 서로 다른 선善의 개념들에 대해 개의하는 바가 없다. 무엇이 선한 것인가에 대한 실존적 질문은 변화하는 존재 규범에 맞춰 이미 드러나고 보정된(예를 들어 DSM 제 몇 판이냐에 따라 혹은 임상 현장에 따라) 상태다.

유일한 질문들은 기술적인 것으로 실행 가능한 존재가 되고 세상에 '아무런 거리낌이 없는 자기 존재'를 향유할 수 있는 수단에 대한 것이다.[16] 그 바탕 위에서 체제 자체를 비판하거나 연대를 구축하고 혹은 영속적인 결핍감을 떨쳐낼 수 있는 규범이나 근거가 멀리 떨어져 있는 것은 아니다. 개인적이든 사회적이든 곤경에 대한 우리의 대안적 규범과 대안적 관점이 존재하지만, 그것들은 신경생물학적 상상법 안에서는 눈에 보이지 않는다.

객체가 아닌 주체

여기에는 환원주의적 요소가 있지만, 생물학적 환원은 아니다. 우리가 인터뷰를 했던 사람들은 신경생물학적 상상법의 관점을 지지하면서도, 자신들을 세상을 살아가는 데 자유의지도 없고 효과적인 능동성도 갖추지 못한 존재로 그리는 그런 완고한 이미지에 대해서는 인정하지 않았다. 다시 말하지만, 오히려 정반대였다. 4장에서 보았듯이, 그들은 자신들이 완고하다거나 유별나다고 하는 그런 함의를 물리치기 위해 막대한 에너지를 쏟아부었다. 과학과 철학에서 이완된 외적 관점을 제시하는 사람들처럼, 그들은 자유로운 자율적 자아와 극기의 이상을 대체하기 위해서가 아니라 그것들을 더 확고히 다지기 위해 생물학에 의존하지 않았다.

여기서 환원이란 인간의 환원이다. 정신사회학적 관점에서 보면, 자아는 사회적 상호작용과 관행에서 나타나며 일반적 언어와 서사(목적론적 그리고 자기 의도적)를 통해 구성된다. 그리고 공유된 상징적 우주 안에서 자신의 경험과 위치에 대한 개인적 관여와 반성을 통해 표현된다. 마찬가지로 내가 연구하고 있는 사회과학과 철학의 해석학적 접근에서 보면 우리의 내적, 외적 행동과 신체성은 우리의 지속적인 존재의 구조에 속한다.[17] 우리 자신에 대한 보다 더 풍부하고 정확한 이해를 향해 나아가는 것엔 시간적 요소(우리의 기억과 역사)와 오늘날의 우리가 있도록 만들어준 사회적 관행 및 대화적 관계(내적 대화를 통한 우리 자신과의 관계, 타인과의 관계 그리고 공동체와 전통과의 관계)가 수반된다. 이런 관점에서 자기 퇴고는 진행형의 윤리적 활동이며, 자신을 명료하게 보고 나는 누구인지 그리고 나를 움직이는 것은 무엇인지를 온전히 파악하며, 또한 우리가 살아가며 의지하는 기준이 무엇인지를 온전히 파악하고자 하는 노력이다. 이런 식의 퇴고는 사회성과 다른 이들과의 연대성을 키워나갈 기반을 제공해줄 수 있다.

　　좀 더 풍부하고 정확한 이해를 향해 나아가는 것엔 고군분투뿐만 아니라 다른 이의 도움이 수반되고 우리의 과거 사실에 대한 해석을 돌아보는 작업이 수반된다. 6장에서 논의한 바에 따라 거기엔 우리의 행위와 생각과 감정을 성찰하는 일이 요구된다. 우리의 감정, 즉 다른 사람과의 관계에서 수반되는 사회적 감정(부끄러움, 회한, 자랑스러움, 감탄, 부러움, 질투, 자기비하, 실망, 죄책감 등)은 자기 인식에서 무엇보다 중요하다.[18] 왜냐하면 그 감정들은 우리가 관심을 기울이는 것과 상관관계에 있고, 서로 피드백을 주고받는 관계에 있기 때문이다. 그것들은 우리의 지위에 영향을 미치며 우리의 주관적 준법 의무와 자기 가치를 아우른다. 그것들은 상황에서 유래하며, 사회학자 마거릿 아처의 말을 빌자면 "우리의 관심사에 대한 해설"을 제공한다.[19] 그 해설이란 상황을 그리고 그것이 욕망, 혐오, 애착, 열망 등과 맺는 관계를 평가적 관점에서 인식하는 것이다. 감정을 경험한다는 것은 상황이 우리에게 특별한 의미를 주고 우리로 하여금 어떤 행동을 할 기반을 마련해주는 상황을 인지하는 것을 말한다.

물론 우리가 상황을 평가하는 방식이 잘못되었거나 부적절한 것일 수 있다. 따라서 아이리스 머독의 말을 빌자면, 우리는 "우리가 생각하고 느끼는 것에 대해 오류를 범할 수 있다."[20] 우리의 감정과 우리의 상황 이해가 서로 따로 놀 수도 있고 우리 자신에게 엉뚱한 규범(가령 우리가 전혀 어찌해볼 도리가 없는 것에 대해 자책감을 느끼는 것)을 적용할 수도 있다. 우리는 어떤 특정한 감정을 표현하면 안 될 것 같을 때는 그보다 덜 위협적인 쪽으로 감정의 내용을 우회시키려 할 수도 있다.[21] 우리 감정이 잘못된 것일 수 있다는 것은 반성의 과정이 필요한 중요한 이유이기도 하다. 좀 더 깊이 생각해보고 나서, 우리는 상황이 의미하는 바의 성격을 정확히 규정하기 위해 이전의 해석들을 불완전하거나 잘못된 것으로 보고 그것들을 거부할 수도 있다. 이제 새로운 공식에 따라 우리가 느끼는 방식은 달라질 수 있고, 그런 일은 빈번하게 일어날 것이다.

참가자들에게 있어 (내성적이거나 대화적인) 2차 반성이란 신경생물학적 해석이 축소하거나 걷어내는 바로 그것이다. 감정을 목적이 없는 것으로, 제멋대로 구는 화학물질의 소산으로 여기는 것은 더 깊이 반성하고 이해하고 파고드는 행위를 무력화한다. 그리고 그 과정에서 뒤따라 나왔을지도 모를 자아와 환경에 대한 재평가를 완전히 종식시킨다. 약물치료가 시작되자 정신요법을 그만두었던 사람들이 말했듯이 더 이상 할 이야기가 없어졌다.

마찬가지로 사람들이 감정적 반응을 규정하기 위해 우울증, 사회불안장애 등과 같은 정신장애 분류법을 채택한 이래, 감정을 표현하는 풍부한 어휘들을 사용하려는 경향이 줄었다. 예를 들어 참가자들의 여러 이야기를 들어보면, 그들은 '우울하다'라든가, '불안하다' 등과 같은 두루뭉술한 용어 속에 자신들의 모든 부정적 감정을 몰아넣었다. 이러한 용어들은 참가자들이 겪은 감정을 표현하는 데 그 대안이 되지 못한다. 오히려 새로운 용어들은 그들이 겪은 감정들을 한데 모아 균일화할 뿐이다. 그것들은 의미의 지평을 바꿈으로써 우리의 존재에 전혀 다른 현실을 씌운다. 일단 그렇게 한 번 바뀌고 나면 자기 이해를 위해 필요한, 참가자가 느끼는 감정의 특정한 의미는 온전히 전해지지 않는다. 그들은 상황을 이해하는 데 가장 중요한 자신들의 원래 경험에 더 이상 귀를 기울일 수 없다.

또한 신경생물학적 상상법은 다른 평가틀에 대해 차단벽을 치거나 그것을 몰아낸다. 실존적 질문을 기술적 질문으로 바꿔버림으로써 그것은 우리가 살펴보았던 것처럼 내적 삶을 전제로 한 관점과 치료법을 다른 것으로 대체할 뿐만 아니라 일상의 모든 의미 조성을 검열하게 된다. 바로 이런 이유 때문에 참가자들의 심경 변화가 모두 한 방향으로만 간 것은 아닌가 싶기도 하다. 일단 경험이 의학적 에피스테메 안에서 재구성된 이상, 돌이킬 수 있는 길은 없는 듯하다.[22] 비합리적이고 알쏭달쏭한 생각, 행위, 감정은 믿음, 욕망, 희망, 두려움같이 일상을 설명하는 언어로는 더 이상 인지될 수 없다. 이제 일상의 언어는 충분히 물질적이지 않다. 객관적이기보단 주관적이고, 실제적이기보단 공허하며, 가치중립이기보단 피해자 책임 전가 식이다. 한마디로 과학의 고상한 온톨로지ontology와는 다르게 그것은 근거 없고, 무능하며, 심지어 비열해 보인다. 가령 이미 보건 환경이 부추긴, 자신의 내적 자원에 대한 자신감 상실 같은 것은 더욱더 강화된다.

　전문적인 언어(개인적인 의미로 가득한 것일지라도)에 의존하는 것은 다른 사람과의 관계를 변화시킨다. 이 언어를 운용할 수 없는 사람들을 깎아내리고 그들과 서로 돕는 공동체가 하는 역할을 폄훼한다. 신뢰할 수 있는 측근들의 역할에서 보았던 것처럼 기껏 그들이 할 수 있는 것은 전문가의 도움을 받아보라고 권고하거나 그편이 좋다고 말해주는 것뿐이다. 그리고 환자들로 하여금 전문가의 말을 따라야 한다고 단언하는 것뿐이다. 그러나 의료적 시각에서 보면, 이런 식의 노선은 환자들에게 그들의 고통은 개인의 멍에이자 신체상의 기능장애이기 때문에 그들을 보살펴주려는 다른 사람들의 노력과 책임은 제한적일 수밖에 없다는 점을 역설할 뿐이다. 다른 사람들은 환자들이 자신들의 곤경을 감당하고 처리할 수 있는 대안적 방법을 찾아나가는 데 아무런 도움을 줄 수 없다는 것이다. 유별난 존재로 비치는 것에 대한 우려를 넘어서, 다른 사람들의 도움은 부차적일 수밖에 없다고 하는 것은 여러 참가자가 호소했던 고립감을 더욱 부추길 뿐이었다.

이런 식이기에 고통의 본질에 대해서는 입 밖에 낼 수 없었다. 전문가라는 사람들조차 몇몇 참가자들이 경악하고 좌절할 정도로 고통받는 사람은 배제한 채 증상에만 집중했다. 그들이 처한 상황에 대한 폭넓은 논의는 당연히 허용되지 않았다. 참가자들이 어떤 치료를 받는지 알고 있는 친구와 가족은 참가자들의 행위나 정서에 조그만 변화가 있어도 그것을 약물치료와 연관시키면서 그들에게 재량권을 덜 주는 것처럼 보였다.

마지막으로 신경생물학적 상상법에서 생각은 고통에서 의미라는 것을, 더 나아가 가치라는 것을 박탈한다. 특히 의료적 관점을 가진 사람들은 자신들의 몸부림에서 어떤 의미나 목적을 찾을 수도 없었고 존재 규범과 상충되는 자신들의 모습에서 어떤 가치를 부여할 만한 것도 찾을 수 없었다. 물론 그들은 타인을 향한 깊이 있는 공감에 대해 말하기는 했다. 하지만 이는 "문제없는 사람은 없다"는 막연한 인식에서 비롯한 아주 좁은 의미의 공감이다. 그들은 곤경의 용광로에서 달궈진 더 깊이 있는 인간관계에 대해서는 아무 말도 하지 않았다. 그들이 자신들의 경험에서 끄집어내는 단 하나의 교훈이라면, 망가진 메커니즘은 빨리 고칠수록 좋다는 것이다.

유구한 종교적 전통이 있고, 소포클레스에서 도스토옙스키를 거쳐 이디스 스타인에 이르는 거대한 문학 체제가 존재한다. 이런 종교와 문학은 인간의 고통 속에서 영혼을 살찌우고, 명료성을 획득하게 하며, 우리 자신에 대한 중요한 진실과 인간 조건 그리고 다른 이들과의 유대에 대한 중요한 진실을 깨닫게 해준다. 이런 이야기는 색다르고 풍요로운 상상에서 그리고 내가 묘사하고자 했던 변화의 이질성에서 기인한다.

생물학적 상상으로 이동하는 데는 나름의 이유가 있고, 호소가 있고, 약속하는 바가 있다. 그것은 오늘날의 우리 삶과 여러 면에서 어울린다. 많은 맥락에서 그것은 가장 고상한 태도이자 '가장 모범이 되는 처신'으로 인정받고 있다. 그리고 존재의 규범이 그 자체로 더할 나위 없어 보이는(자신의 능력을 마음껏 발휘하는 삶을 사는) 까닭에 그들이 추구하는 바가 어떻게 고통으로 이어지는지 알 도리가 없다. 그와 동시에 신경생물학적 상상법에서 생각은 우리로 하여금 우리 고통의 사회적 차원을 보지 못하도록 만든다. 우리를 힘들게 만드는 것의 본질을 침묵하게 하며 암암리에 우리의 도덕적 자유와 만족스러운 삶에서 자기 인식의 자리에 대한 중요한 진실을 약화시킨다. 인간을 바라보는 천박하고 기계적인 관점은 우리 인간을 더욱 궁핍하게 만드는 가운데, 신경생물학적 상상법에서의 생각은 그런 관점으로 인해 고통을 받는 전인적 인간을 더 피상적으로 만든다.

감사의 말

이 책을 준비하고 쓰면서 나는 평생 다 갚을 수도 없을 만큼 많은 빚을 졌다. 무엇보다 법을 공부하면서 연구 보조원의 역할을 훌륭하게 해낸 수재나 마이어스에게 감사한다. 그는 연구 배경 조사부터 카피 편집, 논의와 해석에 이르기까지 프로젝트의 모든 과정에서 매우 중요한 역할을 해주었다. 그에게 깊은 고마움과 감사를 표한다. 테리사 독섬, 리사 마지드, 사라 슈메이커, 크리스티나 심코, 리기나 스마든 등 여러 동료가 인터뷰와 연구 배경 조사를 도왔다. 세심하고 사려 깊은 노력을 기울여준 그들 모두에게 감사의 말을 전한다.

그 외에도 조슈아 케일러와 벤 스나이더는 1차 인터뷰 녹취록을 읽고 나와 함께 근거 이론 연구 등에 참여해주었다. 우리의 목표는 가장 일반적인 수준에서 인터뷰 참가자들이 무엇을 말하고 있는지를 묻고 첫 느낌을 정리하는 것이었다. 이와 관련해 생산적이고 유익한 토론에 참여해준 것은 물론 다른 여러 가지 사안에 대해 의견과 제안을 아끼지 않은 두 사람에게 감사한다.

많은 동료들이 2017년 12월, 샬러츠빌에 모여 이 책의 초고를 읽고 냉철한 의견을 주었다. 내가 만든 이 모임에 참여해준 찰스 보스크, 칼 보먼, 탈 브루어, 맷 크로퍼드, 칼 앨리엇, 앨런 호로위츠에게 나는 큰 신세를 졌다. 그들이 어떤 단점이든 서슴지 않고 피드백해준 덕분에 이 책이 세상에 나올 수 있었다. 데이비드 카프에게도 감사한다. 그는 그가 『슬픔에 대해 말하기 *Speaking of Sadness*』라는 책에서 사용했던 인터뷰 가이드를 내게 공유해주었고, 민감하고 개인적인 문제에 대해 사람들과 이야기할 때 어떻게 대화를 전개해야 하는지에 대해서도 매우 유용한 조언을 해주었다. 그는 진정한 대가다.

시카고대학교출판부의 사회학 편집자 더그 미첼은 언제나 그랬듯이 기발한 생각으로 넘쳤다. 출판사 은퇴를 앞둔 지난가을, 그는 원고를 검토한 뒤 출간을 확정했고 편집 기간 내내 특유의 지적인 조언과 따뜻한 격려를 아끼지 않았다. 또 다른 유능한 편집자 엘리자베스 브랜치 다이슨은 이 책의 편집 작업을 도맡아 진행했는데 그와 함께 일할 수 있어서 기뻤다. 그는 모든 작가가 갈망하는 책에 대한 열정으로 넘치는 편집자였다. 출판사 외부의 검토자들도 큰 도움을 주었다. 특히 오언 홀리의 자신의 소임을 뛰어넘는 상세하고 세심한 검토에 감사한다. 최종 편집의 가상 청사진을 제공한 그의 날카로운 의견 덕분에 이 책이 정말이지 크게 좋아졌다.

많은 전현직 동료들은 소중한 대화 상대가 되어주었다. 특히 빌 하셀버거, 저스틴 머터, 제임스 놀런, 폴 슈레즈, 제이 톨슨에게 감사한 마음을 전한다. 나는 오랫동안 이곳 버지니아대학 문화고등연구소의 독특한 지적 환경의 혜택을 톡톡히 받아왔다. 제임스 데이비슨 헌터와 라이언 올슨에게 늘 감사한다. 여러 해 동안 여름이면 내가 글을 쓸 수 있도록 친절하고 관대하게 공간을 마련해준 매캘러스터대학의 브룩 리와 제인 슈트라우스에게도 고맙다는 말을 전한다. 비영리 민간 국제기구인 퓨자선기금 PEW Charitable Trusts의 초기 자금 지원을 받은 것은 내게 큰 행운이었다.

나는 인터뷰에 기꺼이 응해주고 매우 사적이고 세밀한 이야기까지 생생하게 들려준 많은 사람들에게 큰 신세를 졌다. 이 책을 통해 그들의 이야기가 충실하게 전달되어 그들이 내게 보여준 신뢰에 대한 보답이 되었으면 한다. 나의 해석들이 구체화하기 시작한 프로작 문화 세미나에 참석해준 학생들에게도 특별히 감사한다.

마지막으로 이 책을 내 아내 모니카에게 바친다. 나는 수년 동안 이 책에 매달려 있었는데, 일상의 고통에 관한 책을 쓰면서 내가 아내에게 적지 않은 고통을 가했을까 봐 두렵다. 내가 아내에게 빚진 것을 표현하기에는 감사의 말로 부족하다. 하지만 아내는 알고 있을 것이다.

주

들어가며

1 내용상 중요한 경우를 제외하고 나는 가급적 약물 브랜드의 노출을 피하고 항우울제나 각성제 같은 약물 종류만 간단히 언급하고자 한다.

2 인터뷰 참가자들의 이름은 모두 가명이다. 경우에 따라서 익명성을 보장하기 위해 참가자의 이야기 가운데 세부사항을 일부 변경하기도 했다.

3 향정신성의약품 혹은 정신질환 약물이라 불리는 정신활성 약물[psychoactive medication]은 중추신경계에 직접 작용하여 우리의 기분, 감정, 인지, 행동을 바꾼다. 일반적인 범주에는 항정신병약, 항우울제, 정신자극제, 불안완화제 혹은 정신안정제, 기분안정제 그리고 소위 말하는 인지능력향상제 등이 포함된다.

4 본문에서는 공식적으로 언급하지 않았지만, 이 책에서 소개하는 사례에는 지난 10년 동안 내가 진행한 연구 프로젝트와 강의에서 학생들이 참여한 100개 이상의 다른 인터뷰 내용도 포함되어 있다.

5 Ronald Kessle et al., "Prevalence and Treatment of Mental Disorders, 1990 to 2003," *New England Journal of Medicine*, 352(24), Jun. 2005.

6 일반적인 관행과 엄격한 의료 기준의 차이는 전문가들과 대중매체에서도 논쟁이 되고 있지만, 차이가 있다는 점엔 모두 공감하고 있다. 이는 특히 치료가 심각한 장애에 집중되어야 하는지 아니면 실제와 같이 '경미한 장애'와 '반응을 일으키기에는 불충분한 증상'으로 확장되어야 하는지를 놓고 정신의학 문헌에서 벌어지는 논쟁에서 분명하게 드러난다. 다음의 자료를 참조하라. Ronald Kessler et al., "Mild Disorders Should Not Be Eliminated from the DSM-V," *Arch Gen Psychiatry*, Nov. 2003.

7 Allan Horwitz, "Transforming Normality into Pathology," *Journal of Health and Social Behavior*, 48(3), Sep. 2007.

8 David Healy, *The Antidepressant Era*(Harvard University Press, 1998).

9 크리스토퍼 레인, 『만들어진 우울증』(한겨레출판사, 2009).

10 Susanna Visser et al., "Trends in the Parent-report of Health Care Provider Diagnosed and Medicated ADHD," *J Am Acad Child Adolesc Psychiatry*, 53(1), Jan. 2014.

11 Daniel Carlat, *Unhinged: The Trouble with Psychiatry*(Free Press, 2010).

12 Ronald Kessle et al., "Prevalence and Treatment of Mental Disorders, 1990 to 2003."

13 Alice Malpass et al., "'Medication Career' or 'Moral Career'?" *Social Science & Medicine*, Volume 68, Issue 1, Jan. 2009.

14 American Psychiatric Association, *Diagnostic and Statistical Manual of Mental Disorders*, 5th Edition: DSM-5.

15 이처럼 정밀한 집단을 선별하기 위해 나는 몇 가지 개략적인 기준을 적용해 심각한 정신질환을 앓는 사람들을 배제했다.

16 문헌의 역사적 개요에 대해서는 다음의 자료를 참조하라. Joseph Davis, "Medicalization, Social Control, and the Relief of Suffering," *Annual Review of Sociology*, 18(1), Nov. 2003.

17 크리스토퍼 레인, 『만들어진 우울증』(한겨레출판사, 2009); 피터 콘래드, 『어쩌다 우리는 환자가 되었나』(후마니타스, 2018); 앨런 프랜시스, 『정신병을 만드는 사람들』(사이언스북스, 2014).

18 이런 유형의 일반화에는 확실한 예외가 있다. 그중 최고는 사회학자 앨런 호로비츠와 심리학자 제롬 웨이크필드가 공저한 『슬픔의 상실*The Loss of Sadness*』(Oxford University Press, 2012)이다. 사회학자 데이비드 카프가 인터뷰를 바탕으로 쓴 우울증과 약물치료에 관한 책도 예외지만, 카프가 만난 인터뷰 참가자들은 매우 심각한 주요우울증에 걸린 사람들이었다. 카프의 첫 책인 『슬픔에 관해 말하기*Speaking of Sadness*』(Oxford University Press, 2016)에서는 인터뷰 참가자들의 5분의 3이 적어도 한 번 이상 병원에 입원한 적이 있었다. 두 번째 책 『나인가 내 약인가?*Is It Me or My Meds?*』(Harvard University Press, 2007)에서는 인터뷰 참가자들의 40퍼센트가 병원에서 시간을 보냈

다. 이에 대해 카프도 "인터뷰 대상자가 정신질환 약물치료를 받는 표준 미국인보다 더 심각한 병에 걸린 사람들로 편향되어 있다"고 말했다.

19 예를 들어 다음의 자료들을 참조하라. Ray Moynihan and Alan Cassels, *Selling Sickness: How the World's Biggest Pharmaceutical Companies Are Turning Us All Into Patients*(Bold Type Books, 2006); Lynn Payer, *Disease- Mongers: How Doctors, Drug Companies, and Insurers Are Making You Feel Sick*(Wiley, 1992).

20 《뉴욕타임스》에 이와 관련된 예가 게재되었다. "발륨은 기본적으로 멀쩡한 사람들에게 대규모로 사용되는 최초의 향정신성의약품 중 하나였다. (…) 그것은 우리 내면의 악마를 죽이는 새로운 방법을 알려주고, 더 행복하게 살아가는 데 필요한 약물이었다." Robin Marantz Henig, "Valium's Contribution to Our New Normal," *The New York Times*, Sept. 29, 2012.

21 '핫한'이라는 개념은 클리포드 기어츠의 저서 『문화의 해석』(까치, 2009년)에서 가져왔다. 사회학자 아이작 리드는 저서 『해석과 사회적 지식*Interpretation and Social Knowledge*』(University of Chicago Press, 2011)에서 '최대적 해석*maximal interpretation*'을 말하고 그것을 '최소적 해석'과 동일 선상에 배치한다. 최소적 해석이 가벼운 이론을 사용하는 반면, "스펙트럼의 맞은편 끝은 당면한 문제에 대한 강력한 이해를 이끌어내기 위해 적용되는 일관되고 깊이 있는 방식으로 이론적, 증거적 의미가 혼합된 진술을 포함한다." 이것이 내가 여기서 추구하는 해석의 정도다.

22 인간의 많은 부분이 의료화된 세상에서 사회학자 알랭 에랭베르는 저서 『자아의 피로*The Weariness of the Self*』(McGill-Queen's University Press, 2010)에서 "우리는 여전히 불행과 일상의 좌절과 병적 고통을 구분할 수 있는가"라고 묻는다. 이 질문에 대해 그는 당연히 회의적이며, 지금에 와서는 경계에 관한 생각 자체가 절망적으로 사라진 것처럼 보인다. 그러나 정신장애가 DSM에서 특정한 신체적 의미를 갖게 되면서 이를 구분하는 것이 매우 중요해졌다(2장 참조).

23 예를 들어 다음의 자료를 참조하라. Peter Berger and Thomas Luck-

mann, *The Social Construction of Reality: A Treatise in the Sociology of Knowledge*(Anchor, 1967).

24 Margaret Archer, *Being Human: The Problem of Agency*(Cambridge University Press, 2001).

25 Iain Wilkinson, *Suffering: A Sociological Introduction*(Polity, 2004).

26 의사 에릭 카셀은 전인적 인간의 핵심 주안점이 자신의 목적인지 목표인지를 주목하면서, 고통을 "전인적 인간의 진실성 혹은 지속적인 존재에 대한 실제적이거나 인지된 임박한 위협으로 인해 야기되는 괴로움"이라 정의한다. Eric Cassell, "Recognizing Suffering," *The Hastings Center Report*, May-June 1991.

27 다음의 자료를 참조하라. Joseph Davis, "Adolescents and the Pathologies of the Achieving Self," *The Hedgehog Review*, Spring 2009.

28 Soren Kierkegaard, *The Sickness Unto Death: A Christian Psychological Exposition For Upbuilding And Awakening*(Princeton University Press, 1983).

29 '존재의 규범'이라는 개념은 어빙 고프먼의 『스티그마』(한신대학교출판부, 2009년)에서 가져왔다. 그는 인종과 나이부터 키, 몸무게 그리고 '신체적 아름다움'에 이르기까지, 주로 사회적으로 가치 있는 신체적 속성과 관련된 모든 것에 이 개념을 사용한다. 나는 여기서 특정 유형의 사람임을 보여주는 자아, 감정, 관계에 관한 가치 있는 규범에 이 개념을 광범위하게 사용한다. 인터뷰 참가자들의 의견을 참조하여 나는 그것을 '실행 가능한 자아'라 부를 것이다. 자세한 내용은 5장을 참조하라.

30 다음의 자료를 참조하라. Charles Taylor, *Sources of the Self: The Making of the Modern Identity*(Harvard University Press, 1992); Andrew Sayer, *Why Things Matter to People: Social Science, Values and Ethical Life*(Cambridge University Press, 2011).

31 정신과 의사 조지 엥겔에 따르면, "사회적으로 혼란스럽거나 개인적으로 마음이 상하는 현상일수록 인간은 설명 체계를 고안해야 할 필요성을 더 절실하게 느낀다." George Engel, "The need for a new medical model,"

Science, 196(4286), Apr. 1977.

32 William Connolly, "The Human Predicament," *Social Research*, 76(4), 2009.

33 설명의 본질에 관해서는 다음의 자료를 참조하라. Joseph Davis, *Accounts of Innocence: Sexual Abuse, Trauma, and the Self*(University of Chicago Press, 2005).

34 전체 여든 명의 인터뷰 참가자 가운데 서른 명은 성과 면에서, 열여덟 명은 상실 면에서 그리고 스물세 명은 성취 면에서 곤경을 표현했다. 네 명은 자신들이 곤경에 처한 것으로 보지 않았는데, 이들은 분석에서 제외시켰다. 위의 세 가지 일반적인 곤경 범주 중 하나로 분류할 수 없는 경우도 다섯 명이 있었다.

35 문화 분석의 일반적인 전략은 질병이나 일탈과 같은 '주변부의' 경험을 탐구하는 것이다. 왜냐하면 그것은 의미 있는 생각과 행동이 일어날 수 있는 맥락을 드러내는 신뢰할 만한 약속, 암묵적인 규범과 규칙 그리고 상징적인 경계를 드러내기 때문이다. 다음의 자료를 참조하라. Robert Wuthnow et al., *Cultural Analysis*(Routledge, 2009).

36 문화심리학자 제롬 브루너는 『인간 과학의 혁명』(아카데미프레스, 2011년)에서 이렇게 주장한다. "해석의 사회과학에서 우리는 인간이 자신의 세계를 해석하는 방법과 해석 행위를 해석하는 방법을 이해하려 노력한다."

37 인터뷰를 서사로 보는 것에 대해서는 다음의 자료를 참조하라. Kristin Luker, *Salsa Dancing into the Social Sciences: Research in an Age of Infoglut*(Harvard University Press, 2010).

38 Renato Rosaldo, *Culture & Truth: The Remaking of Social Analysis* (Beacon Press, 1993); Andrew Sayer, *Why Things Matter to People*(Cambridge University Press, 2011).

39 이것이 바로 도덕적 현상을 심각하게 받아들이는 도덕사회학이다. 다음의 자료를 참조하라. Luc Boltanski, *The Foetal Condition: A Sociology of Engendering and Abortion*(Polity, 2013). 인간의 삶에서 무시할 수 없는 도덕적 차원의 중요성에 대해서는 다음의 자료들을 참조하라. Christian

Smith, *Moral, Believing Animals: Human Personhood and Culture* (Oxford University Press, 2009); Charles Taylor, *Sources of the Self: The Making of the Modern Identity*(Harvard University Press, 1992), 1장.

40 '암묵적' 혹은 '배경' 지식에 대한 보다 깊이 있는 철학적 설명은 다음의 자료를 참조하라. Harry Collins, *Tacit and Explicit Knowledge*(University of Chicago Press, 2010).

41 아이작 리드는 이렇게 쓰고 있다. "인터뷰 대상자의 진술이나 기록물에 의해 의식적으로 의도되거나 명확하게 드러나지는 않지만 그 진술을 구성하고 구조화하며 기저를 이루는 사회생활의 의미를 재구성하는 것이 해석적 인식 모드의 주요 목표다." Isaac Reed, *Interpretation and Social Knowledge*.

42 Richard Kadison and Theresa Foy DiGeronimo, *College of the Overwhelmed: The Campus Mental Health Crisis and What to Do About It*(Jossey-Bass, 2005).

43 또 다른 사례는 다음의 자료들을 참조하라. Hara Estroff Marano, "Crisis U," *Psychology Today*, Sept 2015, https://www.psychologytoday.com/us/articles/201509/crisis-u; Greg Lukianoff and Jonathan Haidt, "The Coddling of the American Mind," *Atlantic*, Sept 2015, https://www.theatlantic.com/magazine/archive/2015/09/the-coddling-of-the-american-mind/399356/.

44 Kenneth Kendler, "Explanatory Models for Psychiatric Illness," *Am J Psychiatry*, Jun. 2008.

45 예를 들어 다음의 자료들을 참조하라. Elizabeth Flanaganb et al., "Mental Health Clinicians' Beliefs About the Biological, Psychological, and Environmental Bases of Mental Disorders," *International Journal of Social Psychiatry*, May 2017; Nick Haslam, "Folk Psychiatry," *Social Research* Vol.70, no.2(summer 2003).

46 예를 들어 다음의 자료를 참조하라. Charles Taylor, *Modern Social Imaginaries*(Duke University Press Books, 2003).

47 '보건 환경'이란 개념은 다음의 자료에서 가져왔다. Adele Clark et al., *Biomedicalization: Technoscience, Health, and Illness in the U.S.*(Duke University Press, 2010).

48 예를 들어 다음의 자료를 참조하라. Joseph Davis, *Accounts of Inno-cence.*

1장

1 나는 이런 용어들을 사회심리학자 닉 해슬램의 다음 자료에 소개된 개념틀에서 가져왔지만, 인터뷰 참가자들에게 들은 이야기를 기준으로 그것들을 정의했다. Nick Haslam, "Folk Psychiatry."

2 일반인 관점과 관련해 여기서 나는 환자 옹호 단체와 같이 집단적으로 조직된 일반인 집단이 아닌 개인들을 지칭한다. 이런 개인들의 집단은 다른 역학을 가지고 있다. 랭커스터대학의 과학 연구 교수 브라이언 윈은 이렇게 쓰고 있다. "조직은 경험과 전문가 설명을 더 많이 비교하고, 대안적 관점과 질문을 더 많이 축적하며, 강요된 개념틀과 협상하거나 도전할 수 있는 더 많은 자신감을 허용한다." Brian Wynne, "Knowledges in Context," *Science, Technology, & Human Values*, Vol.16, no.1, Winter, 1991.

3 전문가와 일반인의 이해 사이의 불가피한 차이를 일반인의 무지 신호로 취급하는 일반적인 '결핍 모델' 외에도, 일반인의 견해를 단순히 잘못된 것으로 취급하고 실제 지식을 구성하지 않는 것으로 간주하는 또 다른 접근법이 있다. 사회학자 제프 콜터의 말을 빌리면, 이 접근법은 "잘못된 신념을 유발한다고 주장할 수 있는 사회적 결정요인을 규명하는 것"을 조사의 목표로 삼는다. 그것은 "그들에게 정보를 제공할 수 있는 추론의 관점에서 고려하는" 일반인의 신념을 허용하지 않는 방법이다. Jeff Coulter, *In Everyday Language: Studies in Ethnomethodology*(New York, London, or Irvington).

4 미국인들이 일상적 고통에 대해 상담을 요청할 수 있는 대상에 성직자들이 포함될 때가 있었다. 다음의 자료를 참조하라. Joseph Veroff et al., *Mental Health in America*(Basic Books, 1981). 내가 인터뷰한 사람들 중에는 단

한 사람만이 교회 목사와 상담했고, 나머지는 심리학자, 사회복지사 그리고 의사 등 다양한 사람들에게 도움을 요청했다.

5   몇몇 조사 연구에서는 사람들이 약물치료를 선호한다는 점을 정당화하기 위해 화학적 설명을 받아들일 수 있다고 주장했다. 다음의 자료들을 참조하라. Marijn Prins et al., "Health beliefs and perceived need for mental health care of anxiety and depression," *Clin Psychol*, Jul. 2008; Benjamin Goldstein and Francine Rosselli, "Etiological paradigms of depression," *Journal of Mental Health*, Jul. 2009. 내가 발견한 증거는 화학적 설명을 받아들이는 것이 실제로 매우 어렵고 약물복용과 피드백 관계에 있음을 시사했다.

6   Jerome Frank and Julia Frank, *Persuasion and Healing: A Comparative Study of Psychotherapy*(Johns Hopkins University Press, 1993).

7   심리치료적 관점을 가진 사람들이 약물을 복용하는 것은 매우 흔한 일이다. 전국 단위의 동향 조사에 따르면, 2007년에 심리치료를 받은 사람들 중 3분의 2 이상이 향정신성의약품을 복용하고 있었다. Mark Olfson and Steven Marcus, "National trends in outpatient psychotherapy," *Am J Psychiatry*, Dec. 2010.

8   대부분의 참가자들이 정신과 의사와 심리치료사를 둘 다 만났다는 사실은 정신과 의사들이 심리치료를 하지 않고 약물치료에만 집중하는 결정적인 변화를 반영한다. Ramin Mojtabai and Mark Olfson, "National trends in psychotherapy by office-based psychiatrists," *Arch Gen Psychiatry*, Aug. 2008.

9   2003년에 발표된 연구에서 미국 심리학자 마리-준비에브 이슬린과 마이클 애디스는 문제 근원에 자리한 생물학적 속성이 인지된 심리치료의 효과를 감소시킨다는 점을 발견했다. Marie-Geneviève Iselin and Michael Addis, "Effects of Etiology on Perceived Helpfulness of Treatments for Depression," *Cognitive Therapy and Research*, Volume 27, 2003; 다음의 자료도 참조하라. Rita Schreiber and Gwen Hartrick, "Keeping it Together," *Issues in Mental Health Nursing* 23(2), Apr. 2002.

10　이와 대조적인 사례로, 스물다섯 살의 도나는 그의 아버지가 화이트칼라 범죄로 투옥되었던 십 대 시절부터 자아상과 의식주 문제로 힘겨운 싸움을 벌여왔다. 그는 몇 년 동안 심리치료사를 만났고 항우울제 처방도 받았다. 하지만 약물은 별 도움이 되지 않았고, 그 때문에 그는 부분적으로 뇌의 기능장애라는 설명에 저항하기도 했다. 그는 "만약 그것이 정말 신경화학적 문제라면 약을 복용하면 좋아져야 한다"고 생각해왔다. 뇌의 기능장애라는 설명은 그에게 해당되지 않으며, 다른 사람에게도 마찬가지일 것으로 그는 생각한다. 약물로 정신질환을 치료하지 못한다는 사실은 그에게 뇌의 기능장애 이외의 다른 무언가가 관련되어 있다는 신호다.

11　Peter Kramer, *Listening to Prozac: The Landmark Book About Anti-depressants and the Remaking of the Self*(Penguin Books, 1997).

12　로런 슬레이터, 『프로작 다이어리』(Penguin Books, 1999). 이 책에서 정신과 의사 로널드 피브도 동일한 견해를 밝힌다. "연구 결과에 따르면, 조증과 우울증은 정신요법보다 화학요법으로 더 빠르게 치유할 수 있기에 유전자를 통해 일어나는 화학적 원인에 기인한다는 사실을 보여준다." 이것은 인류학자들이 약물복용에 대해 전혀 다른 맥락에서 관찰한 논리와 반대되는 추론이다. "만약 문제가 신체적인 것이라면, 그 치료법도 물리적인 것이어야 한다." 여기서 그 치료법이 물리적인 것이라면, 문제 역시 신체적인 것이어야 한다. Ronald Fieve, *Moodswing: Dr. Fieve on Depression: The Eminent Psychiatrist Who Pioneered the Use of Lithium in America Reveals a Revolutionary New Way to Prevent Depression*(Bantam, 1997); Susan Reynolds Whyte et al., *Social Lives of Medicines*(Cambridge University Press, 2003).

13　따라서 약물 자체가 이해의 변화를 촉발시킨다는 사회학자 데이비드 카프의 주장은 과장된 것처럼 보인다. 그는 "개인이 우울증 치료제를 처음 복용하는 순간 생화학적 변화의 과정이 시작된다"고 썼다. David Karp, *Speaking of Sadness*(Oxford University Press, 2016).

14　하버드대학의 전 학생정신건강센터 책임자의 말은 이런 입장의 논리와 관련이 있을 것이다. 그는 이렇게 말한다. "나는 수년 동안 원칙적으로 약물치

료에 저항하고, 우리가 연구한 여러 가지 문제를 가지고 있는 수많은 학생들을 심리치료 과정에서 만났다. 그들은 증상이 계속되자 결국 약물치료를 받기로 결정했고, 한두 달 후에 학생들은 이렇게 말하곤 했다. '당신도 알다시피, 이 약이 저에게 큰 변화를 가져왔습니다. 비록 이런저런 문제들을 놓고 당신과 얘기하는 것이 즐겁긴 하지만, 저는 다시 제 자신이 된 것 같아요. 친구들과 함께 나갔다가 재충전이 필요할 때 다시 당신을 만나러 오겠습니다.' 심리치료가 가치가 없다는 의미는 아니지만, 때로 생물학이 문제의 70~80퍼센트를 차지하기도 합니다." Richard Kadison and Theresa Foy DiGeronimo, *College of the Overwhelmed: The Campus Mental Health Crisis and What to Do About It*(Jossey-Bass, 2005). 리처드 카디슨처럼 심리학적 현상과 생물학적 현상을 구분하는 것은 정신 건강 전문가들 사이에서 흔한 일이다. 임상의들의 연구에 따르면, 그들은 생물학적 근원을 가지고 있다고 보이는 장애에는 약물치료가 더 효과적이며, 정신사회적 근원을 가지고 있다고 보이는 장애에는 심리치료가 더 효과적이라 생각했다. Elizabeth Flanagan et al., "Mental Health Clinicians' Beliefs About the Biological, Psychological, and Environmental Bases of Mental Disorders," *Cogn Sci*, 33(2), Mar. 2009.

15 심리치료의 이론적 근거에 대해서는 다음의 자료를 참조하라. Joseph Davis, *Accounts of Innocence*, 5장.

16 인지행동치료의 이론적 근거에 따르면, 개인이 내면화한 잘못된 가정에 근거한 반응과 현실에 대한 왜곡된 인식에서 증상이 유발된다고 간주한다. 인지행동치료를 한다는 것은 증상을 유발하는 습관적인 사고의 패턴을 바꾸는 일이다.

17 Arthur Kleinman, *Rethinking Psychiatry: From Cultural Category to Personal Experience*(Free Press, 1991); Jerome Frank and Julia Frank, *Persuasion and Healing: A Comparative Study of Psychotherapy* (Johns Hopkins University Press, 1993).

18 단 한 명의 참가자만이 돈 때문에 심리치료를 거부한 적이 있다고 말했다. 보험 적용 범위의 변경이나 기타 금융상의 문제로 인해 여러 차례 보고에

차질이 빚어지면서 치료에 참여한 몇몇 사람들에게 비용 지불 문제가 제기되었다. 그러나 공공과 민간에서 정신 건강 관리의 자금 조달과 관련해 상당한 변화가 있었음에도 심리치료의 활용과 심리치료 고객들의 사회인구학적 특성은 1980년대 후반 이후 현저하게 안정되었다. Mark Olfson and Steven Marcus, "National trends in outpatient psychotherapy."

19　Charles Kadushin, *Why People Go to Psychiatrists*(Routledge, 2006). 다른 많은 연구들이 이 아이디어를 지지했다. 예를 들어 다음의 자료를 참조하라. Sol Louis Garfield, "Research on Client Variables in Psychotherapy," *Handbook of psychotherapy and behavior change*(John Wiley & Sons).

20　주의력 결핍으로 조직 생활에 어려움을 겪고 있던 마흔여섯 살의 백인 크리스토퍼는 누군가를 만나는 일에 관해 언급한 우리의 질문에 이렇게 대답했다. "아니요. (웃음) 저는 할 수 없었습니다. 절대 그런 일은 일어나지 않았을 겁니다." 그는 치료사와 대화하면서 약간의 수치심을 느꼈다고 넌지시 말했는데, 슬픔과 외로움 때문에 힘들어하던 마흔일곱 살의 흑인 남성 드웨인도 비슷한 견해를 밝혔다. 그는 때로 상담을 받고 싶다는 생각이 들기도 했지만, 흑인 남성들 사이에서 심리치료를 좋지 않은 시선으로 바라보기 때문에 선뜻 나설 수 없었다고 했다. 만약 그가 친구들에게 치료사를 만나고 있다고 밝힌다면, "그들은 저에게 무슨 문제가 있는 것처럼 저를 쳐다볼 거예요"라고 말했다. 그만큼 그는 자신을 두려워했던 것 같다. 그는 "저는 미쳐가는 걸 보고 싶지 않아요"라고 말했다.

21　Nick Crossley, "Prozac nation and the biochemical self," *Debating Biology*(Routledge, 2003).

22　이런 구분은 의학계에서 오랜 역사를 지닌 '진짜' 질병과 '심신증'의 대비를 재현한다. 예를 들어 다음의 자료를 참조하라. Laurence Kirmayer, "Mind and Body as Metaphors," Jan. 1988.

23　Charles Taylor, *Modern Social Imaginaries*(Duke University Press Books, 2003). 철학자 찰스 테일러는 집단생활을 가능하게 하는 일반적 방법으로 사회적 관행을 이해함으로써 생기는 '사회적 상상'을 언급한다. 그는 코넬대학 교수 베네딕트 앤더슨의 '상상의 공동체imagined communities' 이론을 끌

어온다. 『상상의 사회 기관*The Imaginary Institution of Society*』(Polity Press, 1997)에
서 철학자 코르넬리우스 카스토리아디스가 처음 사용한 사회적 상상의 개
념은 사회를 하나로 묶어주는 접착제로 '집단의식'과 '집단 표현'을 든 에
밀 뒤르켐의 초기 개념과 유사하다. 이런 유사성에 대해 좀 더 알고 싶다면
다음의 자료를 참조하라. John Rundell, "Durkheim and the Reflexive
Condition of Modernity," *A Journal of Philosophy and Social Theory*,
Volume 7, Issue 1, 2006. 또 다른 예로 인류학자 조지 마커스가 과학자들
이 과학 작업의 조건에서 실질적인 변화와 증가하는 모호성에 비추어 미
래의 혁신 가능성을 상상하는 방법으로 사용하는 '기술적 상상technoscientific
imaginaries'이 있다. 언어학자 쉴라 재서노프는 사회적 상상을 "집단적으로 보
유하고, 제도적으로 안정화되고, 바람직한 미래에 대한 비전을 공개적으
로 수행하고, 과학기술의 발전을 통해 달성할 수 있고 지원할 수 있는 사
회생활과 사회질서의 형태에 대한 공유된 이해를 통해 활성화되는 것"이
라 말한다. George Marcus, "Introduction: Collaborative Analytics,"
Theorizing The Contemporary, Cultural Anthropology Website, 2017;
Shelia Jasanoff, "Future Imperfect," *Dreamscapes of Modernity*, 2015.

24 Jones Nelson F. et al., "Psychiatric patients' views of mental illness,
hospitalization and treatment," *The Journal of Nervous and Mental
Disease*, 136, Jan. 1963; Raymond Weinstein and Norman Brill,
"Social Class and Patients' Perceptions of Mental Illness," *Psychiatric
Quarterly*, Volume 45, 1971. 또 다른 유형의 연구에서 연구원들은 표
준 우울증 척도를 사용하여 진단되지 않을 수도 있지만 우울증 증상을 보
인 사람들의 인과적 믿음을 탐구했다. 이런 연구에서도 생물학과 약물복
용에 대한 중요성이 점점 증가하고 있음이 나타났다. 16세에서 29세 사
이의 젊은이 1만 1천 명을 대상으로 한 연구에서는 약 45퍼센트가 치료
받은 경험이 있는 것으로 나타났다. 이런 결과를 통해 연구자들은 "우울
증과 관련해 생물학적 원인과 의학적 치료법에 대해 강한 믿음을 갖게 되
었다." Van Voorhees et al., "Beliefs and Attitudes Associated With
the Intention to Not Accept the Diagnosis of Depression Among

Young Adults," *Ann Fam Med*, 3(1), Jan. 2005. 다음의 자료들도 참조하라. Benjamin Goldstein and Francine Rosselli, "Etiological paradigms of depression," *Journal of Mental Health*, Jul. 2009; Jane Givens et al., "Ethnicity and Preferences for Depression Treatment," *Gen Hosp Psychiatry*, May-Jun 2007. 미국을 비롯한 여러 나라에서 실시된 이런 종류의 많은 연구 조사 결과, 우울증 환자는 비우울증 환자보다 생물학적 병인론과 약물치료에 대한 신뢰도가 더 높은 것으로 나타났다. Marijn Prins et al., "Health beliefs and perceived need for mental health care of anxiety and depression," *Clin Psychol*, Jul. 2008.

25 Bernice Pescosolido et al., "'A Disease Like Any Other?' A Decade of Change in Public Reactions to Schizophrenia, Depression, and Alcohol Dependence," *Am J Psychiatry*, 167(11), Nov. 2010. 많은 나라에서 실시된 이런 종류의 연구 조사에 대한 포괄적인 분석 결과, '정신질환의 생물학적 모델에 대한 일관된 경향'이 발견되었으며 미국에서 특히 가장 높은 비율을 보였다. 또한 연구자들은 "정신장애를 뇌 질환이나 의학적 문제로 인식하면 의료 전문가의 해결책을 보다 손쉽게 받아들이게 된다"고 밝혔다. 다음의 자료를 참조하라. G. Schomerus et al., "Evolution of public attitudes about mental illness," *Acta Psychiatr Scand*, 125(6), Jun. 2012.

26 예를 들어 다음의 자료를 참조하라. Matthew Lebowitz, "Biological Conceptualizations of Mental Disorders Among Affected Individuals," *Clinical Psychology Science and Practice*, Mar. 2014.

27 예를 들어 2011년 중반까지 발표된 34개 연구를 메타분석을 한 다음의 자료를 참조하라. R. Kathryn McHugh et al., "Patient Preference for Psychological vs. Pharmacological Treatment of Psychiatric Disorders," *J Clin Psychiatry*, 74(6), Jun. 2013. 이들이 검토한 연구는 대부분 우울증이나 불안과 관련되었으며, 정신 건강 문제에 대해 실제로 도움을 요청한 적이 없는 많은 사람들이 참여했다.

28 Mark Olfson and Steven Marcus, "National trends in outpatient

psychotherapy."; Katherine Nordal, "Where has all the psychotherapy gone?," *American Psychologist Association*, Vol.41, no.10, Nov. 2010.

29 Mark Olfson and Steven Marcus, "National Trends in Outpatient Psychotherapy," p.1460. 연간 1~2회 방문한 사람의 수는 1987년부터 2007년까지 심리치료 고객의 약 3분의 1(1987년 34퍼센트, 2007년 38퍼센트)로 안정적인 추세를 보였다. 그러나 방문 횟수가 많은 사람들, 특히 1년 동안 20회 이상 방문하는 '장기 치료자'의 수는 감소했다. 1987년에는 심리치료 고객의 16퍼센트가 자주 방문했지만 2007년에는 그 수가 9퍼센트로 떨어졌다.

30 다음의 자료도 참조하라. Mark Olfson et al., "National Trends in the Mental Health Care of Children, Adolescents, and Adults," *JAMA Psychiatry*, 71(1), Jan. 2014.

31 단기 치료, 특히 인지행동치료는 이제 훈련 프로그램에서 강력한 영향력을 행사하고 있다. 임상심리학 대학원 교육 프로그램에 나타나는 이론적 지향성에 관한 연구에서, 심리학자 로런스 헤더링턴과 그의 동료들은 종합대학의 박사과정에서 인지행동 이론과 치료라는 단일 관점이 압도적으로 우세하는 현상을 발견했다. 다음의 자료를 참조하라. Lawrence Heatherington et al., "The Narrowing of Theoretical Orientations in Clinical Psychology Doctoral Training," *Clinical Psychology Science and Practice in press*, Dec. 2012.

32 Hanna Levenson and Donna Davidovitz, "Brief therapy prevalence and training," *Psychotherapy: Theory, Research, Practice, Training*, 37(4), Jan. 2000.

33 단기 치료로 전환되는 추세가 미국 내 관리형 진료로 전화되는 추세를 앞지른다는 점에 유의해야 한다. 이런 경향은 영국과 같이 매우 다른 건강 보험 제도를 채택하고 처방전이 필요한 의약품에 대한 소비자 직접광고를 허용하지 않는 나라에서도 나타난다. 예를 들어 다음의 자료를 참조하라. Darian Leader. "A Quick Fix for the Soul," *The Guardian*, Sep. 2008, http://www.theguardian.com/science/2008/sep/09/psychology.human

behaviour.

34 Hanna Levenson and Donna Davidovitz, "Brief therapy prevalence and trainin," *Theory, Research, Practice, Training*, 37(4), Jan. 2000.

35 예를 들어 다음의 자료를 참조하라. Lori Gottlieb, "What Brand Is Your Therapist?," *The New York Times*, Nov. 25, 2012; N. Totton, "Two ways of being helpful," *Counselling & Psychotherapy Journal*, 15, 2004.

2장

1 보건 환경의 개념은 다음의 자료에서 가져왔다. Adele Clarke, "From the Rise of Medicine to Biomedicalization."

2 20세기 전반에 예를 들어 전신불완전마비(치료되지 않은 말기 매독에서 오는 뇌나 척수의 감염)의 원인과 그 상태에 대한 특정 치료법의 발견과 같은 의료 혁신은 정신질환의 질병 모델에 대한 잠재적 패러다임을 제공했다. 1930년대 중반의 짧은 기간 동안 조현병 치료를 위한 일련의 새로운 물리 치료법이 도입되었다. 여기에는 인슐린 치료, 메트라졸 경련요법, 전기 경련요법(우연의 일치로 조증과 우울증에 효과가 있는 것으로 확인되었다), 전두엽 절제술 등이 포함되었다. 이런 치료법은 1940년대와 1950년대에 널리 사용되었을 뿐만 아니라, 그 작용에 관한 광범위한 연구를 촉진하고 정신장애의 생리학적 근원에 대한 가설을 낳았다. 이 시기의 신체 치료에 대한 자세한 이력은 다음의 자료를 참조하라. Joel Braslow, *Mental Ills and Bodily Cures: Psychiatric Treatment in the First Half of the Twentieth Century*(University of California Press, 1997).

3 Nathan Hale, *The Rise and Crisis of Psychoanalysis in the United States: Freud and the Americans, 1917-1985*(Oxford University Press, 1995).

4 Mitchell Wilson, "DSM-III and the Transformation of American Psychiatry," *American Journal of Psychiatry* 150(3): Apr. 1993. 정신과 의사 데이비드 힐리는 이렇게 쓰고 있다. "대중적 사고 역시 세계대전의 영향을 받아 극심한 환경적 스트레스로 인해 신경쇠약을 일으킬 수 있다는 생각에 이르렀다." *David Healy, Let Them Eat Prozac*(NYU Press, 2006), p.4.

5   Nathan Hale, *The Rise and Crisis of Psychoanalysis in the United States*(Oxford University Press, 1995), p.289.

6   Joint Commission on Mental Illness and Health, *Action For Mental Health: Final Report of the Joint Commission on Mental Illness and Health 1961*(Basic Books, 1961), pp.250~251, p.149.

7   예를 들어 클로르프로마진의 효과에 관해 미국에서 발표된 초창기 보고서를 참조하라. 이 보고서의 저자는 클로르프로마진은 "단순한 화학적 억제제가 아니라 확실한 징후를 가진 진정한 치료제가 되어야 하며 분석 지향적인 정신요법의 대체물이 되어서는 안 된다"고 강조한다. N.W. Winkelman Jr., "Chlorpromazine in the treatment of neuropsychiatric disorders," *J Am Med Assoc*, May 1954, p.21.

8   정신질환과 건강에 관한 합동위원회, 「정신 건강을 위한 행동」, 41쪽. 신약과 정신질환자의 탈원화, 즉 정신병원에 입원한 환자를 퇴원시켜 사회 복귀 시설 등에서 치료받게 하는 것 사이의 얽히고설킨 관계에 대한 논의는 다음의 자료를 참조하라. Andrew Scull, *Madness in Civilization: A Cultural History of Insanity, from the Bible to Freud, from the Madhouse to Modern Medicine*(Princeton University Press, 2016), 12장.

9   Joseph Elizabeth Veroff et al., *Mental Health in America*, p.10.

10   정신분석학자들이 종종 신체 치료를 반대하는 의견을 밝혀왔지만, 그 관계는 복잡하고 자주 묘사되는 것처럼 독단적이지 않다. 예를 들어 다음의 자료를 참조하라. Jonathan Sadowsky, "Beyond the Metaphor of the Pendulum," *Journal of the History of Medicine and Allied Sciences*, Volume 61, Issue 1, Jan. 2006.

11   Philip Rieff, *Freud: The Mind of the Moralist*(University of Chicago Press, 1979), p.354.

12   앞의 책. 프로이트의 말은 다음의 책에서 인용했다. *Three Essays on the Theory of Sexuality*(Verso, 2017), p.354.

13   DSM-II, p.39.

14   Leo Srole, Anita Fischer, *Mental health in the metropolis: The midtown*

Manhattan study(New York University Press, 1978).

15 예를 들어 다음의 자료들을 참조하라. August Hollingshead et al., *Social Class and Mental Illness: A Community Study*(John Wiley & Sons, 1958); Herbert Goldhamer et al., *Psychosis and Civilization: Two Studies in the Frequency of Mental Disease*(Literary Licensing, 2012); Feld Sheila et al., *Americans View Their Mental Health*(New York: Basic Books, 1960).

16 Dana March and Gerald Oppenheimer, "Social disorder and diagnostic order," *Int J Epidemiol*, Aug. 2014, i38.

17 Philip Rieff, *Freud*, 10장.

18 Joseph Veroff et al., *The Inner American: A Self-Portrait from 1957 to 1976*(New York: Basic Books, 1981), p.532. 이 책의 자매편도 참조하라. Joseph Veroff et al., *Mental Health in America: Patterns of Help-Seeking from 1957 to 1976*(New York: Basic Books, 1981).

19 여기서 내가 인용한 두 권의 책은 1950년대와 1960년대에서 19세기 후반으로 거슬러 올라가는 '신경병' 전통을 기반으로 지배적인 불안의 개념을 설명한다. Andrea Tone, *The Age of Anxiety: A History of America's Turbulent Affair with Tranquilizers*(Basic Books, 2012); David Herzberg, *Happy Pills in America: From Miltown to Prozac*(JHUP, 2010). 당시 많은 미국인들은 걱정, 피로, 근육통, 집중력 저하와 같은 정서적, 심리적 문제로 인해 '신경쇠약증'('지친 신경증') 진단을 받았다. 신경쇠약증은 산업사회의 속도와 강도의 부산물로 여겨졌고, 이에 따라 엘리트 계층인 '두뇌 노동자'를 괴롭힐 가능성이 가장 컸다. 당시 정신의학은 정신병원의 수나 중증 정신질환자 치료 면에서 장악력이 낮은 상태였다. 역사학자 안드레아 톤이 언급한 것처럼, 신경쇠약증에 걸린 사람들은 "자신들의 질병이 정신의학적 질병과 혼동되는 것을 원치 않는다"라면서 더 높은 지위와 사무실 기반 진료 환경, 사람들의 기분을 나아지게 하기 위한 치료법을 가진 신경과 의사들을 찾아갔다. 1950년대에는 이런 패턴이 반복되었다. 정신 건강 전문가가 아닌 일반의에게 치료를 받으면서, 불안은 심각한 정신질환과 구별되는 성공의 부산물로 특징지어졌다.

20 이 인용문은 각각 다음의 토라진 광고에서 따온 것이다. *Psychosomatic Medicine* 18, no.6, 1956; *Mental Hospitals* 7, no.7, 1956; *Mental Hospitals* 11, no.5, 1960; and *Psychosomatic Medicine* 18, no.5, 1956.

21 Toine Pieters and Stephen Snelders, "Psychotropic drug use," *Neuroethics* 2(2), 2009.

22 Leo Hollister, "Drugs for Emotional Disorders," *Ann Intern Med*, Nov. 1959, p.943.

23 Mickey Smith, *A Social History of the Minor Tranquilizers: The Quest for Small Comfort in the Age of Anxiety*(CRC Press, 1991), p.22.

24 Hugh Parry, "Use of Psychotropic Drugs," *Public Health Rep*, 83(10), Oct. 1968, p.801. 소정온제가 출시되기 전, 일반 미국인들은 바르비투르 산염을 사용하는 것에 놀랄 만큼 개방적이었다. 19세기와 20세기 초 아편과 소위 특허 의약품(종종 불특정 각성제와 진정제 성분으로 묶인 강장제, 엘릭시르제, 시럽)의 대중적 인기를 돌아보면, 그와 같은 화학물질을 사람들이 수용하지 못했던 때가 과연 있었는지 궁금할 것이다. 다음의 자료를 참조하라. Andrea Tone, *The Age of Anxiety; and David Healy, The Antidepressant Era*(Harvard University Pres, 1998).

25 David Herzberg, *Happy Pills in America*(JHUP, 2010), p.34.

26 Ibid, p.34.

27 *Mental Hospitals* 9, no.3, 1958; *Mental Hospitals* 10, no.2, 1959. 1959년에 만들어진 한 제약 광고는 '아홉 명의 알코올 중독자를 대상으로 한 최신 연구'를 인용해 다음과 같은 사실을 보여주었다. 즉 리탈린을 사용한 후 "모든 환자가 치료에 훨씬 더 많이 관여하게 되었고", "집중적인 개별 치료가 가능한 환자들 중 두 명이… 주목할 만한 정서적 참여로 새로운 통찰력을 얻고 있다"는 것이다.

28 David Herzberg, *Happy Pills in America*, p.37.

29 Ibid, pp.36-37.

30 Andrea Tone, *The Age of Anxiety*, p.72.

31 David Herzberg, *Happy Pills in America*, p.43.

32 Andrea Tone, *The Age of Anxiety*, p.90.

33 Hugh Parry, "Use of Psychotropic Drugs," p.801

34 Hugh Parry et al., "National Patterns of Psychotherapeutic Drug Use," *Arch Gen Psychiatry* 28(6), 1973, p.774.

35 Barry Blackwell, "Psychotropic Drugs in Use Today," *JAMA*, 1973.

36 Andrea Tone, *The Age of Anxiety*, p.ix.

37 Mickey Smith, *A Social History of the Minor Tranquilizers*, pp.31-32, table 4.1.

38 Hugh Parry et al., "National Patterns of Psychotherapeutic Drug Use," p.777, table 10.

39 Hugh Parry et al., "National Patterns of Psychotherapeutic Drug Use"; Mickey Smith, *A Social History of the Minor Tranquilizers*, pp.31-32, table 4.1.

40 정신분석에서 진단의 미비함 문제에 대한 내용은 다음의 자료를 참조하라. Karl Menninger et al., *The Vital Balance: The Life Process in Mental Health*(Viking Adult, 1963).

41 Barry Blackwell, "Psychotropic Drugs in Use Today," p.1638.

42 Kimball Marshall et al., "Social Reactions to Valium and Prozac," *Res Social Adm Pharm* 5(2), Jun. 2009, p.97.

43 Sam Shapiro et al., "Prescriptions for psychotropic drugs in a noninstitutional population," *Public Health Rep* 76(6), Jun. 1961, p.486.

44 예를 들어 정신의학자 배리 블랙웰은 이렇게 쓰고 있다. "일반 진료 집단을 대상으로 한 설문조사에 따르면, 정서적 질환이 있는 환자는 일반적으로 신체적 불편함을 매개로 발병하는 것으로 밝혀졌다." Barry Blackwell et al., "Minor Tranquilizers," *Psychosomatics*, Volume 16, Issue 1, Jan. 1975.

45 Sam Shapiro et al., "Prescriptions for psychotropic drugs in a noninstitutional population." 다음의 자료도 참조하라. David Herzberg, *Happy Pills in America*, p.38.

46 Barry Blackwell et al., "Minor Tranquilizers," p.29. 다음의 자료도 참조

하라. Blackwell, "Psychotropic Drugs in Use Today"; Hugh Parry et al., "National Patterns of Psychotherapeutic Drug Use." 영국에서 1975년에 발표된 약물 처방에 관한 연구에 따르면, "향정신성의약품 복용자 중약 16퍼센트만이 좀 더 특별한 상태를 위해 약을 복용하며, 나머지는 애매한 상태 때문에 복용하는 것으로 나타났다. 개인적인 문제나 대인관계를 개선하기 위해 점점 더 많이 약을 처방받고 있다." W.H. Trethowan, "Pills for Personal Problems," *British Medical Journal*, Sep. 1975, p.750.

47 Mark Olfson et al., "Trends in the Prescription of Psychotropic Medications," p.561.

48 Ruth Cooperstock and Henry Lennard, "Some Social Meanings of Tranquilizer Use," *Sociology of Health & Illness* 1(3), June 2008. 이 기간에 이루어진 추가적인 연구는 다음의 자료들을 참조하라. Malcolm Lader, "Benzodiazepines," *Australian & New Zealand Journal of Psychiatry*, Mar. 1981; Dean Manheimer et al., "Popular Attitudes and Beliefs About Tranquilizers," *The American Psychiatric Association*; Glen Mellinger et al., "Psychic Distress, Life Crisis and Use of Psychotherapeutic Medications," *Arch Gen Psychiatry*, 35(9), 1978; Ingrid Waldron, "Increased Prescribing of Valium, Librium, and other Drugs," *Inter-national Journal of Health Services*, Jan. 1977.

49 Andrea Tone, *Age of Anxiety*, pp.27-28.

50 Nathan Hale, *The Rise and Crisis of Psychoanalysis in the United States*, p.382.

51 W.H. Trethowan, "Pills for Personal Problems," p.750.

52 Alec Coppen, "The Biochemistry of Affective Disorders," *The British Journal of Psychiatry*, 113, 1967, p.1237.

53 Leo Hollister, "Psychopharmacology in Its Second Generation," *Mil Med*, 141(6), 1976 Jun, p.372.

54 모두 다음의 자료에서 인용했다. Jonathan Metzl, "'Mother's Little Helper,'" *Gender & History*, Vol.15 No.2, Aug. 2003.

55 Alec Coppen, "The Biochemistry of Affective Disorders."; Joseph Schildkraut and Seymour Kety, "Biogenic Amines and Emotion," *Science*, Vol.156, no.3771, Apr. 1967.

56 우울증 연구의 중요성에 대한 개요는 다음의 자료를 참조하라. Nathan Kline, *Factors in Depression*(Raven Pr, 1974).

57 Leo Hollister, "Psychopharmacology in Its Second Generation," p.373.

58 Ibid, p.371.

59 Leo Hollister, "Drugs for Emotional Disorders," p.944. 정신의학자 미첼 윌슨의 「DSM-III과 미국 정신의학의 변혁*DSM-III and the Transformation of American Psychiatry*」과 같은 이전의 자료들은 DSM 혁명에서 약물의 역할을 크게 과소평가한다.

60 Mickey Smith, *Social History of the Minor Tranquilizers*, p.158.

61 예를 들어 다음의 자료도 참조하라. Mickey Smith, *Social History of the Minor Tranquilizers*, 9장.

62 Mickey Smith, *Social History of the Minor Tranquilizers*, p.184. 1978년 말 미국의사협회 정신의학회지 표지 광고에서 의료적 접근으로 전환하는 것과 관련된 또 다른 징후를 볼 수 있다. 광고에는 발륨이 "빡빡한 일정, 교통체증, 기말고사 등 살아가면서 경험하는 일반적인 긴장을 해소하기 위한 것이 아니다"라고 적혀 있었다. 예를 들어 질병이나 진단 절차 혹은 수술과 같은 정상적인 두려움과 우려로 인해 환자들이 불평하는 많은 긴장감과 불안감을 위한 것도 아니다. 물론 이런 증상들은 발륨이 불과 몇 년 전에 시판되면서 생겨난 일종의 문제들에 지나지 않았다. 다음의 자료에서 인용했다. David Herzberg, *Happy Pills in America*, pp.145-146.

63 Leo Hollister, "Drugs for Emotional Disorders," p.945.

64 Ibid, p.944

65 Leo Hollister, "Psychopharmacology in Its Second Generation," p.372.

66 Solomo Snyder et al., "Drugs, Neurotransmitters, and Schizophrenia," *Science*, Vol.184 No.4143, Jun. 1974.

67 Barry Blackwell, "Psychotropic Drugs in Use Today," p.1638.

68 David Healy, *The Antidepressant Era.* 또한 다음의 자료를 참조하라. Charles Rosenberg, *Our Present Complaint: American Medicine, Then and Now*(JHUP, 2007), 3장; Joseph Davis et al., *To Fix or To Heal: Patient Care, Public Health, and the Limits of Biomedicine*(NYU Press, 2016).

69 미국 심리학자 탄야 루어먼은 정신의학에서 볼 수 있듯이 약물 반응이 진단을 바꾸는 현상, 예를 들어 항생제를 복용하고 발진이 사라지지 않으면 라임병이 아님을 알게 되는 것과 같은 일은 다른 의료 분야의 경우에도 크게 다르지 않다고 지적한다. Tanya Luhrmann, *Of Two Minds: An Anthropologist Looks at American Psychiatry*(Vintage, 2001).

70 다른 의료 분야의 사례는 다음의 자료를 참조하라. Jeremy Greene, *Prescribing by Numbers: Drugs and the Definition of Disease*(Johns Hopkins University Press, 2006).

71 Leo Hollister, "Psychopharmacology in Its Second Generation," p.373.

72 Leo Hollister, "Drugs for Emotional Disorders," p.945.

73 Solomo Snyder et al., "Drugs, Neurotransmitters, and Schizophrenia," p.1244.

74 1970년대에 연구자들은 신경전달물질인 감마아미노부티르산이 불안을 조절하고 벤조디아제핀이 그 작용을 촉진한다고 믿었다. Jeffrey Gray, "Anxiety and the Brain," *Psychological Medicine*, 2009.

75 DSM-III 특별위원회 의장인 로버트 스피처와 그의 동료들의 요약 글은 몇 가지 다른 사례를 보여준다("DSM-III: The Major Achievements"). 예를 들어 조현병의 정의는 '신체 치료에 대한 차등 반응'으로 인해 부분적으로 축소되었고, 같은 이유로 정서장애에 대한 정의는 확대되었다. 새로운 불안의 범주에서, 공황장애는 불안이 두드러지는 다른 장애와 비교해 약물치료에 대한 차등 반응으로 인해 '일반적인 불안장애'와 구별되었다. 약물 반응과 불안 범주의 관계에 대해서는 다음의 자료들을 참조하라. Donald Klein, "Delineation of Two Drug-Responsive Anxiety Syndromes."; Donald Klein et al., "Antidepressants, Anxiety, Panic, and Phobia." 다음의 자료도 참조하라. Hans Eysenck, *The Biological Basis of Personality*(Routledge, 2006). 약물의 임상 효과와 우울증 및 불안 장애의 정의 사이의 관계에 대한 심도 있는 연구는 다음의 자료를 참조하라. David Healy, *The Antidepressant Era*. 또 다른 예로 과잉 행동(나중에 주의력결핍장애 혹은 과잉행동장애)이 있든 없든 새로운 범주의 주의력결핍장애는 지속적 주의력과 충동 조절의 인지적 결손, 정확히는 각성제가 감소시키는 것으로 여겨지는 결손의 관점에서 이론화되었다. 다음의 자료들을 참조하라. Gabrielle Weiss et al., "Studies on the Hyperactive Child," *The Canadian Journal of Psychiatry*, Apr. 1964; Virginia Douglas, "Stop, Look and Listen," *Canadian Journal of Behavioural Science*, 4(4).

76   Garfield Tourney, "History of Biological Psychiatry in America," *American Journal of Psychiatry*, Apr. 2006, p.37. 1970년대 초, 우울증 치료에 이프로니아지드를 사용하는 데 중요한 역할을 했던 과학자 네이선 클라인은 이미프라민과 같은 삼환성항우울제(화학 구조에 세 개의 환을 가진 항우울제)만 해도 "지난 15년 동안 약 5천 편의 과학 논문에서 설명되었다"고 했다. Nathan Kline, *From Sad to Glad: Kline on Depression*(Ballantine Books, 1975), p.131.

77   세인트루이스에 있는 워싱턴대학의 새로운 신체론자들이 개발했다. 페이너 진단 기준과 개발 과정에 대한 자세한 내용은 다음의 자료들을 참조하라. John Feighner et al., "Diagnostic Criteria for Use in Psychiatric Research," *Arch Gen Psychiatry*, 1972; John Feighner, "The Advent of the Feighner Criteria."

78   Allen Frances et al., "DSM-IV Classification and Psychopharmacology," p.823; Steven Hyman, "Diagnosis of Mental Disorders," *Annual Review of Clinical Psychology*, Vol.6, Jan. 2010.

79   진단 범주의 수는 DSM의 후속 개정판이 발간되면 계속 증가할 것이다. DSM 체계는 이런 성장의 기초가 되고 범주와 증상을 암묵적으로 알려주는 정상 상태의 변화하는 표준을 설명할 수 없다.

80   DSM-II, p.39.

81 DSM-III, p.228. DSM의 후속 개정판에서 이런 기준에 대해 매우 상세하게 설명할 것이다.

82 DSM-II, p.39.

83 DSM-III, p.376. 여기에는 약리작용도 일정 부분 영향을 미쳤을 수 있다. 불안장애와 해리장애에 관한 위원회를 포함해 세 개의 DSM-III 특별위원회 위원이자 주요 연구자인 도널드 클라인과 그의 동료들에 따르면, 항불안제는 조건 회피나 강박의식을 줄이지 못하고 "공공연하게 불안이 명백하게 드러나는 경우에만 효과가 있다." Donald Klein et al., "Antidepressants, Anxiety, Panic, and Phobia," p.1401; Donald Klein, "Delineation of Two Drug-Responsive Anxiety Syndromes."

84 DSM-III, p.7.

85 Charles Rosenberg, *Our Present Complaint: American Medicine, Then and Now*(JHUP, 2007), p.19.

86 2013년에 발간된 DSM-5에서는 자신의 반응이 과도하거나 불합리하다는 판단을 임상의에게 전달할 수 있지만, 다시 말하지만 그 판단의 근거는 환자 자신의 보고에서 나온 것이다.

87 DSM-III, p.7. 이런 명시적 주장은 DSM-IV과 함께 취하되었으나 암묵적으로 남아 있긴 하다.

88 Leo Hollister, "Drugs for Emotional Disorders," p.943.

89 Robert Spitzer et al., "DSM-III: The Major Achievements," p.152.

90 DSM-III, p.7.

91 Ibid, p.6.

92 정신과 의사이자 시인이었던 플리니 얼을 말한다. 다음의 자료에서 인용했다. Allen Frances et al., "DSM-IV Classification and Psychopharmacology," p.825.

93 토머스 인셀, 미국 국립정신건강연구소 블로그. "Transforming Diagnosis," Apr. 2013, http://www.nimh.nih.gov/about/director/2013/transforming-diagnosis.shtml.

94 1974년 11월, 미국정신의학협회에 보낸 편지에서 특별위원회 의장 로버

트 스피터는 DSM-III이 "정신의학적 문제에 적용되는 의료 모델의 방어물"이 될 것이라 선언했다. 다음의 자료에서 인용했다. Mitchell Wilson, "DSM-III and the Transformation of American Psychiatry," p.405.

95   Ibid, p.403. 1975년에 DSM-III 특별위원회 위원 중 한 명이 의장인 로버트 스피처에게 편지를 보내, 제안된 매뉴얼에서 '질병이라고 불릴 수 있는' 증상군은 극히 일부이므로 증상으로 식별되어야 한다고 제언했다. 스피처는 이 아이디어가 연구에 지장을 줄 뿐만 아니라 매뉴얼에서 증상군에 '증상'이나 '장애'라고 표시하지 않으면 보험금 지급이 지연될 수 있다는 이유로 이를 거부하는 제안서를 특별위원회에 보냈다. 1974년에 이미 미국정신의학협회의 명칭 부여와 통계에 관한 특별위원회는 DSM-III이 충족하기를 바라는 요구 사항 중 하나로 보험금 지급을 위한 기초 역할을 들었다. 다음의 자료를 참조하라. Rachel Cooper, *Classifying Madness: A Philosophical Examination of the Diagnostic and Statistical Manual of Mental Disorders*(Springer, 2005), p.133.

96   간략한 내역은 다음의 자료를 참조하라. Nick Crossley, *Contesting Psychiatry: Social Movements in Mental Health*(Routledge, 2006), 5장.

97   Betty Friedan et al., *Feminine Mystique*(W. W. Norton & Company, 2013); Kate Millett, *Sexual Politics*(Columbia University Press, 2016); Phyllis Chesler, *Women and Madness*(Lawrence Hill Books, 2018).

98   Richard Dean Rosen, *Psychobabble: Fast talk and quick cure in the era of feeling*(Atheneum, 1978).

99   Peter Medawar, "Victims of Psychiatry."; 다음의 자료에서 인용했다. Nathan Hale, *The Rise and Crisis of Psychoanalysis in the United States*, p.3.

100   Richard Dean Rosen, *Psychobabble*; Martin Gross, *The Psychological Society: A Critical Analysis of Psychiatry, Psychotherapy, Psychoanalysis and the Psychological Revolution*(Random House, 1978).

101   이 연구에서 로젠한은 총 여덟 명으로 구성된 가짜 환자들에게 정신병원에 입원할 때 귀에서 쿵쿵 소리가 나고, 가슴이 답답하다는 증상을 호소하도록

요청했다. 그는 이들 가짜 환자에게 이름과 직업 이외에는 아무것도 바꾸지 말고 지극히 정상적으로 행동하도록 했다. 그 결과 한 사람을 제외하고는 모두 조현병 진단을 받고 큰 어려움 없이 입원할 수 있었다. 입원 후 가짜 환자들은 줄곧 정상적으로 행동하고 환청에 대해서는 더 이상 어떤 주장도 하지 않았다. 의료진들은 가짜 환자들이 정신질환이 있다고 여겼고, 자신들이 속았다는 사실을 전혀 눈치채지 못했으며, 7일에서 52일이 지난 후 조현병에 "차도가 있다"는 진단과 함께 가짜 환자들을 퇴원시켰다.

102 Tanya Luhrmann, *Of Two Minds*, p.222.

103 Nathan Hale, *The Rise and Crisis of Psychoanalysis in the United States*, pp.331-332; Mitchell Wilson, "DSM-III and the Transformation of American Psychiatry," p.403.

104 이 글은 1964년에 출간된 철학자 아이리스 머독의 저서에 수록되어 있다. 아이리스 머독, 『선의 군림』(이숲, 2020년).

105 Nathan Hale, *The Rise and Crisis of Psychoanalysis in the United States*, p.301.

106 David Herzberg, *Happy Pills in America*, p.157. 우울증의 재정의에 관해서는 다음의 자료를 참조하라. David Healy, *The Antidepressant Era*.

107 시간이 지날수록 SSRI 계열은 불안장애에서 섭식장애, 만성 통증, 섬유근육통 그리고 일부 경우 훨씬 더 광범위하게 임상적 용도로 사용되고 있었기 때문에 항우울제를 인용문에 넣었다.

108 Jack Grebb and Arvid Carlsson, "Introduction and Considerations for a Brain-Based Diagnostic System in Psychiatry," p.1.

109 토머스 인셀, 미국 국립정신건강연구소 블로그, "Transforming Diagnosis," Apr. 2013, http://www.nimh.nih.gov/about/director/2013/transforming-diagnosis.shtml. 인셀과 이 학계의 다른 사람들에게 실제적인 진보는 신경과학과 분자유전학을 통한 병인론적 메커니즘을 확인하는 과정에서 시작될 것이며, 이는 다시 실험실 검증 혹은 생체지표 상상과 특정 치료 개입을 가능하게 할 것이다. 이와 관련한 대규모 노력 중 하나가 2013년에 시작된 '첨단 혁신 신경공학을 통한 뇌 연구BRAIN: Brain Research through

Advancing Innovative Neurotechnologies 이니셔티브다. 브레인 이니셔티브는 인간의 뇌 활동을 매핑해 뇌 기능과 인간 행동의 연관관계를 규명함으로써 알츠하이머병, 자폐증, 우울증 같은 질병의 근본 원인을 규명하는 것을 목표로 미국국립보건원, 국방고등연구계획국, 국립과학재단, 식품의약국이 주도한다. 미국국립보건원의 역할에 대해서는 다음의 자료를 참조하라. http://www.braininitiative.nih.gov/index.htm.

110 Jack Grebb and Arvid Carlsson, "Introduction and Considerations for a Brain-Based Diagnostic System in Psychiatry," 1장.

111 David Ross et al., "The Future of Psychiatry as Clinical Neuroscience Why Not Now?," *JAMA Psychiatry*, 72(5), May 2015, p.413. 다음의 자료들도 참조하라. Thomas Insel et al., "Psychiatry as a Clinical Neuroscience Discipline," *JAMA*, Nov. 2005; Charles Reynolds et al., "The Future of Psychiatry as Clinical Neuroscience," *Academic medicine: Journal of the Association of American Medical Colleges* 84(4), May 2009.

112 다음의 자료에서 인용했다. David Ross et al., "The Future of Psychiatry as Clinical Neuroscience Why Not Now?," p.413.

113 예를 들어 다음의 자료를 참조하라. Steven Hyman, "The Daunting Polygenicity of Mental Illness," *Philosophical transactions of the Royal Society of London*, Series B, Biological sciences, 373(1742).

114 Randolph Nesse and Dan Stein, "Towards a genuinely medical model for psychiatric nosology," *BMC Medicine*, Volume 10, 2012, p.7.

115 Steven Hyman, "Diagnosis of Mental Disorders," p.159.

116 의약품 유통과 약국경영 관리 회사 메드코헬스솔루션스가 2010년에 200만 명이 넘는 피보험 미국인의 정신과 약물 사용에 대해 분석한 결과, 성인 20퍼센트 이상(남성의 15퍼센트, 여성의 26퍼센트)이 향정신성의약물을 처방받은 경험이 있는 것으로 나타났다. 보고서는 다음 웹사이트에서 볼 수 있다. http://static1.1.sqspcdn.com/static/f/1072889/15159625/1321638910 720/Psych+Drug+Us+Epidemic+Medco+rpt+Nov+2011.pdf?token=Oi

MneT8RYF6ejLJyMwPx84tmPzs%3D.

117 1969년부터 1970년까지 소정온제 복용률에 대해서는 다음의 자료를 참
조하라. Hugh Parry et al., "National Patterns of Psychotherapeutic
Drug Use." 2012년 항우울제 복용 비율에 대해서는 다음의 자료를 참고하
라. Elizabeth Kantor et al., "Trends in Prescription Drug Use among
Adults in the United States from 1999-2012," *JAMA*, 314(17), Nov.
2015.

118 1969년부터 1970년까지 약물복용률 조사에서, 소정온제를 복용한 사
람들의 대다수가 매일 2개월 미만 혹은 간헐적으로 31회 미만으로 복용
한 적이 있는 것으로 나타났다[Hugh Parry et al., "National Patterns of
Psychotherapeutic Drug Use"]. 1979년, 이 연구에 참여한 연구자들 중
일부가 실시한 또 다른 전국 단위 조사에서는 '장기 복용'을 1년 이상 일
상적으로 복용하는 것으로 정의했다. 그들은 이런 정의에 따라 진정제를
복용하는 사람들 중 15퍼센트가 장기 복용자라는 사실을 발견했다[Glen
Mellinger et al., "Prevalence and Correlates of the Long-term Regular
Use of Anxiolytics," *JAMA*, 251(3), 1984]. 이와 대조적으로 현재 가장 인
기 있는 약품인 SSRI와 세로토닌 노르에피네프린 재흡수 억제제[SNRI] 계열
의 항우울제는 천천히 효과가 나타났는데, 일반적으로 환자가 효과를 경험
하는 데 2주에서 4주가 걸렸다(이것은 어떤 효과를 경험하는 경우이고, 무응답
률은 40퍼센트 범위다). 그리고 이전 시기와 확연하게 차이가 날 만큼 대다수
가 약물을 장기간 복용했다. 예를 들어 2005년에서 2008년 사이 복용자를
조사한 2011년 연구에서, 연구자들은 항우울제를 복용하는 미국인들 중 30
퍼센트가 2개월에서 2년, 30퍼센트는 2년에서 5년, 18퍼센트는 5년에서 10
년 그리고 14퍼센트는 10년 이상 매일 규칙적으로 복용한다는 사실을 발견
했다. 다음의 자료를 참조하라. Laura Pratt et al., "Antidepressant Use in
Persons Aged 12 and Over," p.4

119 Mark Frye et al., "The Increasing Use of Polypharmacotherapy for
Refractory Mood Disorders," *J Clin Psychiatry*, 61(1), Jan. 2000, p.9.
1970년대부터 1990년대 사이에 단일 약제 복용 환자들의 수가 현저하게

감소한 현상에 대해서는 다음의 자료들을 참조하라. H. Rittmannsberger, "The Use of Drug Monotherapy in psychiatric inpatient treatment," Prog Neuropsychopharmacol Biol Psychiatry, 26(3), Apr. 2002; Elizabeth Kantor et al., "Trends in Prescription Drug Use among Adults in the United States from 1999 - 2012."

120 G. Gardos et al., "Polypharmacy revisited," *McLean Hosp J*, 1980, p.179.

121 C. Baum et al., "Prescription Drug Use in 1984 and Changes over Time," *Medical Care*, 26(2), p.112.

122 Lajeana Howie et al., "Use of Medication for Emotional or Behavioral Difficulties among children aged 6-17 years in the United States, 2011-2012," NCHS Data Brief, 148, Apr. 2014, p.1.

123 Ramin Mojtabai and Mark Olfson, "National trends in psychotherapy by office-based psychiatrists."

124 Charles Barber, *Comfortably Numb: How Psychiatry Is Medicating a Nation*(Vintage, 2009), p.199. 예를 들어 다음과 같은 자료들을 참조하라. Eric Kandel, "A New Intellectual Framework for Psychiatry."; Susan Vaughan, *The Talking Cure: The Science Behind Psychotherapy*(G.P. Putnam's Sons, 1997).

125 예를 들어 2000년, 정신분석학자들은 국제신경정신분석학회를 결성하고 연구자, 임상의, 학생 등을 대상으로 매년 회의를 개최하고 신경심리분석학 저널을 발간했다. 이 저널은 역사적으로 분단된 두 학문이 궁극적으로 동일한 과제를 추구한다는 가정에 기반을 두고 '정신분석과 신경과학의 교차점에 있는 논문'을 발표했다.

126 Thomas Insel et al., "Psychiatry as a Clinical Neuroscience Discipline," p.2223. 찰스 레이놀즈와 그의 동료들은 정신의학이 새로운 평가와 치료법을 개발하는 데 사용할 수 있는 도구의 예로 뇌 영상법, 유전학, 신경정신약리학, 신경생리학, 위험요인과 보호요인의 유행병학 모형 그리고 신경심리학을 든다. Charles Reynolds et al., "The Future of Psychiatry as Clinical Neuroscience," p.446.

3장

1 DSM-III, p.xxii.

2 인터뷰를 시작할 때 우리는 참가자들에게 어떤 문제로 우리의 광고에 응답하게 되었는지 물었다. 그리고 우리는 이미 그 질문에 대한 간략한 답변을 알고 있었다. 이 연구를 위한 후보자 자격을 심사하기 위해 참가자들로 하여금 사전에 수신자 부담 전화를 걸게 하여 의료 전문가를 만났는지, 어떤 약을 복용하고 있는지, 증상이 얼마나 오래 지속되었는지 등을 물었기 때문이다. 그러나 우리는 인터뷰에서 이런 사적인 정보를 사용하지 않았다.

3 나는 6장에서 의료적 관점을 취한 사람들이 과학의 문제에 어떤 식으로 관련을 맺는지 살펴볼 것이다.

4 사람들은 '적극적이고 열성적인 태도'로 의학적 개념을 채택했다. 나는 언어 사용을 '살아있는 대화'로 비유한 언어철학자 미하일 바흐친의 개념을 활용해 이 말을 사용한다. 바흐친은 다음과 같이 주장한다. "'실시간 음성 의사소통'에서 특정한 의도와 가치에 비추어 특정한 상황을 다룰 때, 우리는 다른 사람의 말을 받아들이고 그것을 자기 것으로 만들기 위해 다소 창의적으로 흡수하고, 고치고, 재강조한다." 항상 이전 용도의 메아리를 가지고 있는 이런 흡수되거나 자기화된 단어와 구절은 우리의 표현에 스며들어 우리의 평가적 전망에 반영된다. 새로운 의미의 층이 더해지면 다른 사람의 말은 우리의 말이 된다. 참가자들이 직접 접하고 만든 의학적 개념은 이렇게 자기화된 특징을 가지고 있었다. Mikhail Bakhtin et al., *Speech Genres and Other Late Essays*(University of Texas Press, 1987), p.68, p.xv, pp.88-89.

5 Peter Stromberg, "The Impression Point," *Sociology*, 1985, p.61. 이런 개념화는 해석학의 전통에서 철학자 빌헬름 딜타이의 이론화를 기반으로 한다.

6 이런 변증법적 자기 변신에 대한 좀 더 광범위한 사례는 다음의 자료를 참조하라. Thomas DeGloma, *Seeing the Light: The Social Logic of Personal Discovery*(University of Chicago Press, 2014).

7 사회학자 크리스티나 심코는 대중적인 우울증 회고록에 관한 연구에서 지

배적인 정신 언어와 싸워야 할 필요성에 대해 비슷한 지적을 한다. "하지만 역설적으로 이 회고록들은⋯ 생체의학적 설명이 가진 문화적 힘을 보여준다. 이를 무시할 수는 없지만, 채택되지 않는 경우 이를 심사숙고하고, 노골적으로 거부하고, 심지어 격론을 벌여야 한다. 요컨대 퍼듀대학 교수 앤 호킨스가 주장하는 바와 같이, 반대의 서사는 생체의학적 모델의 내구성과 중요성을 잘 보여준다. '이 신화가 무익하거나 도움이 되지 않는다는 불만을 유발할 수 있다는 점은 사실 신화의 생명력을 보여주는 것이다. 살아 있는 신화의 표식은 진실성이나 유용성뿐만 아니라 권위와 힘, 사람들이 그것을 믿어야 한다고 느끼는 정도에 있다.' 이를 거부하려면 명시적인 정당성이 필요하다." Christina Simko, "The Problem of Suffering in the Age of Prozac," p.76; Ann Hawkins, *Reconstructing Illness: Studies in Pathography*(Purdue University Press, 1998), pp.33-34.

8   약물 처방과 복용 과정에서 나타나는 환자의 능동적 역할(자기 이해, 경험 그리고 의사와의 상호작용을 바탕으로)에 관한 연구는 다음의 자료를 참조하라. Alice Malpass et al., "'Medication career' or 'Moral career'?"

9   의사들이 환자에게 권장 치료법 준수를 요구하는 것 외에 신경생물학을 언급하는 또 다른 이유는 심리치료일 가능성이 높다. 약물이 신경화학적 불균형이나 뇌의 기능 오류를 해결한다고 말하면 환자가 약물을 보다 낙관적으로 볼 수 있게 되어 실제 약효를 높일 수 있다. 의사들은 일상적인 임상 치료에 내재된 위약 현상을 충분히 인식하고 이런 치료 효과를 촉진하기 위해 적극적으로 노력한다.

10 내가 발견한 임상적 이해와 일상적 이해와 실천 사이의 차이는 주변에서 흔하게 볼 수 있다. 인터뷰 연구는 다양한 맥락에서 그런 차이를 보여주었다. 예를 들어 의사와 환자의 만남과 일반인의 관점에 관한 연구는 일반인의 이해와 의학적 담론 사이의 다양한 격차를 보여준다. 다음의 자료들을 참조하라. David Karp, *Speaking of Sadness*; Deborah Lupton, *Medicine as Culture: Illness, Disease And The Body*(SAGE Publications, 2012); Simon Williams et al., "The 'Limits' of Medicalization?," *Social Science & Medicine*, Volume 42, Issue 12, June 1996.

11 자기화를 다룬 많은 연구들 중 다음의 자료를 참조하라. Kathryn Aikin et al., "Patient and Physician Attitudes and Behaviors Associated With DTC Promotion of Prescription Drugs." 좀 더 자세한 정보는 다음의 자료들을 참조하라. Mark Nichter, "The Mission within the Madness."; Michael Bury, *Health and Illness in a Changing Society*(Routledge, 1997). 사회학자 마이클 베리는 환자들이 자신들이 제공하는 정보를 선택하고 요청함으로써 의사의 면담 결과에 어떤 영향을 미치고자 하는지를 보여주는 연구들을 검토했다. 의사의 일상적 진단에 대해서는 예를 들어 다음의 자료를 참조하라. Mark Zimmerman et al., "Psychiatrists' and Nonpsychiatrist Physicians' Reported Use of the DSM-IV Criteria," *The Journal of Clinical Psychiatry* 71(3), Mar. 2010.

12 Nikolas Rose, *Politics of Life Itself: Biomedicine, Power, and Subjectivity in the Twenty-First Century*(Princeton University Press, 2007), p.110; David Armstrong, "The Patient's View," *Social Science & Medicine*, Volume 18, Issue 9, 1984; Monica Greco, "Psychosomatic Subjects and the 'Duty to Be Well'," *Economy and Society*, Volume 22; Annemarie Mol, *The Logic of Care*(Routledge, 2008).

13 Rick Mayes et al., "DSM-III and the Revolution in the Classification of Mental Illness," *Journal of the History of the Behavioral Sciences*, 41(3), Jan. 2005, p.250.

14 DSM은 일부 문제가 '임상적 관심'으로 이어질 수 있지만 개인에겐 정신장애가 없다는 점을 인식하고 있다. DSM-IV-TR, p.731.

15 David Healy, *Let Them Eat Prozac*, p.6.

16 Nikolas Rose et al., "Biological Citizenship," *Global Assemblages*, Nov. 2007.

17 Jerilyn Ross, *Triumph Over Fear: A Book of Help and Hope for People with Anxiety, Panic Attacks and Phobias*(Bantam, 1995); Murray Stein and John Walker, *Triumph Over Shyness: Conquering Shyness & Social Anxiety*(McGraw-Hill, 2001).

18 Franklin Schneier and Lawrence Welkowitz, *The Hidden Face of Shyness*(Harper Paperbacks, 1996); Edmund Bourne, *The Anxiety and Phobia Workbook*(New Harbinger Publications, 2011).

19 Lauren Slater, *Prozac Diary;* Scott Stossel, *My Age of Anxiety: Fear, Hope, Dread, and the Search for Peace of Mind*(Vintage, 2015); Andrew Solomon, *The Noonday Demon*(Scribner, 2015). 병력과 관련해서는 다음의 자료를 참조하라. Joseph Davis, "Post-Prozac Pathography," *The Hedgehog Review*, Vol.16, Issue 3; Anne Hunsaker Hawkins, *Reconstructing Illness: Studies in Pathography*(Purdue University Press, 1998); Christina Simko, "The Problem of Suffering in the Age of Prozac."

20 Juanne Clarke et al., "The Triumph of Pharmaceuticals," *Administration and Policy in Mental Health and Mental Health Services Research* 36(2), Mar. 2009, p.95.

21 Juanne Clarke et al., "The Triumph of Pharmaceuticals," p.97, p.99.

22 Jonathan Metzl et al., "Assessing the impact of SSRI antidepressants on popular notions of women's depressive illness," *Soc Sci Med*, 58(3), Feb. 2004.

23 이런 참가자들의 의견은 사회과학자와 윤리학자들이 제시한 소비자 직접 광고에 대한 부정적인 비평과 일치한다. 비평가들은 일반적으로 약이 실제로 필요하지 않은 사람들에게 대대적으로 광고하고, 효과에 대해 비현실적인 기대를 불러일으키고, 부작용을 감추고, 처방약 비용을 끌어올리고, 의사와 환자의 관계를 해치는 데 이런 광고를 활용한다고 비판한다. 다음의 자료를 참조하라. Jerome Hoffman, et al., "Direct to consumer advertising of prescription drugs," *BMJ*, May 1999.

24 광고는 '그것을 말할' 뿐만 아니라 화학적 불균형 현상에 대한 시각적 시뮬레이션을 제공할 수 있다. 몇몇 참가자들은 언젠가 광고나 약물 관련 웹사이트에서 본 각색된 자료에 대해 언급했다.

25 Mickey Smith, *A Social History of the Minor Tranquilizers*, p.184.

26 Eric Cohen, "Direct-to-the-Public Advertisement of Prescription Drugs," *New England Journal of Medicine*, Feb. 1988, p.373. FDA가 소비자 직접광고 규정을 완화한 1997년까지 약 80개 의약품이 대중에게 직접 광고되었다. Lyn Siegel, "DTC Advertising: Bane… or Blessing? A 360-degree View," *Pharmaceutical Executive* 20, no.10, Oct. 2000, p.146.

27 소비자 직접광고 비용에 관한 정보는 다음의 자료들을 참조하라. C. Lee Ventola, "Direct-to-Consumer Pharmaceutical Advertising," p.670; Francis Palumbo and C. Daniel Mullins, "The Development of Direct-to-Consumer Prescription Drug Advertising Regulation," p.423. 소비자 직접광고에 대한 초기 예약은 FDA에 의해 공유되었다. 1980년대 초, 모든 주요 의료 관련 단체는 소비자 직접광고를 반대했다. 예를 들어 미국의학협회는 1984년에 환자 간행물에 대한 소비자 직접광고를 금지했다. 그 후 1992년, 별다른 이견 없이 이런 입장을 번복하고 금지령을 해제했다. 심지어 대형 제약회사들도 처음에는 소비자 직접광고에 반대했다. Eric Cohen, "Direct-to-the-Public Advertisement of Prescription Drugs," p.373. 다음 책을 참고하라. Greg Critser, *Generation Rx: How Prescription Drugs Are Altering American Lives, Minds, and Bodies* (Mariner Books, 2007).

28 Helen Sullivan et al., Sullivan et al., "Prescription Drug Promotion from 2001-2014," *PLoS One*, 11(5), 2016; Tim Ken Mackey et al., "The Rise of Digital Direct-to-Consumer Advertising?," *BMC Health Services Research* 15, June 2015. 소셜미디어 광고 노출은 개인이 보는 광고가 그들에 대해 수집된 정보를 기반으로 고도로 타깃팅이 되기 때문에 연구하기 어렵다.

29 Kathryn Aikin et al., "Patient and Physician Attitudes and Behaviors Associated With DTC Promotion of Prescription Drugs." p.2.

30 Ibid.

31 환자의 처방약 비용 지출에 대해서는 다음의 자료를 참조하라. Dhaval

Dave, "Effects of Pharmaceutical Promotion." 소비자 직접광고에 대한 비판적 논의는 종종 이를 "건강한 사람들은 자신들이 아프고, 약간 아픈 사람들은 자신들이 매우 아프다"고 확신시키기 위한 노력으로, '질병 팔기'의 한 유형이라 간주한다[Lynn Payer, *Disease- Mongers: How Doctors, Drug Companies, and Insurers Are Making You Feel Sick*(Wiley, 1992), p.5]. 이런 관점은 세뇌와 조작의 시각에서 광고를 다루고, 소비자를 수동적이고 쉽게 속는 대상으로 간주하는 오랜 전통을 따른다. 다음으로 내 목표는 소비자 직접광고가 사람들에게 제공하는 것, 그들의 영향력, 욕망, 불만족 그리고 희망에 대해 말하는 방법을 탐구함으로써 어떻게 자기화를 용이하게 하는지를 살펴보는 것이다. 확실히 설득하는 것도 있지만, 내 생각에 그것은 그들에게 반대하지 않는 사람들과 함께 작용하며 고전적인 의미에서 자조의 한 형태를 제공하는데, 즉 더 나은 삶을 살 수 있고 변화할 힘을 가지고 있다는 것이다. 이런 생각의 연장선상에서 다음의 자료를 참고하라. Peter Miller and Nikolas Rose, "Mobilizing the Consumer." 그들은 전후 광고에 관한 연구에서, 광고는 '거짓 욕구'를 발명하고 부과하는 것이 아니라 소비자의 '실제 욕구'를 식별하고, 이런 욕구를 특정 제품과 연계하고, 이를 이용 습관과 연결하는 섬세한 과정이라 강조한다.

32 다음과 같은 자료들을 참조하라. Joseph Davis, "Suffering, pharmaceutical advertising, and the face of mental illness," *The Hedgehog Review*, Vol.8, Issue 3; Steven Woloshin et al., "Direct-to-Consumer Advertisements for Prescription Drugs," *The Lancet*, 358(9288), Nov. 2001; Joseph Dumit, *Drugs for Life: How Pharmaceutical Companies Define Our Health*(Duke University Press Books, 2012), 2장; Jean Grow et al., "Your Life is Waiting!," Jonathan Metzl, *Prozac on the Couch: Prescribing Gender in the Era of Wonder Drugs*(Duke University Press Books, 2005).

33 흥미롭게도 광고에서 텍스트가 다시 늘어났는데 여기에는 다른 이유가 있었다. 질환을 설명하는 데는 많은 단어를 쓸 필요가 없었지만, 의학적 및 법적 문제, 특히 SSRI와 SNRI 계열 약물로 인해 부작용에 대해 이전보다 훨씬

더 자세하게 설명했다.

34 예를 들어 다음의 자료를 참조하라. David Healy, *The Antidepressant Era*(Harvard University Press, 1998), 6장; 크리스토퍼 레인, 『만들어진 우울증』.

35 FDA는 다음과 같은 세 가지 형태의 소비자 직접광고를 승인하고 규제했다. ① 질병 인식 광고 ② 약물 브랜드에 관한 관심을 불러일으키는 재인식 광고 ③ 제품 클레임이나 징후 광고. 후자는 부작용 및 금기 사항(간단한 요약)과 함께 특정 약물의 이름과 치료하도록 승인된 조건(징후)을 명명해야 한다. Francis Palumbo et al., "The Development of Direct-to-Consumer Prescription Drug Advertising Regulation," *Food Drug Law J*, 57(3), 2002, pp.427-429.

36 다음의 자료를 참조하라. Michelle Cottle, "Selling Shyness," *New Republic*, Aug. 1999. "사람에 대해 알레르기 반응을 일으킨다고 상상해보세" 포스터는 저자의 컬렉션에 있다.

37 Peter Conrad et al., "From Hyperactive Children to ADHD Adults," *Social Problems* 47(4), pp.562-565.

38 수정된 분류를 다시 한번 유의하라. '주요우울증'은 '임상 우울증'이 아니라 DSM 안에 있다. 이 광고는 다음의 자료를 참조하라. Jonathan Metzl, *Prozac on the Couch: Prescribing Gender in the Era of Wonder Drugs*(Duke University Press Books, 2005), p.161.

39 예를 들어 다음의 자료를 참조하라. Andrew Payton et al., "Medicalization, Direct-to-Consumer Advertising, and Mental Illness Stigma," *Society and Mental Health*, Mar. 2011.

40 신체적 부작용을 나열한 목록은 약물이 실제 신체 상태와 싸우고 있다는 생각에 설득력을 더한다. 건강관리 전문 광고대행사인 컬트헬스^{Cult Health}의 최고경영자는 이렇게 말한다. "직관에 반하는 일이지만, 우리 연구의 모든 것은 위험에 대해 듣는 것이 광고에 대한 소비자의 믿음을 증가시킨다는 것을 시사한다." Joanne Kaufman, "Think You're Seeing More Drug Ads on TV?," *The New York Times*, Dec. 24, 2017.

41 내가 여기서 취하는 접근법은 기호체계의 연구, 즉 기호학으로 형성된 것이다. 이런 접근법은 상징적인 완전체로서의 광고와 거기에 내포된 함축적인 의사소통 수준에 분석의 초점을 맞춘다. 광고 작업에 대해서는 다음의 자료를 참고하라. Judith Williamson, *Decoding Advertisements: Ideology and Meaning in Advertising*(Marion Boyars, 1978) and Stuart Ewen, *All Consuming Images*(Basic Books, 1990).

42 이 광고는 미국 일요지《퍼레이드*Parade*》 2015년 12월 20일자 11-12면에 게재되었다.

43 Joseph Dumit, *Drugs for Life*, pp.58-63.

44 Jean Grow et al., "Your Life is Waiting!."; Nikolas Rose, *The Politics of Life Itself*, pp.25-27.

45 이에 대한 좀 더 명확한 설명은 다음의 자료를 참조하라. Jeffrey Stepnisky, "Narrative Magic and the Construction of Selfhood in Antidepressant Advertising," *Bulletin of Science, Technology & Society*, Feb. 2007.

46 광고가 의미를 창조하려면 관객인 우리가 참여해야 한다. 우리는 지시 대상을 이해하고 불특정하지만 필요한 기표 교환을 완료해야 한다. 교환은 그것이 이루어졌을 때 생겨나는 우리의 마음의 산물이며, 단순히 쓰이거나 보이는 것에 대한 인식이 아니다. 우리는 광고에 역동성을 부여하고 독자(시청자)의 즐거움과 식별을 유도하는 상상력이 풍부한 참여인 '해독'을 통해 광고의 의미를 창조한다. Judith Williamson, *Decoding Advertisements*.

47 의학 저널에 실린 처방약 광고는 종종 소비자 직접광고 캠페인과 상호 보완적으로 연계되거나 소비자 직접광고와 매우 유사한 용어로 환자의 범주를 묘사한다. 이런 광고에서 이미지는 다른 사람들과 공통적인 형태의 괴로움을 인식하고 그들을 위해 더 나은 미래를 상상하는 방향으로 향한다.

48 온라인과 소셜미디어에 환자 포럼이 있는데 몇몇 사람들은 그것을 중요하게 여겼으나 그런 포럼을 직접 언급한 것은 한 사람뿐이었다. 그는 한때 성인 ADHD 사이트에서 몇 가지 이야기를 찾아 읽었으나 자신이 참여한 적은 없다고 했다.

49 여기에는 어릴 때 전문가를 처음 만난 여덟 명의 참가자가 포함되었는데, 이때는 부모가 명백하게 관여하고 있었다.

50 더 알아보려면 다음의 자료를 참조하라. Allan Horwitz, *Social Control of Mental Illness*(Academic Pr, 1982), 3장.

51 이와 관련해서는 다음의 자료를 참고하라. Erving Goffman, *Presentation of Self in Everyday Life*(Overlook Books, 1974), 2장.

52 전문가들은 임상 범주에 부여되는 의미를 통제할 수 없는 반면 기술적 개입 절차를 통제하게 된다. Monica Greco, "Thinking beyond polemics," *Hauptbeiträge*, Sep. 2009.

53 어빙 고프먼은 이런 사람들의 노력을 '페이스워크facework(이미지관리)'라고 명명했다. 이는 공인된 사회적 속성을 반영하고, 타인과 자기 자신에 대해 원하는 평가를 유지하고, 일관된 이미지를 제시하려는 노력이다. 페이스워크에 대해서는 다음의 자료를 참고하라. 어빙 고프먼, 『상호작용 의례』(아카넷, 2013년). 의미를 부여하기 위한 이런 노력은 인터뷰 과정에서 일어났으며, 부분적으로 인터뷰 진행자에 대한 인상과 관련이 있었다. 우리는 평가 의견을 드러내거나 사회적 만족을 나타내지 않기 위해 최선을 다했지만, 그런 역동성을 피할 수는 없었다. 그러나 참가자들의 이야기가 보여주듯이, 그들은 자신들의 경험을 구성하고 결정의 순간을 잠재적으로 위험한 것으로 인식하는 언어를 의식적이고 의도적으로 통제했다.

4장

1 환자로서의 역할에 대해서는 다음의 자료를 참조하라. Talcott Parsons et al., *The Social System*(Quid Pro, LLC, 2012).

2 Shannon Brownlee, "Mysteries of the Mind," *The Washington Post*, October 3, 2004

3 어빙 고프먼, 『스티그마』.

4 Tanya Luhrmann, *Of Two Minds*, p.8.

5 David Karp, *Is It Me or My Meds?*, p.223.

6 Mary Douglas, *Purity and Danger: An Analysis of the Concepts of*

Pollution and Taboo(Ark Paperbacks, 1984).

7 낙인찍기 반대 운동은 정신질환에 대한 정신의학적 정의를 따르기 때문에 내가 일상적 고통이라고 부르는 것의 많은 부분을 다룬다.

8 Elaine Cumming et al., "Mental Health Education in A Canadian Community," *Sociological Practice*, Vol.8, Issue 1, Jan. 1990, p.96.

9 Elaine Cumming et al., *Closed Ranks: An Experiment in Mental Health Education*(Harvard University Press, 1957), p.88.

10 Elaine Cumming et al., "Mental Health Education in A Canadian Community," p.20.

11 Elaine Cumming et al., "Mental Health Education in A Canadian Community," p.99, pp.109-110.

12 Ibid. p.114.

13 Elaine Cumming et al., *Closed Ranks*, p.101, p.21, pp.136-136.

14 1961년, 정신질환과 건강에 관한 합동위원회는 「정신 건강을 위한 행동」 보고서(2장에서 언급했다)에서 같은 주장을 했다. 그들은 "정신이 아픈 사람은… 몸이 아픈 사람과 똑같이 아프다"는 정신의학의 기본 교리에 대중이 귀를 틀어막았다며 한탄했다. 또한 위원회는 이 교리가 과학적 진실일 뿐만 아니라 정신질환에 대한 부정적인 태도를 극복하고 '인간적이고 치유적인 치료'를 전파하는 데 결정적 역할을 했다고 단언했다.

15 다음과 같은 자료를 참조하라. Colby Itkowitz, "Unwell and unashamed: The stigma of mental illness is under attack by sufferers, who are coming out publicly and defiantly," *The Washington Post*, June 2, 2016.

16 다음의 자료에서 인용했다. T. R. Sarbin and J. C. Mancuso, "Failure of a moral enterprise," *Journal of Consulting and Clinical Psychology*, 35(2), 1970, p.159.

17 전미정신질환연합 웹사이트에서 "정신질환에 관하여"를 참조하라. https://www.nami.org/About-Mental-Illness.

18 다음 웹사이트를 참조하라. https://bringchange2mind.org/learn/.

19 미국 보건복지부, 「정신 건강」, 9쪽. 일부에서는 이런 맥락에서 사용되는 '아픔illness'이나 '질병disease'과 같은 용어가 반드시 생물학적 원인을 암시하는 것은 아니라고 주장했지만, 다른 질병과 같다는 기본 교리가 어떻게 인간적인 태도로 이어지는지에 대한 논리는 정확히 그런 암시에 근거한다. 다음의 자료를 참조하라. John Read, "Why Promoting Biological Ideology Increases Prejudice against people labelled "schizophrenic," *Australian Psychologist*, Volume 42, 2007-Issue 2, p.118.

20 Nicolas Rüsch et al., "Biogenetic models of psychopathology, implicit guilt, and mental illness stigma," *Psychiatry Res*, 179(3), Oct. 2010, p.328.

21 다음 웹사이트를 참조하라. https://bringchange2mind.org/learn/.

22 G. Schomerus et a:., "Evolution of public attitudes about mental illness," p.441.

23 Carl D'Arcy and Joan Brockman, "Changing Public Recognition of Psychiatric Symptoms? Blackfoot Revisited," *Journal of Health and Social Behavior*, Vol.17, no.3 Sep. 1976.

24 Howard Goldman, "Progress in the Elimination of the Stigma of Mental Illness," *Am J Psychiatry*, 167(11), Nov 2010.

25 Michael Rahav, "Public Images of the Mentally Ill in Israel." 다음의 자료에서 재인용되었다. John Read, "Why promoting biological ideology increases prejudice against people labelled 'schizophrenic'," p.119.

26 전문가들의 의견은 다음의 자료들을 참조하라. Heather Stuart et al., "Community Attitudes toward People with Schizophrenia."; Alison Gray, "Stigma in Psychiatry."; John Read, "Why promoting biological ideology increases prejudice against people labelled 'schizophrenic'," p.123. 10년 동안 소비자 직접광고가 낙인찍기에 미친 영향에 관한 시계열 연구에 따르면, 응답자들은 의사들과 대화하고 주요우울증 증상에 대해 약물을 복용하는 것을 점점 더 지지하고 있다. 이는 이런 장애에 대해 그들이 의료적 관점을 취하고 있다는 증거다. 그러나 이런 의료화에 대한 개방

성은 '조현병이나 우울증을 앓는 사람들의 정형화된 견해'에는 아무런 영향을 미치지 않았다. 따라서 이런 조사 결과는 의료화가 낙인찍기를 줄인다는 일반적 가정을 뒷받침하는 증거를 제공하지 못한다고 연구자들은 결론지었다. Andrew Payton et al., "Medicalization, Direct-to-Consumer Advertising, and Mental Illness Stigma," p.62, p.55.

27 당연히 제약업계는 이런 캠페인의 상당수와 이를 후원하는 환자 옹호 단체를 지원했다. 예를 들어 다음의 자료를 참조하라. Ray Moynihan and Alan Cassels, *Selling Sickness*.

28 예를 들어 다음의 자료들을 참조하라. Benjamin Goldstein and Francine Rosselli, "Etiological Paradigms of Depression."; Matthew Lebowitz, "Biological Conceptualizations of Mental Disorders among Affected Individuals."; Matthew Lebowitz et al., "Biological Explanations of Generalized Anxiety Disorder," *Psychiatr Serv*, 65(4), Apr. 2014; Bernice Pescosolido et al., "'A Disease Like Any Other?' A decade of change in public reactions to schizophrenia, depression, and alcohol dependence."; John Read, "Why promoting biological ideology increases prejudice against people labelled 'schizophrenic.'; John Read et al., *Models of Madness: Psychological, Social and Biological Approaches to Psychosis*(Routledge, 2013). 1999년 미국 보건총감국 보고서는 이렇게 분석하고 있다. "정신질환에 대한 지식이 늘어나면 낙인찍기 현상이 줄어들 것으로 예상되었지만, 실상은 이와 정반대의 현상이 발생했다. 정신질환에 대한 이해가 향상되었음에도 지난 40년 동안 어떤 면에서는 낙인찍기 현상이 심화되었다." 미국 보건복지부, 「정신 건강」, 8쪽.

29 낙인찍기 반대 운동 옹호론자들의 견해에 따르면, 일반인의 무지는 여전히 문제로 남아 있다. 사람들은 마침내 뇌의 문제라고 이해했지만, 지금은 그것으로부터 '본질적' 결론을 잘못 이끌어내고 있다. 이런 해석에서 일반 대중은 뇌의 기능 이상을 비정상적인 감정과 행동을 유발하는 생물학적 구성에 변경할 수 없는 결함이 있다는 뜻으로 해석했으며, 이런 결함을 질병이 있는 사람과 없는 사람 사이의 범주적 차이를 나타내는 것으로 오인해왔다.

이런 잘못된 생각으로부터 사람들은 '본질적' 정체성, '특이함' 그리고 고통받는 사람들의 제어하기 힘든 특성에 대해 여러 가지 근거 없고 신빙성 없는 결론을 도출하고 사회적 거리를 유지하고자 했다. 예를 들어 다음의 자료를 참조하라. Matthew Lebowitz et al., "Biological Explanations of Generalized Anxiety Disorder."

30 예를 들어 다음의 자료를 참조하라. Sheila Mehta et al., "Is being 'sick' really better? Effect of the disease view of mental disorder on stigma," *Journal of Social and Clinical Psychology*, 16(4), 1997.

31 이런 절충안은 사회학자 데이비드 카프와 인터뷰한 약물치료를 받는 한 남성의 이야기에 잘 포착되어 있다. "당신은 개인의 정체성에 대해 말하는군요. 좋은 소식은 그것이 생물학적인 것이고 (그리고) 제 잘못이 아니라는 겁니다. 나쁜 소식은 제가 인생의 길을 가는 승객일 뿐이고 누가 저를 어디로, 어떤 목적지로 데려다주는지 전혀 알 수 없기 때문에 생물학적이라는 말입니다."[David Karp, Is It Me or My Meds?, p.104.] 주목할 점은 일반 대중과 환자를 대상으로 한 조사에서 어떤 단순한 방식으로도 책임을 저버리지 않는 정신적 고통에 대한 정신사회적 표현은 질병 표현과는 달리, 낙인찍기 감소와 상관관계가 있다는 것이다. 예를 들어 다음의 자료를 참고하라. Sheila Mehta et al., "Is being 'sick' really better? Effect of the disease view of mental disorder on stigma."; 다음의 자료에 열거된 연구들도 참고하라. John Read, "Why promoting biological ideology increases prejudice against people labelled 'schizophrenic'," p.123.

32 일반 대중을 대상으로 한 전국 단위 조사에 따르면, '나쁜 성격'과 부도덕은 정신 건강 문제에서 가장 덜 입증된 원인들 가운데 일부다. 예를 들어 다음의 자료를 참조하라. B.G. Link et al., "Public Conceptions of Mental Illness," *Am J Public Health*, 89(9), Sep. 1999.

33 어빙 고프먼, 『스티그마』.

34 사실 나는 의료적 설명을 채택한 사람들에게 개인적인 잘못이 수사학적으로 더 두드러졌다고 말하는 편이 옳다고 생각한다. 이런 특징은 역설적으로 더 활성화된 낙인찍기 반대 운동과 의학적 담론이 잘못의 핵심적인 역할

을 했음을 나타낼 수 있으며, 의료적 이해가 의미하는 바가 고통받는 사람이 책임지지 않는다는 주장의 핵심적인 논점을 제공할 수 있다. 바꿔 말하면 전문적 수사학이 '민간의' 정신사회적 설명이 메우지 못하는 개인적 책임에 대한 우려를 낳거나 고조시킬 수 있다는 것이다. 이와 비슷한 논점에 대해서는 다음의 자료를 참조하라. Joseph Schneider and Peter Conrad, "In the Closet with Illness," *Social Problems*, Volume 28, Issue 1, Oct. 1980.

35 '불안정한 기분'으로 고통받는 사람들에 관한 연구에 따르면, 일부 참가자들이 공식적인 진단을 받았을 때 충격 혹은 두려움을 나타냈지만, 대체로 진단은 많은 사람들에게 도움이 되었고 증상에 대한 의미 있는 설명을 제공했다. 또한 많은 참가자들은 진단을 받으면서 자신들의 문제에 대한 과도한 책임감에서 벗어날 수 있게 되었다고 했다. Amy Bilderbeck et al., "Psychiatric Assessment of Mood Instability," *Br J Psychiatry*, 204(3), Mar. 2014, p.237; Rita Schreiber and Gwen Hartrick, "Keeping It Together."

36 Nick Haslam, "Folk Psychiatry," p.622.

37 Jeff Coulter, "Beliefs and practical understanding," p.165. 맥락상 사회학자 제프 콜터는 의료 모델이 아니라 대중의 신념이 일반적으로 거짓으로 간주되는 사회학의 지배적인 압박에 관해 얘기하고 있다.

38 Eric Cassell, *The Nature of Suffering and the Goals of Medicine*(Oxford University Press, 2004).

39 단지 한 명 혹은 두 명의 참가자만이 은닉 행위 자체가 고통스러웠음을 시사했다.

40 사회학자 그레이엄 스캠블러와 앤서니 홉킨스는 자주 인용되는 한 연구에서, 그들이 인터뷰한 간질병 환자들 중 극히 소수만이 자신들에 대한 낙인이나 차별의 경험을 떠올릴 수 있다는 점을 발견했다. 이를 통해 연구자들은 받아들일 수 없거나 열등감을 이유로 다른 사람들이 직접적으로 차별하는 '실재적인 낙인'과 스스로가 정의한 낙인에 대한 두려움과 그 상태와 관련된 수치심이라 할 수 있는 '의식적인 낙인'을 구분하게 되었다[Graham

Scambler and Anthony Hopkins, "Being Epileptic: Coming to Terms with Stigma," *Sociology of Health and Illness*, Mar. 1986. p.33]. 이런 구분은 『스티그마』에서 어빙 고프먼이 정교하게 기술한, '불신'(원치 않는 차이점이 알려지거나 분명하게 드러남)과 '불명예'(원치 않는 차이점이 알려지지 않았거나 곧 알려질 듯하지만 밝혀지면 잠재적으로 신용이 떨어질 수 있음) 사이에 낙인찍힌 개인의 경험에서 초기의 구분을 기반으로 한다.

41 1장에서 설명했듯이, 많은 아프리카계 미국인들이 아프리카계 미국인 사회에 팽배한 정신질환에 대한 낙인을 언급했다. 예를 들어 소매업에 종사하면서 재즈 가수로 활동하는 서른 살의 엘라는 흑인들 사이에서 우울증은 '백인들만이 얻는 것'이거나 '당신이 잘못 살고 있다'는 신호로 인식된다고 느꼈다. 이런 이유로 그는 자신의 우울증 진단을 '필요한 경우에만 알려주는 방식'으로 아주 가까운 소수의 사람들 이외에는 그 누구에게도 알리지 않았다.

42 철학자 존 오스틴은 저서 『어떻게 말로 표현할 것인가*How to Do Things with Words*』에서 그가 '수행적'이라 부르는 화법의 범주를 정의했다. 오스틴은 무언가를 묘사하거나 보고하거나 단순히 말하는 발언과 달리, '수행적 발언'은 함으로써 그 자체가 사실이 되는 것이라 주장했다. 그것은 일종의 행동이다. 그는 결혼식에서 승낙의 의미로 '예(I do)'라고 말하거나, 진수할 때 병에 화살을 힘껏 던지면서 배의 이름을 외치는 예를 제시했다. 이런 단어들은 약속이나 명명을 '수행'하고, 그것을 실현시킨다. 많은 참가자들은 자신들의 약점이나 실패를 인정하는 것이 이런 수행적 성격을 가지고 있다고 우려하는 눈치였다.

43 David Karp, *Speaking of Sadness*, pp.72-73, p.31.

44 엄밀히 말해 DSM 자체는 정신장애를 생물학적 혹은 신경생물학적 기능장애로 제한하지 않는다(DSM-IV-TR, xxxi). 그러나 우리가 살펴본 것처럼, 낙인찍기 반대 운동과 같은 많은 대중적 담론에서는 신체적 원인이 추정되었다. 대부분의 참가자들도 그렇게 생각했다.

45 당뇨와 마찬가지로 그런 비유의 또 다른 결함을 암시한다.

46 여기에는 공식적으로 진단을 받지 않았거나, 심리학자에게 공식적으로 진

단을 받고 심리치료 세션에 참석했기 때문에 범주를 선택했지만 약물을 복용하지 않은 소수의 사람들이 포함되었다.

47 처방전 없이 각성제를 복용하는 것에 대해서는 다음의 자료들을 참조하라. Alan DeSantis and Audrey Hane, "'Adderall Is Definitely Not a Drug'," *Subst Use Misuse*, 45(1-2), 2010; Garnier-Dykstra et al., "Nonmedical Use of Prescription Stimulants,"; Sean Esteban McCabe et al., "Trends in Medical Use, Diversion and Nonmedical Use," *Addict Behav*, 39(7), Jul. 2014.

48 몇몇 참가자들은 처방전 없이 약을 복용하고 있었지만, 나중에 처방전을 받았다. 인터뷰 당시 단 한 명의 참가자만 처방전 없이 정기적으로 약을 복용하고 있었다. 대학 졸업반인 카일은 대학 생활 내내 과제 마감일과 시험 기간이면 친구들에게 각성제를 얻어 복용했다. 그는 자신이 주의력결핍장애 진단을 받지 않았기 때문에 약물복용으로 부당한 이득을 얻은 것은 아니라고 봤다.

5장

1 어빙 고프먼 등을 따라서 나는 여기서 규범의 개념을 인식 가능한 행동 지침에 대한 표준 사회학적 의미보다 더 광범위하게 사용하고 있다.

2 철학자 조르주 캉길렘에 따르면, 정상과 비정상은 항상 짝을 이루고 상호 관계를 맺으며 구성된다. 그러나 "비정상은 정상의 정의 다음에 오고, 서로 논리적 부정이다"고 해도 사실 실존적으로 비정상이 먼저 온다. 사회학자 니컬러스 로즈는 역사적인 맥락에서 이와 비슷한 주장을 한다. "그 사람의 어휘와 화술은 대체로 정상적인 개인, 정상적인 성격, 정상적인 인격, 정상적인 지능에 대한 성찰의 분야에서 등장하지 않았다. 오히려 정상에 대한 개념 자체가 귀찮거나 위험한 것으로 여겨지는 행위, 생각, 표현에 대한 걱정에서 생겨났다." Georges Canguilhem, *On the Normal and the Pathological*(Springer, 1978), p.149; Nikolas Rose, *Inventing Our Selves: Psychology, Power, and Personhood*(Cambridge University Press, 2010), p.26. 정상이 고안된 역사에 대해서는 다음의 자료를 참조하라. Ian Hacking, *The Taming of Chance*(Cambridge University Press, 1990).

3   우리는 여기서 어떤 사회적 규범이 우리의 본성 때문에 가치 있는지, 인간
    으로서 우리가 어떤 사람인지, 혹은 단지 특정한 우리 사회의 관습이기 때
    문에 가치 있는지에 대한 질문은 제쳐둘 수 있다. 자연적, 문화적 긴장감에
    대한 자세한 설명은 다음의 자료를 참조하라. Andrew Sayer, *Why Things
    Matter to People*.

4   Margaret Archer, *Being Human*, p.218.

5   Ibid, p.217.

6   일반적인 의미에서 이런 모호성은 사람들이 반사적으로 알고 있는 것, 즉
    행동과 신념의 논리, 상황에 따라 형성되는 방식과 그들이 접근할 수 없는
    것 사이의 긴장을 반영하는 사회생활의 일반적인 특징이다. 다음의 자료를
    참조하라. Anthony Giddens, *Central Problems in Social Theory: Action,
    Structure, and Contradiction in Social Analysis*(University of California
    Press, 1979), p.144.

7   사회적 정서는 자기 가치와 규범적 질서에 대한 개인적 정의의 결합에서 발
    생한다. 이 점을 고려할 때, 망상을 제외하고 사람들이 어떤 감정을 가졌는
    지를 식별하는 것은 선에 대한 개인적 의미를 조명할 뿐만 아니라 작동하는
    사회적 규범도 지적할 수 있다는 것이다(혹은 나는 그렇게 제안한다). 나는 이
    런 주장을 다음의 자료에서 더 자세히 풀어낸다. Joseph Davis, "Emotions
    as Commentaries on Cultural Norms," *The Emotions and Cultural
    Analysis*, 2012.

8   Mary Douglas, *Purity and Danger*, p.109.

9   물론 우리는 우리에게 좋은 것이 무엇인지 확신할 수 없으며, 우리 자신에
    게 규범을 잘못 적용해 그릇되거나 부당한 평가와 비교를 할 수 있다. 우리
    의 감정은 상황에 대한 이해와 상충할 수 있으며, 우리가 경험하고 있는 감
    정을 명명하지 못할 수도 있다. 롭과 같은 참가자들의 이야기들은 확실히
    이런 가능성을 제기한다. 내가 여기에 쓰는 어떤 것도 달리 제안할 수 없다.

10 어빙 고프먼에 따르면, 존재의 규범은 "미국의 공통 가치 체계에 대해 말할
    수 있는 하나의 감각"을 이룰 수 있다. 그러면서 그는 다음과 같은 중요한
    관찰을 덧붙인다. "사회의 일반적인 정체성 가치는 어디에도 완전히 정착되

어 있지 않을 수도 있다. 하지만 그것은 일상생활의 모든 곳에서 마주치는 만남에 일종의 그림자를 드리울 수 있다." 어빙 고프먼, 『스티그마』.

11 찰스 테일러에 따르면, 우리는 우리의 환경을 중립적인 공간으로 본다. 즉 "그 안에서 우리가 스스로 결정한 목적에 영향을 줄 수 있다". Charles Taylor, *Human Agency and Language: Philosophical Papers*(Cambridge UP, 1986), p.4. 아이리스 머독은 이렇게 쓰고 있다. "의지가 완전히 자유로 워지기 위해서는 그것이 움직이는 세상은 규범적 특성이 결여되어야 한다. 그래야 도덕성이 전적으로 순수한 선택의 신호 안에 존재할 수 있다." 아이리스 머독, 『선의 군림』.

12 아이리스 머독, 『선의 군림』.

13 Michael Foucault, *On the Genealogy of Ethics: An Overview of Work in Progress*(Penguin, 1991), pp.110-111.

14 Anthony Giddens, *Modernity and Self-Identity: Self and Society in the Late Modern Age*(Polity, 2013), pp.88-98.

15 역사학자 피터 스턴스는 1950년대부터 시작된 공식적인 지지자 집단의 부상은 더 이상 친구나 가족과 나눌 수 없는 감정을 (낯선 사람들과) 나누는 방법 중 일부였다고 이론화한다. 개별적인 심리치료에 대해서도 마찬가지다. 스턴스는 이렇게 쓰고 있다. "미국 중산층에서 심리치료의 부상은 여러 가지 요인에서 비롯되었지만, 전통적인 상담자가 줄여들면서 들어줄 사람을 찾아야 하는 필요성에 힘입은 바가 컸다." Peter Stearns, *American Cool: Constructing a Twentieth-Century Emotional Style*(NYU Press, 1994), p.250.

16 Arlie Hochschild, "Emotion Work, Feeling Rules, and Social Structure," *American Journal of Sociology*, Volume 85, Number 3, Nov. 1979.

17 사회학자 에바 일루즈는 대중문화에 발을 들여놓기 전에, 정서적 능력의 기본 사상이 1920년대 이후 직장 관리와 기타 문제 해결 맥락의 특징이었다고 말한다. Eva Illouz, *Saving the Modern Soul: Therapy, Emotions, and the Culture of Self-Help*(University of California Press, 2008), 3장과 6장.

18 대니얼 골먼, 『EQ 감성지능』(웅진지식하우스, 2008년).

19 Isaiah Berlin, *Four Essays on Liberty*(Oxford University Press, 1990), pp.122-131.

20 자유주의 정치 이론에서 이와 같은 점에 대한 논의는 다음을 참조하라. 마이클 샌델, 『정의의 한계』(멜론, 2012년).

21 스펜서 존슨, 『누가 내 치즈를 옮겼을까?』(진명출판사, 2015년). 판매량은 다음의 자료에서 가져왔다. Richard Sandomir, "Spencer Johnson, 78, Author of Pithy Best-Sellers," *The New York Times*, July, 2017, D6.

22 또 다른 참가자인 쉰 살의 필은 이런 자율성에 관한 견해를 간결하게 제시한다. 그는 이렇게 말한다. "저는 당신이 어떤 특정한 이상에 부응할 필요가 없다고 생각합니다. 그게 요점이에요. 당신이 자신의 이상을 정의할 수 있어야 한다고 생각해요. 그래서 저는 이것저것 하라는 사회적 압박이 큰 것 같지는 않습니다."

23 나는 자율성의 규범을 자기 자신을 향상시켜야 한다는 명령을 포함하는 올바른 질서의 다른 개념과 구별하기 위해 여기에 '자신을 위해'를 추가했다. 하지만 그 목적은 자신보다 앞서고 독립적인 사물의 계획(신의 뜻, 사회적 연대 등)에 자신을 더 안전하게 묶는 것이다.

24 여기서 규모의 개념은 '크기'와 '가치' 혹은 '대단함'과 '소소함'의 측면에서 사람의 순위를 매긴 사회학자 뤽 볼탄스키의 척도를 적용한 것이다. 이런 자질들은 사람 안에 내재된 것이 아니라 다른 방식으로 생성된다. Luc Boltanski, *Love and Justice as Competences*(Polity, 2012), 1장; Luc Boltanski, *Distant Suffering*(Cambridge University Press, 2008).

25 4장에서 언급했듯이, 의료적 치료에 참여하지 않는 사람들은 자신들의 한계에 저항하기보다는 수용할 가능성이 더 컸다.

26 대학생들에게 좋은 약과 나쁜 약의 차이는 다음의 자료를 참조하라. Alan DeSantis and Audrey Hane, "Adderall Is Definitely Not a Drug." 각성제의 약물 효과를 평가하는 과정에서 작용하는 감정의 역할에 대해서는 다음의 자료를 참조하라. Scott Vrecko, "Just How Cognitive Is 'Cognitive Enhancement'?"

27 Carl Rogers, *On Becoming a Person: A Therapist's View of Psychotherapy.* 다음의 책에서 인용했다. Eva Illouz, *Saving the Modern Soul.* 매슬로우에 관한 자료도 에바 일루즈의 책에서 인용했다.

28 이런 발전은 1952년에 초판이 출간된 노먼 빈센트 필의『긍정적 사고방식』(세종서적, 1997년)과 같은 이전의 긍정적 사고로부터의 변화를 나타낸다. 필에게 자기 최적화라는 개념은 자기 자신에 뿌리를 두지 않고 '신의 왕국이 당신 안에 있다'는 확언으로서 신에게 의존하는 것이다.

29 예를 들어 다음의 자료를 참조하라. Paul du Gay, "Against 'Enterprise'," *Organization*, 11(1), Jan. 2004. 브랜드라는 개념에 따라 자신을 모델링하는 사람에 대한 내용은 다음의 자료를 참조하라. Joseph Davis, "The Commodification of Self," *The Hedgehog Review*, Volume 5, Issue 2.

30 Nikolas Rose, *Inventing Our Selves*, p.154. 좀 더 자세한 정보는 다음의 자료를 참조하라. 리처드 세넷의『뉴캐피털리즘』(위즈덤하우스, 2009년); Paul du Gay, "Against 'Enterprise'."

31 Hartmut Rosa, *Social Acceleration: A New Theory of Modernity* (Columbia University Press, 2013), p.181.

32 앞의 책, 182쪽. 그는 이런 의미의 문화적 패턴과 주관적 행동 지향의 원동력에 비추어볼 때, "경제 자본주의 조직은 가속이라는 이념의 원인이 아니라 그 도구로 나타나는 것"이라고 설파한다.

33 Monica Greco, "Psychosomatic Subjects and the 'Duty to Be Well'." 한 경영심리학자가《워싱턴포스트》에서 자기 자신과 기업 규범의 연관성을 논한 적이 있다. Douglas LaBier, "You've Gotta Think Like Google," *The Washington Post*, Nov. 11, 2008. 그는 "인터넷 기업 구글이 사람이라면, 심리적으로 건강한 성인의 모델이 될 것"이라고 썼다. 그러고는 이렇게 덧붙였다. "기업 문화와 경영 관행은 끊임없이 변화하는 환경에서 명확한 목표를 위해 공격적으로 경쟁하는 것을 목표로 하는 협력, 협업, 비방어성, 비공식성, 창의적인 사고방식, 유연성 그리고 민첩성에 달려 있다."

34 작가 파스칼 브루크너의 다음과 같은 책 제목은 매우 비논리적으로 보인다. *Perpetual Euphoria: On the Duty to Be Happy*(Princeton University Press,

2010).

35 저서 『프로작에 귀 기울이기』에서 피터 크레이머는 추진력과 낙관적인 규
범과 진취적인 자아 사이의 연관성에 대해 묘사한다. 그는 정신과 의사들이
말하는 '기분고양'이 되는 방식을 관찰한다. '가슴샘항진증'에 걸린 사람을
구별하는 것은 사업에서 자산이 될 수 있는 자질인 "낙관적이고, 결단력 있
고, 생각이 빠르고, 카리스마가 있고, 활력이 있고, 자신감이 있다"는 특성이
라 말한다.

36 US Department of Health and Human Services, *Mental Health*, p.5.

37 더 알아보려면 다음의 자료를 참조하라. 바바라 크룩섕크, 『시민을 발명해
야 한다』(갈무리, 2014년).

38 Glenn Schiraldi, *The Self- Esteem Workbook*(New Harbinger Publications,
2016).

39 예를 들어 다음의 자료를 참조하라. Diane Hoffman, "Raising the Awe-
some Child," *The Hedgehog Review*, vol.15, no.3, 2013.

40 모든 유형의 대표 매체에서 이루어지는 입바른 소리에 대한 멋진 논의를 보
려면 다음의 자료들을 참조하라. Thomas de Zengotita, *Mediated: How
the Media Shapes Your World and the Way You Live in It*(Bloomsbury
USA, 2006).

41 예를 들어 다음의 자료들을 참조하라. Carl Rogers, On Becoming a
Person; Philip Rieff, *Triumph of the Therapeutic: Uses of Faith after
Freud*(Intercollegiate Studies Institute, 2006); Eva Illouz, *Saving the
Modern Soul*.

42 Anthony Giddens, "Living in a Post-Traditional Society," *Sociology*,
1994, p.75; Nikolas Rose, *Inventing Our Selves*, pp.100-117.

43 예를 들어 다음의 자료를 참조하라. Lionel Trilling, *Sincerity and Authen-
ticity*; Charles Taylor, *Sources of the Self*; Charles Taylor, *The Ethics of
Authenticity*(Harvard University Press, 2018); Norbert Elias, *The Civilizing
Process: Sociogenetic and Psychogenetic In vestigations*(Blackwell
Publishing, 2000); Philip Rieff, *Triumph of the Therapeutic*.

44 철학자 찰스 귀농은 현대사회에서 '진실성'에 대한 다른 인식을 제안한다. "우리의 현대적인 사고방식에서는 자신보다 더 위대한 어떤 것에 도달하기 위해 내면으로 돌아가지 않는다. 반대로 일상적으로 보이지 않고 미개척된 의미와 목적의 자원을 발견하는 것은 가장 내면의 자아 안이기 때문에 내면으로 돌아가게 된다." Charles Guignon, *On Being Authentic*(Routledge, 2004), pp.82-83.

45 Daniel Bell, *Cultural Contradictions of Capitalism*(Basic Books, 1996), p.19.

46 Charles Guignon, *On Being Authentic*, p.6.

47 찰스 테일러는 이런 맥락에서 "진정성은 자아를 초월하여 나오는 욕구의 적이 아니라 그런 욕구를 만들어내는 것"이라 주장한다. 그의 가능성 목록에는 인간에게 결정적으로 중요한 "자연의 욕구, 혹은 동료 인간의 필요, 혹은 시민의 의무, 혹은 신의 부름, 혹은 이 질서의 다른 것"이 포함되어 있다. 의미의 지평에 대한 정의를 제외하고 '나 자신에게서 발견되는 것'을 통해서만 구축된 진정성은 보잘것없을 것이다. Charles Taylor, *Ethics of Authenticity*, pp.40-41.

48 Robert Spaemann et al., *Persons: The Difference between 'Someone' and 'Something'*(Oxford University Press, 2017), p.93.

6장

1 Charles Guignon, *On Being Authentic*, p.82.

2 이제까지 우리가 살펴본 것처럼, 심리학적 관점을 가진 많은 사람들은 힘겨운 싸움에 중점을 두었다. 대다수의 사람들이 '통제력 회복'을 강조했지만(통제력은 독립성을 의미했다), 그들은 학습과 대처의 언어로 지금 당장은 개선을 표현했다. 그러나 그들은 과거의 개인적인 경험을 탐구할 필요성에 대해서는 거의 언급하지 않았다.

3 의료적 관점을 가진 몇몇 참가자들은 약을 복용하지 않았다. 나는 여기서 약을 복용했던 사람들만을 고려하고 있다.

4 그러나 참가자의 경험과 당뇨와 같은 질병 치료 사이에는 또 다른 차이점이

있다.

5   예를 들어 다음의 자료를 참조하라. Joseph Deferio et al., "Using Elect-
ronic Health Records to Characterize Prescription Patterns," JAMIA
Open, 1(2), Oct. 2018.

6   이런 관행은 내가 앞서 언급한 '표적증상 접근법' 혹은 유행병학자 줄리 지
토가 말하는 '특이증상 치료법symptom-specific treatment'의 한 예로, 주로 진단
을 위한 약물의 특이성이 아니라 증상의 억제에 초점을 맞춘다. 이런 치료
방식은 특히 정신 건강 문제를 치료하기 위해 약을 복용하는 어린이들에게
가장 많이 사용되는 접근법인 다중약물요법과 FDA 승인 없이 처방된 약
물을 포함하는 동시치료법concomitant therapy에서 두드러지게 나타난다. Julie
Magno Zito, "Pharmacoepidemiology," *J Clin Psychiatry*, 68(6), Jun.
2007, p.966.

7   예를 들어 다음의 자료들을 참조하라. Henry Lennard et al., *Mystification
and Drug Misuse*(Perennial Library, 1972); Richard DeGrandpre, *The
Cult of Pharmacology: How America Became the World's Most Troubled
Drug Culture*(Duke University Press Books, 2010), 여기에는 코카인과 같이
약효가 강력하고 속효성 약물에 대한 위약 반응 연구에 대한 논의와 마리
화나를 사용하는 학습 과정을 개략적으로 설명한 사회학자 하워드 베커의
유명한 글도 포함된다. Howard Becker, "Becoming a Marihuana User,"
The American Journal of Sociology, Vol.59, no.3, Nov. 1953.

8   Toshi Furukawa et al., "Placebo Response Rates in Antidepressant
Trials," *Lancet Psychiatry*, 3(11), Nov. 2016. 그들은 위약 반응을 기준치
에 비해 우울증 심각도 지수가 50퍼센트 이상 감소된 것으로 정의했다.

9   예를 들어 다음의 자료를 참조하라. Damien Finniss et al., "Biological,
Clinical, and Ethical Advances of Placebo Effects," *The Lancet*, Feb.
2010.

10   2009년에 실시된 흥미로운 연구 조사에서 위약 효과가 ADHD로 약물치
료를 받는 취학 연령 어린이의 행동이나 인지에 영향을 미치는지 살펴봤
다. 그 결과 연구자들은 위약 효과가 영향을 미친다는 증거를 거의 발견

하지 못했다. 그러나 "ADHD에 걸린 어린이를 평가하는 성인들에게 위약 효과가 나타날 수 있다는 증거를 발견했다. 부모와 교사는 ADHD에 걸린 어린이가 각성제를 복용했다고 믿을 때 어린이를 더 긍정적으로 평가하는 경향이 있으며, 실제로 약을 복용하지 않았더라도 약물에 긍정적인 변화를 부여하는 경향이 있었다." Daniel Waschbusch et al., "Are There Placebo Effects in the Medication Treatment of Children with Attention-deficit Hyperactivity Disorder?," *J Dev Behav Pediatr*, 30(2), Apr. 2009.

11 항우울제에 대한 현대적 비판과 응수에 대한 자세한 내용은 다음을 참조하라. Peter Kramer, *Ordinarily Well: The Case for Antidepressants*(Farrar, Straus and Giroux, 2016).

12 이와 관련된 논의는 다음의 자료를 참조하라. Howard Becker, "History, Culture and Subjective Experience," *Journal of Health and Social Behavior*, Vol.8, no.3. Sep. 1967.

13 Victor Turner, *The Ritual Process*(Routledge, 1996), p.52.

14 의료적 관점과 약물복용을 받아들인 두 명의 참가자들은 거의 효과가 없다고 말했다. 그러나 그들은 약효가 떨어진다고 불평했던 5장의 롭처럼 마음이 바뀌진 않았다.

15 신경생물학적 문제, 특히 인터넷 시대에 그런 이야기를 들으면 환자들이 자신들의 문제 이면에 숨겨진 의학을 연구하고 이해하는 사업으로 연결될 것이라 예상할 수 있다. 참가자들은 뇌 문제에 대해 진부한 설명을 늘어놓으면서 더 잘할 수 없는 것에 대해 사과할 뿐, 그것이 어떤 식으로 중요하다거나 자신들이 더 다양한 지식을 추구할 것이라고 시사하지 않았다. 5장에서 언급했듯이, 참가자들이 연구에 대해 언급한 것은 특정 약물의 부작용에 대한 진단 범주와 정보였다.

16 이런 패턴은 다른 정성적인 연구에서도 발견되었다. 예를 들어 다음의 자료 등 항우울제에 대한 환자 경험을 다룬 연구를 참조하라. Alice Malpass et al., "'Medication Career' or 'Moral Career'?"

17 물론 당뇨병 치료를 위한 인슐린 주사와 같은 의료적 치료법으로도 불가능

하다.

18 예를 들어 다음의 자료를 참조하라. Alan DeSantis and Audrey Hane, "Adderall Is Definitely Not a Drug." 다음은 ADHD 치료 약물에 대한 소비자 직접광고의 주제다. 어느 애더럴 광고처럼 "지능에 맞는 학교 공부"라고 주장하면서, 한 소년이 시험에서 B+ 등급을 받고 기뻐하며 어머니와 힘차게 포옹하는 모습을 보여준다.

19 진단과 정신장애의 문제가 있었지만, 그는 '제3의 상태'라는 태도로 이런 우려를 떨쳐냈다.

20 프로작 이야기에 대한 논의는 다음의 자료를 참조하라. Jonathan Metzl, *Prozac on the Couch*, 5장.

21 여기서는 사회학자인 로버트 벨라의 의견을 살펴보는 것이 좋겠다. 그는 이렇게 쓰고 있다. "미국 개인주의의 정신은 철저한 사적인 검증 이외의 모든 기준을 버리는 과제를 추진하려는 의지가 그 어느 때보다 확고해 보인다." Robert Bellah, "The Quest for the Self," *Philosophy and Theology*, Volume 2, Issue 4, Summer 1988, p.372.

22 Karl Marx and Frederick Engels, "Manifesto of the Communist Party," p.476.

23 Zygmunt Bauman, *Liquid Modernity*(Polity, 2000), p.7.

24 Alain Ehrenberg, *The Weariness of the Self: Diagnosing the History of Depression in the Contemporary Age*(McGill-Queen's University Press, 2010), p.185, 사회학자 울리히 벡에 따르면, 자기 정의는 대체로 '주어진' 것에서 '생산된' 것으로 점진적으로 변형되었다. Ulrich Beck, *Risk Society: Towards a New Modernity*(SAGE Publications Ltd, 1992), pp.135-136.

25 Joseph Veroff et al., *The Inner American*, p.529.

26 Richard Sennett, *The Corrosion of Character: The Personal Consequences of Work in the New Capitalism*(W. W. Norton & Company, 2000), p.9.

27 Zygmunt Bauman, *Liquid Modernity*, p.126.

28 Zygmunt Bauman, *Liquid Times: Living in an Age of Uncertainty*(Polity,

2006), p.4.

29 Hartmut Rosa, *Social Acceleration*, p.117. 그는 또한 이렇게 지적한다. "의사결정 환경이 끊임없이 변화하면서 뒤처지는 문제가 악화되고 있다. 이 것은 미래에 잠재적 선택지 중 어떤 것이 적절하고 유익할 것인지를 예측하 기가 점점 더 어려워짐에 따라 갈수록 선택하는 것을 힘들게 만든다.

30 다음의 자료에서 인용했다. Barry Schwartz, "Tyranny of Choice," *Judgment and Decision Making*, Vol.7, no.6, Nov. 2012. p.48.

31 Ulrich Beck, *Risk Society*, p.135.

32 Anthony Giddens, *Modernity and Self- Identity*.

33 누락에 대해서는 다음의 자료를 참조하라. Hartmut Rosa, *Social Acceleration*, p184. 그는 현실적 가능성의 가속화된 실현을 허용하는 동일한 변 화들로 인해 실현 가능한 옵션의 수가 증가하기 때문에 '누락의 정도'가 계 속해서 확장되고 있으며, 종종 기하급수적으로 확장된다고 지적한다.

34 Ulrich Beck, *Risk Society*, p.136.

35 Thomas de Zengotita, *Mediated*.

36 데이비드 리스먼, 『고독한 군중』(을유문화사, 2011년).

37 Christopher Lasch, *The Minimal Self: Psychic Survival in Troubled Time*(W. W. Norton & Company, 1985), pp.153-154.

38 Christopher Lasch, *The Minimal Self*, p.258.

39 사춘기 미국 소녀들을 대상으로 한 일기 연구에서 역사학자 조앤 브럼버그 는 1892년의 예시를 제공한다. "나 자신이나 감정에 관해 이야기하지 않기 로 하기. 말하기 전에 생각하기. 진지하게 일하기. 대화와 행동을 자제하기. 허황한 생각을 하지 않기. 위엄을 갖추기. 다른 사람에게 더 관심을 갖기."

40 Zygmunt Bauman *Liquid Times*, p.3.

41 인터뷰 참가자 중 한 명인 로렌은 이렇게 말한다. "사람들은 자신들을 괴롭 히는 일에 대해 고민하는 것을 싫어하고 스트레스를 유발하는 일을 피하고 싶어 합니다. 그래서 저는 그들이 손쉽게 약을 먹는다고 생각해요. 그러면 고통을 유발하는 모든 문제에 대해 더 이상 고민할 필요가 없기 때문입니 다." 우울증과 우울증 치료에 접근하는 태도에 관한 대규모 연구에서, 연구

자들은 "상담이 분노나 슬픔 같은 나쁜 감정을 지나치게 크게 불러일으키는 것이 아닌지" 물었다. 조사 결과, 응답자의 43퍼센트가 이 질문에 동의하거나 강하게 동의하는 것으로 나타났다. Jane Givens et al., "Ethnicity and Preferences for Depression Treatment," p.186.

42 Christopher Lasch, *The Minimal Self*, p.15.

43 Irene Taviss Thomson, *In Conflict No Longer*(Rowman & Littlefield Publishers, 2000), p.107.

44 Dalton Conley, *Elsewhere, U.S.A.: How We Got from the Company Man, Family Dinners, and the Affluent Society to the Home Office, BlackBerry Moms, and Economic Anxiety*(Pantheon, 2009).

45 Alain Ehrenberg, *Weariness of the Self*, p.116.

46 물론 사회질서를 비판하는 다양한 종류의 사회운동이 있다. 그러나 그들의 출발점은 보통 반사적인 자기 설계 공간으로서의 사회에 대한 이런 그림일 뿐이다. 그들의 목표는 그 그림을 비판하는 것이 아니라 그것을 홍보하여 소외된 사람들을 포용하도록 만드는 것이다.

47 마르크스도 비슷한 견해를 가지고 있다. 이에 대해서는 다음의 자료를 참고하라. Susan Neiman, *Evil in Modern Thought*(Princeton University Press, 2015), pp.104-106. 막스 베버를 따르는 다른 사람들도 해석적 전통에서 마찬가지였다. 예를 들어 다음의 자료들을 참조하라. Clifford Geertz, *Interpretation of Cultures*(Basic Books, 2017).; Peter Berger, *The Sacred Canopy: Elements of a Sociological Theory of Religion*(Doubleday and Co., 1967).

48 이 단락은 모두 다음의 자료에서 인용했다. Max Weber, "The Social Psychology of the World Religions," p.275. 다음의 자료도 참조하라. Max Weber, "Theodicy, Salvation, and Rebirth," *The Sociology of Religion*(Beacon Press, 1993), pp.138-150.

49 Max Weber, "The Social Psychology of the World Religions," p.276.

50 아이리스 머독, 『선의 군림』.

51 Iain Wilkinson, *Suffering*, p.29.; Peter Berger, *The Sacred Canopy*.

52 Jean Comaroff, "Medicine: Symbol and Ideology," 1982, p.55.

53 Deborah Gordon, "Tenacious Assumptions in Western Medicine," *Biomedicine Examined*, p.37, p.40. 현대 도덕철학을 지배하는 인간에 대한 내용을 살펴보려면 다음의 자료를 참조하라. 아이리스 머독, 『선의 군림』, 1장.

나가며

1 Evelyn Keller, "Whole Bodies, Whole Persons?," *Subjectivity*, 2007, p.357.

2 Owen Flanagan, *The Problem Of The Soul: Two Visions Of Mind And How To Reconcile Them*(Basic Books, 2008), p.xii.

3 Francis Crick, *Astonishing Hypothesis: The Scientific Search for the Soul*(Scribner, 1995), p.3.

4 Patricia Churchland, *Touching a Nerve: The Self as Brain*(W. W. Norton & Company, 2013), p.32.

5 Alex Rosenberg, "Why You Don't Know Your Own Mind," *The New York Times*, July 18, 2016.

6 John Kihlstrom, "The Automaticity Juggernaut." 심리학자 티모시 윌슨에 따르면, 인간 경험에서 의식의 역할은 빙산 위에 있는 '눈덩이의 크기'와 같은 것이다. Timothy Wilson, *Strangers to Ourselves: Discovering the Adaptive Unconscious*(Belknap Press, 2004), p.6.

7 Timothy Wilson, *Strangers to Ourselves.*

8 Stuart Hall, "Introduction: Who Needs 'Identity'?," *Sociology*, 2011, p.6.

9 시카고대학 영문학과 교수 리사 러딕은 《더포인트*The Point*》에 게재된 「내면성」라는 제목의 기사에서 이런 의견을 제시한다. "학술적 마르크스 이론에 따르면, 내면성 자체는 조용하다. (…) 우리가 누구인지, 주체성의 본질이 무엇인지를 결정하는 것은 실제로 더 큰 사회적 힘이며, 이와 함께 추정을 포함하여 개인화된 자아 혹은 자기 성찰적 자아를 포함한 현대 서구의 모든 것에 대한 평가절하가 뒤따른다." https://thepointmag.com/2014/

criticism/inwardness.

10 예를 들어 다음의 자료를 참조하라. Patricia Churchland, *Touching a Nerve*. 에드워드 윌슨, 『인간 존재의 의미』(사이언스북스, 2016년).

11 Thomas Nagel, *Mortal Questions*(Cambridge University Press, 2012), p.38.

12 아이리스 머독, 『선의 군림』.

13 철학자 알바 노에가 말한 것처럼, "명확하게 초점을 맞춰야 할 것은 신경과 학자들이… 실제로 하나의 미스터리를 다른 미스터리로 대체하는 데 성공했다는 점이다." Alva Noë, *Out of Our Heads*(Hill & Wang, 2010), p.6

14 심리치료, 특히 정신분석의 제한적 특성을 비판하는 도구로 신경생물학을 사용하는 다음의 자료를 참조하라. Jonathan Metzl, *Prozac on the Couch*, p.176. 정신과 의사인 조녀선 미첼은 항우울제 약물치료가 병리적이지 않은 사람들을 드러내는 문화에서 '생산적인 감정고양[hyperthymic], 낙천성, 결단성, 신속한 사고력'을 얻는 데 도움이 될 것이라는 희망과 결합되었음을 보여준다. 다시 말해 신경생물학은 그것들을 현대적 자아 체제로 더욱 깊이 끌어들인다. 진보 정치를 위한 두뇌 대화의 '발생' 가능성에 대한 포스트 모던 주장의 일부를 검토하려면 다음을 참조하라. Victoria Pitts-Taylor, "The Plastic Brain," *Health*(London), 14(6), Nov. 2010.

15 Nikolas Rose, *Politics of Life Itself*, p.26.

16 Jurgen Habermas, *The Future of Human Nature*(Polity, 2003), p.5.

17 아이리스 머독, 『선의 군림』.

18 이것은 찰스 테일러가 '주체-참조[subject-referring]' 속성을 가지고 있다고 말하는 감정들이다. 그것들은 우리 삶에서 주체로서 우리에게 중요한 것에 대한 감각을 반영하고, 우리의 자기 가치와 좋은 삶에 대한 비전을 포함한다. Charles Taylor, *Human Agency and Language*, p.54, p.60.

19 Margaret Archer, *Being Human*, p.193. 나는 이 정의가 철학자 로버트 로버츠의 감정에 대한 '관심 기반 해석'과 매우 유사하거나 동일하다고 생각한다. 그가 말하는 관심 기반 해석은 주체가 관심을 갖는 몇 가지 중요한 요소인 '상황'(몸이 아닌 '세계')을 '보거나' '취하는' 방법을 의미한다. Robert Roberts, "Emotions and Culture," p.22. 마찬가지로 철학자 텔벗

브루어는 이렇게 주장한다. "감정은 변화하는 환경의 평가적 윤곽을 생생하게 '보여주는' 것이며, 평가적 이해와 행동을 위한 단계를 설정하는 역할을 한다는 것이다…. 감정은… 세상에 관한 것이고, 우리 환경의 다양한 특징이 가진 가치나 중요성에 대한 그림을 보여준다." Talbot Brewer, "On Alienated Emotions," *Morality and the Emotions*, Oxford University Press, 2011, pp.285-286.

20 아이리스 머독, 『선의 군림』.

21 정신분석학자들에 따르면, 위협적인 감정은 우리에게 '신호 불안'이라고 불리는 경종을 울려 무의식적인 억압으로 이어질 수 있다.

22 Ivan Illich, *Medical Nemesis: The Expropriation of Health*(Pantheon, 1976).

마음이 병이 될 때

힘겨운 마음은 약물로 치유 가능한가

1판 1쇄 찍음 2020년 10월 12일
1판 1쇄 펴냄 2020년 10월 16일

지은이 조지프 데이비스
옮긴이 장석훈
펴낸이 송상미

디자인 오필민 김경진
마케팅 이경희
모니터링 박혜영
일러스트 shutterstock.com

펴낸곳 머스트리드북
출판등록 2019년 10월 7일 제2019-000272호
주소 (03925) 서울시 마포구 월드컵북로 400, 5층 11호(상암동, 문화콘텐츠센터)
전화 070-8830-9821
팩스 070-4275-0359
메일 mustreadbooks@naver.com

ISBN 979-11-970227-2-2 03180

이 도서의 국립중앙도서관 출판예정도서목록(CIP)은 서지정보유통지원시스템 홈페이지(http://seoji.nl.go.kr)와
국가자료종합목록 구축시스템(http://kolis-net.nl.go.kr)에서 이용하실 수 있습니다. (CIP제어번호: CIP2020038380)